Inhaltsverzeichnis

Inklusion: Differenzierte Kinderschule in Praxis und Theorie

Das Buch ist schon im Titel als Dialog aufgebaut: Der weit verbreiteten Meinung, Inklusion sei nicht leistbar, wird die Hoffnung entgegengestellt, es doch zu schaffen. „Wie es doch geht“ – das ist der rote Faden, der das Buch durchzieht und immer neue Farbschattierungen von Praxismöglichkeiten aufblättert. Diese Praxismöglichkeiten werden am Beispiel der Arbeit der Schule Berg Fidel vorgestellt.

Schon das Inhaltsverzeichnis macht neugierig. Da werden die „offenen Geheimnisse“ einer Grundschule angekündigt oder unter der Überschrift „regelmäßig in den Wald“ ein Praxisbeispiel dafür vorgestellt, wie Aussonderung verhindert werden kann. Dieser erste Teil, der Beobachtungen und Gedanken aus der Schulpraxis zeigt, ist der erste Blickwinkel auf das Problem der Inklusion. Dabei werden lebendige Praxisgeschichten präsentiert, die überzeugen. Inklusion wird raus aus der administrativen Gebetsmühle der Normen und Ansätze genommen und in den bunten Alltag der Schule im Wald, bei der Freien Arbeit im gesamten Schulleben versetzt. Es wird nicht belehrt, sondern gezeigt, wie eine kleine Grundschule mit ihren einfachen Mitteln den Blick für die verschiedenen Kinder öffnen kann und ihnen Lernchancen anbahnt. Besonders anschaulich wird dies im Bereich der Mathematik haargenau dargestellt, wie die verschiedenen Kinder einer Klasse am selben Gegenstand und methodisch doch dem eigenen Lernweg angemessen lernen können. Aber auch das Waldkapitel rührt an, weil es zeigt, wie man Kindern mit ihren verschiedenen Wünschen, Bewegungsimpulsen und Problemen im gemeinsamen Ort differente Erfahrungen eröffnen kann. Die Kinder balancieren, denken über Bombenkrater, suchen im Laub, lassen Eicheln keimen, spüren Krabbeltiere auf der Hand ... Die eingangs aufgezählten zwanzig Regeln im Umgang mit Kindern werden so mit Leben gefüllt. Man merkt, dass die Lehrerinnen und Lehrer gemeinsam mit Kindern träumen, Spaß an ihren Entdeckungen haben, sie wertschätzen und sie inspirieren. Bei der Schilderung des freien Arbeitens und des Forschens wird – nicht nur am Beispiel von Christian als Lesehelfer oder beim Vortrag von Svetlana über Russland – deutlich, was die Regel „Erwische sie, wenn sie gut sind!“ bedeuten kann.

Am wichtigsten erscheint mir, dass immer wieder sehr differenziert verfahren wird, jedem Kind wird die Anregung oder Anforderung gegeben, die seinem Entwicklungsstand entspricht und es einen Schritt weiter führt. Inklusion wird nicht als Sparschule ohne Förderung der Einzelnen verstanden, sondern als differenzierte Kinderschule praktiziert. Dabei gibt es Gemeinsames wie die Schriftstellerstunde, bei der aber jedes Kind malen und schreiben kann, was es will. Der Schulalltag ist rhythmisiert und lässt viel Raum für die Entfaltung verschiedener Fähigkeiten der Kinder – auch für Mitbestimmung im Lernklassenrat und bei vielen anderen Entscheidungssituationen. Die Kooperation wird auch auf der Ebene der Erwachsenen vorgelebt. Das „Gesamtkunstwerk" ist Gemeinschaftsleistung und nicht geniales Einzelkämpfertum.

Im zweiten Hauptteil wird das Buch analytischer. Es wird deutlich gemacht, wie wichtig es ist, dass das Kind in der Mitte steht, dass es auf Empowerment der Kinder ankommt, dass ein Caring Curriculum den Rahmen schulischen Handelns bildet. Aus einer Befragung der Kinder, was ihnen als Lerninhalte wichtig ist, wurde ein Curriculum entwickelt, das sehr gut kompatibel mit dem Schlüsselproblemansatz ist.

Für den individuellen Lernprozess in der Schule wird ein Fünf-Thesen-Konzept formuliert, das die bisher in der Inklusionsdebatte formulierten didaktisch-methodischen Konsequenzen an Klarheit und Präzision überbietet. Aber auch diese theoretischen Leitlinien werden wieder auf einfache und doch sehr beeindruckende Praxisszenen zurückgeführt wie die „Klassenfahrt ohne Serkan". Die Komplexität von Entscheidungen im pädagogischen Alltag wird dabei abgewogen, ohne rechthaberisch zu sein. Der zweite Teil des Buches enthält aber auch historische Rückblicke zum Kampf für die Teilhabe und die Heterogenitätsdebatte. Die Antwort des Teams der Schule in Berg Fidel lautet „Individualisierung und Zugehörigkeit" – also ein quasi antinomisches Spannungsfeld, in dem inklusive Pädagogik gelingen kann. Anhand von Irrtumsthesen wird noch einmal das positive Konzept einer inklusiven Schule klar umrissen.

Im dritten Teil des Buches werden deutsche Integrationsforscher in Interviews zu ihren Positionen zur Inklusion gefragt. Schon die Titel dieser Interviews zeigen anschaulich, wie weit das Denkfeld inklusiver Pädagogik reicht. Da spricht Hans Wocken unter der Überschrift „Über den pädagogischen Wert der Pause", Simone Seitz fragt, „Warum sind keine Gymnasiasten dabei?" und spricht damit die Breite der Inklusion an. Ines Boban wiederum fokussiert die Partizipationsfrage unter dem Titel „Mikrokosmen revolutionieren".

Bildungspolitisch werden diese Interviews durch Aussagen aus Kanada (Vicky Branco aus Toronto) und England (Tony Booth aus Cambridge) abgerundet.

Für die Bedeutung von Erfahrungslernen spricht für mich, dass einige der Interviewten ganz deutlich betonen, dass sie selber eine Bildungsbiografie der sozial Ausgegrenzten bzw. Unterprivilegierten hinter sich haben wie die aus armen ländlichen Verhältnissen stammenden späteren Wissenschaftler Hans Wocken und Georg Feuer, die so ein persönlich biografisch fundiertes Gespür für ausgegrenzte Kinder entwickeln konnten.

Aber auch Beispiele und Vorbilder, die schon ein Stück weiter waren, wie Basaglia für Feuser oder die Lehrerinnen und Lehrer der ersten deutschen Integrationsschule in Bonn-Beuel für Seitz oder die Alternativschulen für Wocken, sind offensichtlich sehr wichtig. Von daher ist jeder Schritt, den wir von uns aus voran gehen, gleichzeitig auch ein Beispiel für andere.

Spannend ist für mich auch, wie oft – quasi nebenbei – die Rede ist von Erwartungshaltungen, ob in Toronto der Glaube an die Lehrperson an die Wirksamkeit der Schule oder – wie Simone Seitz schildert – der Glaube an das Können von Kindern, immer spielt die Erwartungshaltung eine Rolle. Es ist zu wünschen, dass dieses Buch durch die anschaulichen Beispiele und überzeugenden Aussagen auch die Menschen im Bildungsfeld zu positiveren Erwartungen an jedes Kind anregen.

Insgesamt ist dieses Buch eine gelungene Kombination aus Mutmach-Buch, Anregungs-Buch und Reflexionsbuch. Gegen das Verkommen des Inklusionsgedankens zum Sparmodell der Bildungspolitik ist dies ein wunderbar lebendiges und anregendes Beispiel, wie Inklusion für alle Kinder gelingen kann.

Es sollte ein Muss für alle Fortbildungsveranstaltungen und Vorträge zur Inklusion sein!

Juni 2012 Astrid Kaiser

Dank

Wir legen in diesem Buch unsere langjährigen Erfahrungen mit Schule und Unterricht offen. Das Buch nimmt Partei für die Kinder. Allen, die uns auf diesem Weg begleitet und unterstützt haben, danken wir.

Ohne die Kinder der Grundschule Berg Fidel und ohne deren Eltern wäre dieses Buch gar nicht entstanden. Sie sind es, die uns täglich aufs Neue daran erinnern, wofür es sich lohnt in der Grundschule zu arbeiten.

Sie fordern jeden Tag, dass wir erkennen, wie Kinder lernen, wie viel Halt sie brauchen, welche Zuwendung und wie viel Freiraum. Sie haben uns immer wieder abverlangt, dass wir Stellung beziehen.

Wir danken herzlich, dass wir unseren Lesern Einblicke und Fotoeindrücke gewähren können in unsere tägliche Arbeit in einer Klasse. Donata Wenders' Fotos zeugen von großem Respekt vor der Würde jedes Kindes. Wir sind ihr sehr dankbar.

Die Fotos aus Unterricht und Schule (www.ggs-bergfidel.de) sowie das Titelbild stammen von Donata Wenders (www.donatawenders.com). Die Rechte der Fotos liegen bei ihr.

Wir danken allen Mitarbeiterinnen und Mitarbeitern aus der Grundschule Berg Fidel, die sich jeden Tag aufs Neue für die Kinder und deren Familien stark machen. Mit diesem Buch möchten wir auch unsere Freude über die gemeinsame Arbeit mit unseren Kolleginnen und Kollegen ausdrücken.

Besonderer Dank gilt Prof. Dr. Astrid Kaiser, die uns nachdrücklich ermutigt hat, anderen unsere Schul- und Unterrichtserfahrungen zugänglich zu machen. Mit dem Schneider-Verlag zusammen ist ein hoffnungsfrohes, vielfältiges und buntes Buch aus der Praxis für die Praxis entstanden. Dafür danken wir.

Nicht zuletzt möchten wir unseren Interviewpartnern Inses Boban, Vicky Branco, Prof. Dr. Simone Seitz, Prof. Dr. Tony Booth, Prof. Dr. Georg Feuser, Prof. Dr. Hans Wocken, danken für den starken Rückenwind. Sie haben uns bereitwillig ihren persönlichen Zugang zur Inklusion dargestellt, im Vertrauen darauf, dass wir ihre Gedanken in ihrem Sinne weitergeben und für unsere Schulpraxis nutzen.

Nicht unerwähnt bleiben soll Kalle Neubert, der Schulleiter der Geistschule Münster, mit dem wir viel diskutiert haben über die Verwirklichung einer Schule für alle bis zum Abitur, auf das sich das Kapitel 1.6 bezieht. Unser gemeinsames Ziel der Schulerweiterung teilen wir mit der unerschrockenen Elterninitiative, die besonnen und engagiert für die Schule Berg Fidel 1–13 kämpft. Danke für die große Unterstützung.

Freunden, Mitstreitern und kritischen Gegenlesern sei schließlich gedankt für die vielen Hinweise an uns. Ihre unbeirrbare Geduld und Hilfe, besonders die von Monika Kristowiak beim Transkribieren der Interviews und Jochem Knorr beim Korrigieren, waren nicht zu ersetzen. Unserer ständigen schulischen Begleiterin und Unterstützerin Dr. Irmtraud Schnell, Inklusionspädagogin aus Frankfurt, sind wir dankbar für viele kritische und ermutigende Gespräche.

Barbara Wenders & Reinhard Stähling Münster, im Mai 2012

Einleitung

Heute Nacht bin ich lange durch den Schlafraum gegangen. Ich war traurig. Die Jungen schliefen. Nur einer erwachte und sah mich verwundert an – er wusste nicht, wozu ich umhergehe, wenn alle ruhig schlafen. Aber er schlief bald wieder ein. Doch ich schlief nicht. Ich betete:

Gott, kennst du Piotruś? Weißt du, wie sehr wir darunter gelitten haben, als sich herausstellte, dass Piotruś stiehlt und andere zu Bösem anstiftet? Wir mussten ihn aus dem Dom Sierot entfernen. Und was war? Wir haben ihn zu einem Meister getan – aber es geht ihm schlecht. Man nahm ihm das Bett und die Seife weg, er sollte zwei Groszy für jeden Mantel, den er wegbrachte, bekommen – aber er bekommt sie nicht. Sie wissen, dass er ein Waisenkind ist – und wer setzt sich schon für Waisenkinder ein? Gib mir einen Ratschlag, mein Gott, was soll ich machen? Soll ich ihn zu uns zurücknehmen? Und wenn er wieder stiehlt und andere zu Bösem verleitet?

Janusz Korczak: Gebet (1914, SW Bd. 13, S. 362 f.)

Eigentlich müssten wir die passenden Textstellen aus den 24 Büchern und 1000 Zeitschriftenartikeln des polnischen Arztes Janusz Korczak zusammentragen – vieles wäre gesagt, was wir mit diesem Buch wollen. Korczak klagte die Gesellschaft an und verteidigte die Kinder. Er zeigt uns noch heute, wie wir Kinder verstehen können. Eine Fundgrube an ermutigenden Gedanken für Erzieherinnen und Lehrer: Die Werkausgabe (Sämtliche Werke SW) von Korczak, herausgegeben von Friedhelm Beiner und Erich Dauzenroth (1996–2010), sollte Gedankengerüst sein für den Aufbau einer menschenwürdigen Schule.

Was wir heute als Inklusion bezeichnen, ist eigentlich nichts anderes als der Kampf für die aufgegebenen, ausgestoßenen, ausgesonderten und abgegebenen Kinder unserer Gesellschaft. Was die vielen aktiven Pädagogen „vor Ort“ leisten, um Kindern das „Recht auf Achtung“ (Korczak 1929) zu geben, ist nicht ohne die viele Mühe denkbar, die auch Korczak in seiner pädagogischen Alltagspraxis erlebte.

„Aber wie soll ich das in meiner Klasse schaffen, einem zappeligen und sehr langsam begreifenden Jungen aus dem Kosovo zu helfen und gleichzeitig einer wohl behüteten Arzttochter den Weg zum Abitur zu ebnen? – In einer Kleingruppe ja, aber nicht mit 25 anderen zusammen – das ist zu viel verlangt! – Ich stehe alleine in der Klasse!“

So spricht eine Lehrerin, wenn sie „die Nase voll hat“.

„Mir ist der Geduldsfaden gerissen, als mal wieder Murat seine Aufgaben nicht gemacht hatte. Ich bin ausgerastet und habe ihn angeschrieen: ‘Das geht nicht mehr so weiter mit dir! Ich habe auch noch andere Kinder, um die ich mich hier kümmern muss!’ Das tat mir nachher richtig leid, er kann ja nichts dafür – aber ich bin am Ende mit den Nerven!“

So die Stimme einer Klassenlehrerin einer vierten Klasse, die noch kurz vor den Zeugnissen eine Mathearbeit schreiben muss und zugleich spürt, dass die Leistung der meisten Schüler nicht reicht. Da gibt es einige Kinder, die auf das Gymnasium wechseln werden und „immer noch nicht“ sicher das 1 × 1 beherrschen, um die schriftliche Division zügig ausführen zu können. Diese Lehrerin wird von einem schlechten Gewissen gegenüber den Mittelschichtkindern ihrer Klasse geplagt, die „zu kurz kommen“, wenn sie „zu viel Zeit“ für die Schwachen „opfert“. Dies geht ihr *auch dann* so, wenn sie noch eine „zweite Kraft“ im Raum hat.

Wir Autoren dieses Buches sind selbst seit Jahrzehnten Lehrkräfte und erleben täglich diese beruflichen Beanspruchungen und diese Zerrissenheit im Unterricht.

Wie schaffen wir es, unserem Anspruch zu genügen, allen Kindern gerecht zu werden?

Es gibt sicher keine schnelle Antwort: Um nur einigermaßen zufriedenstellend unser eigenes „Hin und Her“ zwischen Integration und Lehrplananspruch zu bewältigen, haben wir dieses praktische Arbeitsbuch gemeinsam geschrieben. Es würde uns freuen, wenn es zu Diskussionen anregte und wenn Arbeitskreise aus Menschen, die Schule konkret humaner machen oder sogar eine Schule aktiv umbauen wollen, unsere Anregungen nutzen könnten. Seminare, Konferenzen, Elterngruppen und jede einzelne Lehrkraft kann in diesem Buch Hilfen und Ermutigung finden. Dieses Buch könnte schließlich auch spannend und hilfreich sein für manche Kollegin und manchen Kollegen, die sich aktiv am Aufbau einer inklusiven Schule beteiligen wollen, die endlich den engen Rahmen von „Grundschule bis Klasse 4“ sprengt.

Im **ersten Teil** dieses Buches wollen wir den Leserinnen und Lesern einen lebendigen Einblick geben in unseren Unterrichtsalltag.

Im Kapitel 1.1. wird die Grundschule Berg Fidel vorgestellt, die *jedes Kind der nahen Umgebung aufnimmt* und *kein* Kind zu einer Sonderschule überweist.

Wir schildern im Kapitel 1.2 und 1.3 die tägliche Phase des freien Arbeitens, in der Kinder sich auch selbstständig Pausen nehmen können. Wir zeigen, wie „unsere“ Kinder lernen. Die Aufgabenverteilung der beiden Lehrkräfte wird erläutert.

Das Kapitel 1.4 stellt die Kinder dar, ihre Wünsche und ihr Arbeiten an selbst gewählten Forschungsvorhaben. Ein Forscher-Heft hilft den Schülergruppen, ihre Arbeit zu strukturieren. Seit vielen Jahren besuchen wir jede Woche den Wald. Die Kinder profitieren davon. Wie und warum zeigt das Kapitel 1.5.

Diese ersten fünf Kapitel schildern einen ganz normalen Alltag in einer Klasse: Die Zeit des freien Arbeitens an jedem Morgen dient dem effektiven Training der Basis in der Mathematik, dem Schriftspracherwerb und der (Recht)-Schreibung. Die Selbstreflexion nach der großen Pause im Lernklassenrat oder im Lerntagebuch dient dazu, dass das zu Lernende, seine Erarbeitung und Übung vertieft werden. Ein Projekt ist nicht aus sich selbst heraus gut, nur weil es die Schülerinnen und Schüler aktiviert. Ebenso dient der regelmäßige Waldgang notwendigerweise dazu, dass die Kinder den „Lerngegenstand“ tiefer erfassen, ihn verstehen. Kurz: Unterrichtsmethoden haben für uns keinen Selbstzweck, sondern *dienen dem Verstehen* einer Sache. Das entlastet uns und macht uns nicht zum Sklaven von vermeintlich nötigen, methodischen Hochseilakten, denen wir möglicherweise nicht gewachsen wären. In diesem Buch beschreiben wir nur unsere professionelle Praxis mit all ihren Grenzen, nicht aber das, was „man noch hätte machen sollen“, wenn man allen möglichen fremden Ansprüchen genügen wollte.

Diejenigen, die darüber richten, haben meist nur wenig Erfahrungen machen dürfen mit dem höchst lebendigen und wunderbaren, teils anstrengenden Lehrerberuf.

Wir Autoren dieses Buches gehören gemeinsam zum Team einer altersgemischten Ganztagsklasse. Barbara Wenders ist Klassenlehrerin (Lehrerin für Grund- und Hauptschule und Sonderpädagogik) und Reinhard Stähling arbeitet als Lehrer und Teammitglied in dieser Klasse. Unsere Freude an den Kindern, am Beruf, unsere Entdeckungen, die täglichen Gedanken, aber auch Zerrissenheit und Ärgernisse – all das findet sich in diesem Buch. Auch unsere Pläne für die Weiterführung der Grundschule Berg Fidel zu einer Schule 1–13, auf der jeder Schüler bis zu seinem individuellen Schulabschluss lernen kann, stellen wir vor.

Im **zweiten Teil** des Buches werden wir den Versuch machen, aus unseren Erfahrungen, Systembarrieren, Beschwerlichkeiten und auch Freuden und Erfolgen im Berufsalltag Schlussfolgerungen für eine inklusive Praxis zu ziehen. Wir wollen den Blick schärfen für Stolpersteine auf dem Weg zum inklusiven Unterricht. Folgende Fehlentwicklungen der Schulpraxis werden wir kritisch darstellen und Alternativen erarbeiten:

Das *„Fallenlassen“* eines Kindes (Kapitel 2.1),
das Orientieren an *„Kompetenzerwartungen“* (Kapitel 2.2.),
die betriebswirtschaftlichen *Win-Win-Lösungen* von schulischen Problemen (Kapitel 2.3) und
die unselige Forderung nach einer *„gesunden, guten Mischung“* in den Schulklassen (Kapitel 2.4 und 2.5).

Im Kapitel 2.1 erläutern wir Hintergründe der integrativen Unterrichtspraxis, die wir im Teil 1 darstellten. Welche Haltung haben wir im Umgang mit „schwierigen“ Kindern? Wie finden wir eine tragende Basis in einer Beziehung zu ihnen?

Was tun wir praktisch, wenn ein Kind extreme Verhaltensauffälligkeiten zeigt? Wir lassen kein Kind fallen. Wie profitieren auch Mittelschichtkinder mit durchschnittlichen Fähigkeiten davon? Wir geben den Kindern einen *sozialen Kredit*, wir sorgen für sie (Caring Curriculum) und schaffen dadurch Bedingungen für Resilienz („Unverletzlichkeit"). Wir zeigen, wieso die innere Differenzierung letztlich sozial motiviert ist. Hier nutzen wir die große Chance der Altersmischung.

Wir stellen im Kapitel 2.2. die Frage nach einer *inklusiven, mehrperspektivischen Didaktik*: Welche Schlüsselqualifikationen soll jedes Kind lernen? Und wie kommt der „Lerngegenstand" zum Kind? Die Kernfrage wird sein, wie die Lehrerin mit den Kindern über die „Sache" kommuniziert, so dass jedes Kind den „gemeinsamen Lerngegenstand" verstehen kann. Wieso lernen in der Regel *alle* Kinder in einer heterogenen Lerngruppe mehr und besser als in einer homogenen? Der Lerngegenstand kann aus mehr Blickwinkeln betrachtet werden. Wie können wir dabei auf die vielen unterschiedlichen Kinder reagieren?

Häufig stellen wir fest, dass die Erkenntnisse über erfolgreiches Lernen und dessen Bedingungen in der Schulpraxis nicht umgesetzt werden. Wie bleiben wir mutig, selbst wenn Ämter unsere Arbeit behindern? Wie setzen wir uns parteiisch und ungehorsam durch, um jedem Kind zu seinem Recht auf Bildung zu verhelfen?

Kapitel 2.3 zeigt an Beispielen auf, wie wir trotz pädagogischer Hindernisse Inklusion verwirklichen können. Lösungen sind nicht in der Betriebswirtschaftslehre zu finden. Viele Lehrerinnen und Lehrer erleben es als einen Gewinn, wenn sie Schüler „im Einvernehmen" mit deren Eltern in Sonderschulen überweisen. Diese *Win-Win-Lösungen* in einer Schulpraxis des Aussonderns liegen dem System zugrunde. Wie wehren wir uns dagegen?

Ausländische Schüler aus armen Verhältnissen sind in Deutschland häufiger als andere in Sonderschulen zu finden und erreichen seltener als andere hohe Bildungsabschlüsse: Bildungsgerechtigkeit bei uns? Im Kampf gegen Barrieren z. B. mit Ämtern geben wir nicht so leicht auf, wenn wir mehr über *historische Hintergründe* wissen. Das Kapitel 2.4. macht einen Exkurs in die Geschichte, um zu ergründen, weshalb heute – wie vor 100 Jahren – immer noch danach gefragt wird, wen man nicht integrieren könne, um eine vermeintliche „gute Mischung" in einer Klasse zu erreichen. Nicht nur historisch gesehen zum Schaden aller!

Wir lehnen es ab, Probleme mit einer stark heterogenen Klasse dadurch zu lösen, dass die Lehrerin „die Klasse putzt", also Kinder in Sonderschulen überweist. Viele fragen, ob es für Integration einen „kritischen Grenzwert" (Wocken 2011, S. 145) gebe. Die Forderung nach einer *„guten Mischung"* von so genannten „normalen" und „schwierigen" Schülern ist heikel und dient letztlich der Aussonderung. Kapitel 2.5 erläutert dies.

Nur maximal 30% der Lehrkräfte hat mit heterogenen Klassen Erfahrungen gemacht. Wie kann dann das deutsche Schulsystem alle behinderten Kinder in Regelschulen unterrichten? Theoretische Modellrechungen, nach denen „förderbedürftige" Schüler in allen Schulen sowieso auftreten und daher das sonderpädagogische Personal im Lande an alle Schulen gleichmäßig verteilt werden müsste, werden der Schulwirklichkeit und den Interessen aller Kinder nicht gerecht. Sie erweisen sich als Märchen und als interessengeleitete Irreführung, wie wir zeigen werden. Statt bürokratische Zwangsmaßnahmen für alle Schulen zu veranstalten, wäre es vielmehr wichtig, die im Umgang mit sehr heterogenen Lerngruppen erfahrenen Schulen und Lehrkräfte im Inklusionsprozess voran schreiten zu lassen. Viele Lehrerinnen und Lehrer fühlen sich zu Recht überfordert, wenn sie ohne festes Team mit einer uneinheitlichen Schulklasse alleine stehen und jeder Schüler „eine Extrawurst gebraten bekommen will". Heterogene Lerngruppen werden dann keinesfalls als Chance erlebt, sondern abgelehnt.

Den notwendigen langen Atem und den Mut zum Ungehorsam im Schuldienst haben wir immer wieder in Gesprächen mit erfahrenen Schulpraktikern gefunden. Auch engagierte Wissenschaftlerinnen und Wissenschaftler geben uns Kraft durch ihre Forschungsarbeit.

Im **dritten Teil** des Buches dokumentieren wir Interviews, die wir 2011 mit sechs bedeutenden Integrationsforschern und – pädagogen geführt haben. Weit zurück ragen die Wurzeln und Einflussbereiche der beiden Integrationsforscher **Georg Feuser** und **Hans Wocken,** die zu den bedeutendsten in Deutschland zählen. Daher bilden sie mit interessanten Einblicken in die Integrationsbewegung den Anfang. Ihre Vorschläge sind heute richtungweisend für integrativen Unterricht.

Tony Booth von der Universität Cambrige (England) ist einer der Väter des „Index für Inklusion“, der 1997–1999 in der englischen Schulpraxis erprobt wurde. Sein Einfluss auf die deutsche Integrationspädagogik ist groß. Der „Index“ wurde von Ines Boban und Andreas Hinz 2003 ins Deutsche übersetzt und findet große Beachtung. Seit 2011 liegt eine wesentlich erweiterte Auflage vor, in dem Lehr- und Lerninhalte auf inklusiven Werten basieren (vgl. Kapitel 2.2 und Booth 2012b). **Ines Boban** (Halle) bildet Lehrerinnen und Lehrer aus, die in inklusiven Schulen arbeiten werden. Im Interview weitet sie den Blick auf eine internationale, demokratische Schule.

Vicky Branco ist an der Entwicklung inklusiver „Dienstleistungs-Schulen“ in der Metropole Toronto (Kanada) führend beteiligt. Sie berichtet über ihre ermutigende Arbeit im sozialen Brennpunkt (vgl. Reich 2012). Schließlich erörtert **Simone Seitz** (Bremen) das für alle Lehrkräfte zentrale Kernstück der Veränderung, den inklusiven Unterricht. Alle Interviewten setzen sich dafür ein, dass Schulen inklusiv werden. Uns interessiert auch, wie sie dahin gekommen sind, sich für die „Schwachen“ stark zu machen. Die genannten Inklusionsexperten haben uns in langen und ausführlichen Gesprächen erstaunlich offen erzählt, was sie persönlich bei der Frage der Inklusion bewegt. Die Niederschriften wurden mit ihrer Zustimmung gekürzt.

Alle Texte werden ergänzt und teilweise erläutet durch Fotografien aus unserem Unterricht von Donata Wenders (www.donatawenders.com). Sie hatte bereits für unser Buch „Ungehorsam im Schuldienst“ einen wertvollen Beitrag geleistet. Ohne diese Bilder, die Donata Wenders’ Achtung vor den Menschen ausdrücken, fehlte dem Buch eine wichtige Perspektive.

Als eine interessante Ergänzung zu diesem Praxisbuch für den Umbau des Unterrichts möchten wir den Film „Berg Fidel“ (2011) erwähnen, der seit 2012 als DVD erhältlich ist. Hella Wenders hat mit ihrem preisgekrönten Werk *aus der Perspektive der Kinder* die Phantasie vieler Zuschauer beflügelt, sich eine inklusive Schule vorzustellen.

Warum verwenden wir für unsere pädagogischen Bemühungen eigentlich den Begriff „Inklusion“?

Seit dem ersten Erscheinen des Buches von Reinhard Stähling „Du gehörst zu uns – Inklusive Grundschule“ im Jahre 2006 sind inzwischen viele Jahre vergangen. Während der Autor damals kaum wagte, den Begriff „inklusive Grundschule“ als Untertitel zu wählen, weil das Wort selbst unter Pädagogen kaum bekannt war, sind die Veröffentlichungen über Inklusion seit 2009 explosionsartig angestiegen.

Anfang 2000 haben Alfred Sander und Andreas Hinz den Begriff „Inklusion“ im deutschsprachigen Raum zugänglich gemacht. Die terminologischen Klärungen von Hinz und die Veröffentlichungen von Astrid Kaiser/Detlef Pech (2004) zur integrativen Unterrichtspraxis, die Arbeiten von Simone Seitz (2005) zum inklusiven Sachunterricht in der Grundschule, von Andrea Platte (2005) zur „Didaktischen Fundierung inklusiver Bildungsprozesse“ und von Reinhard Stähling (2006) zur inklusiven Schulpraxis und andere mehr regten die Diskussion in manchen Lehrerzimmern an. Der Durchbruch des Themas in der Öffentlichkeit und in Ämtern begann Ende 2009, als die UN-Behindertenrechtskonvention (BRK) in Deutschland geltendes Recht wurde. Der § 24 der UN-BRK verpflichtet zu einem flächendeckenden inklusiven Schulsystem mit lerndifferenzierendem Unterricht (vgl. Poscher u. a. 2008, S. 19–30; Riedel 2010). Zwischen diesem Anspruch und der Schulrealität in Deutschland liegt das Meer. Wer mit Migranten und Kindern aus Armutsgebieten arbeitet, weiß dies.

Inzwischen haben Begabungsforscher wie Christian Fischer (Uni Münster) die Inklusion entdeckt (vgl. Steenbuck u. a. 2011) und Inklusionsexperten wie Simone Seitz (Uni Bremen) beschäftigen sich mit der Förderung von „Begabung“. Inklusion kann auch als Begabungsförderung *aller* Kinder definiert werden. Wenn im Unterricht Inhalte nur „durchgenommen“ und dabei „stoffliche Hürden“ nicht bearbeitet werden, können sich Begabungen nicht entfalten, und manche Kinder werden fallen gelassen. Inklusion müssen wir in Anlehnung an Tony Booth (2012) als Kampf gegen dieses Unrecht begreifen. Konkret geht es darum, den behinderten, armen und benachteiligten Schülerinnen und Schülern, aber *auch allen anderen* Kindern Erfolge beim Lernen zu ermöglichen.

Heute wird der Begriff „Inklusion“ – ähnlich wie der Bergriff „Integration“ zuvor – inflationär genutzt, umgedeutet und von Interessenverbänden, Politikern und Verwaltungsbeamten missbräuchlich genutzt. Hinz (2002) und daran anknüpfend Stähling (2006) u. a. grenzten Inklusion gegen die Fehlformen der Integration *in der Schulpraxis* ab, um zu verdeutlichen, dass auch unter der Flagge der Integration ausgesondert wurde. Es galt aufzudecken, „was unter dem Dach der Integration alles an geschönter Selektion aufgetischt wird“ (Feuser 2003, S. 31). Ohne pointierte Vergleiche von Fehlformen und dem ursprünglich gemeinten Integrationsansatz gelang es kaum, die Dehnbarkeit des Integrations-Konzepts zu überwinden.

Es mag im Jahre 2012 erschrecken, dass trotz „Inklusion“ weiterhin – wie früher – systematisch der größte Teil der Behinderten auf *Sonder*schulen unterrichtet wird. Verantwortliche haben sich bemüht, dafür den Begriff „Förderschule“ durchzusetzen, während die Hochschulen nach wie vor Lehrstühle für *Sonder*pädagogik besetzen. Kein Wunder, denn weiterhin werden nur ca. 18% der Schüler mit „sonderpädagogischem Förderbedarf“ in Deutschland in so genannten „integrativen“ Schulen unterrichtet. Damit stellt sich Integration als Ausnahme dar und *Selektion und Sonderung als Regel*, was dem Geist der Verfassung widerspricht.

Georg Feuser und andere Integrationsforscher der ersten Stunde wird dies nicht erstaunen, zumal sie gerade vor der Verwendung eines neuen Begriffs für Integration gewarnt hatten. Verschleiert der neue Begriff „Inklusion" zukünftig die nicht gelingende gesellschaftliche Integration von Randgruppen, Behinderten und Migranten? Weiterhin werden Schülerinnen und Schüler abgeschult. Migranten und Arme erreichen noch immer keine höheren Bildungsabschlüsse. In den letzten zehn Jahren verließen ca. 64000 Jugendliche die Haupt- oder Sonderschulen ohne Schulabschluss (vgl. Wachs u. a. 2011). Unter diesen Bedingungen von „Inklusion" zu sprechen, ohne dieses Unrecht zu erwähnen, verschleiert Missstände und ist unredlich.

Wir als Autoren sind seit Ende der 1970er- und Anfang der 1980er-Jahre beamtete Lehrer im öffentlichen Schuldienst und haben uns intensiv mit Fragen der Durchsetzung von Kinderrechten im aussondernden Schulsystem auseinandersetzen müssen. Viele Gespräche mit engagierten Lehrerinnen und Lehrern gaben uns jedoch Orientierung. Daraus ist 2009 ein Buchprojekt mit vielen Interviews entstanden, gedacht als eine praktische Anleitung zum Mutigsein und als eine Kraftquelle für alle, die Schule verändern wollen. Das Buch trägt den Titel „Ungehorsam im Schuldienst – der praktische Weg zu einer Schule für alle" (2009/2011). Ohne diesen Hintergrund möchten wir den Begriff „Inklusion" lieber nicht verwenden.

Seit Erscheinen von „Du gehörst zu uns" (2006) stellen wir eine ständig wachsende Zahl an Anfragen zur Hospitation in der Grundschule Berg Fidel fest. Das Buch erreichte 2011 seine 4. Auflage. Viele Lehrkräfte, Schulleiter und Schulaufsichtsbeamte und natürlich auch Lehrerbildner, Wissenschaftler und Studierende, wollen den „inklusiven" Schulalltag selbst kennenlernen und sehen, ob es funktioniert, ob alle Kinder tatsächlich zu ihrem „Recht auf Achtung" kommen.

Der Beruf des „Grundschullehrers" ist inzwischen noch mehr als früher zu einem weiblichen Beruf geworden. Daher läge es nahe, in diesem Buch eine durchgehend „weibliche Grammatik" zu nutzen. Weil wir aber annehmen, dass Leserinnen und Leser nicht immer weibliche und männliche Formen zugleich oder das „...innen" bevorzugen, verzichten wir wegen der besseren Lesbarkeit auf eine einheitliche Regelung.

Teil I
Wie verhindern wir Aussonderung?
Beobachtungen und Gedanken aus der Praxis einer Schulklasse

REINHARD STÄHLING

1.1 Offene Geheimnisse der Grundschule Berg Fidel

Die Stimmen von Lehrerverbänden, Lehrerinnen und Lehrern, aber auch von Eltern nicht-behinderter Kinder werden immer lauter, die Integration in der allgemeinen Schule kritisieren:

„Ich bin froh, dass meine Tochter nicht 6 Jahre Grundschule hatte. Sie wäre in ihrer Klasse verkümmert. Da waren so viele schwierige, ausländische Kinder, um die sich die Lehrerin kümmern musste. Es blieb keine Zeit für normal begabte Kinder!“
„Es ist unverantwortlich, in eine Klasse fünf verhaltensauffällige Kinder zu stecken und zu verlangen, dass die Lehrerin damit alleine fertig wird!“
„Das ist nur eine Billiglösung, mit den Lernschwachen klar zu kommen. Wir sollen sie auch noch nebenbei fördern, obwohl wir vom Schulamt alleine gelassen werden.“

Wir nehmen diese Kritik ernst und glauben, dass sie unter den gegebenen – von Ämtern seit vielen Jahren zu verantwortenden – behindernden Bedingungen der Regelschule z. B. für die Entwicklung von Kindern verschiedener Herkunft ihre Berechtigung hat (vgl. Stähling 2010a). Immerhin sprechen hier erfahrene Menschen.
Eine Schule mit vielen unterschiedlichen, auch teilweise sehr „schwierigen“ Kindern muss diesen Integrationszweiflern glaubhaft antworten können (vgl. Wocken 2011, S. 243–254). Am meisten überzeugt die Praxis einer inklusiven Schule.

1. Keine Einzelkämpfer in der inklusiven Grundschule Berg Fidel

Als Schulleiter der Grundschule Berg Fidel im sozialen Brennpunkt (vgl. Stähling 2006) habe ich zunächst dafür gesorgt, dass niemand mehr alleine für seine Klasse verantwortlich ist. Jede Klasse wird begleitet von einer Klassenlehrerin, einer Sonderpädagogin und ggf. weiteren pädagogischen Mitarbeitern (Praktikantin, Studentin, Sozialpädagogin, Erzieherin im Ganztag, Integrationshelferin). Diese bilden ein verlässliches Team, das für die Kinder einer Klasse in allen Belangen zuständig ist und die Arbeit in wöchentlichen Teamsitzungen abspricht. Das Einzelkämpfertum hat ein Ende. Wie bei einer Schiffsreise sind alle aufeinander angewiesen, kein Kind geht über Bord. Die Integrationsforscherinnen Ulrike Becker und Annedore Prengel (2010) begründen die pädagogische Arbeit der Grundschule Berg Fidel in knappen Worten so:

„Die Bindungsforschung hat (...) belegt, dass Kinder ein existentielles Bedürfnis nach einer verlässlichen und feinfühligen Bezugsperson haben (...). Um überhaupt in gelingende Bildungsprozesse hineinfinden zu können, brauchen inder mit Verhaltensstörungen eine langfristig verlässliche Bindung an einen

Menschen in einem langfristig Halt gebenden Setting. Die Arbeit der Münsteraner Schule Berg Fidel beruht auf der Einsicht, dass den Kindern nur wirklich geholfen werden kann, wenn der Kreislauf des Chaos´in ihrem Leben durchbrochen wird. Die Schule hat sich entschieden, Kinder nicht mehr weiterzugeben an andere Institutionen, sondern zu gewährleisten, dass sie an ihrer Grundschule bleiben."

2. Unterstützerring für Klassenlehrerinnen der Grundschule Berg Fidel

Die Kinder der Grundschule Berg Fidel stammen aus 30 Nationen. Viele wohnen im sozialen Brennpunkt Berg Fidel. Die Schule nimmt alle behinderten Kinder des nahen Umfeldes auf. Dies sind z. Zt. ca. 50 von 200 Kindern. In jeder Klasse sind im Schnitt 5–7 Kinder mit sonderpädagogischem Förderbedarf. Am Beispiel vieler Kinderbiografien in Berg Fidel (vgl. Stähling 2011) wird deutlich, „dass Kinder nicht unter einem Mangel an Ressourcen für Hilfe überhaupt leiden, sondern unter einem Mangel an verlässlichen Beziehungen, weil die Hilfen ihnen allzu oft von verschiedenen Stellen aus zerstückelt und unkoordiniert gegeben werden. (...) Das haltlose Durcheinander und die Brüche, die oft genug die Lebensläufe von Kindern in Not prägen, spiegeln sich dann noch einmal wider im Durcheinander zusammenhangloser und wechselnder Hilfen." (Becker/Prengel 2010, S. 197)

Die Schule Berg Fidel hat dieses Durcheinander zunehmend beendet. Sie erhält vier volle Sonderschullehrerstellen vom Land und eine Sozialpädagogikstelle von der Stadt. Die Stunden werden auf alle Klassen gleich verteilt.

Zusätzlich finanziert das Land eine Sozialpädagogin für die Schuleingangsphase und die Stadt investiert für aufsuchende Elternarbeit einen Schulsozialarbeiter.

Die gebundene Ganztagsschule erhält 2 Erzieherstellen und 12 Honorarkräfte vom Schulträger.

Birgit Lütje-Klose (2011) zeigt auf der Grundlage der Erfahrungen der Grundschule Berg Fidel, dass selbst bei geringer Ressourcenausstattung eine Schule inklusiv arbeiten kann, wenn bestimmte Bedingungen erfüllt sind:

„Damit eine gemeinsame Verantwortungsübernahme für alle Kinder unter den Bedingungen einer im Vergleich zu Integrationsklassen deutlich geringeren sonderpädagogischen Ressourcenausstattung pro Klasse trotzdem erreicht werden kann, benötigt die Schule ein vom gesamten Kollegium getragenes Förderkonzept, das die Kooperation aller beteiligten Professionen (...) systematisch berücksichtigt und unterstützt (z. B. durch Jahrgangsteams, gemeinsame Planungszeiten, Supervisionsangebote)" (Lütje-Klose 2011, S. 10).

Dies ist bei uns über viele Jahre gewachsen und führt dazu, dass keine Probleme mehr an Sonderpädagogen „delegiert“ werden. Sie werden – wie auf einer Klassenfahrt – gemeinsam angegangen: Das Geheimnis des Erfolgs der inklusiven Arbeit dieser Schule besteht darin, dass die Mitarbeiter einem festen Klassen-Team zugeordnet sind. Die Klassenlehrerin hat einen *Unterstützer-Ring* um sich versammelt. Sie verantwortet gemeinsam mit ihrem Team die pädagogische Arbeit für eine Klasse. Dadurch wird verhindert, dass die Hilfen für jedes Kind unkoordiniert bleiben. Jede Klasse hat mindestens eine Klassenlehrerin und eine Sonderpädagogin, sowie eine Praktikantin. Ein großer Teil der Stunden ist somit doppelt besetzt. Jede Woche wird in einer Teamsitzung die Arbeit geplant und abgesprochen. Die Teammitglieder teilen den Verantwortungsbereich untereinander auf. Am Beispiel der Sonnenblumen-Klasse werden wir ausführlich die pädagogische Aufgaben-Verteilung zwischen Fordern und Begleiten erläutern (vgl. Kapitel 1.3).

3. Verteilung der SchülerInnen in alle Klassen

Alle Klassen sind altersgemischt. In jeder Klasse sind etwa 6 Kinder der Jahrgangsstufe 1, 6 Kinder der Stufe 2, 6 Drittklässler und 6 Viertklässler. Jedes Jahr gehen ca. 6 Schüler aus jeder Klasse in weiterführende Schulen. Bei der jährlichen Einschulung wird darauf geachtet, dass die „förderbedürftigen Schüler“ „gerecht“ auf die Klassen verteilt werden. Die Grundschule pflegt engen Kontakt zu den Kindergärten des Umfeldes und zur Schulärztin, die alle Einschulungskinder untersucht. Bei der Zuordnung der Schulanfänger zu einer Klasse berücksichtigt der Schulleiter, wie sich die Gesamtsituation jeder Klasse und jedes Teams entwickelt: Gibt es große strukturelle Veränderungen im Team, die die Stabilität der Arbeit schwächen könnten? Haben die Klasse und das Team große Belastungen durch stark verhaltensauffällige Schüler? Passt jeder Schulanfänger gut in die Gruppe, die bereits besteht? Welche Wünsche haben Eltern?

4. Kein Sitzenbleiben in Berg Fidel

Es gibt kein Sitzenbleiben mehr. Alle „schwachen“ und „schwierigen Schüler“ gehören während der gesamten Schulzeit zu ihrer Klasse. Sie können 4, 5 oder 6 Jahre dort in derselben Klasse, bei derselben Klassenlehrerin, demselben Team und der gleichen Kindergruppe bleiben. „Schlusslichter“ gibt es nicht, weil jedes Jahr wieder neue Schulanfänger in die Klasse kommen. Besonders Begabte unter ihnen lernen schnell und erfolgreich am Modell der Großen.

5. Pädagogen geben Halt – Kinder lernen, Verantwortung zu übernehmen

Im Amerikanischen hat sich der Begriff „Caring Education“ eng mit dem Inklusionsgedanken verbunden (vgl. Villa & Thousand 2000; Kaiser/Pfeiffer 2007, S. 218 ff.). „Show kids your care!“ lautet die Forderung. Hier sind zwanzig Regeln (entnommen aus amerikanischen Veröffentlichungen), wie sich Pädagogen in Berg Fidel im Umgang mit Kindern verhalten:

1. Achte die Kinder!
2. Frage sie nach ihrem Befinden und ihren Erlebnissen!
3. Sei du selbst!
4. Freue dich über ihre Fähigkeiten!
5. Lerne mit ihnen ihre Lieblingsorte kennen!
6. Ermuntere sie, etwas zu wagen!
7. Erwarte ihr Bestes; erwarte keine Perfektion!
8. Erwische die Augenblicke, wenn sie gut sind!
9. Lache über ihre Witze!
10. Habe Spaß an ihren Entdeckungen!
11. Sei erreichbar!
12. Schaffe für sie eine sichere und offene Umgebung!
13. Träume mit ihnen!
14. Entscheide gemeinsam mit ihnen!
15. Betone ihre Einzigartigkeit!
16. Bau etwas mit ihnen auf!
17. Lass sie Fehler machen!
18. Inspiriere ihre Kreativität!
19. Höre ihre Lieblingsmusik mit ihnen!
20. Wertschätze sie, egal, was sie tun!

Auf solche Weise können Kinder täglich erleben, dass die Pädagogen sich um sie kümmern und für sie sorgen. Die Kinder lernen, ihre Schule produktiv zu gestalten. Schule ist sowohl Schutzraum als auch Erfahrungsraum. Dort können Kinder erproben, wie man Probleme löst, z.B. im Klassenrat (vgl. Stähling 2006, S. 75ff.; Ruedi 2011, S. 160). Astrid Kaiser (2007) spricht von der Entwicklung der not-wendigen „Katastrophenkompetenz“: „Weil die Welt aber tatsächlich wenig Halt gibt und in sich immer stärker auseinander zu fallen droht, brauchen Kinder vor allem die Sicherheit einer sie tragenden menschlichen Beziehung. Nur aus dieser Sicherheit der sozialen Geborgenheit heraus können auch angemessene Handlungen zur Überwindung der Angst erfolgen.“ (S. 58) Die Grundschule Berg Fidel schafft Situationen, in denen die Kinder erfahren können, was Geborgenheit, Verantwortung für einander, Hoffung und Zuspruch in schwierigen Lebenslagen, Gerechtigkeit, Veränderung, Umgang mit Enttäuschungen, kritische Distanz bedeuten. Hier wird angeknüpft an den subjektiven Interessen der Lernenden, für die Zeit da ist.

6. Freies Arbeiten als zentrale inklusive Unterrichtsform

Jedes Kind erlebt in der Schule: „Du gehörst zu uns“. Es ist ein Teil einer Gemeinschaft, die als nicht teilbar gilt. Dem Kind bietet die Klassengemeinschaft die Möglichkeit, enge und verlässliche Beziehung zu Mitschülerinnen und Mitschülern und zu Pädagogen aufzunehmen. Auf der Basis dieses täglichen Beziehungsangebotes lernt es, sich – je nach eigener Vorgeschichte – mehr oder weniger schnell auf andere Menschen einzulassen. Das ist die Voraussetzung dafür, dass das Kind mit Freude und Begeisterung sich für neue Lerninhalte interessiert und sich auf sie konzentrieren kann. Zusammen mit der Lehrerin oder einem anderen Kind – getragen von dem sicheren Gefühl des Miteinanders – richtet es sein Interesse auf einen „gemeinsamen Gegenstand“ (Feuser).

Auch beim freien Arbeiten suchen typischerweise viele Kinder nach dem Lerngegenstand, der auch ihre Freunde beschäftigt und fasziniert. In diesem Zusammenhang hat sich unsere Regel bewährt, dass morgens zunächst alle Kinder mit Mathematik anfangen und anschließend in einem sprachlichen Übungsfeld weiter lernen. Morgens suchen die Kinder also zuerst ihre Mathe-Aufgaben heraus und stoßen dabei nicht selten auf Lernpartner, die gerade etwas Ähnliches bearbeiten oder an einem ähnlichen mathematischen Problem tüfteln. Einige Kinder arbeiten fast immer zusammen mit anderen am gemeinsamen Lerngegenstand. Sie bilden feste Lernpaare, ohne dass dies gesteuert worden wäre. Andere finden sich je nach Interesse, Bedarf oder Aufgabenstellung zusammen und entdecken zufällig, wie hilfreich es ist, gemeinsam zu arbeiten. Fast alle Kinder sind irgendwann einmal Paten für Schulanfänger in ihrer Klasse gewesen, denen sie nicht nur beim Schulanfang gerne helfen und Aufgaben erklären. Es gibt auch Kinder, für die es selbstverständlich ist, dass sie alleine arbeiten und zunächst fast immer auf die Einzelunterstützung eines erwachsenen Lernbegleiters angewiesen sind.

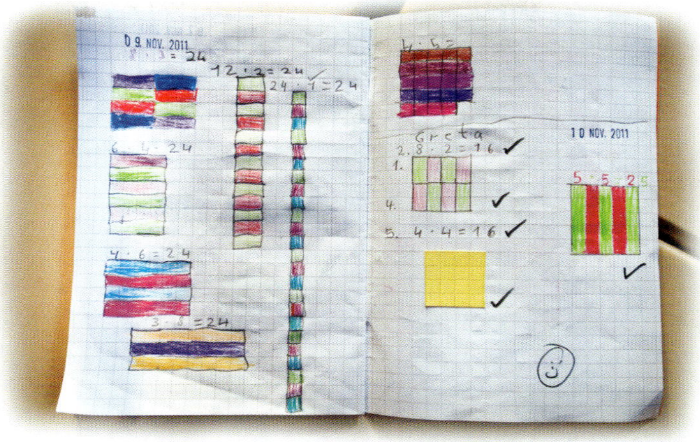

Wenn z. B. in der altersgemischten Klasse die älteren Kinder Flächen zeichnen und deren Inhalte berechnen, so ist dies für Jüngere bereits faszinierend. Sie wollen dann auch mit Lineal, Buntstiften und Bleistift Flächen zeichnen und farbig ausgestalten. Dabei interessiert einen Schulanfänger möglicherweise genau so wie einen älteren Schüler, auf welche Weise z. B. 24 Kästchen im Matheheft dargestellt werden können: 2 × 12 oder 4 × 6 oder 8 × 3. Wobei dem Älteren plötzlich aufgeht, dass er durch Ausschneiden der Flächen diese Multiplikationsaufgaben in einen neuen Zusammenhang bringen kann: Verdoppelung z. B. des Faktors 4 und Halbierung des Faktors 6 ergibt aus der 4 × 6 die Aufgabe 8 × 3 und den gleichen Flächeninhalt.

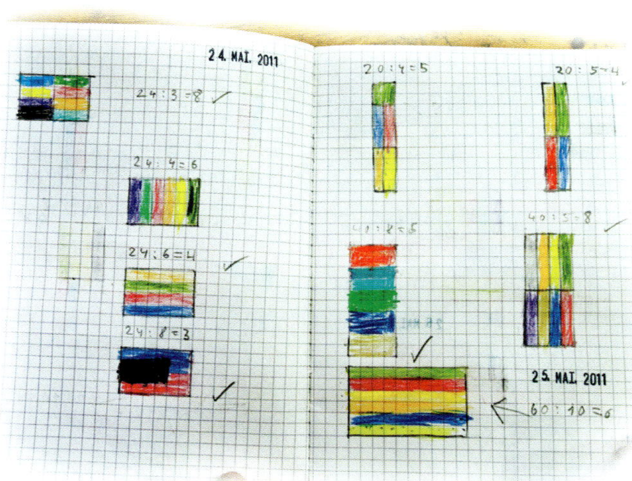

Dabei interessiert den Schulanfänger, der diese ernsthaften Tüfteleien seines älteren Mitschülers genau beobachtet, ob es ihm auch gelingt, die Fläche mit 24 Kästchen in 4er-Streifen auszuschneiden. Beim Aufkleben entdeckt er nun wieder ganz nebenbei, dass er diese 4er-Streifen verschieden anordnen könnte. Dann will er sie mit bunten kräftigen Farben ausmalen, so dass ein wunderbares Muster entsteht, was den älteren Schüler zu einer überzeugenden Anerkennung bewegt.

Ein anderes Schulanfänger-Kind sucht die Sicherheit bei der Lehrerin und will ebenfalls Kästchen ausmalen, weil es das bei anderen gesehen hat und davon fasziniert ist. Nun beginnt es mit Farbstiften regelmäßige Muster zu malen: 4 rote Kästchen, 4 blaue Kästchen, dann wieder 4 rote usw. In der nächsten Reihe beginnt es zuerst mit den blauen. Eine auffällig sorgfältig gestaltete Fläche mit rot und blau entsteht. In der nächsten Reihe verschiebt sich plötzlich wegen einer Unaufmerksamkeit das Bild etwas: es sind nur 3 blaue in der Mitte. Dann wird mit 4 roten fortgesetzt. Das verzerrte Muster bekommt Spannung – ja man könnte sagen: ein fantastisches Bild entsteht.

Von Defiziten beim Abzählen der 4 Kästchen ist keine Rede. Wieso auch? Hier steht das Kind zurzeit und entwickelt sich weiter, ohne zu wissen, dass es – didaktisch gesprochen – spielerisch in der Gemeinschaft am „gemeinsamen Gegenstand“ Mathematik gearbeitet hat.

Das Herangehen der anderen Kinder an verwandte Aufgabenstellungen eröffnet – ohne dass es geplant wird – neue Perspektiven. Es „verfremdet“ das Selbstverständliche. Im Kapitel 1.2 wird von Kindern berichtet, die frei unter einer thematischen Vorgabe arbeiten. Die genauere didaktische Analyse dieser Lernprozesse am gemeinsamen „Lern-Gegenstand“ folgt im Kapitel 2.2. Dort werden 5 Thesen zu Lernprozessen in der Schule formuliert.

Im Gespräch mit der Lehrerin äußert das Kind den Wunsch, nach einer Pause auf jeden Fall weiter Bilder zu malen – so „wie die anderen auch“. Das Kind hat hier vom ersten Schultag an die Freiheit, selbst zu bestimmen, wann es eine Pause braucht. Bei so viel Konzentration und Vertiefung will es nun – wiederum am liebsten mit einer Freundin – zusammen auf dem Bauteppich spielen. Die Freundin will zwar noch etwas weiter arbeiten, kommt aber kurz danach auch gerne zum Bauteppich, um einen Turm zu bauen. Geduldig wartet das Kind auf seine Freundin, bis diese ihre Muster auch zufrieden ihrer Lehrerin und ihrer Mitschülerin gezeigt hat.

Da wächst das Interesse an Mathematik aus reiner Freude am gemeinschaftlichen Tun. Freundschaften sind wichtig für das Lernen. Tragende und entspannte, freudige Beziehungen innerhalb der Klasse bei der freien Arbeit sind das Fundament für eine eigene Entwicklung.

Weil Kinder und Jugendliche meist gerne mit Freunden und Freundinnen gemeinsam an der gleichen Thematik oder am gleichen Lerngegenstand ihre Fähigkeiten erproben möchten, kann es besonders bei älteren Schülern auch sinnvoll sein, bestimmte Themen in dafür vorab festgelegten kleinen Ateliers oder Lernbüros (z. B. Nebenräumen für Mathe und Sprache) anzubieten (vgl. zur Weiterführung bis zum Schulabschluss: Kapitel 1.6).

7. Exemplarischer Einblick in eine Klasse

In den nächsten 4 Kapiteln möchten wir einen exemplarischen Einblick geben in das Leben und Lernen der Ganztagsklasse „Sonnenblumen“. Es handelt sich um eine Klasse im „gebundenen Ganztag“. Die Kinder bleiben zusammen und haben bis 15.30 Uhr Schule.

Jeder Klasse des Ganztags stehen zwei Räume zur Verfügung, über die sie selbst bestimmen, ein Klassenraum und ein „Spieleraum“.

Im Kapitel 1.2. und 1.3. schildern wir das **freie Arbeiten** der Kinder und die alltägliche Aufgabenverteilung der Pädagogen.

Morgens kommen die Kinder zwischen 7.30 und 8 Uhr in den „*Spieleraum*", wo alle von der Klassenlehrerin Barbara Wenders begrüßt und empfangen werden. Die Klassenlehrerin sitzt an einem Rundtisch im Zentrum des Raumes und spricht mit jedem Kind. Erst danach betreten die Kinder den *Klassenraum*, in dem der zweite Lehrer, Reinhard Stähling, an einem Arbeitstisch sitzt und mit jedem individuell die heutige Arbeit abspricht, wenn sie nicht schon vorab mit der Klassenlehrerin vereinbart wurde.

Im Klassenraum gibt es auch einen „Lesehimmel". Über die Entstehung einer solchen Hochebene zum Lesen gibt es viel zu berichten (z.B. Homepage der Grundschule Berg Fidel oder vgl. Stähling/Wenders 2009, S. 86ff.).

Im Klassenraum herrscht Arbeitsruhe, während im Spieleraum auch lauter gesprochen werden kann, Eltern manchmal kurze Fragen loswerden können und Kinder teilweise auf dem Bauteppich oder anderswo spielen oder auch unter Anleitung arbeiten.

Die freie Arbeitsphase dauert bis 9.30 Uhr. Anschließend gehen die Kinder in die „große Pause" auf den Schulhof.

Damit diese Arbeit für alle transparent bleibt, wird in der Stunde nach der großen Pause und dem gemeinsamen Frühstück mit der Klasse über die freie Arbeit reflektiert.

Dies geschieht in Form eines „Lernklassenrates“ oder eines Lerntagebuches.

Der **Lernklassenrat** im Gesprächskreis verstärkt eine Lernkultur, die auf individuelle Leistungsfähigkeit zielt und sich aus den beiden Prinzipien „Lernen ohne Ausgrenzung“ und „Fordern“ entwickelt.

Auch im **Lerntagebuch** reflektieren die Kinder die eigene Arbeit und ihre Lernhürden und vergewissern sich des Gelernten in der Phase der freien Arbeit. In anderen Schulen gibt es Logbücher, Entdeckerhefte, Forscherhefte, Sammelbücher oder Reisetagebücher (vgl. Beispiele aus dem Themenheft der Grundschulzeitschrift Mai 2011; Fetzer 2011; www.pikas.tu-dortmund.de).

Ziel allen Unterrichts ist, dass jedes Kind Erfolge erlebt bei der Durchdringung, der Bearbeitung von „stofflichen Hürden“ und dem Verstehen einer Sache und auf diesem Weg größtmögliche individuelle Lernfortschritte macht. Nur dadurch entsteht Lernfreude bei jedem Kind.

Im Kapitel 1.4 erläutert Barbara Wenders den **„Freien Forscher Club“ (FFC)** der Sonnenblumenklasse. Diese fast täglich stattfindende Projektphase folgt auf den Lernklassenrat bzw. die Lerntagebuch-Zeit. Kinder arbeiten in Kleingruppen an selbst gewählten Themen, die – auch mit Unterstützung Erwachsener – selbstständig erforscht werden. Das FFC-Heft begleitet die gesamte Projektzeit und dokumentiert den Lernprozess jedes Kindes.

Das Kapitel 1.5. beschreibt den wöchentlichen Gang in den Wald. Barbara Wenders erzählt über die interessanten Erlebnisse mit den Kindern im Wald.

Auf die Integrationsforscherin Irmtraud Schnell (2010) wirkt die Grundschule Berg Fidel als „Gesamtkunstwerk". Sie führt aus:

„Die Tatsache, dass Kinder mit so verschiedenen Voraussetzungen mit- und voneinander lernen, bestätigt wiederum jedem Kind jeden Tag, dass auch seine eigene, ganz individuelle Ausstattung ohne Wenn und Aber anerkannt wird. Lernen ohne Ausgrenzung erlaubt jedem Kind, seine Möglichkeiten ohne Angst zu entwickeln. Vielleicht ist diese Sicherheit gebende Bedingung eines der Geheimnisse für den Erfolg der Schule. Ein anderes ist die uneingeschränkte Anforderung an alle (...)".

Wie werden die beiden von Irmtraud Schnell in der Grundschule Berg Fidel beobachteten positiven Lernbedingungen (1) „Lernen ohne Ausgrenzung" und (2) „uneingeschränkte Anforderungen an alle" in freien Arbeitsphasen, im Freien Forscher Club und im Wald realisiert?

BARBARA WENDERS

1.2 Praxis des freien Arbeitens

In der Sonnenblumen-Klasse leben und lernen derzeitig 24 Mädchen und Jungen aus 12 verschiedenen Nationen. Die Jahrgänge 1–4 sind gemischt. Man könnte glauben, dass dieses eine größere Belastung darstellt als die reine Jahrgangsklasse. Das Gegenteil ist der Fall. Das passgenaue Arbeiten wird sehr viel leichter und überschaubarer, weil die Gruppen der verschiedenen Jahrgänge in dieser Klasse aus nur 4–8 Kindern bestehen und wir jedes einzelne Kind besser wahrnehmen können.

Lisa, die zum Beispiel schon lesend in die Schule gekommen ist, hat nicht noch einmal den Buchstabenlehrgang mitmachen müssen. Das ist ihr großer Vorteil. Auch Sandra, die sehr schnell voranschreitet, setzt sich mit Aufgaben höherer Jahrgänge auseinander. Sie tut dies mit einer Selbstverständlichkeit, da sie sich ein eng begrenztes Jahrgangswissen für sich gar nicht vorstellen könnte. Kinder, die zwischendurch gezielt für andere Kinder „Lehrer“ sein können und dürfen, nehmen sich selbst nicht als verlängerter Arm der Lehrer wahr, sondern vertiefen durch ihr Erklären ihr eigenes Wissen und kommen dadurch immer mehr zum Verstehen. Wenn es gut läuft, spüren sie dabei, dass sie selbst noch nicht alles entdeckt und entschlüsselt haben. Kinder mit einem sonderpädagogischen Förderbedarf verteilen sich ebenfalls auf die Jahrgänge 1–4.

Miranda, Elvica und Alexandra haben aus unterschiedlichsten Gründen schwerwiegende Probleme beim Lernen. Bei Aalia war dies ebenso, sie sollte ursprünglich vom Kindergarten direkt auf die Sonderschule. Mittlerweile hat sie durch intensive Förderung in der jahrgangsgemischten Klasse eine so gute Entwicklung gemacht, dass wir am Ende ihrer Grundschulzeit den sonderpädagogischen Förderbedarf werden aufheben können. Christian hat das Downsyndrom und kann zugleich nicht deutlich sprechen und schlecht hören. Max hatte zu Beginn weitreichende Schwierigkeiten sein Verhalten zu steuern, ebenso Andreas, der zusätzlich noch Probleme im sprachlichen Bereich hat. Lanis Hörbehinderung ist gekoppelt mit komplexen Entwicklungsstörungen im emotional-sozialen Bereich.

Dies alles gehört zur „Familie" der Sonnenblumen, in der kein Kind über Bord geht und alle von allen profitieren.

Wer kommt, kann sofort mit der Arbeit beginnen

Die Kinder trudeln ab 7:30 Uhr ein. Der Unterricht fängt offiziell um 8:00 Uhr an, bei uns darf jeder, der da ist, sofort mit der Arbeit beginnen. In der Regel mit Mathematik. Anschließend arbeiten wir gemeinsam an sprachlichen Themen. An welchen Angeboten einzelne Kinder teilnehmen können, werde ich zwischendurch beschreiben.

Ab 7:30 Uhr bin ich als Klassenlehrerin spätestens im Klassenraum, der zweite Lehrer (Fachlehrer) kommt unwesentlich später.

Sandra, die Zweitklässlerin, kommt früh, sie ist immer als erste da und ich kann ihrem Gesicht ablesen, ob sie sehr angespannt oder eher gelassen ist. Meist hat sie schon ein verantwortungsvolles Programm hinter sich, sie hat zwei Schlangen, zwei Katzen und Kaninchen zu füttern. Ihre Mutter selbst muss pünktlich zur Arbeit. Sandra hängt ihre Jacke auf und packt ihre Tasche aus: Butterbrotdose und Etui. Dann wechselt sie die Straßenschuhe mit den schulischen „Hausschuhen" und geht meistens ohne viel zu reden selbstständig an ihre Arbeit, beantwortet Fragen, wie es ihr geht, mit einem kurzen „I'm happy" oder „gut" und sitzt anschließend wie selbstverständlich an ihrem Platz und vertieft sich in ihre Matheaufgaben. Sie tüftelt gerne und weiß, dass sie sich schon mit Aufgaben älterer Kinder beschäftigt. In jüngster Zeit erzählt Sandra mehr von sich, sie wirkt irgendwie gelassener und übernimmt mit viel Elan „ihren" Tafeldienst. „Soll ich das Datum auf Englisch schreiben"? oder „was gibt es Neues vom Tage?"

Als nächstes Kind kommt meistens Lani, ein indisches Mädchen, das noch heute unter den Folgen frühkindlicher Traumatisierungen in ihrer Heimat leidet. Aufgrund extremer, auch gesundheitlicher Vernachlässigungen hat sie eine erworbene Schwerhörigkeit und trägt Hörgeräte. Sie lebt bei ihren Adoptiveltern. Wenn sie ankommt, schaut sie erst einmal, ob „alle" da sind. „Alle" sind einerseits die Erwachsenen und andererseits die anderen Mädchen. Mindestens zwei sind absolut wichtig für sie und dazu gehört Sandra. Lani kommt an; im wahrsten Sinne des Wortes. „Bindungsstörung" ist eine der Diagnosen aufgrund ihrer Traumatisierung. Von der Mutter hat sie sich nun heute Morgen getrennt, jetzt kommt es darauf an, ob die Schule ihr die notwendigen Sicherheiten bietet. Sie braucht lange (nicht, weil sie es nicht kann), um ihre Jacke auszuziehen, sitzt erst einmal auf der Bank im Flur und scheint mit ihren Gedanken oder einem mitgebrachten Spielzeug beschäftigt zu sein. Wenn wir sie nicht ansprechen, können bis zu 30 Minuten vergehen, bis sie den Begrüßungsraum betritt. Ich mache mir Gedanken darüber, dass wir in der Teamsitzung über die Verlängerung der Eingangsphase sprechen müssen, vielleicht sehe ich die Mutter heute Nachmittag beim Abholen. „Heute möchte ich mit einer Pause anfangen", sagt Lani, als sie endlich den Begrüßungsraum betritt, „da war so ein schlimmer Traum". Für Lani ist es jetzt gut, in die Bauecke zu gehen und selbstvergessen zu spielen und erst danach ihren Arbeitsplatz einzurichten. Die Herausforderung besteht für uns darin, genau zu unterscheiden, ob sie einfach keine Lust auf Schularbeit hat oder dieses tatsächlich im Moment nicht leisten kann.

Für Lani wäre eine Integrationshilfe notwendig, geht es mir durch den Kopf.

Alle Kinder wissen und machen mit unserer Hilfe die Erfahrung, ohne Anstrengung kann ich nicht viel erreichen. Es macht aber Spaß etwas zu schaffen, etwas zu erreichen, und dann kann ich mich selbst mit einer Pause belohnen. Auf der

Schaukel, auf dem Bauteppich oder mit der Freundin zusammen. Dieses Arbeitsmilieu wird von den Kindern durch die vorhandenen Strukturen immer weiter kultiviert.

Zwei größere Viertklässlerinnen kommen, sagen kichernd „Guten Morgen“ und gehen sofort in den Arbeitsraum. Bei ihnen steht bald die Beratung für die weiterführenden Schulen an und sie vertiefen sich in das schriftliche Teilen, indem sie sich gegenseitig helfen. Nach der Mathezeit gehen sie zum außendifferenzierten Englischunterricht für Viertklässler, der einmal pro Woche stattfindet.

Draußen auf dem Flur ist ein vertrautes Klackern zu hören. Aha, Beyblades. Drei Jungen sind damit beschäftigt, vor Betreten des Begrüßungsraums sich die neusten Errungenschaften zu zeigen. Sie freuen sich schon auf ihr FFC-Thema.

Ein ganzer Schwung Kinder kommt, „How are you?“ „I'm fine. I'm so, so. I'm happy”. Sie durchqueren fröhlich den Begrüßungsraum bis zum Arbeitsraum und gehen an ihre Arbeitsplätze. Jedes von ihnen weiß, was es zu tun hat.

Jetzt kommt Christian (Kind mit Downsyndrom). Die Integrationshelferin, die hervorragende Arbeit leistet, steht förmlich in den Startlöchern. Ich sehe das und hoffe sehr, dass sie beachtet, was wir auf der letzten Teamsitzung besprochen haben: Christian zieht selbstständig die Jacke aus, packt alleine den Tornister aus, bringt, ohne laute Geräusche im Arbeitsraum zu erzeugen, seine Butterbrotdose weg, erledigt seinen Kalenderdienst und bereitet selbstständig seinen Arbeitsplatz vor. Wenn mittwochs eine Rechnung von unserem Bio-Obst ins Sekretariat zu bringen ist, ist das auch sein Job. Die Rechnung lege ich dann auf den Tisch im Begrüßungsraum.

Roberta, die Integrationshelferin, denkt daran und hält sich zurück.

„Guten Morgen, Barara (statt Barbara)“, begrüßt Christian mich und geht in den anderen Raum zum zweiten Lehrer, den er ebenfalls begrüßt und mit dem er bespricht, was er heute arbeiten möchte. Christian möchte lesen lernen und kommt diesem Ziel jeden Tag ein wenig näher. Durch einen wunderbaren Zufall kann er mittlerweile einem anderen Kind beim Lautieren helfen und lernt dabei selbst ganz viel. Shama aus Pakistan, gerade mal 6 Jahre alt, ist vor kurzem in die Klasse gekommen. Sie spricht nur Englisch und möchte und muss auch Deutsch lernen. Mit Christians Hilfe lernt sie unser Anlaut-Bingospiel kennen. Christian ist ihr Lehrer, eine Erfahrung, die er noch nie gemacht hat. Vor allem, dass ein anderes Kind zu ihm sagt, „Christian, bitte Hilfe“, ist wunderbar für uns zu beobachten. Später werden die beiden zusammen mit Hilfe eines PC-Programms („Lernwerkstatt“) das Lautieren noch intensiver trainieren und dabei Wörter schreiben.

Nils erscheint mit finsterem Gesicht. Nach kurzer Begrüßung verwickelt er mich in ein Fachgespräch über unsere Fische; denn er hat Fischedienst. Er macht mir Vorschläge, mal über ein neues Futter nachzudenken oder ob er im Internet etwas darüber nachgucken könne. Er würde auch gerne mal ein bestimmtes Spiel spielen, wann er es machen könne. Ist doch eigentlich wunderbar, aber es gehört zu Nils Strategie, Arbeit zu vermeiden. Er mag sich nicht gerne mit Lesen und Schreiben beschäftigen, weil er gravierende Schwächen hat und darunter leidet. Mathe hat auch etwas mit Schreiben und Sprache zu tun. Hier hilft nur die klare Ansage, dass jetzt Trainingszeit ist und er später eine Pause machen kann. Durch diese auf der Teamsitzung festgelegte, Nils gegenüber konsequente Haltung aller Erwachsenen macht er immer mehr Fortschritte und fasst wieder mehr Selbstvertrauen. Hilfreich ist auch der Einzelplatz, an dem er gleich sitzen wird und mit seiner Arbeit beginnen kann. Wichtig für ihn ist, dass es kein Ausweichen gibt. Wie wird es ihm in der weiterführenden Schule gehen? Welche Schule kann und will sich so individuell auf Nils einlassen? Dieser verflixte Wechsel nach Klasse 4. Zusammen mit Nils' Eltern haben wir schon über die verschiedenen Schulformen gesprochen. Ob auf dem Gymnasium oder auf der Realschule, Nils wird immer beim schnellen Lesen und Schreiben unter Stress geraten. Welche Schule gewährt ihm hier Nachteilsausgleich? Soll der Wechsel gelingen, braucht er für eine gewisse Übergangszeit eine Integrationshilfe. Wie werden die Ämter reagieren?

Max kommt mit einem langen Stock und möchte ihn mit in den Arbeitsraum nehmen. Es gehört zu seinen Mechanismen, Dinge so lange zu diskutieren, bis er seinen Willen bekommt. Auch hier ist Leitung gefragt, ein ganz klares Nein und die konsequente Aufforderung, mit der Arbeit zu beginnen.

Die Aufhebung des Förderbedarfs für ihn ist in der Teamsitzung zu besprechen. Hinter uns liegen Unterrichtszeitverkürzung, phasenweise 1:1 Begleitung durch eine Praktikantin, tägliche Auswertungsgespräche und massive Behinderungen unserer Arbeit durch die Ämter, weil Max von ihnen nicht das bekam, was ihm zustand, und wir aus eigener Kraft handeln mussten. In der Mathezeit stellt er sich heute selbst eine schwere Aufgabe und hilft anschließend Aalia beim schriftlichen Multiplizieren.

Joosts Vater kommt. Joost tut es aufgrund seiner psychischen Verfassung – die Eltern leben in Trennung – einfach gut, dass sein Vater morgens mit ihm zusammen anfängt zu arbeiten. Das alles ließ sich schnell umsetzen, weil ich mit dem Vater bei der morgendlichen Begrüßung kurz über diese Idee sprechen konnte, die wir in unserer wöchentlichen Teamsitzung diskutiert hatten. Er gab mir am nächsten Morgen eine positive Rückmeldung. Nach zwei bis drei Tagen können wir schon eine Veränderung bemerken. Joost kommt fröhlich lächelnd daher und packt seinen Tornister aus. Der Vater fühlt sich bestärkt, dass er etwas Gutes für seinen Sohn tun kann, und Joost selbst kommt zu einer verbesserten Arbeitshaltung, weil er wieder Mut gefasst hat und sich etwas zutraut. Sein Vater hat ihm signalisiert – „ich bin da“ – die Leistung hat Joost selbst erbracht. Das ist eine wichtige Botschaft.

Reza kommt und ich höre schon die leicht kreischende Stimme seiner Mutter. Sie muss mir ihre Sorgen erzählen, vom kranken Vater in Afghanistan und der

Schwierigkeit für sie, dort hin zu kommen. Sie will einen deutschen Pass beantragen und muss den Einbürgerungstest bestehen. Während sie mir dies alles lautmalerisch erzählt, ist Reza längst schon im Arbeitsraum neben seinem Freund Marian, mit dem er mit Begeisterung weiter das schriftliche Multiplizieren übt. Die beiden sind ein richtig gutes Lernpaar.

Die Mutter bedankt sich für mein Zuhören mit einem Kuss und ich würde ihr gerne die Arbeitsmoral ihres Sohnes zeigen, aber das würde jetzt stören.

Andreas kommt zu spät, das Taxi hatte Verspätung. Er erklärt mir das und geht zügig in den Arbeitsraum. Ich freue mich täglich darüber, denn dies war nicht immer so. Früher hat Andreas die Arbeit systematisch verweigert, fast täglich extreme, die Gesundheit anderer gefährdende Auseinandersetzungen mit Kindern gehabt. Unterrichtszeitverkürzung, kontrollierte Pausen, tägliche Reflexionsgespräche und die kleinen Erfolge beim Lernen haben es möglich gemacht, dass er sich jetzt endlich auf die Arbeit konzentrieren kann. Das macht ihn stolz und er muss seine Schwächen nicht mehr durch allerlei Störungen kompensieren. Wichtig für Andreas war, das Fragen zu lernen. Er versteht sehr viele deutsche Begriffe (Vokabeln) nicht und hat es nie gesagt. Dadurch kam er immer wieder in Schwierigkeiten, weil er nicht genau verstanden hatte. Jetzt fragt er endlich und schleudert nicht mehr ärgerlich sein Etui oder Heft vom Tisch und verlässt wütend den Raum. Noch bis vor kurzem habe ich täglich mit ihm ein Abschlussgespräch geführt, wie der Tag war. Im Klassenrat haben wir eine Leiter auf die Tafel im Sitzkreis gemalt und die Stufe markiert, auf der er sich jetzt befindet. Das Bild der Leiter hilft Andreas bis heute sehr, oben zu bleiben …

Es ist nach 8:00 Uhr, jetzt kommt Miranda mit ihrer hochschwangeren Mama. Die Mutter ist jedes Mal außer Atem und muss sich erst einmal setzen. Dabei schaut sie interessiert zu, was jetzt schon alles zu beobachten ist: Die Sandkiste zum Buchstabenschreiben oder Ziffernschreiben wird von einem Erstklässler benutzt. Ein Kind fängt das freie Arbeiten mit einer Pause in der Bauecke an, 6 Kinder spielen Anlaut-Bingo. Die Mutter – sie kann aufgrund ihrer früheren Lebenssituation im Kosovo nicht lesen und schreiben – scheint fast neidisch zuzuschauen. Sie wirkt stolz, dass ihre Tochter jetzt in der Schule ist und gut lernt. Miranda wurde von der Schulärztin als geistig behindert eingestuft. Wir sehen diese Einstufung nicht als statisch an, sondern als veränderbar. Miranda braucht sehr viel Unterstützung und Zeit, dies alles bekommt sie. Ihre Mutter fragt jeden Morgen etwas zweifelnd: „Miranda, gut?“ Sie streicht auch schon mal über die ausliegenden Fühlbuchstaben. Sie scheint selbst daran zu wachsen.

Der Jingle zur Leseoase ertönt: „Lesezeit in der Leseoase“, Miranda möchte in die Leseoase gehen, sie liebt Bücher, obwohl sie noch nicht lesen kann. Sie bekommt den Button umgehängt und ihre Patin begleitet sie zur Leseoase. Ihre Mutter beobachtet dies und staunt und macht sich auf den Rückweg.

So heiße ich jedes Kind und einige Eltern morgens willkommen und dabei spreche ich manchmal auch Englisch. Es finden Gespräche aller Art statt. Über die Befindlichkeit, was auf dem Schulweg schon alles passiert ist, über Träume, die einen nicht haben schlafen lassen, darüber, dass heute Nachmittag nicht Mama abholt, sondern jemand anders, weil Mama keine Zeit hat. Über Sorgen und Freuden mit Freundinnen und Freunden. Informelle Elterngespräche finden statt. Wie erleichternd ist es, wenn Eltern schnell eine Information über ihre Tochter oder ihren Sohn loswerden können, oder wie entlastend ist es für uns selbst, einigen Eltern eine schnelle Rückmeldung geben zu können! Wenn ich die

Eltern kurz mit einem Winken in den Flur hinein begrüße, signalisiere ich, wir sind da für ihr Kind.

Wichtig sind bei all diesen kurzen Rückmeldungen, Minigesprächen oder Informationsaustauschen mit den Eltern, die zugrunde liegende bedingungslose Annahme aller Kinder und die überzeugende Zuversicht durch uns, dass das Lernen aller Kinder und natürlich ihres Kindes gelingt. Dies ist die Atmosphäre, in der es gelingt, dass zum Eltern-Kind-Sprechtag oder zu unserem Winterfest 2012 auch alle Eltern da waren.

Alle Kinder haben Potenzial. Durch angemessene Aufgaben, an denen sie wachsen können, und durch die gemeinsame Freude beim Lernen in der Klassengemeinschaft helfen wir ihnen, diese Potenziale zu entdecken und „nach oben" zu befördern. Wir versuchen diese Haltung vorzuleben. Eltern brauchen die Botschaft und Überzeugung, dass wir in der Schule alles tun, damit ihr Kind gut lernen kann. Dann akzeptieren sie, dass hier bisweilen hart, aber fair gearbeitet wird, dass es *Arbeitsregeln und keine Beliebigkeit* gibt.

Im Begrüßungsraum lasse ich auch alle einzusammelnden Elterninfozettel abgeben. Die Kinder haken dazu selbst auf einer Liste ihren Namen ab und legen den von Eltern unterschriebenen Zettel in die Ablage. Wenn die Kinder ihren Namen in der Liste suchen und dann noch den Haken in die richtige Spalte setzen müssen, fühlen sich alle ernst genommen.

Wenn Geld einzusammeln ist, wird dies ähnlich durch die Kinder selbst verwaltet. Der Geldbetrag wird offen in eine Dose gelegt und der Name selbst abgehakt. Ein Kind wird als „Verwalter" bestimmt und gibt gegebenenfalls Wechselgeld heraus. Seitdem die Kinder das Geldgeschäft selbst kontrollieren, kommt es viel weniger vor, dass nicht bezahlt wird. Selbst große Geldbeträge in dreistelliger Höhe werden durch Kinder berechnet und ins Sekretariat gebracht. Andere Kinder staunen darüber und stellen fest, dass wir Kindern etwas zutrauen, was normalerweise Erwachsene erledigen.

Selbst die leidigen „Läusezettel" sorgen durch die Kinderverwaltung für einen unverkrampften Umgang mit dem juckenden Thema und dabei entsteht gleichzeitig Aufklärung.

Grundschulkinder der Jahrgangsstufen 1–4 lernen zusammen. Die allerwenigsten sind lesend in die Schule gekommen, die meisten sprechen neben Deutsch eine andere Muttersprache. Beide Sprachen beherrschen viele nicht sehr gut. Einige Kinder haben Fluchterfahrungen und/oder leben in ärmeren Verhältnissen. Einige andere gehören der sogenannten Mittelschicht an. Eine bunte Ansammlung von Kindern, die alle eines gemeinsam haben: Sie möchten etwas lernen und leisten. Und dabei helfen wir Erwachsenen ihnen. Das freie Arbeiten in der Sonnenblumenklasse in Berg Fidel ist eine konzentrierte Lernzeit mit selbst bestimmten Pausen.

Arbeiten am gemeinsamen Gegenstand Mathematik

Seit einiger Zeit erproben wir, in Mathematik konsequent mit allen Kindern der Jahrgänge 1–4 gleichzeitig das gleiche Thema zu behandeln: Multiplikation und Division als ihre Umkehrung, mit allen gleichzeitig. Es gibt für alle Kinder die Aufgabe, Multiplikation und Division durch gezeichnete Flächen im Heft mit Buntstiften darzustellen.

Die Aufgaben werden nicht frontal für alle angesagt, sondern individuell besprochen. Der zweite Lehrer sitzt im Arbeitsraum an immer demselben Platz. Dorthin gehen die Kinder und lassen sich beraten oder zeigen ihre selbst gewählten Aufgaben.

Einige Kinder würden an zu komplexen Aufgaben scheitern. Lani zum Beispiel oder Andreas brauchen ein überschaubares Aufgabenformat, eine für sie zu bewältigende Hürde. Es ist für sie absolut wichtig, dass sie nach kurzen Arbeitsphasen ihre Arbeit dem zweiten Lehrer oder mir vorzeigen können. Dies bestärkt sie und sie können anschließend ihre Aufgabe weiter bearbeiten, manchmal sogar zu Ende bringen.

Manche Kinder stellen sich gerne mit ihrem Heft beim zweiten Lehrer an. Während ein Kind eine individuelle Instruktion bekommt, hören und sehen zwei bis drei Kinder zu und erfahren während des Wartens, worum es geht. Wird die „Warteschlange“ zu lang, werden die Kinder von mir, der Klassenlehrerin, beraten und unterstützt.

Aufgaben sind zum Beispiel: Stelle die Zahl 24 oder 64 dar oder 23 × 16 auf unterschiedliche Art und Weise. Die Kinder entwickeln, indem sie Flächen mit farbigen Stiften anfertigen, die übrigens wie kleine Kunstwerke aussehen, die unterschiedlichen Mal- und Geteiltoperationen. Sie benutzen fast selbstverständlich Lineal und Bleistift und Buntstifte. Ich erinnere mich an Stunden mit dem Titel „Einführung in die Benutzung des Lineals“ oder dergleichen. Sie entdecken durch das eigene Tun und Ausprobieren, dass zum Beispiel 3 × 12 dasselbe ist wie 6 × 6. Dass sie durch eine Zahl teilen können, indem sie diese Menge immer farbig kennzeichnen. Sie lernen Aufgaben zu versprachlichen, was besonders beim Teilen schwierig sein kann: teilen, verteilen, aufteilen.

Nebenbei ergibt sich ein philosophischer Link: Wie sieht das Teilen auf der Welt aus? Unsere nächste Schulprojektwoche wird dieses Thema haben. Ich freue mich schon darauf, mit den Kindern im nächsten Monat über das Teilen in der Welt sprechen zu können.

Sie hantieren, schneiden und kleben ganz kreativ mit Flächen, einem ausgeschnittenen Kästchenkarton, vom zweiten Lehrer ausgegeben. Aus einem Rechteck mit der Fläche 3 × 12 soll zum Beispiel ein Quadrat gebaut werden. Sie können einen Garten oder ein Haus entwerfen und selbst Sachaufgaben dazu schreiben. Der Zusammenhang zwischen Mathematik und Sprache wird auf diese Art und Weise für uns alle deutlich.

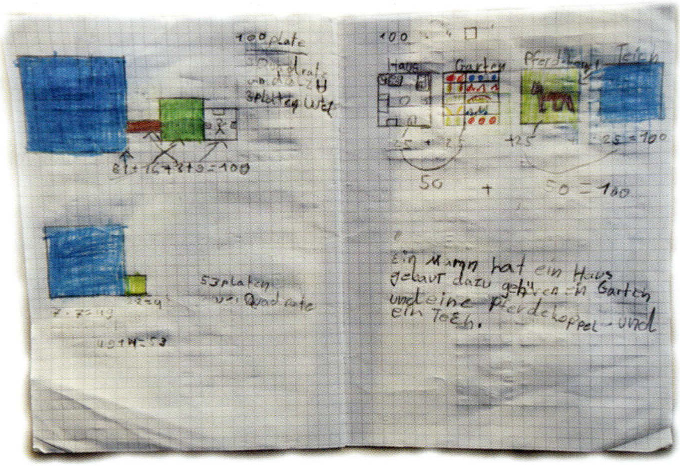

Auch die schriftlichen Rechenverfahren der Multiplikation und Division werden individuell eingeführt. Kinder erhalten individuell eine Instruktion, gehen an ihren Platz zurück und probieren es aus, zeigen ihre Versuche vor und werden kontrolliert. Nicht selten gelingt es auf diese Art und Weise, dass Kinder an ihrer Tischgruppe ihr neues Wissen weitergeben und selbst zu Lehrern werden. Jüngere Kinder profitieren davon, aber auch ältere, die es sich noch einmal erklären lassen oder in der Rolle des Erklärenden eine Wiederholung erleben. Am besten lernen Kinder, wenn sie anderen etwas erklären.

Wie geht das denn mit Erstklässlern und Christian?

Die Erstklässler bekommen zu Beginn nicht sofort „ihr" Mathebuch, sondern ein Heft mit großen Karos. Auch sie bekommen einzeln eine Aufgabenstellung: „Miranda, zeichne immer ein Kästchen blau und das andere rot. Immer abwechselnd, bis ein schönes Muster entsteht." Hierbei kommt Miranda schon fast an ihre Grenze. Sie soll nicht über den Rand malen, den Farbwechsel beachten und über die Ausdauer verfügen, eine ganze Reihe oder sogar mehr zu schaffen. Das erfordert Konzentrations- und Durchhaltevermögen und die entsprechende Feinmotorik.

Miranda schafft mit meiner Unterstützung eine ganze Reihe. Sie möchte die Ziffer Eins schreiben und es gelingt ihr ganz und gar nicht. Im Sand, mit Wachsmalstiften in ganz groß, die Eins will ihr nicht gelingen. Wenn morgen die Praktikantin da ist, werde ich sie bitten, mit Miranda ganz gezielt die Eins zu üben. „Morgen üben wir weiter, Miranda." „Ja, darf ich jetzt schaukeln?", den Sinn der Pause hat Miranda verstanden und sie geht selbstbewusst hinaus.

Sultana, Fara und Jessica zeichnen schon Zweier-, Dreiermuster oder mehr.

Sultana zeichnet immer abwechselnd drei rot und drei blau, dann aber plötzlich vier rot und vier in gelb.

Jasmin benutzt das Heft auch zum Malen. Zwischen die Muster malt sie immer wieder ein Herz und Blumen. Auch wilde Striche und Muster, die weit über den Rand gemalt sind, gehören zu ihr.

Die Gruppe der Erstklässler ist sehr heterogen. Dies spiegeln die Hefte wider. Jede individuelle Entwicklungslogik und Niveaustufe ist wunderbar erkennbar und zeigt uns, wo das Kind steht. Dadurch kommt es zu einer genauen Passung der Aufgaben, wenn wir jeden Tag aufmerksam sind und unsere Struktur beibehalten.

Während ihrer Arbeit werden die Kinder immer wieder vom zweiten Lehrer aufgefordert vorzuzeigen, was sie gemacht haben. So erfahren sie einerseits Ermutigung und Bestätigung, andererseits wird dadurch schnell sichtbar, ob sie an angemessenen Aufgaben arbeiten oder eine größere Herausforderung brauchen oder das Gegenteil.

Es ist sehr interessant zu beobachten, wie schon Erstklässler, wenn sie in eine so vorstrukturierte Lernatmosphäre hineinkommen, sich wie selbstverständlich eine passende Aufgabe suchen oder sie bekommen, an ihren Tisch zurückkehren und dort in der altersgemischten Tischgruppe sehen und entdecken, dass alle irgendwie das Gleiche tun und doch fast jeder ein anderes Niveau bearbeitet. Das ist oftmals so spannend, dass es zu lernintensiven, kooperativen Gesprächen kommt, indem die Kinder sich gegenseitig erklären, welche Entdeckungen sie machen oder gemacht haben.

Mathematik und Sprache

Ein Erstklässler erfährt von Anfang an, Mathematik ist etwas zum Entdecken, etwas, was Spaß macht. Die schönen Muster im neuen Heft werden noch ergänzt durch Buchstaben, die auch in dieses karierte Heft zu Wörtern geklebt werden. Der zweite Lehrer lautiert zum Beispiel mit Fara das Wort Pakistan. Fara geht mit dem „Namen“ zurück an ihren Platz, zerschneidet Pakistan in die einzelnen Buchstaben und klebt das Wort selbstständig in ihr kariertes Heft. Jetzt bekommt sie den Auftrag, einen schönen Rahmen um dieses Wort zu zeichnen.

Fara bekommt schon ein schwierigeres Muster hin und ist für kurze Zeit vielleicht ganz in ihrer eigenen Kultur. Auch die anderen Kinder kleben auf diese Art und Weise Wörter in ihre Hefte: Die Namen der Geschwister, Oma und Opa, Mama und Papa oder Tiernamen.

Nach kurzer Zeit sehen die Hefte wunderschön aus. Eine geordnete Mixtur aus Mustern, Wörtern und Ziffernschreibübungen.

Bekim ist ungeduldig. „Kann ich Pause machen?", fragt er immer. Er will gut sein und sieht gleichzeitig seine feinmotorischen Schwierigkeiten. Bekim weiß auf einer abstrakten Ebene, dass $10 \times 10 = 100$ sind und „darf" sich jetzt ein Bild davon ins Heft zeichnen. Ich setze mich neben ihn und es gelingen ihm die Zehnermuster. Er ist stolz, und die von ihm bisher so daher gesagte Aufgabe ist jetzt für ihn vorstellbar und er hat etwas geleistet. Jetzt hat er sich die Pause draußen auf der Schaukel verdient.

Anschließend lautiert er mit Hilfe die Namen seiner Familie und klebt die Buchstaben in der richtigen Reihenfolge ins Heft. Bekim hat heute viel geschafft.

Das ganzheitliche Anfangserlebnis für unsere Erstklässler mit diesem großkarierten Heft, das sie so schön gestalten konnten, hat dazu geführt, dass sie jeden Morgen hoch erfreut in die Klasse kamen und kommen, weil sie selbst erlebt haben, dass sie etwas können, dass es etwas zu entdecken gibt und dass das Lernen Spaß macht und kein Ende zu nehmen scheint, weil die älteren Kinder auch noch mit Freude dabei sind, jedes auf seinem Niveau.

Miranda, zum Beispiel, spürt zum ersten Mal durch die passgenauen Aufgaben, die sie täglich bekommt, dass sie etwas kann. Bisher erlebte sie nur den undankbaren Vergleich mit gleichaltrigen Vorschulkindern im Kindergarten, wo sie immer als „sehr zurück" beschrieben wurde und dies auch merkte. Außerdem hat sie eine knapp ein Jahr jüngere Schwester, die sie entwicklungsmäßig fast schon überholt zu haben scheint, wie ihre Eltern sagen. Mirandas Selbstbild ist auch durch den Vergleich mit der Schwester beeinflusst. Damit sich dieses Bild nicht von selbst bestätigt, muss es verändert werden. Das ist unsere Aufgabe, das wird im Team mit allen Erwachsenen besprochen. Mirandas Erfolg hängt damit zusammen, an die eigene Leistungsfähigkeit zu glauben,

Jasmin schaut sich bei den älteren Kindern sehr viel ab und ist hoch erfreut, wenn sie darüber mit ihnen ins Gespräch kommt und sich schon an schwierigere Aufgaben herantraut und durch den zweiten Lehrer oder ein älteres Kind individuelle Beratung erhält. Ihre Kommunikationsfreude wird durch die älteren Kinder kanalisiert, damit es im Arbeitsraum zu keiner Störung kommt.

Die Sitzordnung der Kinder ist zwischendurch immer ein Thema. Wer ergänzt sich gut mit wem?

Sergej aus Russland verbindet Mathematik mit Plusaufgaben. Er entdeckt selbstständig in seinem Musterbild, dass er zum Beispiel immer $3+3+3+3$ gezeichnet hat. Er zählt die Menge 12 aus und erfährt durch die älteren Kinder, dass man auch 4×3 sagen kann.

Nach der Mathezeit gibt es für ihn am Mittwoch die Möglichkeit, zum „Russisch" zu gehen. Er hört dort Geschichten in seiner Muttersprache, die eine Muttersprachlerin vorliest und mit den Kindern bespricht.

Alle Kinder, vom Erstklässler bis zum älteren Kind, vom langsamen Lerner und Entdecker bis zum schnell aufnehmenden und umsetzenden Kind, profitieren von Anfang an vom Arbeiten am gleichen Gegenstand in der Gemeinschaft, weil es ihnen Spaß macht und sie automatisch zu einer Vertiefung kommen. Niemand ist fertig, es gibt immer etwas Neues zu entdecken, obwohl der Lerngegenstand bzw. das Thema gleich geblieben sind. Jeder nähert sich dem Thema auf seine eigene Art und Weise (immer wieder Herzchen im Matheheft).

Wir benutzen neben den Heften natürlich auch extra Übungshefte zum Ziffernschreiben, Mathebücher und Übungshefte zum Druckbuchstabenlernen. In dieser beschriebenen Epoche waren hauptsächlich die selbst bearbeiteten Hefte der Kinder das einzige Material, ihr eigenes Mathebuch.

Die Kinder freuen sich auf die Übungshefte und Bücher, die sie dann später bekommen.

Sandra und Leonie gehören wie zwei andere Jungen zu den Kindern, die sich ohne Kontrolle und Beratung unauffällig unterfordern könnten. Sie brauchen gezielte Herausforderungsaufgaben. Aufgabenstellungen, die sie an ihre Grenzen bringen. Nils, Max und Joost brauchen ebenfalls die individuelle Beratung durch den zweiten Lehrer oder auch mich. Sie sind manchmal ungeduldig, wenn sie etwas nicht sofort durchschauen. Bei Reno muss ich immer wieder aufpassen, ob er sich nicht festbeißt an einer Aufgabe und nicht doch einen kleinen Tipp braucht. Er will alles alleine ohne Hilfe lösen. Vielleicht kommt diese Haltung durch sein Taek-Won-Do Training.

Christian bekommt eine individuelle Aufgabe, die er lösen kann. Zum Beispiel: Zeichne die Fünferreihe. Das kann er gut und er lernt auch die entsprechenden Operationen daneben zu schreiben. Das Lineal benutzt er noch nicht, er zeichnet aus freier Hand und die Integrationshelferin unterstützt. Morgen wird er sich vielleicht mit der Dreierreihe beschäftigen. Für ihn sind die Rechen-Stäbe ein gutes Material. Er legt mit ihnen nach, was er gezeichnet hat. Wenn im späteren Lernklassenrat zum Beispiel einmal die Malreihen Thema sind, legt er gleichzeitig mit den Rechen-Stäben mit und kontrolliert das Ergebnis und sagt gegebenenfalls „stimmt“ oder „stimmt nicht“.

Lernen am gemeinsamen Gegenstand Deutsch

Unsere Sprache und alles, was damit zusammenhängt, ist das Gemeinsame. Es gibt zum Beispiel

- die morgendliche Trainingszeit (Lautieren, Sprachspiele, Druckbuchstaben, PC-Übungsprogramme, Schreibschrift, Rechtschreibkartei) nach der Mathezeit im Rahmen der freien Arbeitsphase
- einmal in der Woche eine Schriftstellerstunde
- Schreiben für die Schülerzeitung
- Verwandeln der eigenen Geschichte in ein Bilderbuchkino
- das regelmäßige Freitagsdiktat mit Übungen zur Rechtschreibung
- Schreiben ins Lerntagebuch
- Schreiben ins Klassenratsbuch
- Verschiedene Schreibanlässe wie Genesungswünsche an eine kranke Kollegin

Wir haben als Unterrichtsmaterial das Buchstabentor (Anlauttabelle nach Jürgen Reichen) und dazu passende Anlautbilder und Spiele, „Hörrohre“ zum Abhören, verschiedene Laut-, Silben- und Sprachspiele, einen Druckbuchstabenlehrgang, Druckkästen, einen Schreibschriftlehrgang, Lese-Hefte, eine Rechtschreibkartei und viele Bücher. Alle zwei Wochen kommt der Bücherbus der Stadtbücherei, wo Kinder sich Bücher ausleihen können. Alles baut aufeinander auf und ist für alle Kinder – ähnlich einer Lernlandkarte – von Anfang an sichtbar, wird transparent gemacht.

Nach der Mathezeit arbeiten einige Kinder mit den Arbeitskarten der Rechtschreibkartei, die alle aufeinander aufbauen. Sie sind vom Niveau her ursprünglich nach Jahrgängen gestaffelt, jeder Jahrgang hat eine andere Farbe und ist durchnummeriert. Die Kinder arbeiten auf ihrem jeweiligen Niveau, werden vom zweiten Lehrer genau so individuell beraten und unterstützt wie in Mathematik und entwickeln fast automatisch einen Ehrgeiz, möglichst weit zu kommen, zum Beispiel sich der Karte 96 endlich zu nähern. Während der Verlag die verschiedenen Farben für entsprechende Jahrgänge vorsieht, machen wir die Erfahrung, dass es allein das individuelle Entwicklungsniveau eines jeden Kindes ist, das bestimmt, welche „Farbe“ dran ist. Wir konnten erleben, dass bereits Erstklässler mit der Rechtschreibkartei erfolgreich arbeiten können, obwohl sie beim Verlag erst ab zweitem Schuljahr anfängt.

Während einige Kinder mit den Arbeitskarten arbeiten, lautieren zum Beispiel Erstklässler, wie Miranda, Bekim und andere, mit mir im Nebenraum und machen vielfältige Basisübungen zur phonologischen Bewusstheit und spielerische Übungen zur Satzbildung. Ich lasse es zu, dass auch Elvica mitmacht, die bereits im dritten Schulbesuchsjahr ist und von einer anderen Schule gekommen ist. Ihr fehlen immer noch einige Laute und Wörter, hinzu kommt die vorhandene Unsicherheit in der deutschen Grammatik. Das Lautieren geben wir nie in die Selbstständigkeit der Kinder, weil wir der Überzeugung sind, dass eine Vielzahl von Kindern mit LRS-Symptomatik nie richtig lautiert hat und dadurch Laute falsch oder gar nicht hört. Der Laut M klingt wie mmm und nicht wie Em, D ist dd und nicht De.

Die Erstklässler sind ganz erwartungsvoll und freuen sich auf das Druckbuchstabenheft, dann auf das Schreibschriftheft und dann auf die Kartei.

Das regelmäßige Freitagsdiktat einer Kleingruppe beim zweiten Lehrer (im Forum des Flures) ist ebenso etwas Gemeinsames, das freudige Erwartungshaltung hervorruft. Die Kinder freuen sich wirklich auf das Diktat, weil sie alle mit einem Erfolg in den Arbeitsraum zurückkehren. Wir bilden verschiedene Niveaugruppen und jedes Kind bekommt während der Diktatzeit das, was es braucht: Entweder fast therapeutische Hilfestellung bei Kindern, die eine negativ besetzte Vorerfahrung zum Beispiel aus einer anderen Schule mitbringen und den Glauben an sich schon fast verloren haben, oder eine angemessene Herausforderung mit dem Signal der Zuversicht und der angemessenen Anstrengung.

Christian, das Kind mit Downsyndrom schreibt in der Gruppe mit, die einfache, lautreine Wörter trainiert. Dazu gehört auch Lani, die an manchen Tagen so verstört wirkt, dass sie bei einfachsten Wörtern ganz viel Hilfe braucht. Die Integrationshelferin gibt Christian zusätzliche Sicherheit. Wer Christian richtig kennt, weiß, dass er ziemlich viel durchschaut, ein hohes Anspruchsniveau hat und genau wie jeder von uns niemals gerne in Situationen geraten möchte, die ihn überfordern. Dabei berücksichtigen wir, dass auch seine individuelle Entwicklungslogik dynamisch ist und sich verändert. Sie verändert sich in seinem Tempo und was jetzt noch nicht möglich zu sein scheint, zeigt er zu einem späteren Zeitpunkt. Jetzt macht er seit kurzem beim Freitagsdiktat mit.

Anschließend braucht er eine Pause, weil danach die Logopädin, wie an jedem Freitag, mit ihm arbeiten wird. Wir haben durchgesetzt, dass die Logopädie bei uns in der Schule stattfinden kann. Die Krankenversicherung war zum Glück einverstanden.

Andreas' Krankenkasse hat das für Andreas nicht erlaubt. Seine Logopädie muss in Praxisräumen stattfinden. Er muss nachmittgas nach der Schule in eine Praxis gehen, was für seine Familie eine extreme Belastung bedeutet. Entspannter und erfolgreicher würde er in der Schule logopädische Übungen machen.

Während der Diktatzeit sitze ich am Platz des zweiten Lehrers und begleite das freie Arbeiten der Kinder, die kein Diktat schreiben oder nach draußen zum offenen *Bewegungsangebot* gehen. Heute waren zuerst die Kinder an der Reihe, die noch sehr viel Sicherheit brauchen.

Mit etwas blassem Munddreieck kommen Reza und Marian und Bekim zurück. Sie haben sich beim Seilspringen ausgepowert und dies wurde auf ihrem „Seilspringpass" vermerkt. Sie trinken Wasser und gehen dann zum Diktat.

Bekim setze ich neben mich. Er übt den Buchstaben E. Lani sucht mittlerweile fahrig nach ihrem „Seilspringpass" und ist ganz unruhig, weil Sandra schon längst draußen ist. Später kommt auch sie beglückt zurück, sie hatte eine schöne Zeit draußen mit Sandra und Leonie.

In der *Schriftstellerstunde*, die jeden Donnerstag nach der Mathezeit stattfindet, schreiben alle Kinder zu leiser Musik ihre eigenen Texte und Geschichten, die sie auch illustrieren dürfen. Wir haben vom Comicschreiber und -zeichner bis zum gruseligsten Killerschreiber alles, was man sich vorstellen kann. Fragmente, lyrische Texte mit Reimen, Fortsetzungsgeschichten, Träume, Geschichten, die etwas über die Sorgen oder Wünsche verraten und Christians seitenlanges Gekritzel, das jetzt allmählich anfängt lesbarer zu werden (Entwicklungslogik!). Die Kinder haben die Möglichkeit im Sitzkreis ihre Geschichten vorzulesen und bekommen teilweise sehr kritische Rückmeldungen: „Nils, kannst du auch mal was anderes als über Monster und Blut schreiben?"

Die gemalte Geschichte von Bekim lädt zu viel Fantasie ein: „Wer wohnt in den beiden Häusern, Bekim?" Reza benutzt gerne reale Namen aus der Klasse in seinen Geschichten. Wir sagen dann, dass es nur in der Fantasie vorkommt, dass zum Beispiel Reno den Räuber tötet.

Wenn Christian vorliest, wissen wir, dass sein Gekritzel für ihn einen Sinn hat. Andreas, Max, Aalia und auch Leonie können Christians Sprache meistens übersetzen. Christians Worte sind noch sehr schwer zu verstehen.

Bilderbuchkinozeit ist ein anderer Höhepunkt. Es gibt per Beamer Kino für alle, wir hören die Geschichte vom Kind selbst gesprochen und sehen – wie im Kino – die gezeichneten Bilder.
(Beispiele siehe Homepage der Schule (www.ggs-bergfidel.de), dort unter Sonnenblumenklasse)

Nach dem freien Arbeiten, um 9:30 Uhr, beginnt die große Hofpause.

Ab 9:20 Uhr arbeiten der Kakaodienst, Joost und Sandra, und der Obstdienst, Jola und Leonie. Sie bereiten den Kakao für jede Tischgruppe zu und schneiden das gelieferte Obst für jede Tischgruppe in mundgerechte Stücke. Bananen, Äpfel, Weintrauben, je nach Saison.

Wie viel Liter Milch verbrauchen wir, wie viel Stücke Obst bekommt in etwa jede Tischgruppe? Wie schneide ich eine Ananas klein oder Kiwis? Das kann alles dabei gelernt werden. Wenn Praktikanten anwesend sind, bin ich froh über deren Unterstützung. Dann komme ich pünktlicher ins Lehrerzimmer.

Während die Kinder frühstücken, bespreche ich den weiteren Tagesplan mit ihnen. Sie hören kauend zu und erfahren dabei, ob Besonderheiten – wie eine Schulfeier oder ein Vortrag – zu erwarten sind oder etwa ein Zusatzangebot in der Forscherwerkstatt.

Für den fremden Betrachter erscheint die Zeit des freien Arbeitens durch die Zusatzangebote unter Umständen verwirrend. Für die Kinder überwiegt die Kernzeit des täglichen Trainierens und die Zusatzangebote finden sich gut in den Rhythmus ein.

Lerncoaching

Nach der Hofpause und dem gemeinsamen Frühstück findet von 10.15 Uhr bis 11.00 Uhr der **Lern**klassenrat statt, nicht zu verwechseln mit dem **Klassen**rat (vgl. Stähling 2006/2011, S. 75 ff.), geleitet vom Klassenratsleiter oder der Klassenratsleiterin und unterstützt vom zweiten Lehrer und der Klassenlehrerin.

Im Lernklassenrat versuchen wir die Kinder dahin zu bringen, dass sie genau benennen können, mit welchen Aufgaben sie sich auseinandergesetzt haben, was sie Neues dabei gelernt, entdeckt, verstanden, was sie geübt, wiederholt, geschafft haben. Wie sie zum Beispiel mit anderen Kindern zusammen etwas bearbeitet haben, jemandem geholfen haben oder selbst Hilfe bekommen haben. Was schwer war, was leicht war. Indem ein Kind im Nachhinein genau benennen soll, mit welchem Inhalt es sich auseinandergesetzt hat, ein Beispiel, eine Beispielaufgabe nennen soll, kommt es dem Verstehen oder Festigen des Inhalts näher. Was genau war schwer beim schriftlichen Teilen? Hatte ich Schwierigkeiten die Rechenmethode anzuwenden, oder war ich nicht sicher im Einmaleins? Was genau waren die stofflichen Hürden?

Wir sprechen mit den Kindern über die Wirkung einer Pause. Joost stellt sehr deutlich klar, wie wichtig für ihn die Pause ist. Dass er früher nie so gut arbeiten konnte und jetzt durch das selbstbestimmte Pausemachen wie befreit ist.

Viele Kinder sagen uns, dass sie nach einer Pause viel besser vorangekommen sind oder sich besser konzentrieren konnten.

Kindern wird durch das Gespräch über Pausen oft zum ersten Mal klar, dass es einen Unterschied gibt zwischen Pause und Arbeiten.

Manche haben zuweilen so getan, als ob sie arbeiteten, haben in Wirklichkeit aber eine Pause gemacht, indem sie sich unterhalten haben. Jetzt lernen sie, wenn ich reden möchte, kann ich nicht gleichzeitig arbeiten. Ich muss mich entscheiden: Pause oder Arbeit.

Wir lassen nicht gelten, dass ein Kind sagt: „Ich habe gerechnet und dann mit der Rechtschreibkartei gearbeitet." Wir fordern die Kinder heraus, genau zu sagen, dass sie zum Beispiel das große Einmaleins von 16 entdeckt haben oder ein Zweiermuster gezeichnet haben oder einen bestimmten Buchstaben zu schreiben gelernt haben oder in der Rechtschreibkartei den Gebrauch der Redezeichen verstanden haben. Die Spannung besteht darin, dass neben wichtigen Wiederholungen für einige Kinder auch Themen mit höheren Ansprüchen angesprochen werden. Dann erfahren auch schon Erstklässler etwas über Quadratzahlen oder üben die Einmaleinsreihen mit oder vertiefen sich in Gedanken darüber, was es bedeutet, sein eigener „Lernchef" zu sein.

Zu Beginn singen wir manchmal verschiedene „selbstkomponierte" Zahlenlieder, wie das Lied von den Quadratzahlen (1×1 ist 1; 2×2 ist 4; usw. bis 11×11 ist 121). Dies ist bei allen Kindern sehr beliebt, genauso wie das Lied der Zahlen auf Englisch im Rockrhythmus oder verschiedene gesungene Einmaleinsreihen. Es kam und kommt vor, dass Kinder selbst Lieder dichten, die wir dann gemeinsam vertonen. Wie Marcins Lied vom Apfelsaft, das da heißt: „Ein Becher Apfelsaft, sehr, sehr süß …".

Durch den Lernklassenrat spüren alle Kinder, dass wir alle zusammen mit dem gemeinsamen Voranschreiten, dem Lernen und Entdecken beschäftigt sind. Dass es vorkommt, dass man an einem Tag nicht so viel geschafft hat, dass es normal ist, dass alle etwas vermeintlich anderes gleichzeitig tun und dabei ein Ziel haben: Die Freude darüber, etwas geschafft, etwas verstanden zu haben und etwas zu können, das mit hilft, die Welt zu meistern (Mathematik ist überall …).

Für den Lernklassenrat wählen wir an manchen Tagen die mündliche Form im Sitzkreis, an anderen Tagen die schriftliche Form im Lerntagebuch. Lani schreibt seit einiger Zeit seitenlange Texte darüber, wie ihr das Lernen gefällt und was sie gerechnet hat. Sätze wie: „Mathe ist cool" oder „ich habe heute gelernt, Wörter zu verlängern", erfreuen uns.

Alexandra, ein Kind aus einer anderen Schule, schreibt ganz viel von ihrem Lernen und Arbeiten. Dabei kam sie mit dem Selbstbild zu uns, überhaupt gar nichts zu können. Sie sagte zu Beginn ständig, „kann ich nicht“ oder „wie geht das?“ Jetzt schreibt sie fast eine ganze Seite darüber, was sie alles verstanden hat. Das ist der Erfolg des Lerncoachings.

Das Geheimnis dieser Art zu arbeiten liegt meiner Meinung nach darin, dass die Kinder von Anfang an nicht etwas abarbeiten, auch wenn sie üben, sondern dass sie spüren, hier erarbeite ich mir gerade mein „Handwerkszeug für mein Leben“. Unsere Erfahrung ist, je mehr Zeit wir den Kindern geben, sich vertieft mit einem Inhalt auseinanderzusetzen, umso größer ist das Verstehen, das tatsächliche Durchdringen. Dann entsteht ein Lernfluss, der nie aufzuhören scheint.

Es gibt einige Eltern, die nicht lesen können, das wissen auch ihre Kinder und die Kinder erfahren jetzt durch das eigene Lernen und den damit verbundenen Erfolg, wie wertvoll es ist, lesen lernen zu dürfen.

Es kommt auf den Erfolg an und unser Motor und unsere Arbeitsfreude bestehen darin, allen Kindern Erfolge zu ermöglichen.

Dass Miranda nach einigen Monaten wie selbstverständlich die Ziffern 1–20 schreibt und selbst sagt: „Die Hand kann das jetzt, ich kann das“, ist genau so wunderbar wie das Entdecken der Architektur bei Lisa, die durch das Malen und Aufteilen von verschiedenen Zahlen Flächen zu Räumen in einem Haus mit Erdgeschoss, Obergeschoss und Garten und Wegen gestaltet hat und den anderen Kindern dies gerne zeigt und erklärt.

REINHARD STÄHLING

1.3 Pädagogische Aufgabenverteilung beim freien Arbeiten

Aus der bisherigen Darstellung des freien Arbeitens in der Sonnenblumenklasse wird deutlich, dass die Lehrerkräfte verschiedene Kompetenzen benötigen, die berufserfahrene Lehrer oft auch schon mitbringen. Hierzu zählen wir:

- Eine sehr große Kommunikationsfähigkeit im Umgang mit Kindern und Erwachsenen
- Einfühlungsvermögen in die kindliche Seele (vgl. Fuest 2008)
- Geduld mit der Entwicklung von Kindern
- Die Bereitschaft, sich für jedes Kind stark zu machen
- Eine ausgeprägte Organisationsfähigkeit für Dinge des Alltagslebens
- Sehr viel Teamgeist und Freude an Zusammenarbeit
- Didaktische und methodische Kenntnisse und vielfältige Erfahrungen besonders in den Lernbereichen Deutsch, Sachunterricht und Mathematik (vgl. z. B. Brügelmann 2011; Kaiser/Pfeiffer 2007; Kaiser 2006; Kaiser 2011c; Wittmann 2010; Fetzer 2011; Ritter/Ritter 2012, Meyerhöfer 2011)

- Kenntnisse und reichhaltige Erfahrungen darüber, wie Kinder die Schriftsprache und mathematische Grundlagen erwerben
- Souveränität in ihren Entscheidungen, vom Gehorsam zur Verantwortung
- Bereitschaft und Mut zum Ungehorsam im Schuldienst, wenn Lehrerinnen abseits des Lehrplans individuelle Lernwege für einzelne Kinder ermöglichen (vgl. Stähling/Wenders 2011; Sennlaub 2012)

Bei der morgendlichen 2-stündigen freien Arbeit der „Sonnenblumen-Klasse" fallen zunächst einmal die beiden verschiedenen Rollen auf, die dort die Klassenlehrerin Barbara Wenders und der „zweite Lehrer" Reinhard Stähling beim „gemeinsamen Unterrichten" übernehmen. Rollen und Aufgaben sind klar verteilt; denn wir wissen aus Erfahrung mit Teamarbeit seit vielen Jahren, dass Konflikte entstehen, wenn die „Reviere" unklar sind (vgl. auch Albers 2012).

Wir können dies als eine Form der inklusionspädagogischen Aufgabenverteilung betrachten (vgl. Wocken 2011, S. 180 ff. und 199 ff.). Sie spiegelt bewusst die zwei Aufgabenfelder inklusiven Unterrichts wider, die Irmtraud Schnell (2010) in Berg Fidel beobachtet hatte:

(1) „Lernen ohne Ausgrenzung"
(2) „uneingeschränkte Anforderungen an alle"

Die Klassenlehrerin repräsentiert das erste Prinzip (Lernen ohne Ausgrenzung) in dem für das morgendliche Empfangsritual der Kinder wichtigen **„Spieleraum"**.

Der „zweite Lehrer" verkörpert das zweite Prinzip (Anforderung) in der für die konzentrierte Arbeitshaltung vorbereiteten Umgebung, dem **„Klassenraum".**

Hier sollen nun die beiden sich in der inklusiven Unterrichtsarbeit pädagogisch ergänzenden Arbeitsprinzipien pointiert gegenüber gestellt werden. Beide Prinzipien sind unseres Erachtens nach substanziell für inklusiven Unterricht.

1. Das Prinzip „Lernen ohne Ausgrenzung": Die Klassenlehrerin im Spieleraum

Die Klassenlehrerin hat hier folgende inklusionspädagogische Aufgaben:

Kinder begleiten:

- Auffordern zum Erzählen
- Situativ reagieren
- Freundlich und konsequent zu jedem sein
- Keine Vorwürfe machen
- Gefühle der Kinder nachempfinden
- Kinder ernst nehmen
- Interesse am Leben jedes Kindes äußern
- Spaß am Spiel und am Lernen anregen

Leistung fordern:

- Erfragen, was ein Kind machen möchte
- Interesse an Spezialgebieten jedes Kindes erfassen
- Individuelle Lernpläne entwerfen
- Pläne revidieren, aufgeben
- keine negative Bewertung vornehmen
- keinen Zeitdruck ausüben
- keinen Leistungsstress verbreiten
- keinen Druck erzeugen

Besondere Wünsche berücksichtigen:

- Zeit nehmen
- Zuhören
- Respekt vor der Kultur jedes Kindes vorleben
- System Familie verstehen
- Elternfragen und Elternsorgen beantworten

2. Das Prinzip „uneingeschränkte Anforderungen an alle“: Der „zweite“ Lehrer im Klassenraum

Der „zweite“ Lehrer hat hier folgende inklusionspädagogische Aufgaben:

Leistung einfordern

- Individuellen Erfolg ermöglichen, der nicht an Lehrplänen orientiert zu sein braucht
- Lerninhalte und Übungsfelder didaktisch strukturieren durch Lehrgänge in Mathe, Druck- und Schreibschrift, Rechtschreibung
- Lernzeiten für Mathematik und für Deutsch evt. mit der Lerngruppe verabreden und einfordern (z. B. beginnen wir morgens in der Regel mit selbstständigem Üben an Mathematikaufgaben)
- Routinen einführen
- Arbeitsreviere individuell anpassen bzw. einrichten
- Arbeitsregeln individuell absprechen
- Arbeit mit jedem Kind zusammen strukturieren
- Arbeitsprozesse bei einigen Kindern engmaschig kontrollieren
- Konsequent die Arbeit ins Blickfeld nehmen
- Ausweichen vor der Arbeit verhindern
- Arbeitsergebnisse einfordern und kontrollieren
- Lernstandsfeststellungen, Tests und Klassenarbeiten durchführen

Individuelle Arbeitshilfen organisieren

- Lehrgänge (evt. mit Selbstkontrollen) bereitstellen
- Lernzeiten individuell absprechen
- Partner- oder Gruppenarbeit anregen und ermöglichen
- Ruhige Arbeitsatmosphäre von jedem einfordern
- Einzelhilfe veranlassen
- Beratung für das individuelle Fortschreiten beim Lernen anbieten
- Mit Defiziten konfrontieren und Kritik ermutigend formulieren

Parallele Angebote anbieten

- Leseoase/Kunst-Atelier: Ein Kind aus jeder Klasse kann während der freien Arbeit für eine Stunde in die entsprechenden Räume gehen, wo unter Anleitung einer Lehrerin gelesen bzw. gestaltet wird.
- Forscherwerkstatt: Für einzelne Kinder besteht an einigen Tagen der Woche die Möglichkeit, für z. B. eine Stunde in die Forscherwerkstatt zu gehen und bei einem Gruppenangebot mitzuwirken, das von einer Lehrerin angeboten wird.
- Sport: einmal wöchentlich wird zeitgleich zur freien Arbeit ein offenes Bewegungsangebot in der Turnhalle oder auf dem Schulgelände angeboten, an dem die Kinder eine vorher festgelegte Zeitspanne lang teilnehmen können. Die Leitung hat eine Kollegin. Die individuell unterschiedlich lange Bewegungszeit in der Turnhalle wird vorab festgelegt.

Pausen nehmen (vgl. Stähling 2010b)

- Das Nicht-Leisten-Können respektieren
- Arbeitskultur mit selbst gewählten, individuellen Pausen schaffen
- Regel vereinbaren: Pausen kann jeder nehmen, der sie braucht
- Pausenorte festlegen und vereinbaren: Bauecke, Lesehimmel, Schaukel, Sandkasten, Turnhalle, ggf. Time-out-Raum mit fester Bezugsperson
- Regel vereinbaren: Wer nicht ruhig arbeiten kann, geht in den Spieleraum und spricht mit der Klassenlehrerin oder nimmt eine Tätigkeit auf, die ihn nicht überfordert.
- Selbstständige Pausengestaltung anbahnen
- Selbstständiges Entscheiden über Pausenende anbahnen

Die beiden beschriebenen inklusiven Aufgabenfelder und die hier vorgenommene räumliche und personelle Zuordnung lassen sich in der Praxis nicht idealtypisch voneinander trennen. Dennoch entspricht es der Erfahrung von Teamarbeit in erfolgreichen integrativen Klassen, dass Aufgaben verteilt werden. In der Sonnenblumen-Ganztagsklasse, für die zwei Räume zur Verfügung stehen, hat sich diese Verteilung bewährt. Muss die Klassenlehrerin oder der zweite Lehrer vertreten werden, so hat sich gezeigt, dass die oben beschriebenen Rollen jeweils leicht durch eine Vertretungskraft aus dem Team gefüllt werden können, da sowohl die Rollen als auch die Regeln in den beiden Räumen für alle Kinder transparent sind. Selbstständig kann die Gruppe bei Regelverstößen reagieren und kennt die Verfahrensweisen.

Kinder mit starken Verhaltensauffälligkeiten finden so im Laufe der Zeit zur Arbeit, da sie nicht in Konfrontation mit anderen Kindern bei der Arbeit geraten können. Die Pausen- und Gesprächskultur im Spieleraum oder draußen ermöglicht jedem Kind, nach und nach kleine Erfolge zu erleben. Da der Vergleich zum vermeintlich vorgegebenen Jahrgangsstandard keinen zusätzlichen Stress erzeugt, entspannt sich jedes Kind leichter. Disziplin und Unterrichtsstörungen (vgl. Ruedi 2011) sind gemeinsames Thema im Lernklassenrat: Wer sich gestört fühlt, hat hier ein Forum, sein Problem anzusprechen und im Interesse aller zu lösen.

Die Kooperation der Grundschule Berg Fidel mit verschiedenen allgemein-, sonder- und sozialpädagogischen Ausbildungsinstituten (vgl. Schnell 2010; Veber/Stellbrink 2011) ermöglicht auch eine Unterstützung durch Studierende und Schüler in den Schulklassen. Die Erfahrungen in den Schulpraktika und die Mitarbeit im Unterricht werden in Begleitseminaren aufgegriffen und vertieft. Auch berufserfahrene Hospitationskolleginnen können ihr pädagogisches Handwerkszeug für die Inklusion erweitern. In Unterrichts-Nachgesprächen werden regelmäßig Anregungen aus anderen integrativen Schulen ausgetauscht und als Möglichkeit der eigenen Arbeit abgewogen.

BARBARA WENDERS

1.4 Freier Forscher Club „FFC“

Ein wichtiges Element des selbstbestimmten, begabungsfördernden Lernens in der Grundschule Berg Fidel ist der „Freie Forscher Club“, von den Kindern kurz „FFC“ genannt. Reinhard Stähling hat diesen Begriff „erfunden“ und in der Sonnenblumenklasse steht „FFC“ an drei Tagen für je eine Zeitstunde offiziell auf dem Stundenplan.

In anderen Schulen gibt es zum Beispiel die Kinder-Uni (Grundschule Harmonie), Infotheken, und/oder es werden Expertenarbeiten geschrieben (in Herzogenrath oder Münster, Montessorischule) oder Vorträge gehalten.

Die Erwachsenen, die während der FFC-Zeiten zur Verfügung stehen, sind die Klassenlehrerin, eine Erzieherin und pädagogische Mitarbeiterinnen (Lehramtsstudentinnen). Diese gute personelle Besetzung ist für die erfolgreiche Arbeit in Forschergruppen sehr hilfreich.

In der wöchentlichen Teamsitzung organisiere und koordiniere ich die Arbeit des FFC mit den verschiedenen Teammitgliedern.

„Frei“ ist der Forscher Club insofern, weil die Kinder ihr Thema selbst bestimmen. ***„Forschende“*** Kinder sollen einer Sache oder einem Thema auf den Grund gehen können. Im Idealfall vertiefen sie sich, entdecken Sachzusammenhänge und stellen vielleicht fest, dass es kaum ein „Lern-Ende“ gibt, sondern dass sich immer etwas Neues auftun kann und das Ursprungsthema immer größer und komplexer wird. Forschen bedeutet für die Kinder auch, externe Experten zu finden und sie zu befragen, zu interviewen.

Im **„Club“** zu forschen heißt: zusammen (mit dem Freund, der Freundin) ist es nochmal so schön. Die Kinder wählen Lernpartner und meistens sind es drei Kinder, die gemeinsam an einem Thema arbeiten. Da es sein kann, dass die Kinder später während des Unterrichts selbstständig und ohne Begleitung durch Erwachsene einen Experten aufsuchen, ist es sinnvoll, dass es drei Kinder sind, die sich gegenseitig stabilisieren.

Wovon hängt es ab, ob und wann sich ein Kind im Grundschulalter für ein bestimmtes Thema interessiert? Auf der einen Seite ist es das Eigeninteresse, andererseits gibt es nicht wenige Kinder, die überhaupt nicht benennen können, wofür sie sich interessieren. Diese lernen aber zum Beispiel gerne mit einem bestimmten Kind zusammen und übernehmen ein Thema. Das Hauptinteresse ist manchmal in erster Linie der soziale Faktor. In der Kooperation entsteht dann plötzlich sekundär eine Lust und ein Interesse für das gemeinsame Thema. Das Wichtigste aber ist das gemeinsame Arbeiten mit diesem bestimmten Kind. Andere Kinder wählen FFC-Partner, die sich ebenfalls für ein gemeinsames Thema interessieren.

Es gibt und gab auch Kinder, die alleine ein Thema bearbeiten.

Schlüsselprobleme

Eines Tages kamen wir in der Teamsitzung auf den Gedanken, die Kinder einmal danach zu fragen, was sie alles noch in der Schule lernen wollten. Zu unserem großen Erstaunen beschrieben oder bemalten die Kinder aller Jahrgänge fast 120 Zettel mit den unterschiedlichsten Themen. Es ging zusammengefasst um Tiere, Naturphänomene, Technik, Forschung, Geschichte, Kunst, Sprachen, Ungerechtigkeit, Krieg, Frieden, Essen, Hunger, die Welt.

Tony Booth fordert auf, inklusive Werte in Handlung umzusetzen (vgl. Kapitel 2.2). Wir versuchten nun die Themen der Kinder diesen inklusiven Werten zuzuordnen, und zwar zusammen mit den Kindern. Dies war höchst spannend und wir waren begeistert, weil die Kinder zu verstehen schienen, dass alles miteinander zusammen hängen kann. Das FFC-Thema „Mc'Donalds" hatte etwas mit Ernährungsindustrie und Gesundheit zu tun, aber auch mit Tierhaltung und Einer Welt. Und Tiere sind für Kinder immer wichtig. Themen wie „Stürme" und „Umwelt" gehörten zusammen. Das FFC-Thema der russischen Mitschülerin hieß „Russland" und hatte zu tun mit Gorbatschow, Demokratie, Frieden und Menschenrechten. Eine FFC-Gruppe interessierte sich für „Pompeji", das Leben in alten Kulturen. Eine andere stieß beim Thema „Indianer" auf Fragen der gerechten Verteilung.

Damit sind bereits „Schlüsselprobleme" genannt, die der Menschheit aufgegeben sind (vgl. Kapitel 2.2.).

Alles, was im Folgenden aus der täglichen praktischen Arbeit beschrieben wird, erhebt keinen Anspruch auf ausgereifte Perfektion. Es sind die Erfahrungen der Kinder und des Teams mit dem FFC in der Sonnenblumenklasse. Die Kinder und das Team, wir alle sind miteinander im Prozess des gemeinsamen Lebens und Lernens in unserer Klassengemeinschaft. Ständig arbeiten wir Erwachsene an der Verbesserung der Lernbegleitung und Beratung, an Übergabedokumentationen, die es möglich machen, dass FFC-Gruppen durch wechselnde Erwachsene effektiv begleitet werden können.

Sechs Phasen des „FFC“

Die Projektarbeit des FFC gliedert sich in einzelne Phasen, die jeweils ihre eigenen Herausforderungen mit sich bringen:

1. Themen- und Gruppenfindung
2. Formulierung von 20 Fragen/Gliederung
3. Informationsbeschaffung
4. Experteninterview
5. Auswertung der Quellen zur Beantwortung der Fragen
6. Präsentation der Ergebnisse

1. Themen- und Gruppenfindung

„Wir möchten über Planeten forschen“. „Können wir auch was zu Mc'Donalds machen?“

„Ich weiß nicht, was ich forschen kann.“ „Ich möchte mit Sandra zusammen arbeiten.“

All dies sind Äußerungen, die wir in der Themenfindungsphase zu hören bekommen. Wichtig ist, dass Kinder, die sich nicht festlegen können oder wollen, Zeit bekommen nachzudenken. Sie können sich zurückziehen – auf den Lesehimmel zum Beispiel – mit Büchern aus dem Bücherbus oder Gespräche führen. Hilfreich sind Gespräche mit Erwachsenen, die gemeinsam mit dem Kind versuchen, sein oder überhaupt erst einmal irgendein Interesse zu entdecken. Durch gezielte Fragen nach ihrem Hintergrund oder ihrem Alltag entstehen plötzlich Nachfragen oder das Bedürfnis nach einer Erklärung. So wurde Andreas mit einem Mal klar, dass er sich zwar in jeder freien Minute mit „Beyblades“ beschäftigte, dabei auch erfolgreich war, er aber nichts über den Hintergrund oder die genaue Technik des Kreiselns erzählen konnte. Die Freude war groß, festzustellen, dass es möglich war, genau darüber zu forschen, was in jeder Pause und darüber hinaus so einen Spaß bereitete!

Es entstand eine Dreiergruppe. Andreas, Reza und Patrick.

Andreas, Jahrgang 2, ist/war ein Junge mit herausfordernden Schwierigkeiten, das eigene Verhalten zu steuern, mit Sprachverständnisproblemen und daraus resultierenden Lernschwierigkeiten. Wenn sich ihm ein Sachverhalt nicht sofort erschloss oder er nicht genau verstanden hatte, was er tun sollte, gab er sofort auf und reagierte in der Regel mit einem aggressiven Vermeidungsverhalten.

Reza, auch Jahrgang 2, brauchte ebenfalls viel Unterstützung im selbstständigen Lernen.

Patrick, ein Viertklässler mit dem Ziel, das Gymnasium zu besuchen, war eigentlich nur stark daran interessiert, neue Beyblades auszuprobieren, und sah zunächst für sich ein attraktives, vielleicht auch „bequemes“ Thema. Bei den beiden anderen war er beliebt und geachtet. Diese so unterschiedlich zusammengesetzte FFC-Gruppe kam zu einem erfolgreichen Ergebnis. Der etwas behäbigere Patrick profitierte von der Quirligkeit und Lebendigkeit der jüngeren Kinder und ergänzte deren eher praktisch ausgelegte Vertiefung durch theoretische, physikalische und entstehungsgeschichtliche Aussagen, die dann wiederum gemeinsam in Tabellen festgehalten wurden. Die praktischen Versuche führte die Gruppe automatisch zu ganz bestimmten Versuchsanordnungen, die ebenfalls gemeinsam ausgewertet wurden. Hier war gut zu sehen, dass alle voneinander profitierten und die Motivation, etwas zu leisten, etwas zu zeigen, bei jedem Kind wuchs. Interessant ist hierbei, dass sich aus einem eher oberflächlichen Interesse eine Vertiefung ergab. Andreas und Reza gaben sich ernsthaft Mühe, auch schriftlich ausdauernd zu arbeiten, weil Patrick dies irgendwie vorzugeben schien und dieser selbst plötzlich in der theoretischen Auseinandersetzung mit Beyblades sich Wissen aneignete und in der Kooperation mit den beiden jüngeren Kindern eine Rolle für sich entdeckte, die ihn selbstbewusster und aktiver machte, als wir es von ihm gewohnt waren.

Ein anderes Beispiel für erstaunliche Entwicklungsmöglichkeiten zeigte uns die Viertklässlerin Svetlana mit russischem Hintergrund. Sie wollte am liebsten zusammen mit Alicia und Aalia arbeiten. Die jedoch hatten sich schon zusammengetan und das Thema „Hamster“ gewählt und wollten nicht unbedingt zu dritt arbeiten. „Dann forsche ich über Leoparden“, sagte Svetlana, aus unserer Sicht mit wenig überzeugendem Interesse. In einem Gespräch wurde deutlich, dass sie enttäuscht war über das Verhalten der beiden anderen Mädchen. Hier war Beratung durch uns Erwachsene gefragt. Svetlana brauchte etwas Eigenes, etwas, was sie zum einen wirklich interessierte und etwas, was sie selbstbewusster machen könnte. Wer oder was bin ich, kann ich, wo komme ich eigentlich her? „Russland“ war plötzlich das entscheidende Stichwort in unserem Gespräch. Das bedeutete Sicherheit auf der einen Seite, und siehe da, großes Interesse auf der anderen Seite. Die Mama, die Oma waren Expertinnen, die ständig zu Hause zur Verfügung standen und Svetlana selbst konnte sich noch an einiges in Russland erinnern, da sie erst mit vier Jahren nach Deutschland gekommen war.

Das Ergebnis war ein Vortrag mit dem originalen Arbeitskittel der Mutter, die früher in Russland als Verkäuferin gearbeitet hatte, mit russischen Keksen und einem Kindergetränk aus Russland, mit russischer Musik und russischen Kinderbüchern, einem Porträt Gorbatschows mit den dazugehörenden geschichtlichen Zusammenhängen und der Beantwortung sehr persönlicher, fast intimer Fragen, warum Svetlana damals überhaupt nach Deutschland gekommen war. Souverän beantwortete Svetlana alle Fragen, mit blitzenden Augen und einem breiten Lächeln nahm sie den sich anschließenden Applaus der anderen Kinder entgegen. Sie krönte ihre Präsentation noch mit einem Kasatschok und vergessen war die Enttäuschung über die anderen Mädchen. Svetlana war mindestens „zwei Zentimeter“ gewachsen.

Ein weiteres Beispiel ist der Themenwunsch von Max, der unbedingt alleine arbeiten wollte. „Hitler“ sollte sein Thema sein. Seine Bücherauswahl machte uns Erwachsene nachdenklich. Bücher ab 13 Jahren? Außerdem schien er sich nur für die Kriegsmaschinerie zu interessieren, für Waffen und heroische Kriegsgegenstände. Ein Bild Hitlers wurde kopiert und wir fragten uns, wie wir Einfluss nehmen konnten auf den „richtigen“ Schwerpunkt dieses Themas. Da Max sich nicht leicht etwas sagen lässt und er viel Unterstützung in seiner emotionalen und sozialen Entwicklung braucht, war Fingerspitzengefühl angesagt und eine hier besonders „wasserdichte“ Kommunikation zwischen den begleitenden und beratenden Erwachsenen. Eine Zeitzeugin wurde als Expertin gefunden und Max bereitete ein Interview vor. Bis zu diesem Augenblick waren schon einige Stunden vergangen, in denen er die Arbeitszeit nach unserer Meinung nicht überzeugend genutzt hatte. Das Interview war ein Lichtblick und sollte sowohl für Max als auch für die Zeitzeugin ein einmaliges Erlebnis werden. „So ein interessierter, kluger Junge, der sollte häufiger in unser Erzählcafe kommen“, schwärmte die alte Dame, die die Nazizeit überlebt hatte. Max' Vortrag und Plakat waren schließlich an guter Dramaturgie kaum zu überbieten.

Die unfassbar große Zahl an Kriegstoten erschien ihm für Erstklässler zu brutal. Er sagte: „Ich nenne sie nicht, ihr könnt es, wenn ihr unbedingt wollt, auf meinem Plakat später nachlesen.“ Auf seinen Hinweis, dass mindestens zwei bis drei Kinder aus der Sonnenblumenklasse auch umgebracht worden wären, weil sie schwarz oder irgendwie behindert seien, stellte ein Kind die Frage: „Wie war Hitler als Kind?“ Mit Gänsehaut und der festen Überzeugung, Neonazis zu bekämpfen, verließen die Kinder den Sitzkreis und gingen in die Pause.

Beispiele bisheriger und weiterer Themen

Aquarium, Delfine, Eichhörnchen, Feuerwehr, Fledermäuse, Garten, Hunde, Indianer, Instrumente, Kaninchen, Kino, Mekka, Nepal, Pferde, Pinguine, Polizei, Pompeji, Schildkröten, Schlangen, Shetlandponys, Spinnen, Stürme, Wald, Zoo, Skorpione, Indien, fairer Handel, Zeit, Piraten, Mittelalter, Chamäleon, Regenbogen, Sonnenblumen, Schmetterlinge, Wölfe, Krokodile, Fußball, Dschungelpflanzen, Tiger …

Das Thema „Garten“ entstand durch Christian, 8 Jahre, ein Junge mit Downsyndrom. Christian arbeitet gerne praktisch und interessiert sich für die Natur, für Werkzeuge und Geräte. Die beiden anderen Kinder dieser Forschergruppe (Joost, Jahrgang 3, und Leonie, Jahrgang 1) wollten einerseits auch praktisch arbeiten und auf dem Schulgelände ein Gartenbeet anlegen; andererseits kannten sie sich mit Gartenarbeit von zu Hause aus und wollten unbedingt den botanischen Garten in ihrer Stadt besuchen und fanden es auf einmal sehr interessant, die Geschichte und Unterschiede der Gärten zu erforschen. Der Besuch des Experten im botanischen Garten wurde durch die Integrationshelferin begleitet.

Dass es am Ende Erdbeeren zu ernten gab, Christian, Leonie und Joost beim Vortrag alle Pflanzen benennen und zeigen konnten und die anderen Kinder durch Blattkostproben raten ließen, um welches Kraut es sich handeln könnte, war nicht von Anfang an zu erwarten gewesen. Darüber hinaus schuf Joost nebenher mit Hammer und Meißel einen Gartenwächter aus einem Ytong-Stein und setzte sich mit dem Begriff Ökosystem auseinander. Eine pädagogische Mitarbeiterin begleitete die Bildhauertätigkeit und hatte das Material für den

Gartenwächter mitgebracht. Sie erzählte mir, dass Joost am Ende, als er sein Werk betrachtete, mehr zu sich selbst sagte: „Hätte ich wirklich nicht gedacht, dass ich so was Schönes hinkriege.“ Joost, der so abhängig ist vom Gefühl, etwas zu können, dem tat das richtig gut.

Christian schrieb mit Leonies Hilfe Pflanzennamen auf Schilder aus Birkenrinde, die noch heute lesbar sind.

Hier zeigte sich für uns besonders deutlich, was inklusive Schularbeit bedeutet. Christian ist und war nicht immer ein konstruktiver Mitarbeiter, Joost nutzt gerne Schlupflöcher, um Schreibarbeit zu vermeiden und Leonie ist eine Erstklässlerin, die ihre Augen und Ohren immer und überall hat und sich schwer konzentrieren kann. Am Ende standen sie gleichberechtigt nebeneinander vor den anderen Kindern und überzeugten durch echte Arbeitsteilung und Wissen. Für Christian ist das Gartenbeet ein praktisches Dauerprojekt, er arbeitet hauptverantwortlich daran weiter zusammen mit anderen Kindern, die ihm dabei helfen wollen. Unterstützt werden die Kinder dabei von Pirjo, einer pädagogischen Mitarbeiterin.

Gedanken- und Ideensammlung

Wenn Kinder ihr Thema gefunden haben, schreiben sie ihr Vorwissen oder alles, was ihnen dazu einfällt, auf. Jüngere Kinder können auch malen, gemeinsam wird gesprochen und alles zusammen getragen, was interessiert.

Beliebte Techniken sind die Themensonne oder eine Mindmap. Mit dem Mindmanager-Programm im Computer gelingen besonders klare Themengliederungen.

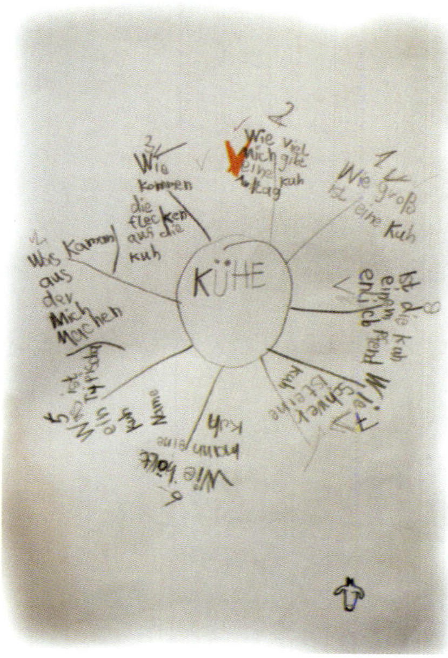

Die Gliederung eines Themas, das Sortieren der eigenen Gedanken, Fragen und des Vorwissens erfordern eine gute Kommunikation der Forschergruppe untereinander und die Beratung und Begleitung durch uns Erwachsene. Dies ist nach unserer Erfahrung eine schwierige und große Herausforderung für die Kinder bei der Erforschung eines Themas.

2. Formulierung von 20 Fragen

Die mittlerweile in der Sonnenblumenklasse „berühmten“ 20 Fragen haben sich als gute Strategie erwiesen, die vorher gemachte Gedankensammlung in konkrete Fragen umzuformulieren, zu gliedern und gegebenenfalls als Interviewfragen zu nutzen. Erst wenn ich genau weiß, was ich zu welchem Oberpunkt wissen will, komme ich weiter. Auch hierbei gibt es, wie immer, individuelle Ausnahmen. Es gab auch mal nur 10 oder nur 15 Fragen. Alles ist möglich, wenn es sinnvoll und abgestimmt ist.

3. Informationsbeschaffung

Bücher

Alle 14 Tage fährt ein Bus der Stadtbücherei Münster (kurz „Bücherbus“) die Grundschule Berg Fidel an. Jedes Kind hat einen Bücherausweis und kann sich Bücher ausleihen. Auf den FFC bezogen, bedeutet das, dass Kinder lernen, Bücher zu einem Thema zu bestellen und darauf zu achten, dass sie die Ausleihfrist rechtzeitig verlängern, wenn sie die Bücher für ihr Thema noch weiter benötigen. Sie kopieren Fotos oder auch Textabschnitte oder zeichnen selbst Bilder ab. Sie lernen mit dem Inhaltsverzeichnis umzugehen und finden neue Schwerpunkte für das eigene Thema.

In ihr FFC-Heft (s. u.) schreiben die Kinder Titel, Verfasser, Verlag, Erscheinungsjahr und Seitenzahl. Schon im ersten Schuljahr schreiben sie zumindest Titel und Verfasser auf.

Internet

Die Nutzung des Internets ist beliebt und erfordert besonderes Knowhow und Begleitung durch Erwachsene. Welche Suchmaschinen nutze ich, welches Stichwort gebe ich ein? Suchmaschinen für Kinder sind z. B.:

www.kids-and-science.de;
www.kindernetz.de;
www.blinde-kuh.de;
www.fragfinn.de;
www.helles-koepfchen.de;
www.lernen-mit-spass.ch

Wir haben die Internetadressen an die einzelnen Computer geklebt.

Bei einigen Themen wurde und wird auch Google benutzt, dies allerdings nach Möglichkeit immer zusammen mit einem Erwachsenen. Auch wir Erwachsene ergänzen uns, da wir unterschiedliche Fähigkeiten und Stärken haben. Bei der Arbeit mit dem Computer wird dies besonders deutlich.

Experte

Wie finde ich einen Experten? Dies ist eine spannende Frage für die Forschergruppe, die hierbei ihr nahes und weiteres Umfeld einschließlich der Stadt mit allen Institutionen ins Blickfeld nehmen muss und kann. Experten gibt es unter Umständen zu Hause, in der Verwandtschaft oder Nachbarschaft, in der Universität, im Zoogeschäft, im Museum, im Zoo, im Kino oder in der Moschee.

Sonstige Informationsquellen

Hier wären zum Beispiel zu nennen das eigene Haustier, das Hobby, Zeichnungen, Fotos, Broschüren, Kunstgegenstände, Naturalien, eine Fernsehsendung, ein Film und anderes.

4. Experteninterview

Eine selbstständige Fahrt zu einem Experten ohne die Begleitung durch einen Erwachsenen erfordert einiges an Vorbereitung.

Zunächst ist das Einverständnis der Eltern, die auf einem Elternabend schon vorab informiert wurden, einzuholen. Wir haben dazu Vordrucke erstellt, die die Kinder mit nach Hause nehmen und unterschrieben wieder mitbringen.

Die Fahrt mit dem Bus oder der Gang zu Fuß muss während der Unterrichtszeit erfolgen und ein Erwachsener der Schule muss ständig telefonisch erreichbar sein. Die Forschergruppe hat ein Schulhandy dabei, in dem die wichtigen Nummern eingespeichert sind.

Rechtliche Unsicherheiten lassen sich ausräumen, wenn man die „Wanderrichtlinien" im jeweiligen Bundesland genau studiert. Dort wird jede Lehrerin zu Aufsicht und Gefahrenvermeidung grundsätzliche Aussagen finden. In NRW heißt es, dass „ zeitlich und örtlich begrenzte, angemessene Unternehmungen (in der Regel in Gruppen)" ohne Aufsichtsperson durchgeführt werden können (vgl. Wanderrichtlinien NRW v. 19.03.97).

Die Arbeitsfähigkeit der Forschergruppe muss in vielerlei Hinsicht vorher festgestellt werden: Können sich die Kinder aufeinander verlassen? Verstehen sich die Kinder gut genug, dass sie auch Krisen miteinander aushalten?

Ist der Weg zu Fuß oder ist die Busfahrt mit allen Abfahrtzeiten, Haltestellen, Umsteigezeiten, bekannt?

Wissen die Kinder genau, wohin sie müssen?

Diese Vorbereitungen erfordern ausreichend Zeit. Wir Erwachsene beraten, stellen Stadtpläne und Busfahrpläne zur Verfügung und zeigen den Kindern, wie sie gelesen werden. Wir simulieren die Situation, dass ein Bus Verspätung hat oder dass die Gruppe in den falschen Bus steigt. Wichtig ist die Botschaft: wir sind nicht alleine, wir können uns Hilfe holen.

Ab jetzt macht es Sinn, Kontakt zu einem Experten aufzunehmen, ihn anzurufen oder eine Mail zu schicken, ob er überhaupt mit einem Besuch und einem Interview einverstanden ist.
(Bisweilen war die Reihenfolge eine andere ... Erst wurde angerufen und dann erst geguckt, wo es hingehen sollte.)

Das selbstständige Anrufen ist ein erster wichtiger Höhepunkt für die Kinder. Dabei ist gut zu beobachten, wie die Kinder selbst bestimmen, wer aus der Gruppe was macht. Jedes Kind kann, darf und soll seine Stärke in die Gruppe hineinbringen. Das Kind, das sich jetzt schon traut anzurufen, ruft an. Das Kind, das gut mitschreiben kann, macht die Notizen. Das Kind, das sich nicht traut anzurufen, aber genau weiß, welche Fragen gestellt werden müssen, berät die anderen Kinder. So ein Anruf wird vorher simuliert.

Die Aufgabe des Erwachsenen ist es, alle möglichen Situationen mit den Kindern durchzuspielen: Mal ist der Angerufene ungeduldig und hat keine Lust auf langsame Kinderfragen. Mal stellt der Angerufene schnelle Gegenfragen und erwartet präzise Antworten, mal gibt er sich völlig unwirsch und legt auf. Mit alldem sollen die Kinder in der Spielsituation fertig werden und sie lernen so immer mehr, sich durchzusetzen und konsequent ihr Ziel zu verfolgen. Sie möchten einen Termin absprechen und eine Zusage bekommen. Für uns Erwachsene war immer wieder neu zu beobachten, wie zum Beispiel ein eher schüchternes Kind aus dem Jahrgang 3 oder 4 über die Schlagfertigkeit und Routiniertheit einer Erstklässlerin beim Telefonieren staunte und es anschließend auch probieren wollte.

Durchführung des Interviews und die Frage der Begleitung bzw. Nichtbegleitung

Für uns Erwachsene ist es bis heute aufregend, wenn eine FFC-Gruppe während des Unterrichts die Schule verlässt und in eigener Sache unterwegs ist. Ausgestattet mit einem Schulhandy, einem Diktiergerät, einem Fotoapparat, mit Papier und Stiften, gegebenenfalls mit einem Stadtplan und den notwendigen Busfahrkarten, die natürlich im Vorverkauf auch selbstständig gekauft wurden, geht es los. Die Kinder selbst wirken freudig erregt und sehr konzentriert. Bisher gab es keine erwähnenswerten Komplikationen.

Einmal allerdings waren Eltern so verunsichert, dass sie lieber einen Erwachsenen dabei haben wollten.

Durch die Kooperation mit der benachbarten Hauptschule ergab und ergibt sich die Gelegenheit, Zehntklässler oder Zehntklässlerinnen für die Begleitung einer Gruppe einzusetzen. Hier haben wir bisher gute Erfahrungen gemacht, die auch die Eltern zufrieden gestellt haben.

Es gibt Gruppenzusammenstellungen, bei denen auf jeden Fall eine Begleitung durch ein Teammitglied notwendig ist. Wenn zum Beispiel ein Kind mit – uns bekanntem – unberechenbarem Verhalten dabei ist, dürfen wir die Gruppe nicht alleine gehen lassen, selbst wenn wir davon überzeugt wären, dass dieses Kind gerade dadurch, dass es jetzt in der Eigenverantwortung ist, in seiner Entwicklung weiter käme. Die Begleitung kann sich allerdings in so einem Fall zurückhalten und das Gefühl der Eigenverantwortung kann auch so entstehen.

5. Auswertung der Quellen zur Beantwortung der Fragen

Bis heute gibt es immer ein großes „Hallo“, wenn eine Gruppe zurückkehrt. Die Kinder wirken erleichtert und gleichzeitig sehr selbstbewusst. Sie kommen in den laufenden Schulbetrieb und dürfen ihre Erfahrungen und Erlebnisse später erzählen.

In den folgenden Stunden muss das Interview transkribiert werden, was für Grundschulkinder schwierig ist und Arbeitsteilung und Hilfe durch Erwachsene erfordert. Muss alles aufgeschrieben werden oder nur das, was uns in der Fragestellung weiterbringt? Können wir nun alle Fragen beantworten?

Es gab immer wieder Kinder, die dazu in der Lage waren, andere brauchten Hilfe und Unterstützung und hörten sich das Interview über Kopfhörer mehrmals an. Die Fotos müssen ausgedruckt werden und erste Überlegungen für die Präsentation erfolgen.

6. Präsentation der Ergebnisse

Freie Rede, Vortrag

Wie halte ich, halten wir einen Vortrag in der Gruppe, wie rede ich frei? Dies ist ein großes Lernfeld. Bisher haben wir noch keine Stimm-, Atem- und Sprechschulungen durchgeführt, sondern allein durch die Rückmeldungen der Zuhörer, zu denen natürlich auch die Erwachsenen gehören, Verbesserungsvorschläge und Weiterentwicklungen in Gang gebracht und die Kinder haben es umgesetzt. Die Zuhörer, da altersgemischt, sind oft erbarmungslos ehrlich und können durch ihre Anmerkungen viel verbessern, anregen und auch bestätigen.

Mittlerweile haben sich folgende ***„Minimalstandards“*** herausgestellt:

Es gibt immer eine Kurzvorstellung der Gruppe, eine Begründung für die Wahl des Themas von jedem Kind, das Bemühen, die Zuhörer anzuschauen. Die Gliederungspunkte werden benannt.

Wichtig ist das Üben der Vorträge. Wir Erwachsene geben Hilfestellung und beraten die Gruppe. Erst wenn die Gruppe sich sicher fühlt, wird der Termin für den Vortrag festgelegt. Unsere Erfahrungen zeigen, dass es der einen oder anderen Gruppe manchmal gut tat, dass wir gesagt haben, jetzt müsst ihr zum Ende kommen, morgen oder übermorgen ist euer Vortragstermin. Dies setzte plötzlich ungeahnte Kräfte frei.

Bei der Präsentation, beim Vortrag selbst, zeigt sich unter anderem auch die Qualität der Kooperation. Hat jedes Mitglied seinen eigenen Beitrag geleistet und durfte es ihn auch leisten? So genannte Leader lernen spätestens an dieser Stelle, sich zurückzunehmen und die anderen Kinder zu Wort kommen zu lassen. Nach dem Vortrag bewertet die Gruppe die eigene Teamarbeit öffentlich.

Plakat

Zu reden und gleichzeitig das Plakat einzubeziehen, ist für manche Kinder schwierig. Die Kinder selbst haben für sich entdeckt, dass es sinnvoll ist, sich die Arbeit aufzuteilen. Wer macht was? Wer sagt zu welchem Punkt oder Bild oder zu welcher Darstellung auf dem Plakat etwas?

Die Gestaltung eines Plakates ist ein weiteres Lernfeld mit grafischen und künstlerischen Herausforderungen. Dadurch, dass es mittlerweile schon sehr viele Plakate gegeben hat, werden die Erfahrung der Kinder immer größer und die Beurteilungskriterien für ein gelungenes Plakat immer klarer. Der Blick auf Plakate im Lebensumfeld wird ebenfalls ein anderer.

Anschauungsobjekte

Wenn etwas in der Mitte des Sitzkreises liegt, erweckt das Aufmerksamkeit und Interesse, die Vorfreude auf den Vortrag nimmt zu.

Es gab mittlerweile zum Beispiel beim Vortrag über Pompeji eine stilgerechte römische Kostümierung, mannigfaltige Schätze aus dem Meer beim Thema Meerespflanzen, lebende Schlangen und echte Schlangenhäute und vieles mehr. Hier kommen auch nicht selten die Eltern ins Spiel, die ihre Kinder mit Anschauungsobjekten unterstützen.

Banal, aber trotzdem erwähnenswert sind zum Beispiel die Naturalien Heu, Mais und Pferdemüsli beim Vortrag eines Romamädchens über Pferde. Elvica war erst vor kurzem in die Klasse als Quereinsteigerin gekommen, hat Fluchterfahrungen und war damals noch ziemlich unsicher. Niemals wären diese Begriffe in ihren aktiven deutschen Wortschatz übergegangen, wenn sie sie nicht für diesen Vortrag gebraucht hätte. Ohne Anschauung dazu „ was Pferde auf einem Reiterhof fressen, hätten sich die deutschsprachigen Kinder dies vorstellen können. Bei Elvica selbst wäre es zu keiner konkreten Vorstellung darüber gekommen, da sie nach eigener Aussage nicht wusste, was Heu und Mais und Pferdemüsli wirklich sind und wie diese Dinge aussehen.

Power Point Präsentation

Eine Power Point Präsentation gab es bisher selten, da in der Sonnenblumenklasse kein fest eingebauter Beamer vorhanden ist. So ist die technische Vorbereitung einer solchen Präsentation aufwendig. Allerdings wissen die Kinder von der Jahrgangsstufe 1 bis zur Jahrgangsstufe 4 von der Möglichkeit und entscheiden selbst, ob sie dies wollen.

Filme

Auch nach Filmbeiträgen, die gut zum Thema passen, wird mittlerweile gesucht. Die Kinder können bei der Landesmedienanstalt mit Hilfe der Erwachsenen Filme bestellen.

Beim Thema Pompeji ergab es sich, dass ein kurzer Film erst im Anschluss an den Vortrag entdeckt wurde. Er wurde präsentiert und lieferte in anschaulichen Bildern all das, was uns die Gruppe am Tag zuvor vorgetragen hatte, einschließlich des Vulkanausbruchs. Spätestens hier wurde klar, auch Christian hatte profitiert, der nun beim Anblick des Vulkans laut „Vesuv" rief und dabei zeigte, dass er sich an das gestrig Gehörte zu erinnern schien.

Rückmeldungen der Zuhörer

Dies ist der aufschlussreichste Moment des FFC.

Die Rückmeldungen der Zuhörer beziehen sich darauf, ob sie den Vortrag langweilig oder spannend fanden und ob sie etwas Neues gelernt haben. „Das habe ich noch nicht gewusst", ist ein großes Kompliment durch andere Kinder, vor allem wenn es von Kindern kommt, die über sehr viel Sachwissen verfügen. Sie scheuen sich dann allerdings auch nicht, weitere Fragen zu stellen, die sie beantwortet haben möchten und zu denen es noch keine Antwort gab. Hier lernen Kinder schon sehr früh, dass es überhaupt nicht schlimm ist, etwas noch nicht zu wissen und dass sie es sagen dürfen und dass sie sich weiter damit beschäftigen werden, damit die Frage gelöst wird.

„Du warst ganz schön aufgeregt und hast immer so „stockerig" gesprochen, das war blöd."

An dieser Stelle kam es mit Hilfe der Erwachsenen zu einem Gespräch darüber, wer auch schon mal so aufgeregt war und was man dagegen tun kann.

„Wie hat eure Teamarbeit geklappt?" „Das war nicht so gut, Aalia hat sich immer so dumm gestellt und nichts gemacht." Diese Bemerkung galt einem Mädchen, das offiziell sonderpädagogische Förderung im Bereich Lernen erhält. Eine ihrer bisherigen Strategien war es, ganz schüchtern zu tun, Kopf nach unten, dabei ganz unsicher zu lächeln und so zu tun, als hätte „man" keine Ahnung. „Keine Ahnung", hatte Aalia in der Tat früher immer gesagt, auf jede Frage, die etwas Selbständiges zu verlangen schien. Das war das erste, was andere Kinder ihr durch die Zusammenarbeit im FFC abgewöhnt hatten.

„Sprich lauter, wir verstehen dich nicht", und „stell dich nicht dumm", waren nun die nächsten Ansagen an Aalia.

Wichtig hierbei ist, dass nicht beleidigt wird, sondern dass die anderen Kinder ein ernsthaftes Interesse signalisieren, durch ihre Kritik ein anderes Kind weiterbringen zu wollen. Dies gelingt natürlich nur in einem Klima absoluten Vertrauens und der Sicherheit und Rückendeckung durch alle Erwachsenen.

Die Zusammenarbeit mit Aalia erfolgte auf gleicher Augenhöhe! Kein Kind kam und kommt auf die Idee, dass sie geschont werden muss und sie nichts Angemessenes zum Thema beitragen kann. Aber Aalia hatte Strategien verinnerlicht, die es ihr schwer zu machen schienen, ohne sich dumm zu stellen, mitzuarbeiten. Die laute Ansage durch einen Erwachsenen, sie möge sich nicht dumm stellen, dazu gäbe es keinen Grund, ermunterte die anderen Kinder, von Aalia „echte“ Teamarbeit einzufordern. Sie bekam dadurch das Signal, wirklich etwas zu können, woran sie bisher nur in ganz überschaubaren, einfachen Arbeitssituationen geglaubt hatte.

Die Rolle der Erwachsenen

Beim Vortrag haben die Erwachsenen eine wichtige Rolle. Sie steuern das Gesamtgeschehen, indem auch sie Fragen stellen können und überprüfen können, ob die anderen Kinder wichtige Begriffe verstanden haben. Sie können die Vortragenden unterstützen und weiterführende Fragen zulassen, die plötzlich das Thema erweitern und die Klassengemeinschaft zum Nachdenken in anderen Zusammenhängen bringt. Beim Thema „Stürme“ ergaben sich zum Beispiel plötzlich Fragen der Architektur. Warum in einigen Ländern bei einem Sturm sofort alle Häuser zerstört werden. Klar, die Häuser sind nicht stabil gebaut. Warum denn nicht, war die nächste Frage.

Dabei ist es ganz wichtig, dass die Kinder ihre eigenen Erfahrungen benennen können, ihr Vorwissen oder ihre eigenen Gedanken und Meinungen mit ins Spiel bringen. Es haben sich aus solchen Gesprächen einerseits neue Forscherwünsche ergeben und wir bemerkten, dass Kinder anfingen in größeren Dimensionen zu denken.

Dokumentation im FFC-Heft

Die gesamten Phasen des FFC werden durch die Kinder in einem „FFC-Heft“ dokumentiert. Ob es die benutzten Bücher sind, die Internetadressen, die 20 Fragen, die Fahrt mit dem Bus, alles wird aufgeschrieben. Dieses Heft wird am Schluss als Dokument abgegeben und im eigenen Ordner aufbewahrt.

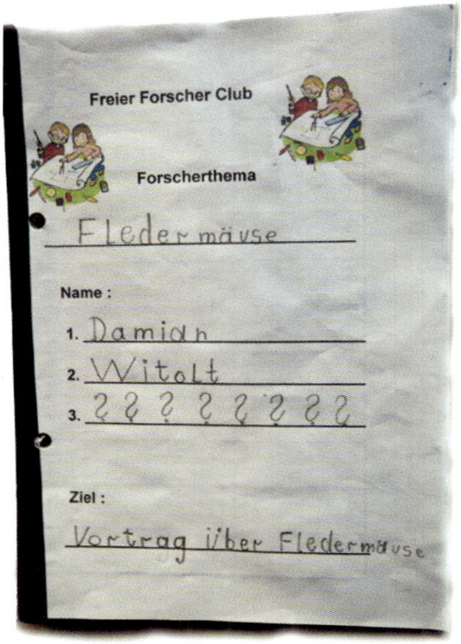

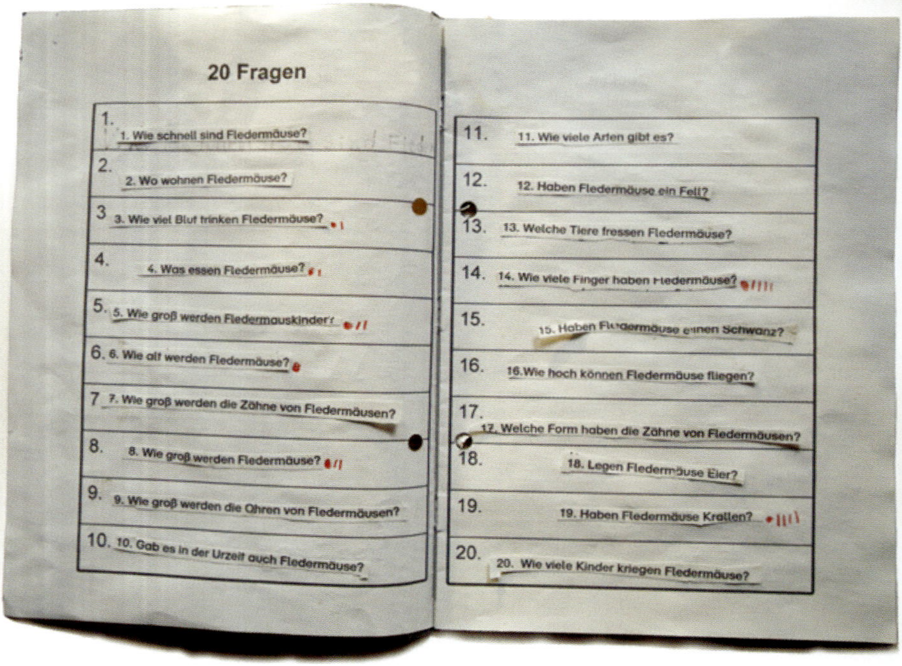
20 Fragen
1. Wie schnell sind Fledermäuse?
2. Wo wohnen Fledermäuse?
3. Wie viel Blut trinken Fledermäuse?
4. Was essen Fledermäuse?
5. Wie groß werden Fledermauskinder?
6. Wie alt werden Fledermäuse?
7. Wie groß werden die Zähne von Fledermäusen?
8. Wie groß werden Fledermäuse?
9. Wie groß werden die Ohren von Fledermäusen?
10. Gab es in der Urzeit auch Fledermäuse?
11. Wie viele Arten gibt es?
12. Haben Fledermäuse ein Fell?
13. Welche Tiere fressen Fledermäuse?
14. Wie viele Finger haben Fledermäuse?
15. Haben Fledermäuse einen Schwanz?
16. Wie hoch können Fledermäuse fliegen?
17. Welche Form haben die Zähne von Fledermäusen?
18. Legen Fledermäuse Eier?
19. Haben Fledermäuse Krallen?
20. Wie viele Kinder kriegen Fledermäuse?

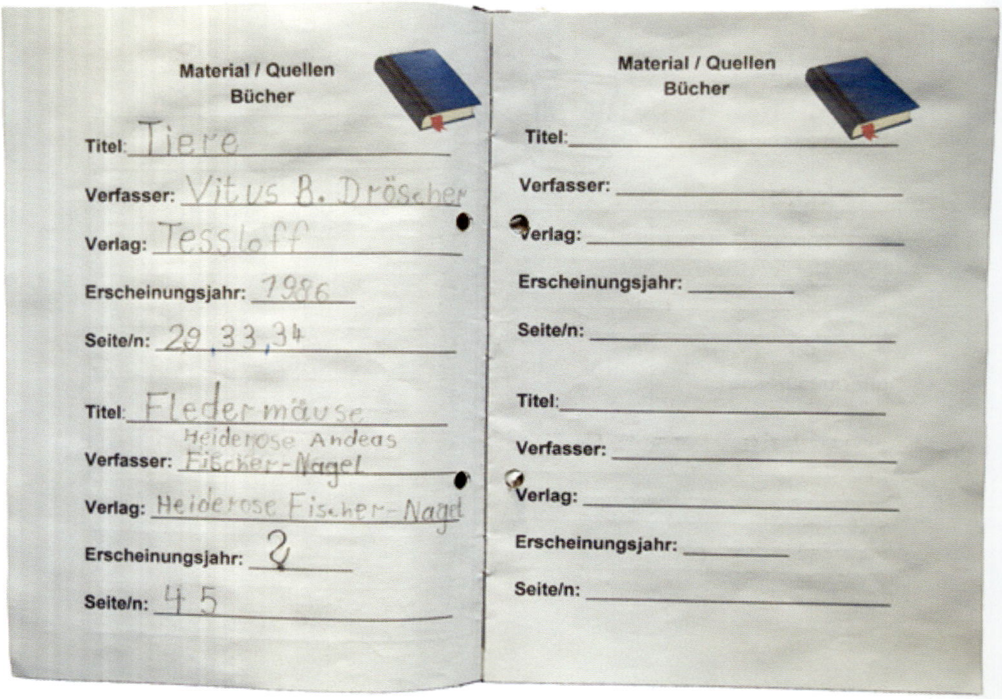
Material / Quellen
Bücher
Titel: Tiere
Verfasser: Vitus B. Dröscher
Verlag: Tessloff
Erscheinungsjahr: 1986
Seite/n: 29, 33, 34
Titel: Fledermäuse
Verfasser: Heiderose Andeas Fischer-Nagel
Verlag: Heiderose Fischer-Nagel
Erscheinungsjahr: ?
Seite/n: 4 5
Material / Quellen
Bücher
Titel:
Verfasser:
Verlag:
Erscheinungsjahr:
Seite/n:
Titel:
Verfasser:
Verlag:
Erscheinungsjahr:
Seite/n:

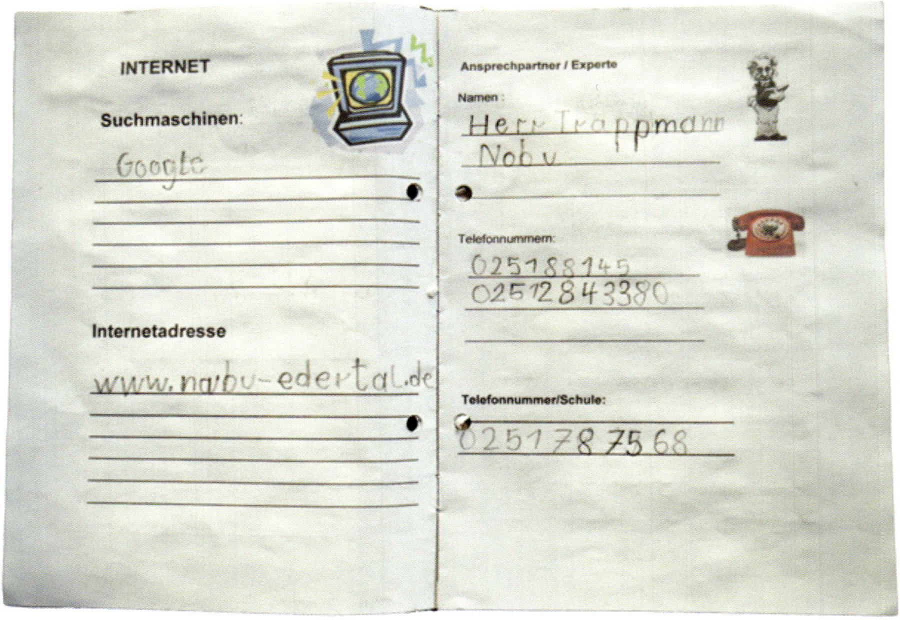

INTERNET

Suchmaschinen:

Google

Internetadresse

www.nabu-edertal.de

Ansprechpartner / Experte

Namen:

Herr Trappmann

Nabu

Telefonnummern:

025188145

02512843380

Telefonnummer/Schule:

0251787568

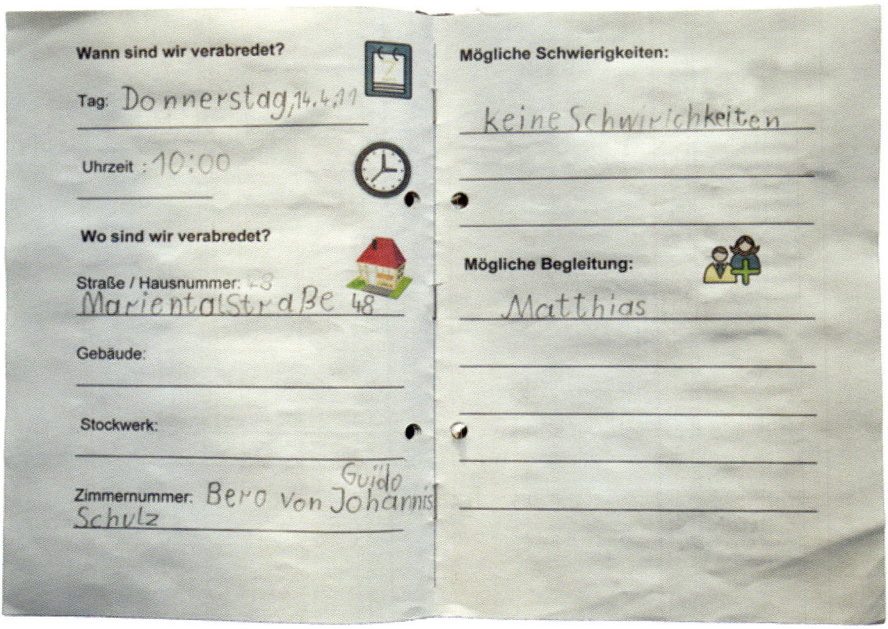

Wann sind wir verabredet?

Tag: Donnerstag, 14.4.11

Uhrzeit: 10:00

Wo sind wir verabredet?

Straße / Hausnummer: 48

Marientalstraße 48

Gebäude:

Stockwerk:

Zimmernummer: Bero von Johannis Guido Schulz

Mögliche Schwierigkeiten:

keine Schwirichkeiten

Mögliche Begleitung:

Matthias

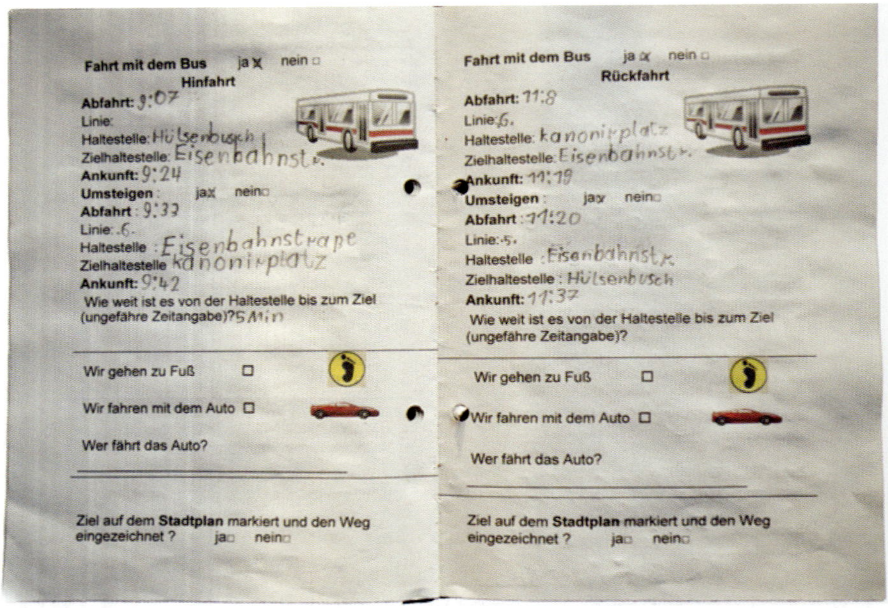
Fahrt mit dem Bus ja x nein
Hinfahrt
Abfahrt: 9:07
Linie:
Haltestelle: Hülsenbusch
Zielhaltestelle: Eisenbahnstr.
Ankunft: 9:24
Umsteigen: ja x nein
Abfahrt: 9:33
Linie: 6
Haltestelle: Eisenbahnstraße
Zielhaltestelle: kanonirplatz
Ankunft: 9:42
Wie weit ist es von der Haltestelle bis zum Ziel (ungefähre Zeitangabe)? 5 Min
Wir gehen zu Fuß
Wir fahren mit dem Auto
Wer fährt das Auto?
Ziel auf dem Stadtplan markiert und den Weg eingezeichnet? ja nein
Fahrt mit dem Bus ja x nein
Rückfahrt
Abfahrt: 11:8
Linie: 6.
Haltestelle: kanonirplatz
Zielhaltestelle: Eisenbahnstr.
Ankunft: 11:19
Umsteigen: ja x nein
Abfahrt: 11:20
Linie: 5.
Haltestelle: Eisenbahnstr.
Zielhaltestelle: Hülsenbusch
Ankunft: 11:37
Wie weit ist es von der Haltestelle bis zum Ziel (ungefähre Zeitangabe)?
Wir gehen zu Fuß
Wir fahren mit dem Auto
Wer fährt das Auto?
Ziel auf dem Stadtplan markiert und den Weg eingezeichnet? ja nein

Das nehmen wir mit:
Stadtplan Verantwortung: Witold
Fahrgeld Verantwortung: Matthias
Schulhandy Verantwortung: Matthias
Tonband Verantwortung: Damian
Kamera Verantwortung: Matthias
Stifte Verantwortung: Damian
Zettel Verantwortung: Witold
Sonstiges: Forscher Heft
Ruksak: Matthias
Das brauchen wir für unseren Vortrag
Plakat

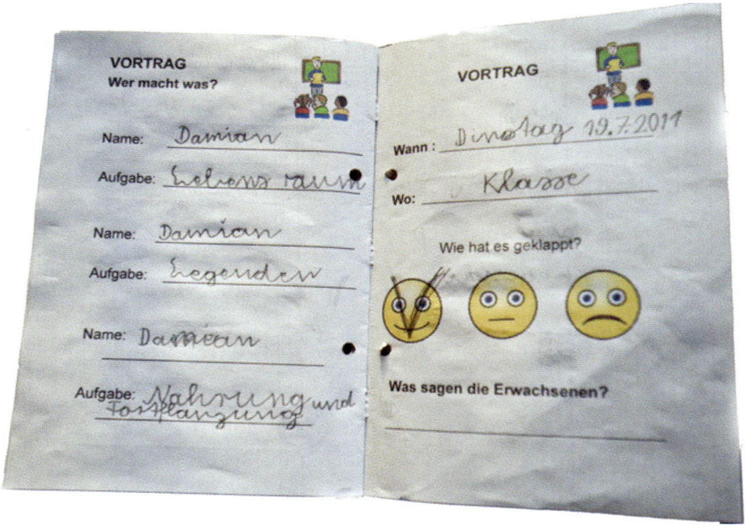

Begleitung und Beratung durch Erwachsene

In der Sonnenblumenklasse sind es die Klassenlehrerin, die Lehramtsstudentinnen und auch die Erzieherin, die den FFC begleiten. Wir besprechen die grobe Koordination in der wöchentlichen Teamsitzung, wobei es da meistens um einzelne Kinder geht oder um wichtige organisatorische Fragen. Für die konkrete Arbeit in den FFC-Stunden haben wir es uns angewöhnt, den Stand der Arbeit einer Arbeitsgruppe auf Karteikarten zu dokumentieren, so dass in der nächsten Stunde, wenn ein anderer Student anwesend ist, er sich sofort orientieren kann, wo die Gruppe steht und was sie zu tun hat.

Für alle Kinder gibt es einen FFC-Plan, der in der Nähe des Sitzkreises hängt und wo ebenfalls festgehalten ist, welche Themengruppen es überhaupt gibt, wer mit wem arbeitet und wo die einzelne Gruppe im Prozess steht.

Die Begleitung durch uns Erwachsene ist komplex und war zu Beginn eher chaotisch. Wenn zum Beispiel drei Arbeitsgruppen gleichzeitig Hilfe im Internet brauchten, eine andere Fotos ausgedruckt haben wollte oder andere Kinder kopieren wollten, war es kaum möglich, allen gerecht zu werden. Wenn gleichzeitig andere Arbeitsgruppen nicht weiter kamen, weil sie mit der Gliederung des Themas überfordert waren oder soziale Schwierigkeiten miteinander hatten, lagen unsere Nerven manchmal blank. „Die haben nur gequatscht und nichts gemacht“, waren zu Beginn manchmal Rückmeldungen der Studentinnen, die gleichzeitig auch noch annahmen, dass es an ihnen selbst liegen würde, dass die FFC-Zeit so ineffektiv zu sein schien.

Hier hat es sich im Nachhinein bewährt, Ruhe zu bewahren und ernsthaft daran zu glauben, dass es zunächst durch einige Kinder selbst, durch die ersten gelungenen Präsentationen und Exkursionen zu Erfolgen kommen würde. Gleichzeitig brauchten wir verbindliche Ordnungs- und Organisationsstrukturen.

Die fünf vorhandenen PCs sind zum Beispiel alle untereinander vernetzt, so dass es egal ist, welchen PC die Gruppe benutzt. Das ist dann von Vorteil, wenn Kinder im Internet sind und eine andere Gruppe will an ihren gespeicherten Text. Diese Gruppe findet ihren Text an einem anderen Rechner wieder.

Wie oft haben wir geklagt: „Die machen überhaupt nichts Gescheites, die Gruppe ist nicht arbeitsfähig, oder die haben jetzt schon so viele Stunden mit dem Plakat verbracht, die lernen doch gar nichts." Wir waren unsicher und führten konsequent Regeln ein:

FFC-Zeit ist Arbeitszeit. Sind Kinder einer Gruppe nicht arbeitsfähig, erledigen sie Trainingsaufgaben in Deutsch oder Mathematik aus der freien Arbeit. Dies hat sich bis heute bewährt und wird von den Kindern akzeptiert.

Zweitens haben wir die Kinder dazu erzogen, dass sie nicht erwarten können, sofort und überall von den Erwachsenen Hilfe zu bekommen. Sie haben mittlerweile gelernt zu warten und dadurch auch selbstständiger zu werden.

Drittens bemühen wir Erwachsene uns um eine möglichst wasserdichte Kommunikation miteinander. Nicht alles kann auf einer Karteikarte festgehalten werden, wenn es um das gemeinsame Interesse geht, alle Kinder zum Erfolg zu bringen. Da hilft manchmal die ermutigende Äußerung einer Studentin über eine positive Beobachtung, die sie bei einem Kind oder bei Kindern in der Kooperation gemacht hat, und der eigene, eher sorgenvolle Blick auf dieses Kind oder eine bestimmte Kinderkonstellation verändert sich und führt dadurch mit zum Erfolg

Steuerung durch Erwachsene ist dann gefragt, wenn ein Kind zum wiederholten Male alleine arbeiten möchte oder ein anderes Kind sich nicht traut, es einmal mit dem Mädchen oder dem Jungen zu versuchen, den oder das man nicht so gut zu kennen scheint. Hier gab und gibt es immer wieder gute neue Erfahrungen einer Zusammenarbeit.

Wie werden die Erstklässler von Anfang an mit einbezogen?

Diese Frage stellten wir uns im Team und kamen zum Schluss, dass auch die Erstklässler sofort beim FFC mitmachen könnten und sollten. Die älteren Kinder erklärten ihnen im Sitzkreis die Bedeutung vom FFC. Bei den Erstklässlern war folgendes zu beobachten: Sie verfolgten erstaunt, dass ihre Paten in ganz bestimmte Aufgaben vertieft waren. Sie saßen auch nicht unbedingt an ihrem Platz, sondern bewegten sich frei durch die zwei Klassenräume, gingen an den

PC, sprachen mit einem Erwachsenen oder telefonierten, klebten Bilder auf oder gingen in das Sekretariat, um bestimmte Ausdrucke abzuholen.

Diese Beobachtungen blieben nicht ohne Wirkung. Das angebotene große Forscherheft (neben dem kleinen Dokumentationsheft), in dem sie alles aufmalen konnten, was sie im Kopf hatten, was sie interessierte, womit sie sich gerne beschäftigen wollten, wurde sofort angenommen und die zwei Jungen und vier Mädchen legten los. Die Jungen malten zum Thema Fußball, zwei Mädchen einen Garten mit Sonne und Regen, zwei andere malten Sonnenblumen, weil ihre Klasse ja Sonnenblumenklasse heißt.

In der nächsten FFC-Stunde ging es weiter. Ein älterer Junge, Andreas, kam nach zweieinhalb Wochen Kranksein wieder in die Schule und schloss sich automatisch den zwei Erstklässlern an, die sich mit Fußball beschäftigten. Für ihn, selbst Fußballspieler im Verein, war dies ein guter Wiedereinstieg, da er nun diese Zweiergruppe durch sein Wissen und seine Erfahrung und sein eigenes Interesse bereichern konnte. Die Erstklässler fühlten sich geehrt, so eine „Fachkraft“ dazu gewonnen zu haben. Sie selbst sammelten Fußballwörter und stempelten sie in ihr Heft. Der ältere Junge zeichnete ein großes Fußballfeld, suchte sich die Maße aus dem Internet und beschriftete die Zeichnung mit den entsprechenden Maßangaben. Für Andreas war es eine weitere Gelegenheit zu zeigen, dass er gelernt hat, zu kooperieren. In dieser Konstellation mit den Erstklässlern wuchs sein Selbstwertgefühl noch einmal mehr, weil er als „alter Hase“ den anderen Jungen etwas zeigen konnte.

In unmittelbarer Nachbarschaft zur Schule befindet sich der große städtische Fußballverein. Der Zufall wollte es, dass ein früherer Praktikant, selbst Trainer bei diesem Verein, in der Schule anrief und anbot, dass „berühmte“ Spieler dieses Vereins der Schule einen Besuch abstatten wollten. Diese Information wurde der Fußballgruppe weitergegeben und ab jetzt wurden Fragen für ein Interview gesammelt. Das Interview sollte schließlich in die Schülerzeitung „Bergzwerge“.

Die Mädchen mit dem Gartenbild, auf dem die Sonne schien und es gleichzeitig regnete, kamen in einem Gespräch auf das Thema Regenbogen, den sie immer so schön fänden. Die Farben des Regenbogens und wann können wir einen sehen, waren die ersten Fragen, die sie formulierten. Sie fanden auf dem Lesehimmel das Buch „Was ich wissen will“ und die Seiten, auf denen ein Regenbogen gemalt und erklärt ist. Da alle anderen Kinder beschäftigt waren, las die pädagogische Mitarbeiterin den Kindern vor und besprach mit ihnen, wie sie jetzt vorgehen wollten.

Blieben noch die Sonnenblumenmädchen übrig, die eine große Sonnenblume abmalten und auf die Frage nach den einzelnen Bestandteilen anfingen, diese zu benennen. Sie schrieben in großen Druckbuchstaben die Wörter Blüte, Stängel, Blatt und Wurzel auf, gerade mal drei Wochen in der Schule. Dass die große Blüte aus vielen kleinen Blüten besteht, werden sie bald mit der Lupe entdecken können.

Faszinierend zu beobachten war, dass diese Erstklässlerinnen sofort das genaue Abhören und Lautieren eines Wortes, den Umgang mit dem Buchstabentor und das anschließende Schreiben des Wortes anwenden konnten. Sie bemerkten, dass das Scheibenlernen einen Sinn und Zweck hat und dass sie das, was sie morgens während des freien Arbeitens gelernt hatten, tatsächlich gebrauchen und anwenden konnten.

Alle Kinder liehen sich anschließend im Bücherbus zu ihrem Thema passende Bücher aus! Das lernten sie von den älteren Kindern, natürlich unterstützten wir Erwachsene auch.

Die jungen, neuen Gruppen brauchen in der Anfangsphase eine Begleitung durch einen Erwachsenen oder, wie im Fall der Fußballer, ein älteres Kind.

Richtlinien und Leistungsbewertung

Ziel des FFC ist kein kurzfristig abfragbares Wissen, sondern die Anbahnung von nachhaltigem, vertieftem Lernen. Richtlinien und Lehrpläne ermutigen uns dazu. Wir möchten nichts „durchnehmen", sondern dass Kinder etwas verstehen und lernen, sich ständig auseinanderzusetzen. Dabei brauchen sie uns Erwachsene oder Experten, Input und Erklärungen und Fachwissen. Unsere Aufgabe ist es, ihnen bei der Bewältigung der „stofflichen Hürden" (vgl. Kapitel 2.2) zu helfen. Die Arbeit des FFC kann letztlich zur Lösung der Schlüsselprobleme beitragen, indem Kinder schon vom ersten Schuljahr an lernen, ihre Fragen in einen größeren Zusammenhang zu stellen. Wir streben nicht das Lernen für einen Test oder für eine Note oder für einen Vergleich an. Kinder sollen sich um der Sache willen vertiefen. Beim FFC haben sie die Gelegenheit.

Individuelle Leistungsrückmeldungen berücksichtigen den gesamten Prozess der Bearbeitung eines Themas: Arbeitshaltung, Selbstorganisation, Kooperation, Heftführung, Wissensbeschaffung, Grad der Selbstständigkeit, Umgang mit verschiedenen Medien, Durchdringung des Themas, Gestaltung eines Plakats, Präsentation.

Individuelle Leistungsrückmeldungen unterstützen und begleiten den Lernweg eines Kindes. Leider haben sie oftmals eine selektive Funktion als Folge unseres gegliederten, nicht bildungsgerechten Schulsystems.

BARBARA WENDERS

1.5 Regelmäßig in den Wald

Jeden Dienstagnachmittag geht die Sonnenblumenklasse in den nahe gelegenen Wald. Wir treffen uns nach dem Mittagessen und Zähneputzen im „Waldkreis", mit Gummistiefeln oder festen Schuhen, je nach Wetterlage. Kleine Regenschauer oder Nieselregen sind kein Hinderungsgrund, da die Kinder Regenkleidung haben. Wir zählen durch und los geht es. Es gibt unterwegs vier Haltepunkte, an denen die Gruppe aufeinander wartet, um dann wieder in loser Form weiterzugehen. „Was machen Sie eigentlich im Wald?", fragte einmal eine Praktikantin, die uns begleitete und nicht sehr motiviert schien. Sie konnte sich aus fachdidaktischer Sicht zunächst nicht vorstellen, welche Bedeutung der Wald in ihrem Praktikum haben könnte. Vielleicht dachte sie, dass es für sie selbst im Hinblick auf ihre Fächer, die sie als Lehramtsstudentin studierte, im Wald nichts zu lernen geben könnte. Eine gute Frage also, die sich für die Praktikantin nicht mit einem Satz beantworten ließ. Erlebnis- oder Waldpädagogik, Psychomotorik, der Wald als zusätzlicher Lebens-, Erfahrungs- und Klassenraum und als Open-Air-Turnhalle. So scheinen wir ihn jedenfalls zu nutzen.

„Was machen wir denn da eigentlich?“, fragte ich die Kinder. „Wir gehen da immer hin, gucken nach den Ziegen und wie hoch der Mais steht. Da ist so ein Feld, das sieht immer anders aus. Dann bauen wir am Waldsofa weiter oder messen mit dem Bleistifttrick die Höhe der Bäume. Wir machen Spiele und schauen nach Tieren. Wir fassen Regenwürmer an und Asseln und haben letztens eine Schlange auf dem Weg gesehen. Manchmal nehmen wir den Bollerwagen mit und machen Picknick. Wir balancieren über Baumstämme oder bauen Buden und Jenni hat sich auf der ‘Mädcheninsel’ einen Nagel in den Fuß getreten, da mussten wir sie tragen“, waren Antworten der Kinder.

Wir erleben den Wald Jahr für Jahr in allen Jahreszeiten. Im Winter beobachten wir die Veränderung des Lichtes in unserem Wald, der ein Laubwald ist. Wir nehmen die Kühle und relative Dunkelheit im Sommer wahr, wenn er dicht belaubt ist und es an manchen Tagen sehr heiß ist.

Uns fallen die Veränderungen der verschiedenen Pflanzen und Bäume auf und das Vorhandensein und die Abwesenheit bestimmter Tiere je nach Jahreszeit. Brombeeren, Holunder, Haselnüsse, Kastanien und Eicheln sind uns vertraut und aus gekeimten Eicheln haben wir uns einen eigenen kleinen Eichenwald gezogen.

Bäume, Rindenarten, verschiedene Blätter, dies alles ist ein einziges Eldorado. Übersetzt für die Praktikantin, nicht nur für Kunst und Gestaltung. Ich ertappe mich dabei, in Erinnerung an mein eigenes Studium, an verschiedene Unterrichtsfächer zu denken: Biologie, Sport, Deutsch und andere. Für mich gab es in meinem Zweitstudium auch noch Fächer für Lernbehinderte, Mathematik und Deutsch für Lernbehinderte! Wie weit habe ich mich mittlerweile davon entfernt. Nicht vom Fachwissen und nicht von der eigenen Vertiefung. Aber niemand ist für mich lernbehindert, schon gar nicht im Wald. Ich muss manchmal Gutachten über die Lernausgangslage verfassen, damit Kinder zu ihrem Recht kommen und in unserem aussondernden Schulsystem nicht durchs Netz fallen. Da muss ich dann schreiben, dass Kind XY sehr viel Hilfe und Unterstützung benötigt, ich deklariere es als sonderpädagogischen Förderbedarf, weil alles vom so genannten Standard Abweichende in der deutschen Standardschule schwierig zu händeln ist. Kein Wunder: ohne Team, aber mit schlechten Noten, Sitzenbleiben, Vergleichsarbeiten und Übergangsfragen nach Klasse 4.

Im Wald sehe ich jedes Kind auf seine Art entdecken, spielen, kommunizieren, sich zurückziehen, sich trauen oder nicht, mit einem Tier umgehen, mit einem Baum umgehen, die Natur gut finden oder sie auch unheimlich finden. Jedes Kind lernt.

Auf die Fächer zurückkommend, ist der Wald auch unsere Open-Air-Turnhalle. Ich brauche nur daran zu denken, wie selbstverständlich Kinder die vorhandenen Gräben überspringen, um die Wette laufen, damit sie als erste bei den Ziegen sind, in umgestürzte Bäume klettern, balancieren und wippen oder über den weichen Waldboden gehen, sich ducken beim Durchqueren des Unterholzes und Anlauf nehmen, um einen kleinen Wallhang zu erklimmen. Hier findet jedes Kind seine passgenaue Herausforderung.

In unserem Wald gibt es mindestens neun Tümpel, ehemalige Bombenkrater, die allesamt sehr versteckt sind und modrig und gefährlich natürlich.

Die Kinder dürfen sich nur so weit vom Erwachsenen entfernen, dass sie ihn immer sehen können. Diese Tümpel sind gefährlich, sie eignen sich u. a. für geschichtliche Fragen, wenn es darum geht, was eigentlich Bombenkrater sind.

Seit einiger Zeit haben wir das Glück, dass eine Waldpädagogin im Ruhestand bei uns mitarbeitet und uns mit ihren guten Ideen beim Waldgang begleitet.

Sie brachte die Eimer mit Seilen mit, mit denen die Kinder Wasser aus den Tümpeln ziehen konnten. Das war eine ganz spannende Sache für alle. Wir haben einen Heuaufguss angesetzt – da war ich wieder bei meiner Biologie gelandet – um Einzeller zu mikroskopieren. Eine Gruppe baute Wasserfilter, um das trübe Tümpelwasser zu filtern. Das alles hat sehr viel Spaß und Staunen bereitet.

Das Erzählen mit der Freundin, dem Freund oder mit der Lehrerin, das sind ebenso wichtige Elemente des regelmäßigen Waldganges wie das Beobachten der Natur.

Ganz oft habe ich auf dem Weg in den Wald oder im Wald selbst etwas über ein Kind erfahren, was ich wahrscheinlich sonst nicht so schnell erfahren hätte: dass die Mutter krank ist, dass es erste Verliebtheiten gibt, dass der Opa im Knast ist und dass neue, passende Gummistiefel im Moment zu teuer sind.

Die Kinder im Wald spielen zu lassen, sie Tiere entdecken zu lassen, sie sehen, hören, riechen und fühlen zu lassen, ihnen Anregungen zu geben und Wissen, bedarf einer Offenheit für alle sich ergebenden Situationen und Möglichkeiten dieses Lebens- und Klassenraumes. Ein Kind, das sich noch nie getraut hat, ein Tier aus der Hand fressen zu lassen, darf dieses bei den Ziegen, an denen wir vorbeikommen, ausprobieren. Das Bemühen der anderen Kinder dabei, diesem so ängstlichen Kind die Angst zu nehmen, es ihm immer wieder vorzumachen, „schau, es passiert doch gar nichts“, ist berührend zu beobachten. Und dann traut sich Elvica plötzlich die Hand nicht wegzuziehen und die Ziege fressen zu lassen. Das sind sehr schöne Momente für uns alle.

Manchmal nehmen wir Klemmbretter und Schreibzeug mit, um zu malen, zu zeichnen oder zu schreiben. Das Vorwissen der Kinder selbst, die eigenen Erfahrungen, sind im Wald leicht erkennbar. Deutlich wird, dass einige Kinder kaum Bezug zur Natur haben und ohne dieses schulische Angebot den wohnortnahen Wald niemals betreten, geschweige denn krabbelnde Tiere anfassen würden. Wie fasst Andreas die Assel oder den Wurm an? Leben die Tierchen hinterher noch?

Dass es für Mädchen einfacher ist, bergab zu pinkeln, damit die Hose nicht nass wird, ist zum Beispiel ein sehr praktischer und nützlicher Tipp, wenn man im Wald einmal muss. Dieses wusste ein Mädchen, das den Waldkindergarten besucht hat. Auch dass diese Pflanzen unter Naturschutz stehen, von denen man es gar nicht angenommen hätte.

Spinnen, Spinnweben, Spuren aller Art, geheimnisvolle Löcher und Wohnungen, Müll im Wald, Kaulquappen und Erdbeerfröschchen, Kröten und eine millionenfache Tierwelt im Erdreich selbst, das sind ungeheure, nicht nur die Fantasie anregende Entdeckungen.

Waldgeschichten und Gedichte, schöne Bilder und Fotos für eine Dokumentation und eine Ausstellung aller Waldschätze und Waldrätsel, das alles gibt der Wald her und darf und sollte genutzt werden.

Wenn wir die neuen Chorlieder im Wald, unter freiem Himmel oder unter einem Blätterdach üben, erscheinen mir die Kinder noch motivierter dabei zu sein. Dies konnte ich auch beobachten, als wir im Winter ein Wintergedicht im Wald in verschiedenen Gruppen auswendig gelernt haben, um es auf dem Winterfest vorzutragen.

Bei uns gibt es eine lustige Waldgeschichte, die seltsamerweise mit Weingummi zu tun hat. Christian, das Kind mit Downsyndrom, hat Schwierigkeiten, sich auf neue Situationen einzustellen. Eine Sache zu beenden, in die man gerade vertieft ist, fällt ihm schwer. Das bedeutet, den Wald zu einer bestimmten Zeit zu verlassen, ist nur mit entsprechender Vorbereitung möglich. Ansonsten stellt er sich stur, bleibt da, wo er ist, und hat trotz seines großen Einfühlungsvermögens in die Gefühle anderer jetzt in diesem Augenblick keinerlei Verständnis dafür, dass die Gruppe pünktlich zur Schule zurückkehren muss. Wir können machen, was wir wollen, er bleibt. Der Zufall wollte es, dass ich neben der Erste-Hilfe-Tasche an einem Tag eine Tüte Weingummi eingesteckt hatte und zwar von der Sorte ohne Gelatine, die auch die muslimischen Kinder essen. Ich versammelte die Kinder auf dem dicken Baumstamm und fing an Weingummis zu verteilen. Mit der Ansage, dass Christian ein Zeichen bräuchte, damit er bereit sei, den Wald zu verlassen, solle es nun Weingummis geben und zwar immer am Ende der Waldzeit. Damit Christian es lerne. Es funktionierte tatsächlich. Christian ließ sich darauf ein und, mit einem Weingummi im Mund, verließ er mit der Gruppe den

Wald. Nebenbei hatte ich die Weingummiverteilerei auf Englisch gemacht. „Which colour do you want?“ – „Yellow“ – „Here you are“ – „Thank you“ – „You are welcome.“ Das war nun ein Ritual, das plötzlich aus dem Nichts entstanden war und nebenbei die englischen Farben und Redewendungen trainierte. Auch für Christian stand damit Englisch auf dem Programm und ich bemerkte, dass auch der Wald eine Erlebniswelt ist, in der englische Vokabeln und Redewendungen sich gut einzuprägen schienen ...

Nach ungefähr 6 Wochen brauchte Christian kein Weingummiritual mehr. Er geht mittlerweile wie selbstverständlich am Ende der Waldzeit mit zurück und fragt nicht nach Weingummis. Das tun allerdings die anderen Kinder und dann gibt es zwischendurch immer mal wieder „winegum“ auf Englisch.

Eine andere Geschichte handelt von einem Mädchen, das aus Mazedonien neu in der Sonnenblumenklasse war und nun an seinem ersten Tag mit in den Wald „musste“.

An diesem ersten Nachmittag lernte Elvica viele deutsche Wörter und verstand deren Bedeutung leichter, weil alles in der Anschauung vorhanden war. Allein das Wort Wald zu erklären wäre viel schwieriger ohne die direkte Begegnung gewesen. Adjektive wie hart, weich, rau, Nomen wie Weg, Feld, Wiese, Ziege und vieles mehr, was uns begegnete, war erlebbare Sprache und wurde von Elvica verstanden.

Wird Andreas es schaffen, ohne in Streit mit einem anderen Kind zu geraten, den Gang in den Wald zu überstehen? Ja, der Wald gehört uns allen und bietet, wenn es notwendig ist, Rückzug und Versteck und Ablenkung auf andere Lebewesen.

Die wilden, fast brachialen Stockkämpfe gefallen mir nie. Wie kann ich Patrick und Nils davon überzeugen, umsichtig mit Stöcken umzugehen und nicht sofort wilde Schlagattacken auch gegen Baumstämme vom Zaun zu brechen? Erst einmal gar nicht. Aber ich sehe, wie viel Kraft, Power und Aggressionen in den beiden Jungen stecken, die sich sonst eher bequem und bewegungsarm zeigen.

Lani scheint beleidigt oder traurig. Sie trottet alleine vor sich hin. Sandra sei blöd und nicht mehr ihre Freundin. Warum sie nicht einmal das Gespräch mit Lisa suche, frage ich sie. „Gute Idee, kann ich ja mal versuchen,“ ruft Lani und hüpft auf dem Waldweg davon. Es ist Platz da, ganz viel Raum.

Aalia sagt im Vorübergehen fast beiläufig etwas von der Polizei. Das ist ein eindeutiges Zeichen, ich habe etwas zu erzählen. Das tut sie sehr selten, hier scheint sie sich zu trauen. Was gerade zu Hause los ist mit dem alkoholkranken Vater, der am Wochenende so randaliert hat, dass sie die Polizei rufen musste, weil die Mutter dazu sprachlich nicht in der Lage ist. Aalia selbst ist eigentlich diejenige, die Hilfe beim Lernen braucht. Nun sagt sie: „Meine Mutter rafft nichts.“ Ich erfahre an dieser Stelle, dass Aalia schon ganz oft zusammen mit Alicia Bierflaschen ihres Vaters versteckt hat und sich nichts sehnlicher wünscht, als dass ihr Vater eine Therapie schafft.

Da ist Joost, der mir genau erklären kann, wie Holundergelee gemacht wird und andere köstliche Marmeladen.

Shama, das 6-jährige Mädchen aus Pakistan, und Hanna, eine Zweitklässlerin, gehen hinter mir. Ich höre ihre Unterhaltung und weiß, dass Shama und Hanna sich in den Herbstferien zum Spielen verabredet hatten. „Shama", sagt Hanna, „wenn du zu mir kommst, dann bring bitte kein Geschenk mit. Das machen wir nicht. Du musst nichts mitbringen, hast du das verstanden? Wir Kinder spielen einfach zusammen, da bringen wir nichts mit, hast du verstanden?" „Ja, ich verstehe," antwortet Shama. So funktioniert interkulturelles Miteinanderleben und -lernen.

Die besondere Einbeziehung der Erstklässler

In der Sonnenblumenklasse sind sieben Erstklässler, alle haben einen Paten oder eine Patin. Heute gehen wir zum ersten Mal in dieser neuen Klassenzusammensetzung in den Wald. Die Paten werden aufgefordert, ihre Patenkinder „an die Hand" zu nehmen und ihnen alles zu erklären: Wie weit dürfen wir vorlaufen, wo sind unsere Unterwegstreffpunkte, wie gehen wir über die Straße?

Alle nahmen ihre Aufgabe ernst und dieser erste Waldgang klappte ziemlich routiniert, dank der Hilfe durch „die alten Hasen".

Im Wald angekommen, auf unserem Waldsofa, wurden die Regeln besprochen. Von Kind zu Kind. Siehe da, einige neue Kinder kannten selbst schon Waldregeln aus dem Kindergarten. Dies muss unbedingt an die Kindergärten zurückgemeldet werden.

Viertklässler bereiten etwas vor

Im letzten Jahr, vor der unvermeidlichen „Trennung", brauchen die Viertklässler etwas für sich ganz alleine. Ich beschließe, dass sie mit der Waldpädagogin vorgehen und im Wald sich verschiedene Stationen für die anderen Kinder überlegen sollen.

Es gab eine Balancierstation. Hier zeigte sich Joost als überaus sensibler „Übungsleiter“, der einzelnen Kindern sagte, hier ist es ganz leicht, da wird es schwieriger, aber ich helfe dir dabei. Er war bei den Kindern anerkannt und alle ließen sich führen oder versuchten es alleine.

Die Kletterstation war unter der Leitung von Max. Er legte von Anfang an strenge Sicherheitsregeln fest und verbat jüngeren Kindern, höher zu klettern, als er es selbst für richtig hielt. Der Erstklässler Bekim war damit nicht einverstanden, weil er sich durchaus in der Lage sah, bis ganz nach oben zu klettern. Max verbot es ihm und musste schon ziemlich deutlich werden, damit Bekim auf ihn hörte.

Die Weitsprungstation, kombiniert mit Bergauf- und Bergablaufen, wurde durch Jola und Reno geleitet. Die Kinder liefen sehr gerne den Graben auf der einen Seite hinunter und auf der anderen wieder hinauf, vergaßen aber systematisch das Weitspringen. Darüber waren die beiden Übungsleiter betrübt.

Beim nächsten Mal gab es eine Blindenstation: Es waren Fäden von Baum zu Baum in einem Karree gespannt und die Kinder mussten sich blind an den Fäden entlang leiten lassen, bis sie wieder am Ausgangspunkt ankamen. Die Übungsleiterin Jola verbreitete großes Vertrauen, weil sie, in der Mitte stehend, darauf achtete, dass kein Kind zu Schaden kam und immer der Baumstamm angesagt wurde, dem man sich näherte.

Max führte noch einmal die Kletterstation durch. Diesmal differenzierte er die Regeln und auch der kleine Bekim durfte höher klettern. Max hatte sich eine Warnweste angezogen und eine Schnur an dem umgestürzten Baum angebracht.

Die Limbo- und Hochsprungstation bereitete den anderen Kindern sehr viel Spaß. Die beiden Übungsleiter schafften es dafür zu sorgen, dass trotz großer Begeisterung sich alle geordnet anstellten und machten eigene Hochsprungtechniken vor!

Am Ende gab es auf dem Waldsofa Rückmeldungen für die Übungsleiter und diese selbst gaben den anderen Kindern Rückmeldungen über deren Verhalten.

Das Angebot der Viertklässler kommt sehr gut an. Dank Pirjo sind sie gut begleitet und zusehends wachsen sie an ihrer Aufgabe. Es macht ihnen Spaß Verantwortung zu übernehmen und sie erhalten ehrliche Rückmeldungen von den jüngeren Kindern.

Mittlerweile schauen manche jüngere Kinder etwas neidisch auf die exponierte Stellung der Viertklässler. Mit der Aussicht darauf, dass auch sie einmal Übungsleiter werden, akzeptieren sie die Rolle der Großen.

Beispiele für Viertklässlerangebote:

Jola: Wir bauen Wohnungen für Tiere im Winter. Zum Beispiel Laubhaufen für Igel, wir binden Rinde an einen abgestorbenen Baum oder bohren Löcher in den abgestorbenen Stamm für Insekten zum Überwintern.

Reno: Wir machen eine Eichhörnchenübung. Bei mir bekommt jeder 7 Erdnüsse, die er verstecken und wiederfinden muss. Wer hat am Ende die meisten wiedergefunden?

Max: Meine Gruppe darf einen Geländeparcours durchlaufen. Es gibt einen Tunnel aus Ästen und Laub, der durchkrochen werden kann. Ihr könnt in einen Laubhaufen springen und euch gegenseitig mit Laub zudecken.

Die Rückmeldungen der jüngeren Kinder werden immer substanzvoller: Mir hat es gut gefallen, weil die Aufgabe nicht so leicht war, ich es aber trotzdem geschafft habe.

Ich wünsche mir übrigens, dass diese Viertklässler nicht in unterschiedlichen Schulformen „landen“ müssen. Wenn sie in die nächste Stufe ihrer vertrauten Schule (vgl. Kapitel 1.6) wechseln könnten – mit derselben Schul- und Unterrichtskultur – würde dies aus meiner Sicht mehr Lernqualität und Lernerfolg auf allen Ebenen garantieren. Diese viel zu frühe Aufteilung der Kinder verunsichert uns alle: Lehrerinnen, Kinder und Eltern. Manchmal äußern Kinder selbst ihre Abneigung: „Ich will nicht auf eine andere Schule, ich will immer hierbleiben“, war unlängst eine Äußerung von Max.

REINHARD STÄHLING

1.6 Die Schule Berg Fidel in Münster – Eine Schule für alle bis Klasse 13

Die Kinder, die Pädagogen und die Eltern der Grundschule Berg Fidel erleben ihre Schule als eine Einrichtung, die Halt gibt, die offen ist für Fragen und Probleme. Das erhöht die Sicherheit im ganzen Stadtteil. Alle wissen: Hier werden sie ernst genommen.

Ein Kernproblem ist, dass die Grundschule bereits nach 4 Schuljahren endet und danach die Kinder auf verschiedene Schulformen aufgeteilt werden. Die Kontinuität des Kontaktes zu einigen Familien bleibt zwar über Jahre erhalten, weil jüngere Geschwisterkinder noch in der Grundschule lernen. Aber die pädagogische Arbeit mit den älteren Kindern selbst kann nicht fortgesetzt werden. Dabei wäre es ja denkbar – und anderswo gibt es längst solche Modelle –, dass die bisher in diesem Buch beschriebene Arbeit mit älteren Schülern kontinuierlich weitergeführt würde. Jeder könnte in Berg Fidel einen Schulabschluss machen.

Eine gute Schule ist eine soziale Schule

Ein inklusives, begabungsförderndes „Schulmodell von 1–13“ ist Ausdruck einer inklusiven Schulkultur: Alle jungen Menschen und deren Familien sind willkommen, niemand wird ausgeschlossen, kein Kind oder Jugendlicher geht verloren. Dies ist in erster Linie eine *soziale Botschaft*, die das Schul- und Unterrichtsklima prägt: Zuwendung, Empathie, Ermutigung, Respekt, Engagement und Leistungserwartungen, Zusammenhalt, Toleranz, gegenseitige Hilfe und positive Schüler-Erwachsenen-Beziehung beeinflussen den Lernerfolg aller Schülerinnen und Schüler nachweislich hochwirksam. Dabei spielt die Höhe der finanziellen Investition in eine Schule eine untergeordnete Rolle, wie internationale Studien zeigen (vgl. Hattie 2009; Steffens/Höfer 2012).

Die Lehrkräfte sind nicht nur Handwerker und brauchen Handwerkszeug für ihre Arbeit (vgl. Wocken 2011, S. 188), sondern sie sind stabile Bezugspersonen, die helfen, unterstützen, beraten, coachen und in schweren Zeiten Mut machen und Halt geben (vgl. Stähling 2006/2011, S. 66ff.). Sie tun in Berg Fidel nicht selten das, was Eltern aus unterschiedlichen Gründen nicht schaffen können. Betriebswirtschaftliches Denken ist der Schule fremd.

Konsequent ist eine Schule bis zum Schulabschluss „unter einem Dach“, ein „Haus des Lernens“, in dem stabile Beziehungen wachsen können (vgl. Stähling 2006/2011, S. 36ff.). Wenn junge Menschen und Familien in Krisensituationen geraten, dürften sie nicht beliebig zwischen Schule, Jugendhilfe, Polizei, Heim und Ämtern hin und her gestoßen werden. Sie brauchen Halt und Orientierungspunkte.

Der Jugendforscher Ingo Richter bezweifelte den Nutzen von Einzelinterventionen in den Institutionen bereits 2003:

„Das soll nicht heißen, dass die Vielzahl sozialer und pädagogischer Maßnahmen sinnlos wäre – ganz im Gegenteil; doch je für sich genommen bieten sie keine ‘Patentrezepte’. Wenn wir wirklich einen Versuch machen wollen, die Zementierung der ‘New Under-Class’ zu verhindern, (...) dann müssen wir gänzlich umdenken: An die Stelle des bisherigen Systems, das *15% ausgrenzt und sozialpädagogischen Einrichtungen überantwortet*, müsste ein präventiv ganzheitlicher Ansatz treten. In jeder Gemeinde, in jedem Stadtteil sollte es ein *Haus der Jugend* geben (...)“ (Richter 2003, S. 20).

Ein solches Haus des Lernens „vor Ort in der Nachbarschaft“ orientiert sich an inklusiven Werten: „Können sich alle Menschen gleichermaßen willkommen fühlen?“ und „Ist es für alle selbstverständlich, sich nicht über bestimmte Personen oder Personengruppen lustig zu machen oder sie schlecht zu behandeln?“ (vgl. Montag Stiftung 2011, S. 40f.). Solche Fragen aus dem „Index für Inklusion“ (vgl. Boban/Hinz 2003; Stähling 2006/11, S. 147ff.) werden inzwischen in vielen Schulentwicklungsprozessen genutzt (vgl. auch Interview mit Tony Booth).

Wie müsste eine allgemeinbildende Schule, also ein *„Haus des Lernens“* für alle (Bildungskommission NRW 1995) beschaffen sein, wenn sie jede Schülerin und jeden Schüler zum Schulabschluss und in die Berufsausbildung bringen möchte? Was brauchen Jugendliche, um sich selbst trotz belasteter Situation positiv entwickeln zu können?

Die Grundschule Berg Fidel zeigt: Die Zahl der Schulversager wurde reduziert, die Zahl der Spitzenleister erhöht und der Zusammenhang von Schule und Herkunft zur Zufriedenheit der Elternschaft mehr und mehr entkoppelt. Inklusion und Begabungsförderung in derselben Schule.

Hier bietet sich an, an einem von der Landesregierung NRW beabsichtigten Modellversuch teilzunehmen: Das 6. Schulrechtsänderungsgesetz NRW, das 2011 verabschiedet wurde, sieht vor, dass „auf Antrag des Schulträgers und nach Anhörung der Schulen an bis zu 15 Schulen beginnend mit dem Schuljahr 2013/ 2014 oder dem Schuljahr 2014/2015“ erprobt werden soll, ob durch längeres gemeinsames Lernen *„die Chancengerechtigkeit und die Leistungsfähigkeit des Schulwesens erhöht werden und die Schülerinnen und Schüler zu besseren Abschlüssen geführt werden können“*.

Die Schulkonferenz der Grundschule Berg Fidel Münster hat 2010 beschlossen, den Ausbau ihrer Schule als gebundene Ganztagsschule mit festen Klassenteams und Altersmischung bis zur Klasse 13 bei der Stadt Münster und der Bezirksregierung als Modellschule zu beantragen. Der inklusive Unterricht mit Kindern der Grundschule soll fortgesetzt werden. Die verlässlichen Strukturelemente der Grundschule Berg Fidel (vgl. Stähling 2006/2011) sind unverzichtbar: Schule ohne jede Ausgrenzung, feste multiprofessionelle Teams in jeder Klasse und Altersmischung.

> „Mit dem Begriff „Pädagogik der Vielfalt“ können wir unser Konzept umschreiben. Denn in der Grundschule Berg Fidel leben und lernen Kinder und Erwachsene zusammen, und jeder Mensch ist anders. Darüber sind wir sehr froh“.
>
> Aus dem Vorwort zum Schulprogramm der Grundschule Berg Fidel 2010

Die Elternvertreter und Pädagogen begrüßen das im Folgenden an Schaubildern verdeutlichte Konzept. Eine starke Elterninitiative hat sich gegründet, um die Verwirklichung zu unterstützen. Auf dem Gründungskongress am 24. und 25.11.2012 werden die Konzeptgrundlagen konkretisiert.

Eine gute Schule ist rhythmisiert

Internationale Studien (Hattie 2009, vgl. Steffens/Höfer 2012) zeigen: Schülerleistungen werden weniger durch die Menge der Lernzeit beeinflusst als durch intervallartige Rhythmisierung im Curriculum und im Schuljahr. Auch auf Schüler abgestimmte curriculare Materialien und Programme zeigen Wirkung.

Wie könnte der Tagesablauf in einer solchen inklusiven Pilotschule aussehen?

<table>
<tr><td>Zeit
Gruppe</td><td colspan="3">Tagesstruktur in allen Klassen prinzipiell ähnlich</td></tr>
<tr><td>7.00–8.00 Uhr</td><td colspan="3">Frühstück in der Schule als Angebot für alle</td></tr>
<tr><td>8.00–9.30 Uhr</td><td>Freies Arbeiten
in Klasse oder Lernbüros bzw. Ateliers/Nebenräumen
(vgl. Kapitel 1.2/1.3)</td><td colspan="2">Individuelle Arbeit in den Kernbereichen: Mathe, Deu, Englisch bzw. einer zweiten Fremdsprache. Trainieren, erarbeiten, vertiefen unter individueller Anleitung/Lernberatung/Coaching</td></tr>
<tr><td>9.30–10.15 Uhr</td><td colspan="3">Pause für alle gleichzeitig</td></tr>
<tr><td>10.15–11.00 Uhr</td><td>Lern-Coaching
(vgl. Kapitel 1.2/1.3)</td><td colspan="2">Reflexion über das eigene Lernen, besonders während des freien Arbeitens; Ermutigung und Problemlösungen im Gruppengespräch („Lern-Klassenrat“) oder in der Selbstreflexion (Lerntagebuch)</td></tr>
<tr><td>11–13 Uhr
abwechselnd
Projekt – Kurs – Projekt – Kurs – usw.

und regelmäßiger Unterricht

und flexible Pausen</td><td>Projekte über ca. 6 Wochen in der eigenen Klasse
(vgl. Kapitel 1.4/2.2)
—
Intensivkurse, über ca. 2 Wochen, klassenübergreifend</td><td>Freie Forscher Clubs (FFC), Projektarbeit in Kleingruppen zu Schlüsselproblemen
—
In gelenkter Form in festen Gruppen zu Themen wie:
English Conversation, Physik, Geschichte, Erweiterung der Grundlagen</td><td>Regelmäßige Unterrichtsstunden in:
Musik
Kunst
Sport
Fremdsprache
Bücherei,
u. a.</td></tr>
<tr><td>Zwischen 13.00 und 14.30 Uhr</td><td colspan="3">Mittag in der eigenen Klasse
und Pause für alle</td></tr>
<tr><td>14.30–15.45 Uhr</td><td>Werkstatt
Jg. 1–3 bzw.4 in der Klassengemeinschaft im eigenen Raum bzw. Gelände
(vgl. z. B. Kapitel 1.5)

Jg. 4 bzw. 5–13 klassen-übergreifend in Ateliers, Fach- und Nebenräumen. Wechselnd je Halbjahr, 2 Werkstätten pro Woche</td><td>Eigene Fähigkeiten und Interessen kennenlernen und vertiefen in den von Lehrkräften, Experten oder älteren Schülern angebotenen Bereichen:
– Musik
– Bewegung
– Forschung, Technik, Natur (z. B. Wald)
– Kunst, Darstellung
– Gesellschaft, Kultur
– Fremdsprachen
Auch Schülerfirmen</td><td>Zweimal pro Woche: Aktivitäten in Klassengemeinschaft: z. B. Schwimmen, Wald, Jugendclub, Aktion nach Wahl u. a.</td></tr>
<tr><td>15.45–16 Uhr</td><td>Tagesabschluss-Runde</td><td colspan="2">Tagesrückblick in den Werkstattgruppen</td></tr>
<tr><td>Ab 16 Uhr</td><td>Freiwillige Angebote, Ateliers</td><td colspan="2">Besonderen Neigungen nachgehen, Hobbys pflegen, Beratungen nutzen:
In Kooperation mit örtlichen Sportvereinen, Musik- und Kunstschulen, Zirkuskünstlern, Theater- und Musikgruppen, Werkstätten, Medienexperten, Beratungsstellen, Arbeitsagenturen, Migranten-Vereinen, Hochschulen, Volkshochschulen und mit dem Stadtteilzentrum</td></tr>
<tr><td>abends</td><td>Kultur- und Fortbildungsangebote besonders für ältere Jugendliche und Erwachsene</td><td colspan="2">Theater- und Musikauftritte, Lesungen, Vorträge und Diskussionsabende, Ausstellungen. Freizeittreff, Café und Restaurant</td></tr>
</table>

Basis-„Station“ eines Kindes und Jugendlichen seine feste Klassengruppe. Dort ist der Ausgangs- und Reflexionsraum für das individuelle, kooperative und selbstverantwortliche Lernen. Themen der Lernenden sind nicht beliebig. Aus dem Gemeinschaftsleben erwächst im Laufe der Entwicklung eines Kindes das Bedürfnis, an der Lösung der „Schlüsselprobleme“ (vgl. Kapitel 2.2.) teilzuhaben. Somit orientieren sich von Anfang an auch alle fachdidaktischen und sonderpädagogischen Überlegungen daran. Alles Erarbeiten, Vertiefen, Üben, Entdecken, Ausprobieren, Wagen und Sich-Bewähren folgt diesem Leitgedanken. Reformorientierte Vorreiterschulen in der Sekundarstufe (vgl. z. B. mittendrin e.V. 2012) geben Anregungen. Die notwendigen Arbeitsformen und -haltungen und inhaltlichen Grundlagen entwickeln die Schülerinnen und Schüler bereits in der Grundschulzeit.

Eine gute Schule ist aus einem Guss

Ein solches inklusives Schulmodell könnte in altersgemischten Klassen nach reformpädagogischen Vorbildern unter Einbeziehung von 5-Jährigen aufgebaut sein. So wären z. B. nach dem Jenaplanmodell Peter Petersens drei Jahrgänge gemischt, in der jedes Kind einmal jede Rolle durchläuft, Jüngstes, Mittleres und Ältestes zu sein.

Eine solche idealtypische „inklusive Schule“ hätte folgende Struktur:

Klassenstufe A:	im Mittel	5– 9 Jahre alt,	Jahrgangsstufe 0,1,2,3:	als Grundstufe
Klassenstufe B:	im Mittel	9–12 Jahre alt,	Jahrgangsstufe 4,5,6:	als Eingangsstufe
Klassenstufe C:	im Mittel	12–15 Jahre alt,	Jahrgangsstufe 7,8,9:	als Stufe der vielen Lernorte, Mittelstufe
Klassenstufe D:	im Mittel	15–18 Jahre alt,	Jahrgangsstufe 10,11,12,13:	als Schulabschluss-stufe

Die Schülerinnen und Schüler blieben vom Schulbeginn bis zum Schulabschluss in *einer Schule*. Sie durchliefen also vier Stufen.

Alle altersgemischten Klassen befänden sich in einem „Haus des Lernens" unter einem Leitungsteam. Die „Mittelstufe" würde „entschult", die Jugendlichen lernten außerhalb der Schule an vielen Lernorten (vgl. v. Hentig 2006; Kegler 2009; Rasfeld/Spiegel 2012).

In dieser inklusiven Schule würden lernstarke Schülerinnen und Schüler im Sinne einer Begabungsförderung nach Bedarf die Möglichkeit bekommen, auch nur zwei Jahre in jeder Klassenstufe (A bis D) zu lernen, so dass diese im besonderen Fall bereits nach 4 mal 2 Jahren ihr Abitur erlangen könnten und mit 15 Jahren bereits mit dem Studium begännen. Als „JuniorStudenten" könnten sie auch bereits in Teilbereichen an der Hochschule studieren, während sie in anderen Fächern noch Abschlüsse ablegen müssten.

Langsam lernende Schülerinnen und Schüler würden in jeder Klassenstufe (A bis C) 4 Jahre verbleiben und nach 12 Jahren Schulbesuch, also mit 17 Jahren, einen passenden Schulabschluss bekommen.

Orientiert an dieser idealtypisch reformpädagogischen Schulkonzeption haben wir in Berg Fidel eine Pilotschule entworfen, die sich nur in einigen Punkten von dem idealtypischen Modell entfernt.

Die Klassenstufe A würde nicht nur bis zum 3. Schuljahr reichen, sondern auch die Jahrgangsstufe 4 enthalten. Außerdem wäre zumindest zunächst organisatorisch die Vorschule weiterhin nicht ein Teil der Schule, sondern eigenständige Einheit unter der Aufsicht der Jugendämter, wie es in Deutschland – anders als in vielen Ländern – üblich ist.

Die altersgemischte Klasse der Jahrgänge 1–4 ist insofern ein Kompromiss. Die Strukturanpassung an die herkömmliche 4-jährige Grundschule scheint erforderlich zu sein, weil man nur so ohne Brüche nach Klasse 4 auch auf andere „weiterführende Schulen" wechseln könnte.

Außerdem zeigen Erfahrungen, dass eine Altersmischung der Jahrgänge 1–4 sehr viele Vorteile bietet (vgl. Teil 1; Kapitel 2.1; Stähling 2006/2011).

Das hier entwickelte Modell orientiert sich an Schulmodellen wie z. B. Winterhuder Reformschule, Hamburg (vgl. Xylander 2008), Jenaplanschule Jena, Laborschule Bielefeld, Reformschule Kassel, Montessori Gesamtschule Potsdam (vgl. Kegler 2009), Neue Schule Wolfsburg, Evangelische Schule Berlin-Zentrum (vgl. Rasfeld/Spiegel 2012).

Aufbau der inklusiven Pilotschule Berg Fidel

Kindertagesstätte
in altersgemischten Gruppen der
Altersstufen 4 Monate bis 3 Jahre und der
Altersstufe 3 bis 6 Jahre

Grundstufe
in altersgemischten Klassen der
Jahrgänge 1 bis 4

Eingangsstufe
in altersgemischten Klassen der
Jahrgänge 5 bis 6

Stufe der vielen Lernorte
in altersgemischten Klassen der
Jahrgänge 7 bis 9

Schulabschlussstufe (Zukunftsplanung)
in altersgemischten Klassen der
Jahrgänge 10 bis 13

Alle Abschlüsse bis einschließlich des Abiturs sind möglich.

Ein besonderer Ausbildungsschwerpunkt im eigenen Haus ist folgender:
Vorbereitung auf pädagogische Berufe
(Erzieherin, Heilpädagogin, Sozialpädagogin, Sozialarbeiterin,
Lehrerin, Psychologin u. a.)

Diese Schule wird – wie die kooperierende Kindertagesstätte auch – aus altersgemischten Lerngruppen bestehen. In der Grundstufe sind die Kinder vom 1. bis 4. Schuljahr gemischt, so wie es seit 2002 in der Grundschule Berg Fidel mit Erfolg praktiziert wird. In jeder Klasse leben und lernen etwa 6 Schulanfänger, 6 Kinder des zweiten Jahrganges, 6 Dritt- und 6 Viertklässler. Kinder haben das Recht auf eine individuelle Entwicklungszeit. So können einige Kinder fünf Jahre in der Grundstufe verweilen, wenn sie mehr Zeit brauchen, um ihre Lernerfolge zu stabilisieren. Sitzenbleiben ist unmöglich, jedes Kind wird zu Erfolgen gebracht.

Ähnlich sieht es bei den älteren Schülern aus.

Jede Schülerin, jeder Schüler wechselt während seines Schullebens dreimal die altersgemischte Klassengemeinschaft und damit auch das multiprofessionelle Pädagogen-Team, das für sie oder ihn zuständig ist. Jede Klassengemeinschaft und jede Schülerin, jeder Schüler werden von einem festen, dauerhaften Team begleitet. Dieses Team ist für die Lernfortschritte jedes Einzelnen zuständig.

Ziele, Wünsche, Vorlieben der jungen Menschen stehen nicht nur beim individuellen Lernen im Vordergrund. Sie bestimmen auch die „persönliche Zukunftsplanung“ z. B. beim Übergang in den Beruf. Unterstützung und Dienstleistungen wurden bisher meist von Kostenträgern, professionellen Helfern, Organisationen und Behindertenhilfen bestimmt. Bei der „Person-zentrierten Planung“ (vgl. Theunissen 2012a) dagegen sucht sich der Jugendliche z. B. einen tragfähigen Unterstützerkreis, der kompetent und stützend wirkt, auf den er sich bei der Lösung von Problemen verlassen kann.

Je nach persönlicher Zukunftsplanung sind alle Schulabschlüsse möglich.

Jahresstruktur der Stufe der vielen Lernorte: 7–9

Mehrere Wochen im Schuljahr haben Schüler der 7. bis 9. Jahrgänge keinen üblichen Unterricht. Vier Schwerpunkte sind für jeden jungen Menschen in jedem Jahr vorgesehen:

Herausforderungen z. B. Theaterwochen, Radtour, Kanutour, Wanderungen, Alpenüberquerung, Arbeiten auf dem Bauernhof, auf einer Berghütte, Renovierung eines Schullandheimes, Leben in fremder Familie mit Schulbesuch, Auslandsreise. 3–4 Wochen	Die Herausforderungen orientieren sich in ihrer didaktischen Ausgestaltung an den zu lösenden Schlüsselproblemen (vgl. Kapitel 2.2). *Schüler wählen* sich Herausforderungen aus einem Angebot aus, mit schriftlicher Bewerbung und Begründung. Eine Jury aus Schülern, Eltern, Lehrern stellt Gruppen zusammen. Die Leitung übernimmt ein Erwachsener (Mitarbeiterin oder Mitarbeiter oder externer Experte) oder ein älterer Schüler. Sich bewähren, Verantwortung übernehmen, an die Grenzen gehen, Gemeinschaft erfahren, Perspektiven wechseln.
Wissen und Können unter Beweis stellen. 4 Wochen	Freie Forscher Clubs intensiv: alleine oder in Kleingruppe: Arbeiten an selbst gestellten Aufgaben, woran sie zeigen können, was sie *gut* können. Selbstreflexion in Logbuch. Seminararbeit, Präsentation
Berufs- und Sozialpraktika 2–6 Wochen	*Arbeitswelt* kennen lernen
Pädagogisches Langzeitpraktikum in der Grundstufe (Jg. 1–4) oder in der Kita als Schul- oder Kita-Assistent einem Team und einer Klasse oder Gruppe zugeordnet. Einmal pro Woche über mindestens 6 Monate.	Praktikanten erfahren, dass sie *gebraucht* werden und ihre schulischen Fähigkeiten z. B. in Rechtschreibung, Mathematik oder FFC bereits nützlich sind.

In Kooperation mit Arbeitsagenturen steht für die älteren Schülerinnen und Schüler dieser Stufe und der Schulabschlussstufe auch die Vorbereitung auf die Berufswelt im Vordergrund. In Schülerfirmen erwerben Schüler Kompetenzen für den Übergang in das Berufsleben (vgl. mittendrin e.V., S. 252ff.).

Struktur der Schulabschluss-Stufe: 10–13

Neben dem regulären Unterricht in der Klassengemeinschaft in Kern- und Wahlpflichtbereichen (freies Arbeiten, Projekte, Kurse, Werkstätten) sind für die Schülerinnen und Schüler der Schulabschluss-Stufe folgende Aktivitäten vorgesehen, die den Übergang in das Berufsleben oder ins Studium vorbereiten:

Auslandsaufenthalt als Schulbesuch, als Berufspraktikum, als besondere Lernaufgabe: mindestens 2 Monate für alle, als Schüleraustausch

Schulinterne Ausbildung zu pädagogischen Mitarbeitern bzw. zum Erzieher o. ä. und entsprechende Bewährung in der eigenen Schule: pädagogische Langzeitpraktika als Unterrichtsassistenten, in Begleitung eines Kindes, als Assistenten der Schulsozialarbeiter und Sonderpädagogen

Berufs- und Sozialpraktika

Personenzentrierte Zukunftsplanung mit Aufbau von Unterstützerkreisen für jeden jungen Menschen nach Bedarf

Individuelle Lernberatung in allen Bereichen der Profilbildung, des eigenen Schulabschlusses, des Juniorstudiums. Coaching. Jugendliche können in Teildisziplinen Hochschulseminare besuchen.

Individuelle Schullaufbahnberatung über Anforderungen, Zeitpunkt und Form der Leistungserbringung und der Schulabschlüsse

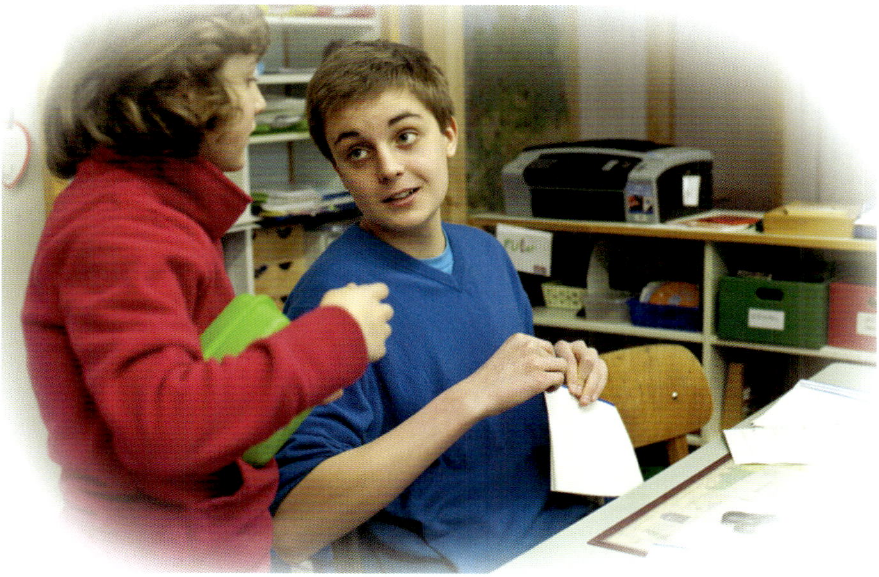

Wie viele Schülerinnen und Schüler mit den zurzeit noch schulrechtlich vorgegebenen Schulformempfehlungen erwarten wir ab Jahrgang 5 und wie werden sie verteilt?

Vorschlag zur Realisierung

10-13 Schulabschluss-Stufe	5 altersgemischte Klassen à 25 Schüler, je 1 Raum	**Jg. 13**	5	5	5	5	5	**Abschlüsse in Jg. 10, Jg. 12, Jg. 13 möglich,** Behinderte bis zum Ende der Schulpflicht
		Jg. 12	5	5	5	5	5	
		Jg. 11	5	5	5	5	5	
		Jg. 10	2H 3R 3GY 2Fö	10	10	10	10	
7-9 Stufe der vielen Lernorte	Gebundener Ganztag, 5 altersgemischte Klassen à 30 Schüler, je 2 Räume	**Jg. 9**	10	10	10	10	10	
		Jg. 8	10	10	10	10	10	
		Jg. 7	10	10	10	10	10	
5-6 Eingangsstufe	Gebundener Ganztag, 5 altersgemischte Klassen à 20 Schüler, je 2 Räume	**Jg. 6**	2H 3R 3GY 2Fö	2H 3R 3GY 2Fö	2H 3R 3GY 2Fö	2H 3R 3GY 2Fö	2H 3R 3GY 2Fö	
		Jg. 5	2 H 3R 3GY 2Fö	2 H 3R 3GY 2Fö	2 H 3R 3GY 2Fö	2 H 3R 3GY 2Fö	2 H 3R 3GY 2Fö	
1-4 Grundstufe	4 gebundene Ganztagsklassen, je 2 Räume 5 Vormittagsklassen bis 13 Uhr, je 1-2 Räume	9 Klassen à 24 Schüler, davon je ca. 6 Förderkinder (mit sonderpäd. Förderbedarf), 50 Abgänger, davon 10 Förderkinder						
Pilotschule mit 575 Schülern insgesamt	Ca. 22 Räume in Grundstufe Ca. 25 Räume in Sekundarstufe, 10 Mehrzweckräume Schüler ges: 200 + 375= 575	Jg.10-13: 125 Schüler Jg. 7-9: 150 Schüler Jg. 5-6: 100 Schüler Jg. 1-4: 200 Schüler						

H = Schülerinnen und Schüler mit Hauptschulempfehlungen
R = Schülerinnen und Schüler mit Realschulempfehlungen
GY = Schülerinnen und Schüler mit gymnasialen Empfehlungen
Fö = Schülerinnen und Schüler mit sonderpädagogischem Förderbedarf

Eine gute Schule ist eine forschende Schule

Als „Universitätsschule“ und „Ausbildungsschule“ für angehende Lehrkräfte, Sozialpädagogen und Inklusionspädagogen wird jede Klasse ständig durch ein bis zwei Praktikanten unterstützt. Sie bleiben mindestens für einige Monate kontinuierliche Mitarbeiter eines festen Teams. Die Einsätze der Langzeitpraktikanten sind verzahnt mit pädagogischer Begleitforschung. Pädagogische Feldforschungsarbeiten entstehen in Kooperation mit Klassenteams und studentischen Mitarbeiterinnen und Mitarbeitern.

Von allen festen Pädagogen der Schule wird erwartet, dass sie selbst „forschende“ Lehrkräfte sind und sich wissenschaftlich qualifizieren. Sie arbeiten an praxisrelevanten Forschungsprojekten mit. Ihre Ergebnisse fließen direkt ein in die Schulentwicklung. Forschungsfragen entstehen aus konkreten Praxisproblemen (wie z. B. in Toronto, vgl. Interview mit Vicky Branco). Der Gründungskongress 2012 macht den Anfang, indem er Wissenschaftler und erfahrene Praktiker zusammenführt und die Eckpunkte der Pilotschule vereinbart.

Was ist bereits vorhanden oder ohne besondere Genehmigungen zu verwirklichen?

Wir haben ein motiviertes Kollegium mit mehr als 40 Mitarbeitern und Mitarbeiterinnen: Lehrerinnen, Förderschullehrerinnen, Sozialpädagoginnen, Erzieherinnen, Schulsozialarbeiter, viele studentische Mitarbeiter, die bereits eng zusammen arbeiten. Die Schule hat ein enges Netzwerk, auch in Kooperation mit Kindertagesstätten, mit weiterführenden Schulen, Beratungsstellen, sozialen Diensten, Wissenschaftlern und Ämtern geschaffen, damit die Unterstützung aller Schülerinnen Schüler gelingen kann.

Die Kinder in Berg Fidel stammen aus mehr als 30 Nationen und haben alle denkbaren besonderen Fähigkeiten, auf die wir aufbauen können. Wir haben außerdem sehr ermutigende Erfahrungen mit der Begabungsförderung aller, auch behinderter Kinder sammeln können. Im gemeinsamen Unterricht hat sich gezeigt, dass die Altersmischung eine große Entlastung für die integrative Arbeit darstellt. Das Internationale Centrum für Begabungsforschung (icbf, Christian Fischer) Münster stützt die Arbeit im Bereich der Forschung, der Lehrerausbildung und der Schülerförderung. Seit Jahren besteht eine intensive Zusammenarbeit mit dem Institut für Sonderpädagogik der Universität Frankfurt (vgl. Schnell 2010). Hier werden Inklusionspädagogen ausgebildet.

Auch pädagogische Langzeitpraktika von Studierenden der sozialen Arbeit, der Sozialpädagogik und der Schulpädagogik sind so in den Schulalltag integriert, dass die Klassen fest mit den Praktikantinnen und Praktikanten rechnen. Sie sind feste Mitglieder der ständigen Klassenteams.

Da die Schule bereits seit mehr als 20 Jahren als ganztägige Schule differenzierte Erfahrungen in allen pädagogischen Feldern hat, bietet es sich an, über vielfältige, begleitete Praktika im eigenen Hause und in kooperierenden Einrichtungen die Schülerinnen und Schüler auf Schulabschlüsse mit *pädagogischen* Schwerpunkten vorzubereiten.

Der gemeinsame Unterricht ermöglicht der Schule durch zusätzliches Personal aus Mitteln des Landes und der Stadt, die notwendigen, passenden, auf jeden individuell abgestimmten Angebote zur Begabungsförderung zu machen.

Die inklusive Schule für alle in Berg Fidel wird den wissenschaftlichen Beleg dafür liefern, dass „die Chancengerechtigkeit und die Leistungsfähigkeit des Schulwesens erhöht werden und die Schülerinnen und Schüler zu besseren Abschlüssen geführt werden können“ (vgl. NRW Schulrechtsänderungsgesetz 2011).

Teil II
Woran scheitert Inklusion?
Zweifel, Barrieren und Gehhilfen auf dem Weg zur Inklusion

REINHARD STÄHLING

2.1 „… aber diese Kinder haben keine Chance“ Der soziale Kredit

„Es kam vor, dass mir während einer Unterredung mit ihnen die Stimme versagte und mir aus Ratlosigkeit Tränen in die Augen schossen. Solch schwere Stunden muss jeder junge Erzieher, jeder neue Erzieher durchmachen. Er soll sich nicht entmutigen lassen und nicht vorschnell sagen: 'Das kann ich nicht, das ist unmöglich.' – Nur scheinbar bewirken Worte nichts; langsam entsteht so etwas wie ein kollektives Gewissen, von Tag zu Tag wächst die Zahl derer, die den guten Willen des Erziehers und einen vernünftigen Kurs akzeptieren (...). Einer der größten Lausbuben zerschlug beim Aufräumen ein teures Porzellanpissoir. Ich wurde nicht böse. Ein paar Tage später zerbrach derselbe Bursche eine Flasche mit fünf Litern Lebertran, auch diesmal wies ich ihn milde zurecht. Es half: Ich hatte einen Bundesgenossen gewonnen."

Janusz Korczak: Wie liebt man ein Kind (1920, SW Bd. 4, S. 253f.)

Kevin besuchte eine Integrationsschule im bürgerlichen Viertel. Er verlässt am Ende des ersten Schuljahres seine Schule. Mit ihren eigenen „Bordmitteln" konnten die Sonder- und Grundschulpädagogen dieses Kind nicht „fördern". Er sei ***„nicht integrierbar"***. Sie erwogen, ihn auf eine Sonderschule für Erziehungshilfe zu überweisen. Die Eltern wehrten sich dagegen und fragten, ob er in einer anderen Integrationsschule „noch eine Chance bekommen" könne. Im nahe gelegenen sozialen Brennpunkt nahm man Kevin in der Schule auf. Kevin zeigte stark eigensinnige Züge, ließ sich wenig sagen und geriet schnell in unnachgiebige Streitereien mit anderen Schülern. Dabei konnte er sich kaum kontrollieren und schlug verzweifelt auf seinen Gegner ein, dem er „ein Lehre erteilen" wollte. Dies geschah mehrfach mit Kindern, die ihn „provozierten". Einige Mitschüler wollten erleben, wie er wieder wütend wurde und seine Beherrschung verlor.

Auf überfordernde Aufgabenstellungen und vor allem auf fordernde Lehrer reagierte er vermeidend oder aggressiv. Jede Aufgabe musste für ihn passen, sonst verlor er die Zuversicht. Im sprachlichen Lernbereich kam Kevin nur langsam voran, war sehr verunsichert und beim Schreiben ungeduldig mit sich selbst.

Die neue Schule begann von vorn: An lautgetreuen Wörtern wie OMA und DOSE lernte er das Schreiben, nachdem er bereits in der anderen Schule einen kompletten Schreiblehrgang abgeleistet hatte. Langsam überwand er die stofflichen Hürden, und erst im dritten Schuljahr konnte er lautierend lesen.

Die Eltern begegneten den schulischen Defiziten und emotionalen Ausbrüchen hilflos. Kevin war in Konfliktsituationen auf einen Begleiter angewiesen, der mit ihm über seine Wut und Ohnmachtsgefühle sprechen konnte. Fehlte dieser Mensch, so kam es zu Ausbrüchen, bei denen Kevin Mitschüler gefährdete. Die Eltern wurden immer wieder darauf aufmerksam gemacht und beantragten daher beim Jugendamt einen Integrationshelfer, damit Kevin in der Schule ständig einen Menschen an seiner Seite habe.

Das Jugendamt lehnte ab. Das Kind könne in einer Schule für Erziehungshilfe besser gefördert werden. Die Eltern klagten vor Gericht. Es wurde vereinbart, dass zunächst familienunterstützende Maßnahmen eingeleitet werden sollten.

Die Schulklasse geriet weiter in Notlagen durch Konfrontationen mit Kevin. Jeder Tag aufs Neue war ein Abenteuer. Dafür interessierte sich das Jugendamt nicht, da es die Schulabteilung für zuständig hielt, die ja die Möglichkeit der Sonderschuleinweisung „nicht nutzte“. Als dies deutlich wurde, entschied das multiprofessionelle Pädagogenteam der Klasse, nicht fatalistisch auf die vom Jugendamt zu bewilligende Integrationshelferstelle zu warten, sondern selbst zu handeln. Umgehend sollte eine Honorarkraft eingestellt werden, die Kevin täglich 2 Stunden begleitete. Diese Stelle wurde über Spenden aus dem Förderverein finanziert, mit der Maßgabe, die Kosten im Nachhinein dem Jugendamt in Rechung zu stellen, falls es durch das Gericht zur Bewilligung der Integrationshelferstelle gezwungen würde.

Dieser Fall aus einer deutschen Großstadt ist nicht erfunden, sondern passiert immer wieder. Das schulische Engagement brachte den Erfolg.

Die Honorarkraft war eine afghanische Studentin, die eine Meisterschaft darin besaß, Kevin in seiner Person bedingungslos anzunehmen. Sie bestärkte seine positiven Seiten, z. B. sein großes Gerechtigkeitsempfinden, und besprach alle emotionalen Äußerungen unaufgeregt mit ihm. Am Ende jedes Tages fand ein anerkennender Rückblick statt, bei dem Kevin merkte, dass er nicht allein ist in seiner Not. In dieser Zeit baute er Kontakt zu einem Klassenkameraden auf, einem Kind mit Downsyndrom. Besonders sensibel konnte er sich in seinen Mitschüler einfühlen und ihm helfen, sich trotz Sprachbehinderung verständlich zu machen. Kevins Selbstvertrauen wuchs sichtbar.

Die gesamte pädagogische Arbeit wurde im Team genau koordiniert. Man überlegte regelmäßig, welche Anforderungen geeignet waren. Kevin spürte immer, dass alle Erwachsenen mit ihm zusammen ein einheitliches Ziel verfolgten. Gemeinsam mit ihm dokumentierten sie Erfolg und Fortschritte. Nach einem halben Jahr beständiger ernsthafter Beziehung zwischen Kevin und der Honorarkraft konnte das Team diese 1 : 1-Betreuung von fünf- auf einmal in der Woche reduzieren. Mit derselben Selbstverständlichkeit wurde Kevin nun einmal wöchentlich intensiv im Schulalltag begleitet.

Nach einem weiteren Jahr intensiver gemeinsamer Arbeit bekam Kevin keine gefährdenden Wutausbrüche mehr. Er konnte seine Gefühle frühzeitig benennen, sie mit einem Erwachsenen besprechen und auch schon manchmal selbstständig seine Wut an einem Boxsack auslassen. Seinen Ärger schrieb er anschließend in ein Klassenratsbuch. Er konnte nun sogar warten, bis er sein Problem mit den anderen Schülern in der nächsten Klassenratssitzung besprach. Kevin traute sich, seine maßlose Wut z. B. über empfundene Ungerechtigkeiten dort auszusprechen. Schließlich konnte er eine tragfähige Freundschaft zu einem anderen Kind aufbauen, über die er glücklich war.

Sozialer Kredit und Caring Curriculum

Welches Prinzip liegt diesem Unterrichtskonzept zugrunde? Wie konnte Kevin zur Klassengemeinschaft finden?

Wolfgang Jantzen (2008, S. 19 ff.) berichtet über eine Langzeitbeobachtung in einer integrativen Schule. Er beschreibt die spannende Entwicklung eines Jugendlichen mit der Diagnose „schwer geistig behindert und schwer verhaltensgestört, autistisch". Dieser Junge konnte sich erfolgreich entwickeln. Wie war das möglich? Jantzen (2008) beobachtete in der Schule folgende wichtigste Faktoren der Rehabilitation. Sie können allgemein als Gelingensfaktoren für schulische Integration gelten (vgl. auch Teil 1):

- Garantie von *Sicherheit und Bindung* (keine Aussonderung, vgl. Kapitel 1.1)
- Situationen vielfältigen *sozialen und emotionalen Austausches* (z. B. regelmäßige Gespräche, vgl. Kapitel 1.2 bis 1.5)
- *Sozialer Kredit*, Vertrauen in die Entwicklung jedes Schülers (Vertrauensvorschuss vgl. Kapitel 1.2 bis 1.5)
- *Anerkennung* (z. B. Regelmäßige Rückmeldung über Erfolge, vgl. Kapitel 1.2)
- Basisdemokratische Umgangsformen mit *gemeinsamen Problemlösungen* (z. B. Lernklassenrat, vgl. Kapitel 1.2; Klassenrat, vgl. Stähling 2006/2011, S. 75 ff.)
- *Differenzierende didaktische Strukturen* (z. B. Freie Arbeit und individualisierter Unterricht, vgl. Kapitel 1.2, 1.3, 2.2, s. u.)
- *Teamteaching* (vgl. Kapitel 1.3)

Ähnlich wie in dem von Jantzen beschriebenen Fall gelingt es in unserem Beispiel, Kevin eine Sicherheit zu vermitteln. Die negativen äußeren Rahmenbedingungen (z.B. Jugendhilfe lehnt Integrationshelfer ab) werden nicht zum Anlass genommen, Kevin die Sicherheit und Bindung zu versagen und das Vertrauen in seine Entwicklung aufzugeben. Vielmehr gibt ihm die neue Schule eine Art symbolischen Vertrauensvorschuss oder im Sinne von Pierre Bourdieu einen *sozialen Kredit* (vgl. Jantzen 2008; Ziemen 2009): Er braucht nichts zu tun, um Zeit und Zuwendung zu bekommen. In dieser Schule werden ihm nicht einmal schulische Leistungen abverlangt. Er gehört einfach dazu ohne Bedingung und trotz widriger Umstände. Das ist die Basis, auf der alles Weitere aufbauen kann. Die gesamte internationale Forschung zeigt auf, dass fürsorgliches Engagement und Zuwendung immer zu besseren Schülerleistungen führen (vgl. Hattie 2009).

Ada Fuest (2008) hat in ihrem Praxisbuch „Und in der Mitte das Kind“ an vielen überzeugenden Beispielen dargestellt, wie Kinder in einer tragenden Beziehung zur Lehrerin Vertrauen gewinnen und neue Wege wagen. Unterricht kann dann nicht mehr lehrplanorientiert sein, sondern muss „lernerorientiert“ werden. Diese Empowermentperspektive (Wüllenweber 2011), die sich mit einem „Caring Curriculum“ (vgl. Kaiser 2004; Kaiser/Pfeiffer 2007, S. 218ff.; Villa/Thousand 2000, S. 190, 508, 608ff.) verbinden ließe, widerspricht einer Orientierung an (Mindest-)Standards. Die Eltern wissen dies zu schätzen. Das zentrale Problem so genannter behinderter Kinder sieht Jantzen in der *sozialen Isolation*, die hier verhindert wird.

Kevin findet zunächst im beharrlichen Kontakt mit der Honorarkraft Anerkennung und emotionalen Austausch. Der *Klassenrat* ermöglicht ihm, zu erleben, dass Probleme auch gemeinsam und friedlich lösbar sind (vgl. Stähling 2006/2011, S. 75ff.; Fuest 2008, S. 218ff.). Im differenzierten und individualisierten Unterricht, in freien Arbeitsphasen (vgl. Kapitel 1.2 und 1.3) entwickelt der entmutigte Kevin wieder Vertrauen zu seinen schulischen Leistungen. Stoffliche Hürden können schrittweise genommen werden (vgl. zur inklusiven Didaktik Kapitel 2.2). Der Teufelskreis der Isolation ist durchbrochen. Die (nicht nur soziale) Investition zahlt sich aus. Der *soziale Kredit*, die Anleihe für Kevin, war dringend nötig gewesen.

Sozialer Kredit durch frühe Prävention statt „Warten auf den Schiffbruch“

Das Pädagogenteam „holt ihn da ab, wo er steht“, wobei besonders beachtet wird, welche Stärken und Fähigkeiten Kevin mitbringt. Diese Empowermentperspektive, die nicht den Blick auf die kategorisierten Defizite fixiert, lässt sich kaum mit der **(Gesundheits- oder Jugendamts-)Logik** der Finanzierung in Einklang bringen (vgl. dazu ausführlich Opp 2009; Wüllenweber 2011). So verlangen viele Ämter z. B. für die Beantragung eines Integrationshelfers für Kevin, dass die *Misserfolge* begutachtet, dokumentiert und belegt werden, um zeigen zu können, dass Kevin dann „von Behinderung bedroht“ sei. Erst wenn diese definierte Notlage nachgewiesen wird, hat das Kind Anspruch auf Hilfe. Unterstützungsprogramme zum Zwecke der **Prävention** werden in der Regel nicht finanziert. Vertreter der Jugendhilfe stehen *präventiven Konzepten* nicht selten skeptisch gegenüber, weil diese mangels eines eindeutigen „Eingriffstatbestands“ und einer kaum nachweisbaren Wirkung schwer legitimierbar seien. Es gebe keine eindeutigen Maßstäbe, nach denen man Prävention begründen könne, weil es in der heutigen Gesellschaft auch an Orientierungsmustern fehle, was als „normal“ gelte. Häufig folge die Präventionslogik einem Generalverdacht gegen z. B. alle Heranwachsenden eines benachteiligten Stadtgebietes (vgl. Lukas 2005).

Die Folge dieser präventionsskeptischen Haltung kann sein, dass ein Kind wie Kevin, dem die Sonderpädagogin bescheinigt, dass er Stärken hat und sich zwar langsam, aber deutlich positiv entwickelt, wenig Chancen hat, einen Integrationshelfer bzw. weiterhin sonderpädagogische Unterstützung zu bekommen. Erst wenn die Schule „versagt hat“, wenn „das Kind in den Brunnen gefallen ist“, dann gibt es personelle Unterstützung. Diese an die Bedingung des „Schiffbrucherleidens“ geknüpfte Hilfeprogrammierung (vgl. Opp 2009, S. 250 f.) führt *in der schulischen Praxis* dazu, dass Lehrkräfte – entgegen ihrem eigentlichen Förderauftrag – Kinder fallen lassen, ihnen den Misserfolg bescheinigen und *weniger fördern als nötig, um den Bedarf besser nachweisen zu können.* Sie handeln mit dem Ziel, dass diese Kinder endlich die notwendige (überfällige) Hilfe bekommen, die sie *ohne die Verschlechterung ihres Zustandes nicht bekämen.* Die Absurdität besteht darin, dass Kevin *keine* Fortschritte machen darf, um vom Jugendamt Hilfe zu bekommen.

Schulische Inklusion ist also auch dadurch gefährdet, dass Jugendhilfe und Gesundheits- und Schulämter zu spät personelle Unterstützungen anbieten und dass in Schulen die aufsuchende Elternarbeit nicht ausreichend finanziert wird (vgl. Stähling 2006/2011, S. 24ff.). Etliche an Integration orientierte Lehrkräfte definieren hingegen ihren Auftrag so, dass sie an den Erfolgen ansetzen und dem Kind und dessen Eltern Mut machen. Sie erstellen schriftliche Gutachtenzeugnisse und geben regelmäßige Rückmeldungen, die unbemerkte Fortschritte herausheben. So können sie einem Kind große Anerkennung für seine Leistung zollen, obwohl es sich noch weit unter dem Lehrplanniveau gleichaltriger Kinder befindet. Der Unterricht konzentriert sich nicht mehr auf den Lehrplan, sondern auf den Lerner. Er verabschiedet sich von einer Standardisierung.

Eine solche integrative Arbeit, die z.B. Kevin einen *sozialen Kredit* gewährt, wird jedoch indirekt „bestraft“, weil sie zu Erfolgen führt; es scheint daher im Sinne einer von der Jugendhilfe oder Schulbehörde definierten Anspruchsberechtigung „noch nicht nötig“ zu sein, weitere sonder- oder sozialpädagogische Unterstützung zu gewähren. Jedoch wissen wir, dass *verspätete* Integrationsbemühungen oft erfolglos sind und zu gesellschaftlicher Ausgrenzung führen (vgl. Opp 2009, S. 250).

Das hinter solchem amtlichen Verfahren stehende Menschenbild entpuppt sich als technokratisch und medizinisch: Ein als „behindert“ begutachtetes Kind gilt als dauerhaft „behindert“, quasi *biologisch determiniert.* So gilt ein Kind dann z.B. „von Behinderung bedroht“, wenn es eine so genannte „Lese-Rechtschreib-Schwäche“ dauerhaft aufweist, diese durch Gutachten belegt und schulische Förderung *keine Aussicht auf eine „altersgemäße“ Entwicklung* hat. Wenn es jedoch Fortschritte in seiner Entwicklung aufweist und dies *amtlich* begutachtet ist, dann kann der Entwicklungsfortschritt als Beleg dafür gelten, dass es sich nicht um eine „echte“ Behinderung“ handelt, die den Anspruch auf z.B. die Gewährung eines Integrationshelfers nach sich zöge. Es gehört also angesichts der Ressourcenbeschränkungen nicht sicher in die Gruppe der „Anspruchsberechtigten“.

Diese Praxis missachtet alle Kosten-Nutzen-Analysen früh einsetzender Präventionsprogramme. Günther Opp (2009) verweist darauf, dass langfristige Einsparungspotentiale von dem bis zu 7-fachen der investierten Mittel belegt sind. Hinzu kommt, dass später die Kinder der Betroffenen bessere Entwicklungschancen haben.

Ein weiterer *Verstoß gegen die präventiven Prinzipien* ist, wenn **Schulämter** die Feststellung des sonderpädagogischer Förderbedarfes besonders bei Migrantenkindern mit den Förderschwerpunkten „Lernen“, „Sprache“ und „Emotionale und soziale Entwicklung“ in den ersten Schuljahren zurückstellen wollen. Die international auffällig hohe Zahl der Förderkinder sollen in der Statistik gesenkt werden. Aber diese Kinder (mit den Förderschwerpunkten L, Sp, E) haben nach

der UN-Behindertenrechtskonvention ein Recht auf *hochwertige sonderpädagogische Förderung* und „angemessene Vorkehrungen“ im Rahmen einer integrativen Klasse.

Mit der Abschaffung der sonderpädagogischen Begutachtung dieser Kinder in den ersten Schuljahren missdeutet man den Inklusionsbegriff: Bereits die *Nicht-Etikettierung* soll – unabhängig vom Stand des Umbaus des Schulwesens – zum Merkmal für Inklusion werden. Der mit inklusiven Werten verbundene Fortschritt einer „Toleranz gegenüber Verschiedenheit“ führt dann dazu, dass „Hilfen für Schwache“ vorenthalten werden. Wie Kinder und Personal bei zunehmender Auflösung von Sonderschulen (unter Beachtung eines Sozialindex u.a.) zu verteilen wären, ist bisher allerdings noch nicht geklärt (vgl. ausführlich im Kapitel 2.5). Um Sonderpädagogen auf Schulen gerecht verteilen zu können, kann *vorerst nicht* auf die Feststellung des sonderpädagogischen Förderbedarfes verzichtet werden. Die Abschaffung der Sonderschulen kann nicht automatisch (z.B. in Modell- oder Pilotschulen) eine Abschaffung der Bedarfsfeststellung nach sich ziehen.

Dass die notwendigen personellen Ressourcen über eine amtliche „Etikettierung“ den Sonderschulen (und auch den Integrationsschulen) zugeteilt wurden, brachte allen Schulpraktikern Probleme; sie mussten das „Ressourcen-Etikettierungs-Dilemma“ ertragen. Aber auch unter der Geltung der UN-Behindertenrechtskonvention, wenn Sonderschulen abgebaut werden, löst sich das Dilemma nicht auf: Der *Rechtsanspruch* eines behinderten Kindes auf sonderpädagogische Förderung (auch eines lernbehinderten, vgl. Riedel 2010) wird erst nachvollziehbar, wenn es eine pädagogische und medizinische Überprüfung gibt. Eine gesellschaftliche *Stigmatisierung* ist damit nicht völlig ausgeschlossen, aber sehr viel unwahrscheinlicher, weil das Kind nicht auf eine Sonderschule überwiesen werden kann. In die Regelschule, in der das Kind ohnehin eingeschult wird, „verwandelt sich“ die sonderpädagogische Arbeit zu einer integrativen. Die mit einer *ausführlichen Diagnostik* verbundene Bedarfsfeststellung dient hier dem Ziel, stoffliche Hürden mit dem Kind besser bearbeiten zu können, indem das Kind u.a. von den lehrplanorientierten Standards und Barrieren befreit wird und die für seine Entwicklung nötige Zeit für das individuelle Lernen bekommt.

Wenn ein Team in einer integrativen Schule für ein Kind mit besonderen Lernproblemen verantwortlich ist, braucht es dafür ausgebildetes Personal. Wenn Erfolge erzielt werden durch gute pädagogische Arbeit und z. B. nach drei Jahren kein „sonderpädagogischer Förderbedarf“ mehr bestehen sollte, dann ist das nicht ein Beleg dafür, dass dieses Kind zuvor nicht „richtig behindert“ gewesen ist oder eine „Fehldiagnose“ vorlag. Dieser Rückschluss ist in sich unlogisch, weil dadurch integrative, sonderpädagogische „Förderung“ im Nachhinein als „allgemeinpädagogische“ umdefiniert würden, obwohl sie real „sonder“-pädagogisch gewirkt haben.

Falls – wie aufgrund der Erfahrungen einiger Länder zu befürchten ist – Personal (besonders in integrativen Schulen) stark vermindert würde, könnte die präventive Arbeit nicht greifen. Nach einer dann unproduktiven, angeblichen *„Schonzeit“* für Kinder in der „Schuleingangsphase“ (1. und 2. Schuljahr), die lernschwache, verhaltensauffällige und entwicklungsverzögerte Kinder auch in drei Jahren durchlaufen können, folgte der Übergang in die dritte Klasse; einige Schüler würden bei Bedarf dann – viel zu spät – auf „sonderpädagogischen Förderbedarf“ überprüft. Kernfrage wäre dann wiederum: Welcher „Förderort“ ist für diese Kind „richtig“? Die Sonderschule gilt dann als „letzte Rettung“; der „soziale Kredit“ der Verlässlichkeit und Zugehörigkeit zur Schulgemeinschaft würde somit jedes Jahr erneut in Frage gestellt. Wenn wegen (hier angenommenem) vermindertem Personal in der Eingangsphase zu wenig präventiv gearbeitet worden wäre, würden Sonderpädagogen feststellen, dass manche Kinder trotz längerem Verweilen in der Eingangsphase den „Anforderungen eines dritten Schuljahres nicht gewachsen“ wären und somit einen „sonderpädagogischen Förderbedarf“ hätten.

Viel zu spät, also erst nach drei Jahren, würde die sonderpädagogische Unterstützung einsetzen können. Wertvolle Zeit für frühzeitige Hilfen wäre verloren. Wegen des dann folgenden frühen Überganges in die Sekundarstufe würde das Kind voraussichtlich weiterhin auf sonderpädagogische „Förderung“ angewiesen sein und möglicherweise auf eine Sonderschule wechseln. Statt so früh wie möglich „lernerzentriert“ und „entwicklungslogisch“ daran zu arbeiten, dass ein Kind die „stofflichen Hürden“ erfolgreich besteht, würde das *Scheitern an den Lehrplanvorgaben* zum Maßstab für die Feststellung des sonderpädagogischen Förderbedarfes. Kurz: Das Kind würde drei Jahre lang überfordert und somit *durch das Schulsystem behindert*. Die passenden, „entwicklungslogischen“ Unterstützungen und „angemessenen Vorkehrungen“ für das Kind fehlten.

Eine Schule von 1–13 (Kapitel 1.6) könnte ausgleichend wirken, weil sie den Kindern die notwendige Entwicklungszeit, einen sozialen Kredit, zugestehen würde. Eine frühe allgemeine und medizinische Feststellung der Lernausgangslage und frühe personalintensive Unterstützung der Kinder sind besser als ein „Abwarten auf Entwicklung“ in der Schuleingangsphase. Mehr Zeit allein reicht nicht aus.

Ein Beispiel dafür ist Kevin. Er scheiterte an einer integrativen Schule, weil zu spät auf seine emotionale Not reagiert wurde. Er fiel bereits als extrem verhaltensauffällig im ersten Schuljahr auf. Schülern mit sozialem und emotionalem „Förderschwerpunkt" wie Kevin wird viel zu früh abverlangt, dass sie die Lehrplanvorgaben erfüllen. Da die Ergebnisse des IQ-Tests Kevin keine „Lernbehinderung" attestierten, sollte Kevin *„zielgleich* unterrichtet" werden. Man hätte ihm schließlich sogar noch Zeugniszensuren gegeben, die ihn extrem verunsicherten, was *pädagogisch unverantwortlich wäre*. Also selbst in einer traditionellen Integrationsklasse scheiterte Kevin vor allem durch seine Defizite im Schriftspracherwerb und konnte „das Klassenziel nicht erreichen". Platzierungsfragen rückten in den Vordergrund. Als „Zielgleicher" würde er – gegen jede pädagogische Logik – sogar „sitzen bleiben" und die Klasse wechseln. Ein Rückschlag für seine soziale und emotionale Entwicklung. Die neue Klasse würde ihn – das ist voraussehbar – sozial überfordern, er fiele durch seine „Ausraster" erneut auf. Der Teufelskreis von sozialer Auffälligkeit und schulischer Leistungsschwäche würde nicht durchbrochen. Seine Stärken, wie z. B. seinen Gerechtigkeitssinn oder seine Sorge für Schwächere, gerieten aus dem Blick und verlören ihre selbstverstärkende Wirkung.

Georg Feuser beschreibt den beklagenswerten Zustand vieler Integrationsklassen so: „Der Unterricht blieb weiter an Schul- und Altersstufen orientierten curricularen Vorgaben, Prinzipien der äußeren Differenzierung und einem Bildungsreduktionismus dahingehend verpflichtet, dass behinderte Schüler nach Maßgabe der Curricula des Sonderschultyps unterrichtet wurden, den sie hätten besuchen müssen, wären sie nicht in einer Integrationsklasse platziert worden" (Feuser 2011, S. 86f.). Er kritisiert Verfahrensweisen in solchen Integrationsschulen, „die Schüler einer bestimmten klassifizierten Behinderungsart in die Allgemeine Schule aufnahmen, während Schüler dieser Schule, die im Laufe der Primarstufenzeit z. B. im Lernen auffällig wurden, aus der Allgemeinen Schule 'exkludiert' und in eine Sonderschule 'inkludiert' wurden." (S. 87)

Es ist unwahrscheinlich, dass wissenschaftliche Forschung oder Jugendhilfe, Schulaufsicht und Schulleitungen diese demotivierenden Regulationsmechanismen nicht kennen. Dennoch werden sie – wider besseren Wissens und sogar angesichts von „Standards" für Inklusion (vgl. Moser 2012; Reich 2012) – weiter praktiziert (siehe auch Transferhemmnisse im Kapitel 2.2). Die beschriebenen Verfahren sind kontraproduktiv. Sie entsprechen nicht dem Geist der UN-Behindertenrechtskonvention, die *„angemessene Vorkehrungen"* für hochwertige Bildung verlangt. Eine pauschale Stellenzuweisung z. B. in der Schuleingangsphase könnte sich für manche Kinder als Barriere auswirken. Es sollte juristisch zu prüfen sein, ob solche Maßnahmen bei von Armut und Migration gezeichneten Kindern als *diskriminierend* und menschenrechtsverletzend einzustufen sind und damit gegen das Grundgesetz verstoßen (vgl. Stähling 2011; Deutsches Institut für Menschenrechte 2011).

Sozialer Kredit durch die Schaffung von Resilienzbedingungen

Selektive Elemente des deutschen Schulwesens, wie „sitzen bleiben“ und „Sonderschulüberweisung“, können in bestehenden Grundschulen bereits heute abgeschafft werden. Besonders für armutsgeprägte Kinder böte dies einen notwendigen Schutz- und Schonraum (vgl. Wachs 2011). Folgende **wachstumsfördernde Rahmenbedingungen sind zu schaffen (vgl. Stähling 2006/2011, S. 138ff.; Stellbrink 2010; Prengel 2012b):**

1. ***Zugehörigkeit*:** Jedes Kind des Wohnbezirks gehört grundsätzlich in diese Schule vor Ort, natürlich auch behinderte Kinder aller Art, ohne Ausnahme.

2. ***Achtung vor der Würde des Kindes*** erlaubt nicht, einem Kind Entwicklungsmöglichkeit in der Schulgemeinschaft vorzuenthalten. Grundgesetzlich und im Sinne internationaler Kinderrechte und der Behindertenrechtskonvention hat jedes Kind einen Anspruch auf Teilhabe und angemessene Unterstützung.

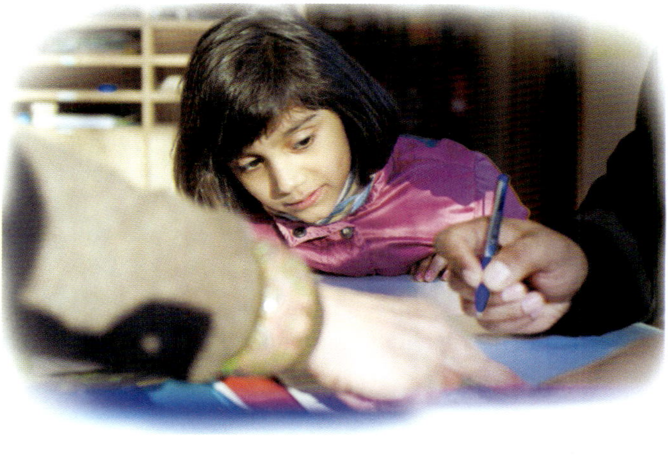

3. ***Verlässlichkeit*:** Schulische Bezugspersonen jedes Kindes sind verlässliche Partner, die Hilfe anbieten. In altersgemischten Klassen werden die Jahrgänge 1 bis 4 gemeinsam unterrichtet. Jeder Schulanfänger hat einen Paten, der unterstützen kann. In allen Klassen bilden die Pädagogen feste verlässliche Teams aus Grundschullehrer, Sonderpädagoge und pädagogischen Mitarbeitern, die über Jahre stabil zusammen bleiben.

4. ***Begleitung*:** Der Blick ist auf die Stärken des Kindes und nicht vorrangig auf dessen Defizite gerichtet. Auch die *Begrenztheit und Verletzlichkeit jedes Menschen* werden anerkannt (vgl. Wevelsiep 2012). Ein Gespräch darüber gehört zum selbstverständlichen Bestandteil der Lernkultur der Klasse (vgl. Prengel 2012b). Die Beeinträchtigungen eines Kindes sollen nicht verschleiert werden. Das Scheitern und das Leiden jedes Kindes wird *ernst genommen*. Es wird dokumentiert und dabei nicht allein dem Kind zugeschrieben. *Die Pädagogen nehmen die Unrechtserfahrungen oder die „keineswegs frei gewählten Leiderfahrungen" (Prengel 2009), die mit Behinderung verbunden sind, wahr.* Nicht selten ist es nötig, „einfach da zu sein" und das Leid zu teilen. Dies mag an Trauerarbeit erinnern (vgl. Stähling 2006/2011, S.143f). Die Klassengemeinschaft und die Lehrkräfte empfinden jeden, selbstverständlich auch einen „behinderten" Menschen, als „Bereicherung". Die beiden Perspektiven auf Behinderung (Schmerz und Bereicherung) sieht Annedore Prengel (2009) als „unverzichtbar für die Pädagogik der Vielfalt" (S. 109). Dabei werden die Lernbedingungen und -inhalte so gestaltet, dass immer für jedes Kind ein kleiner Erfolg beim Überwinden von z. B. stofflichen Hürden möglich sein kann. „Fehler" werden nicht zum Zweck der Aussonderung dokumentiert, sondern gelten im Sinne einer *Stärkenperspektive*

als Hinweise, aus denen ein Kind Mut schöpfen kann. In adaptiver Unterrichtsgestaltung bekommen alle, auch besonders lernstarke Schüler, auf geeignetem Niveau *passende, begabungsfördernde* Lernangebote. Starke Schüler nehmen außerdem an besonderen klassenübergreifenden Kursen z. B. in Mathematik, Englisch, Deutsch und Sachunterricht teil.

Selbst Kinder, deren Lebensumstände hohe Risiken für Entwicklungsstörungen aufweisen, entwickeln sich unter diesen schützenden Faktoren positiv. Dieses Phänomen ist im Unterrichtsalltag der Grundschule Berg Fidel deutlich sichtbar und wird laufend evaluiert (vgl. Grundschule Berg Fidel: Qualitätsanalyse 2010). Die schulische Klassengemeinschaft, die tragende Beziehung zu den Pädagogen und ein Caring Curriculum werden zu sozialen Ressourcen. Im Sinne eines individualpsychologischen Ansatzes (vgl. Fuest 2008; Stähling 2006/2011) ist es sehr bedeutsam, dass die Lehrkraft ein Kind versteht, indem sie sich in dieses Kind *einfühlt.* Alfred Adler hat es 1929 so dargestellt:

„(...) wenn ich in seiner Lage wäre, an seiner Stelle stünde, würde ich geradeso handeln, in derselben Umgebung die gleichen Fehler begehen, dasselbe Ziel setzen, wie er es tut. Wenn ich mich mit ihm eins fühlen kann, dann verstehe ich ihn. Wenn ich das nicht kann, dann sind alle Bemühungen vergeblich und unbrauchbar (...)" Adler (zit. nach Rüedi 2012, S. 88f.).

Kinder können dann die Risiken leichter bewältigen, denen sie ausgesetzt sind. Das erstaunliche Phänomen, dass sich Kinder *trotz mehrerer Risikofaktoren* gut entwickeln, wird *Resilienz („Unverletzlichkeit")* genannt.

Etliche Kinder in der Grundschule Berg Fidel gewinnen trotz ihrer teilweise gravierenden Leiderfahrungen in einem Hochrisikomilieu ein optimistischeres Bild vom Leben und verbessern ihr Lernen und ihr Sozialverhalten (vgl. Kapitel 1.2. bis 1.5).

Und Begabungen können sich „entwicklungslogisch" (Feuser 2011) entfalten, wenn an den „stofflichen Hürden" gearbeitet wird (vgl. Meyerhöfer 2011 und Kapitel 2.2).

Die Resilienzforschung bestätigt die oben genannten Gelingensbedingungen.

Sowohl personale als auch soziale Ressourcen entfalten in einer solchen Klassengemeinschaft ihre Wirkung. Die Pädagogen arbeiten in präventiver Absicht daran, *Ressourcen beim einzelnen Kind aufzubauen* und es darin zu stärken. Sie entwickeln eine *Klassengemeinschaft, die Schutz vor Willkür und Unrecht bietet*. Die gesundheitsfördernde Wirkung ist offenkundig (vgl. Stähling 2006/2011, S. 67 ff.; Wevelsiep 2012). Pädagogische Professionalität, wie sie im Kapitel 1.2 bis 1.5 beschrieben wird, gilt als Ressource in der Resilienzforschung (vgl. Fingerle 2010):

- Pädagogen unterstützen jedes Kind darin, Probleme zu lösen und mit anderen in Kontakt zu treten.
- Pädagogen leiten jedes Kind an, eigene Interessen und Talente zu finden und zu nutzen.
- Pädagogen helfen jedem Kind dabei, zielgerichtet zu planen und zu handeln.
- Pädagogen zeigen jedem Kind, wie es Stress effektiv bewältigen kann.
- Pädagogen unterstützen jedes Kind darin, sich selbst zu vertrauen.
- Pädagogen ermutigen die Kinder, den eigenen Verstand zu nutzen und sich auf ihr eigenes Denken zu verlassen.
- Pädagogen bauen eine stabile und verlässliche Beziehung zu jedem Kind auf.

- Pädagogen erarbeiten mit der Klassengemeinschaft zusammen klare Strukturen und Regeln.
- Pädagogen bieten jedem Kind emotionale Unterstützung.
- Pädagogen erreichen durch die Gestaltung einer Lernkultur in der altersgemischten Klassengemeinschaft, dass andere Kinder als positive Vorbilder für konstruktive Problembewältigung wirken.

Nur unter solchen Lernbedingungen können ausgeprägt heterogene Klassen die besten Wachstumsbedingungen schaffen. Durch Formen der inneren Differenzierung und Arbeit an „stofflichen Hürden“ (vgl. Meyerhöfer 2011) gelingt es, alle in der Klassengemeinschaft zu Erfolgen zu führen.

Sozialer Kredit durch innere Differenzierung

35 Jahre nach den ersten Gehversuchen des ehemaligen Schulleiters Manfred Pollert mit offenem Unterricht in der Grundschule Berg Fidel ist daran zu erinnern, wie freies Arbeiten in der Praxis *eigentlich* funktionieren sollte: immer *in Bezug zur Klassengemeinschaft*. Dass einige Lehrerinnen „Freiarbeit“ wie Einzelarbeit praktizierten, schien eigentlich undenkbar.

Isolation durch freies Arbeiten wäre eine Fehlentwicklung gewesen. Der Schulaufsichtsbeamte Ludger Drunkemühle und der Schulleiter Manfred Pollert sprachen dagegen von einem *„höheren Grad an Zuwendung“*, die durch innere Differenzierung und freie Arbeit möglich würde (vgl. Drunkemühle/Pollert 1980, S. 122). Erst durch mehr Zuwendung („sozialen Kredit“) erhalte die Lehrerin Kenntnis von individuellen Vorlieben, Hobbys und Interessen: „Dann weiß ich, welche Aufgaben ich motivierend besser ‘verpacken’ muss, weil Kinder sie nicht so gerne ausführen“ (a.a.O, S. 122).

„Differenzieren lässt sich lernen" (Drunkemühle/Pollert 1980) hieß das Motto der richtungweisenden Handreichungen zum offenen Unterricht, die stark durch Erfahrungen aus der Grundschule Berg Fidel geprägt waren. Kinder arbeiteten in Freiarbeitsphasen meist in Kontakt zu anderen: sie halfen sich gegenseitig. Mit Hilfe von Lernpartnern konnten Kinder auch selbst weiter lernen. Natürlich mussten sich die Lernenden dabei frei im Raum bewegen können. So konnten sich die Kinder mit Hilfe von geeigneten Materialien selbstständig neue Inhalte in allen Lernbereichen erschließen.

Dass Kinder, wenn sie die freie Wahl hätten, „nur spielen" würden, wurde von Gegnern des freien Arbeitens angeführt: „Der Junge hat nichts gelernt, weil er sich alles aussuchen durfte. Er braucht aber sanften Druck und klar formulierte Anforderungen, weil er sich freiwillig nicht anstrengen würde. Freie Arbeit ist für dieses Kind nicht gut ..."

Beliebigkeit war jedoch nie gemeint, wenn der ehemalige Schulleiter Manfred Pollert mit seiner Klasse in Berg Fidel arbeitete: Da „rauchten" die Köpfe vor Anstrengung. Aber nicht jedes Kind hatte die gleichen Lehrplan-Anforderungen zu erfüllen.

Differenzierte Lernangebote in der so genannten „vorbereiteten Umgebung" (Montessori), in der sich Kinder selbstständig (die mit der Lehrerin vereinbarten) Aufgaben wählten, ermöglichten der Lehrerin das *„Ermogeln" von zusätzlichen „Trainingszeiten"* für langsamer lernende Schüler. Wie selbstverständlich setzte sich Pollert mit seinen Schülern nach der täglichen freien Arbeitsphase von ca. einer Stunde in die feste „Bänkchenrunde". Dort wurde darüber gesprochen, wie die Kinder gearbeitet hatten. In der Regel endete keine freie Arbeitsphase ohne die Gesamtreflexion (heute „Lernklassenrat", vgl. Kapitel 1.2).

Offener Unterricht ohne Rückbezug zur Klassengemeinschaft war nicht möglich. Immer stand die Frage im Raum, wie jedes Kind dazu beiträgt, dass sich möglichst alle wohl fühlen. Die Arbeitsruhe, die Fortschritte jedes Kindes, gemeinschaftliche Leistungen, Stolz auf Erfolge jedes einzelnen und die Transparenz der Abläufe waren von Anfang an Themen, die Kinder im Sitzkreis nach jeder Arbeitsphase besprachen.

Wenn ein Kind etwas nicht verstand, bekam es einen sozialen Kredit in Form von zusätzlicher Zeit mit der Lehrerin. Zu diesem Zweck entwickelten Manfred Pollert und Gerhard Sennlaub einen Rechtschreiblehrgang (in Form einer Kartei mit Arbeitskarten), der schon in seiner Konzeption der Tatsache Rechung trug, dass jedes Kind ein anderes Arbeitstempo braucht, um Lerngegenstände zu beherrschen. So gab es nur 6 Exemplare pro Arbeitskarten weil nie die gesamte Klasse an derselben Aufgabe arbeitete. Wohl aber war Partnerarbeit Bestandteil des Lehrgangs und alle Schülerinnen und Schüler arbeiteten der Reihe nach die Kartei durch. Das hatte zur Folge, dass für alle der Lerngegenstand gegenwärtig war und schon in Jahrgangsklassen die schneller Lernenden den Langsameren bei der Bewältigung der Aufgaben halfen. Ständig erklärten sich Mitschüler gegenseitig die Aufgaben und halfen beim Verstehen der Sache. Solche Lernprozesse in Phasen der inneren Differenzierung waren sehr erfolgreich.

Manchmal hatte ein Kind oder eine Gruppe etwas Spannendes entdeckt, das den anderen mitgeteilt werden sollte. Fachdidaktische Aspekte – im Sinne einer „Kooperation am Gemeinsamen Gegenstand" und eine „innere Differenzierung durch entwicklungsniveaubezogen-biografische Individualisierung" (Feuser 2011, S. 91) – waren Kerngeschäft der Lehrer. Lehrplanvorgaben standen nicht im Vordergrund, obgleich Manfred Pollert selbst der Vorsitzende der Richtlinienkommission NRW 1985 war: Eine erleichternde Erfahrung für hunderte von hospitierenden Lehrerinnen und Lehrern. Kinder bereicherten durch ihre *individuellen Zugänge* zu den Themen die Gemeinschaft (vgl. Kapitel 1.2).

Pollert hatte verstanden, dass sich die Gemeinschaft und die Lehrerin dem Schüler *zuwenden* müssen, um ihn mehr und mehr für die Arbeit *zu gewinnen*. Die Kinder verstanden den Lerngegenstand dann, wenn ihnen *passende Aufgabenstellungen* gegeben wurden, um *an stofflichen Hürden zu arbeiten*. Kinder arbeiteten selbstständig, wenn sie sich für ihre Arbeit wirklich interessierten und die Aufgaben – für *jedes* Kind *passend* – nicht zu schwer oder zu leicht waren.

Das isolierte „Abarbeiten" von Arbeitsblättern in so genannter „freier Arbeit" oder „Wochenplanarbeit" dagegen bezeichnete Pollert später als „verkappten Frontalunterricht", der eben den Fähigkeiten und Interessen des einzelnen nicht gerecht werden könne. Montessoris Erfahrung „Wer gerecht sein will, muss die Kinder unterschiedlich behandeln", war Leitlinie der frühen Differenzierungsverfechter.

In der neueren Diskussion um inklusive und begabungsfördernde Didaktik wird deutlich, dass man Unterricht mit heterogenen Gruppen auch falsch entwickeln kann: So werden etwa so genannte „Förderkinder" oder „Hochbegabte" durch *äußere* Differenzierungsmaßnahmen häufig aus der Gruppe „raus gezogen". Diese Kinder verlieren leicht den sozialen, aber auch fachlichen „Anschluss" an Themen des Unterrichts und den Bezug zu den Mitschülern. Die Folge ist Isolation statt Integration. Integrationspädagogen und Begabungsforscher fordern daher für den begabungsfördernden, inklusiven Unterricht sowohl innere Differenzierung als auch „Kooperation am Gemeinsamen Gegenstand", z. B. in Projekten. In einem solchen Unterricht kommt es darauf an, die *Balance* zu wahren zwischen individuellen Lernangeboten und gemeinsamen Lernsituationen (vgl. Wocken 2011, S. 140ff.; Feuser 2011; Steenbuck u. a. 2011; Burow 2011). Wie Kinder lernen und der inklusive Unterricht den „gemeinsamen Gegenstand" (Feuser) in den Mittelpunkt stellt, wird in Kapitel 2.2 dargestellt.

Zusammenfassend lässt sich festhalten, dass Lehrkräfte immer dann den Kindern – auch beim Lernen – gerecht werden, wenn sie sich sorgend um sie kümmern (Caring Curriculum). Statt auf den Schiffbruch zu warten, beugen sie früh einem Scheitern vor. Sie machen sie stark, indem sie ihnen einen sozialen Kredit gewähren. Im Unterricht spiegelt sich diese inklusive, soziale Haltung in der inneren Differenzierung wider. Ein wichtiger Baustein dafür bieten altersgemischte Klassen der Jahrgänge 1 bis 4 mit offenem Unterricht: Die „Leistungsschere", die ohnehin in jeder Klassengemeinschaft zu finden ist, wird nicht vertuscht, sondern vergrößert und damit sichtbar und auch handhabbar gemacht.

Sozialer Kredit durch Altersmischung 1–4 und offenen Unterricht

In der Grundschule Berg Fidel sind alle Klassen altersgemischt. Kinder der Jahrgänge 1–4 lernen zusammen. Lernstarke Schüler finden ideale Bedingungen, zumal sie keine Klasse „überspringen" müssen und in dem Fall in einer fremden Klasse weiter lernen müssten. Hier lernen einige Kinder im ersten Schuljahr z. B. das Einmaleins zusammen mit anderen Kindern, die bereits im 3. Schuljahr sind (vgl. Kapitel 1.2).

Ebensolche Vorteile bietet die Altersmischung für lernschwache und verhaltensauffällige Schüler. Hier sind große Erfolge zu erkennen. Nach der Grundschulzeit werden fast alle Kinder mit den „sonderpädagogischen Förderschwerpunkten Lernen, Sprache und soziale und emotionale Entwicklung" aus der Grundschulklasse auf die Regelschulen der Sekundarstufe ohne „Förderbedarf" überwiesen.

Wissenschaftliche Untersuchungen wären hier nötig, um diesem auffallend großen Lernzuwachs auf den Grund zu gehen. Eine große Rolle spielt der „soziale Kredit". In Vergleichsstudien (sowohl mit quantitativen als auch mit qualitativen

Erhebungsmethoden) zeigt sich das Lernen im gemeinsamen Unterricht dem Lernen in Sonderschulen *überlegen* (vgl. Klemm/Preuss-Lausitz 2011, S. 37ff., 48ff.; Schnell/Sander/Federolf 2011). Ungeklärt und empirisch nicht ausreichend erforscht sind allerdings noch folgende Fragen (vgl. Moser 2011):

- Welche Lehrerkompetenzen sind erforderlich?
- Inwiefern müssen Standards auf die unterschiedlichen Kompetenzniveaus angepasst werden?
- Welche zusätzlichen Fachkräfte werden gebraucht?
- Welche Funktionen (neben der Kompetenzvermittlung) muss die Schule erfüllen?

Relativ wenig wissen wir aus empirischen Studien über die Wirkung des kooperativen Lernens in *altersgemischten* Klassen und im offenen Unterricht. Während die jahrgangsübergreifenden Konzepte der Schuleingangsphase aufgrund ihrer zunehmenden Häufigkeit untersucht worden sind, gibt es kaum Studien über die vermutlich viel effektivere Altersmischung der Jahrgänge 1 bis 4 (vgl. Hattie 2009).

Die aus Erfahrungen reformpädagogischer Schulen inspirierte Altersmischung ermöglicht es, dass besonders begabte Kinder auf hohem Entwicklungsniveau auf natürliche Weise von- und miteinander lernen können. Aus der Begabungsforschung mehren sich die Hinweise, dass die Altersmischung der Jahrgänge 1–4 sehr effektiv ist (vgl. Fischer 2008; Steenbuck u.a. 2011). „Inklusive Begabungsförderung“ gelingt am besten in einem offenen Unterricht, der den Kindern in der altersgemischten Klassengemeinschaft Halt gibt. Die Hans-Georg-Karg-Schule in Braunschweig ist reguläre Schule und gilt als eine „Impulsschule“ für integrative Begabungsförderung. Auch dort lernen die Kinder wie in der Grundschule Berg Fidel in altersgemischten Klassen von der Einschulung bis zum Übergang in eine weiterführende Schule (vgl. Steenbuck u.a. 2011, S. 252ff.).

Der noch relativ geringe Erkenntnisstand zum Lernen im Unterricht, der die Kennzeichen „altersgemischt“, „offen“, „beweglich“ (Winkel 2011) oder „indirekt“ (Wocken 2011, S. 140 ff.) trägt, lässt sich folgendermaßen knapp zusammenfassen (vgl. Übersichten bei Kucharz/Wagener 2007; Hanke 2007; Laging 2007; Stähling 2010c; Wocken 2011, S. 140 ff.; Hattie 2009):

- **Verweildauer in der Schuleingangsphase:** In der Schuleingangsphase geht man von einer durchschnittlichen Verweildauer von zwei Jahren aus. Das *Wohlbefinden, die Lernfreude, das Selbstkonzept und die soziale Akzeptanz der „Verweil-Kinder“*, die ein Jahr länger in der Eingangsphase verbleiben, sind eingeschränkter als das der anderen. Daraus lässt sich eine Kritik an der Eingangsphase mit dem Übergang nach der Klasse 2 in eine andere Klasse (anderer Raum, anderer Lehrer, andere Schüler) herleiten. Der Vorteil einer *Altersmischung der Jahrgänge 1–4* in jeder Klasse ist plausibel und durch Erfahrungen bestätigt (vgl. Teil 1 und Begabungsforschung, vgl. Steenbuck u. a. 2011). Sie erst stellt einen „sozialen Kredit“ dar, weil sich jedes Kind ohne frühen Leistungsdruck entwickeln kann.

- **Wirkungen auf Leistungen und Erfolge:** Nach derzeitigem Forschungsstand ist die *jahrgangsübergreifende Differenzierung in leistungshomogenen Lerngruppen (Niveaugruppen)* eine erfolgreiche Lernform. Als förderliche Bedingung gelten hierbei
  - *direkte Instruktion*
  - *Lernmaterialien, die an das Leistungsniveau angepasst sind.*

  Diese jahrgangsübergreifende Differenzierung in Niveaugruppen ist erwartungsgemäß dem traditionellen Unterricht in Jahrgangsklassen überlegen. Interessanterweise weist sie auch stärkere Erfolge auf als *individualisierende (nicht themengebundene)* Methoden in den gleichen heterogenen, jahrgangsübergreifenden Gruppen. Befragungen von Lehrern zeigen, dass in altersgemischten Klassen in Mathematik und Deutsch häufig auch *jahrgangsbezogen in „Abteilungen“* unterrichtet wird, was als wenig förderliche Bedingung gewertet wird. Dagegen werden häufiger nur die „Nebenfächer“ jahrgangsübergreifend unterrichtet. Im schriftsprachlichen Unterricht wird häufig differenziert. In der freien Arbeit wiederum überwiegen nicht selten Formen der Einzelarbeit, besonders in der Mathematik mit *individualisierten Lehrgängen und Arbeitsheften*. Ein Teil der Lehrer nutzt jedoch die Alters- und Leistungsunterschiede, damit Kinder voneinander lernen und sich gegenseitig helfen, was sich als besonders förderlich auswirkt. Man stellt fest, dass die Kommunikation der Kinder überwiegend auf den Unterricht bezogen ist. Dabei steht die *Bewältigung der Aufgaben, das gegenseitige Unterstützen bei der Lösung und das Arbeits- und Sozialverhalten* im Vordergrund. In Berg Fidel wird erprobt, dass in freien Arbeitsphasen auf gemeinsame Lerngegenstände konzentriert gearbeitet wird (vgl. Kapitel 1.1, 1.2, 2.2). Wie dieses Lernens am gemeinsamen Gegenstand in Lernbereichen wie Mathematik und Deutsch in altersgemischten Klassen *sich auf den Lernerfolg auswirkt,* müsste empirisch erforscht werden.

- **Wirkung des gegenseitigen Helfens bei Schülern:** Das *Lernen durch Lehren und Erklären* gilt als eine der effektivsten Lernmethoden (vgl. Kapitel 1.2, 1.4). Sowohl für die Sachauseinandersetzung als auch für die Beziehungsebene wirkt das Helfen positiv, und zwar für Tutor und hilfebedürftigen Schüler zugleich. Durch die Altersmischung werden altershomogene wie altersheterogene Beziehungsformen ermöglicht und problematische asymmetrische Beziehungen zwischen Helfer und Hilfeempfänger eher verhindert, so dass die Wirkung der Unterstützungen möglicherweise besser zum Tragen kommen kann.
- **Fachdidaktische Konzepte:** *Substanzielle Aufgabenformate* in der Mathematik ermöglichen altersgemischten Klassen, im offenen Unterricht am strukturgleichen Lerngegenstand auf unterschiedlichen Schwierigkeitsniveaus zu arbeiten. Stoffliche Hürden werden so leichter im kooperativen Lernen genommen. Auch beim Schriftspracherwerb können Kinder auf unterschiedlichen Niveaustufen zeitgleich arbeiten (vgl. Kapitel 1.2).
- **Wirkung auf Kinder mit ungünstigen Entwicklungsvoraussetzungen:** Konzentrationsschwächere Schüler nutzen in der freien Arbeit die Lernzeit weniger intensiv und aufgabenbezogen als Schüler mit hoher Konzentrationsfähigkeit. Leistungsschwächere brauchen länger zur Orientierung und sind häufiger auf einen Anstoß von außen und die „Bearbeitung stofflicher Hürden“ angewiesen (vgl. Kapitel 1.2, 2.2). Häufiger als in lehrergelenkten Phasen werden jedoch in der freien Arbeit bei Leistungsschwachen *längere Phasen ununterbrochener Aufmerksamkeit* festgestellt (vgl. Kapitel 1.2 und 1.3 im Hinblick auf Pausennutzung). Jahrgangsübergreifende Lerngruppen sind für diese Schüler erfolgreicher in Bezug auf Schriftspracherwerb, Leseverständnis und mathematische Leistungen als jahrgangsbezogene Klassen.

Jürgen Baumert beklagt als Direktor am Max-Planck-Institut für Bildungsforschung in Berlin, dass es in Deutschland einen „eklatanten *Mangel an grundlegenden Schulexperimenten*“ gibt. Dieses Nicht-Erforschen schränkt „unsere Einsichten in die mögliche Wirkung der Schule ein“ (Baumert 2008). Er verweist auf Untersuchungen über die Laborschule Bielefeld, die überdurchschnittliche Ergebnisse vorweisen kann.

Hans Wocken (2011) stellt einen gravierenden Mangel an konkreten, praxistauglichen Konzepten fest: Den „an der Gestaltung einer inklusiven Unterrichtspraxis interessierten Lehrer lässt die inklusionspädagogische Fachliteratur bislang nicht selten rat- und hilflos zurück. (...) Wenn Inklusion nicht im Unterricht praktisch eingelöst wird, verpufft die inklusive Idee zu Schall und Rauch“ (Wocken 2011, S. 188).

Immer noch stellt es für die interdisziplinäre Forschung eine große Herausforderung dar, die Gelingensbedingungen integrativen Unterrichtens systematisch zu ergründen. Bis auf wenige Arbeiten (Platte 2005; Seitz 2005; Stähling 2006/2011; Ziemen 2008; Kaiser et. al. 2011; Wocken 2011, S. 140 ff.) fehlen fundierte didaktische und vor allem praxistaugliche und übertragbare Ansätze für schulische Integration.

Das „Caring Curriculum" des „sozialen Kredits", das Schüler und Lehrkräfte von Lehrplanvorgaben entlastet und paradoxerweise Schülerkompetenzen erweitern hilft, sollte als Kernelement inklusiven Unterrichts genauer untersucht werden.

Schlussfolgerungen für den Unterricht

Gegen die Prinzipien traditioneller Regel- und Sonderpädagogik wird in vielen integrativen Schulen eine Kraft entfaltet, die den Kindern ermöglicht, sich zu entwickeln. Sie erleben innerhalb ihrer *Klassengemeinschaft*, dass sie einen Wert haben. Grundsätzlich sind alle „integrierbar". *Das Gemeinschaftsleben bildet das Herz* jedes *begabungsfördernden, inklusiven Unterrichts*. In der freien Arbeit und in Projekten finden die Kinder zu sich selbst und ihren Interessen. Sie fühlen ihren Selbstwert und können sich für die Klassengemeinschaft öffnen. Montessori sagte dazu einen bemerkenswerten Satz: „Das Ergebnis der Konzentration ist das Erwachen des sozialen Gefühls" (vgl. Ludwig 2004, S. 49).

Feuser (2011, S. 90f.) kennzeichnet diese pädagogischen Ansätze als Gegenkräfte zur aussondernden Schule: zu schulischer Homogenität, Selektion, reduzierten und parzellierten Bildungseinheiten, äußerer Differenzierung und getrennten Curricula für Behinderte und Nichtbehinderte.

Gegen diese Fehlentwicklungen setzt Feuser (S. 90f.) folgende Elemente:

- Größtmögliche (gewollte) *Heterogenität wie z. B. Altersmischung* (vgl. Kapitel 1.1)
- Kooperation aller miteinander am *gemeinsamen Gegenstand* (vgl. Teil 1; Kapitel 2.2)
- *Innere Differenzierung* (interkulturell und jahrgangsübergreifend) durch entwicklungsniveaubezogen-biografische Individualisierung (vgl. Kapitel 1.2.,1.4)

So unwidersprochen die Notwendigkeit *innerer Differenzierung* in der Theorie ist, so wenig wird sie allerdings in der Unterrichtspraxis umgesetzt (vgl. Transferhemmnisse in Kapitel 2.2. und mangelnde Erfahrungen in Kapitel 2.5). Dafür scheinen u. a. die fehlenden Rahmenbedingungen verantwortlich zu sein. Die Erfahrungen vieler Schulen zeigen, dass die Lehrerinnen *zuerst offen zu unterrichten lernten*, bevor sie Neues wagten und die Schule weiter entwickeln konnten. Wenn die Pädagoginnen der Grundschule Berg Fidel nicht jahrelang erlebt hätten, wie Kinder im offenen Unterricht lernen, dann hätten sie nicht wissen können, wie sie mit Kindern ganztägig in *altersgemischten*, inklusiven Klassen arbeiten können. Die *eigenen Erfahrungen* sind die wichtigste Quelle für Lehrkräfte, an der sie sich in ihrem Handeln orientieren (vgl. Burow/Steenbuck 2011, S.212).

Damit Lehrerinnen und Lehrer die innere Differenzierung erfolgreich verwirklichen können, *brauchen* sie (vgl. Miller 2011):

- die Arbeit in einer heterogenen und vertrauten *Klassengemeinschaft*, ohne äußere Differenzierung (vgl. Kapitel 1.2)
- eine *zweite Person* im Unterricht (vgl. Kapitel 1.3)
- *offene Lernformen*, die ermöglichen, die Verantwortung für innere Differenzierungsformen an die jeweiligen Schüler abzugeben (vgl. Kapitel 1.4, 1.5).

Die grundlegenden Konsequenzen, ohne die integrativer Unterricht nicht gelingen kann, könnten in jeder Schule gezogen werden. Dazu wären vor allem die Stundenpläne der Schüler so zu ändern, dass der größte Teil des Unterrichts *in der Klassengemeinschaft* stattfindet. Dies gilt auch für ältere Schülerinnen und Schüler (vgl. Kapitel 1.6).

Auch die Stundenpläne der Lehrpersonen müssen so gebaut werden, dass sie überwiegend in ihrer *„eigenen“ vertrauten Klasse* unterrichten. Am besten ist ein *Team für eine Klassengemeinschaft zuständig, das auch die fachlichen Zuständigkeiten verteilt.* Das Klassenteam kann durch Studierende verstärkt werden. Die Kernstunden sind mindestens zu zweit zu besetzen.

In der Grundschule Berg Fidel arbeiten Praktikanten und Studierende mit pädagogischen Erfahrungen und treten in ernsthafte Beziehungen zu den Kindern. Die Kinder spiegeln dies zurück durch ihre Freundlichkeit. Immer wieder fragt jemand: „Wie geht es dir jetzt? Ist alles in Ordnung?“ Die Freundlichkeit und das Ernstnehmen gelten sowohl für Kinder als auch für Erwachsene. Kein Mitarbeiter würde es sich gefallen lassen, wenn Kinder seine Person ignorierten. Kinder können auf Erwachsene Rücksicht nehmen.

REINHARD STÄHLING

2.2 „... aber wenn die Lehrpläne das doch vorschreiben?“

Vom Gehorsam zur Verantwortung für alle – Inklusive Didaktik als Beitrag zur Lösung der Schlüsselprobleme

„Ich spucke auf deine Bücher!“
Alexis Sorbas

„Bolek reibt sich das Kinn, zieht sich am Ohr, wackelt mit dem Kopf, schaut aus dem Fenster, sitzt unruhig in der Bank, (...) 'Fräulein, ich möchte an die Tafel.' (...)

Er greift nach dem Federhalter, fuchtelt damit in der Luft rum, pustet heftig und taucht die Feder ungestüm ins Tintenfass. Einige heftige Bewegungen mit der Hüfte. 'Fräulein, ichhh...oh-oh-oh!' – Schlägt sich mit der Hand an die Stirn, springt auf – Stichwort: Addiere 332+332. – Er addiert blitzschnell

– schaut sich um: 'Hast du es?' und leise flüsternd: 'Wir machen dasss schnell wie der Windddd ...' Er schnalzt mit der Zunge und atmet erleichtert auf ...

Kommentar: So verteidigt sich ein Kind, so entlädt es die angestauten Energien, so ringt es mit sich selbst, um den Unterricht nicht zu stören, so bittet es aktiv werden zu dürfen, so beklagt es sich (...). Registriere die Qualen eines lebhaften, leicht erregbaren Kindes – (...) wie es sich abmüht, ehe es mit etwas herausplatzt, was ihm die Ermahnung einbringt: 'Sitz ruhig.' – Wie glücklich ist da ein apathisches, verträumtes Kind!"

Janusz Korczak: Erziehungsmomente (1919, SW Bd. 4, S. 324)

Was müssen unsere Kinder heute lernen und was ist die Aufgabe der Lehrkräfte dabei? Spontan fallen uns Erdkunde, Englisch, Mathematik und andere Fächer aus dem Kanon ein, der scheinbar ewig die Schüler beschäftigen soll.

Und wie können sie es am besten lernen? Schüler lernen optimal bei einer Lehrerin, die das Fach beherrscht – so zumindest die Vision. Die Lehrerin sollte wissen, wo die „stofflichen Hürden" in ihrem Fachgebiet liegen und wie sie im Unterricht gut bearbeitet werden können, dass *alle Schülerinnen und Schüler* diese Klippen überwinden können. Für das Fach Mathematik stellt Wolfram Meyerhöfer (2011) dies überzeugend heraus. Er zeigt, dass „Rechenschwäche" darauf zurückzuführen ist, dass ein Kind z. B. die Hürde der Ablösung vom zählenden Rechnen noch nicht genommen hat. Dies erfordert fachdidaktische Kenntnisse und Erfahrungen mit dem Zahlbegriffserwerb bei Kindern.

Wie aber kann der Unterricht fachdidaktisch hochwertig sein, wenn die Klasse sehr heterogen zusammengesetzt ist und z. B. mehrfach behinderte Kinder dabei sind? Viele Eltern vermuten: „Die verstehen ja fachlich nicht so viel, und die anderen müssen immer Rücksicht nehmen auf den Lernstand der Schwachen im jeweiligen Fach." Kurz: „Die Guten kommen im Lerngebiet nicht genug voran und die Behinderten oder Schwachen sind überfordert mit dem Stoff."

Auf diese weit verbreiteten Einsprüche gegen integrative Arbeit müssen wir eine nachvollziehbare Antwort finden, die sowohl die *fachdidaktischen* Anforderungen berücksichtigt als auch die *Lernvorgänge bei jedem einzelnen* in den Blick nimmt. Und welchen Beitrag leistet ein solcher integrativer oder inklusiver Unterricht zur Lösung von *Schlüsselproblemen*? Dieses Kapitel macht den Versuch, einen praxistauglichen, didaktischen Rahmen abzustecken.

Bildungsziel: Beteiligung an der Lösung der Schlüsselprobleme

Die Gesellschaft übergibt der Schule die verbindliche Aufgabe, bei den Kindern die Basis dafür zu schaffen, gesellschaftliche Schlüsselprobleme (Klafki) in der Zukunft angehen zu können. Welche Bildungsinhalte sind zu diesem Zweck besonders geeignet? Die Kinder sollen soziale und lebenspraktische Qualifikationen erwerben und natürlich lesen, schreiben, rechnen lernen.

Dazu gehört z. B. auch, dass *alle* den Zahlbegriff erwerben. Diese fachspezifische Aufgabe gelingt jedoch im Unterricht nicht immer ausreichend. Grundschullehrerinnen und –lehrer unterschätzen zuweilen die *im Lerngegenstand selber liegenden, objektiv vorhandenen „stofflichen Hürden" für den Prozess* des Verstehens in der Mathematik und bearbeiten sie aus Unkenntnis nicht. In den „nicht bearbeiteten stofflichen Hürden" liegen – nach Meyerhöfer 2011 – die Ursachen dafür, dass ein Teil der Schülerinnen und Schüler die Basisfähigkeiten in der Schule nicht erlernen. Statt die „stofflichen Hürden" anzugehen, versuchen einige Lehrkräfte, – auch bei nicht behinderten Kindern – eine im Individuum liegende Krankheit mit dem Namen „Rechenschwäche" oder „Dyskalkulie" für das Nichtverstehen verantwortlich zu machen. Die Schule fühlt sich spätestens nach erfolglos durchgeführtem Förderunterricht aus der Verantwortung entlassen und verweist– entgegen ihrem gesellschaftlichen Auftrag – auf *außer*schulische Hilfen. Die betroffenen Kinder kommen „in den Genuss" öffentlich finanzierter Therapien, wenn bei ihnen im Sinne des § 35a SGB VIII im Falle von „Dyskalkulie" oder „LRS" die „Bedrohung von seelischer Behinderung" oder eine „seelische Behinderung" festgestellt wird.

Die Schule selbst hat aber die Pflicht, die „stofflichen Hürden" des Lerngegenstands gezielt und intensiv zu bearbeiten, so dass *alle* Schülerinnen und Schüler die Kernelemente der Mathematik und der Sprache, die Basisfähigkeiten, wirklich erwerben, um am gesellschaftlichen Leben erfolgreich teilhaben zu können. Diese Kernelemente oder Schlüsselqualifikationen sind ohne Ausnahme jedem Kind zu vermitteln. Selbst wenn man der Schule eine (historisch gewachsene) gesellschaftliche Selektionsfunktion zuschreiben wollte, dürften solche Schlüsselqualifikationen – wie das Verstehen des Zahlbegriffs – niemals Gegenstand von Selektion (vgl. Meyerhöfer 2011, S. 418 ff.) sein und dürften auch *nirgends erfolglos* unterrichtet werden.

Dies ist im traditionellen Lehrplan nicht so vorgesehen, im Gegenteil: Der Inklusionsforscher Tony Booth (2012b) erläutert: „Ein traditionelles Schulcurriculum ist ursprünglich entwickelt worden, um künstlich das Lernen in der Schule vom Leben außerhalb zu trennen. Es erfüllt eine Definition von akademischem Wissen als 'Wissen, das von der Erfahrung getrennt ist'. Es ist darauf ausgerichtet, jene vom Erfolg auszusondern, die nicht bereit sind, dieses Hindernis zu nehmen bzw. deren Familien keine Erfahrung damit haben" (S. 200). Booth (2012b) bezeichnet solche Curricula als „Barrieren, die es Kindern, jungen Menschen und ihren Familien erschweren, in Erziehung und Bildung erfolgreich zu sein" (S. 204)

Daraus lässt sich die Forderung ableiten, dass alle „zentralen Elemente von Qualifizierung und Integration" – z. B. die stofflichen Hürden aller Lernfelder und die grundlegenden sozialen Fähigkeiten – „aus dem Selektionsprozess herauszunehmen“ (Meyerhöfer 2011, S. 419) sind. In der Schule darf es gar nicht möglich sein, dass ein einziger Schüler in den Bereichen Mathematik, Lesen und Schreiben die Kernelemente nicht lernt. Menschen, die im Jugendalter als Analphabeten entdeckt werden und keine grundlegenden Kenntnisse in der Mathematik aufweisen – was nicht selten geschieht –, stellen dem deutschen Schulsystem, den Schulen und Lehrkräften ein Armutszeugnis aus. Hier wurde die viel zitierte Selektionsfunktion der Schule, die eine Zuweisung zur beruflichen Laufbahn erleichtern soll, offensichtlich falsch verstanden, wenn nicht sogar missbraucht. Bei jedem dieser genannten jugendlichen Analphabeten oder „Rechenschwachen“ müssen *umgehend* die im Lerngegenstand selbst liegenden „stofflichen Hürden“ bearbeitet werden, um entwicklungslogische Lernprozesse (vgl. Feuser 2011) einzuleiten. Alle anderen schulischen Aufgaben müssen für diese Schüler vorerst zweitrangig sein. Dies wird in der Praxis vieler Schulen in Deutschland vernachlässigt.

Alle Kinder ohne Ausnahme haben nämlich das Recht auf Teilhabe. Sie sind die künftigen Bürger des Landes und sollen in einer demokratischen, multikulturellen Gesellschaft an der Lösung der Zukunftsprobleme mitwirken. Dazu brauchen sie natürlich auch die genannten Schlüsselqualifikationen in Sprache und Mathematik. Sie haben ein Recht darauf, sich an der Gestaltung und Veränderung der gesellschaftlichen Ordnung zu beteiligen. Jede Schule muss mit ihrem eigenen Curriculum darauf reagieren und Erfolge sicherstellen können.

In der Schule der Zukunft geht es darum, den nachkommenden Generationen das Handwerkszeug bereit zu stellen, mit dem sich ALLE daran beteiligen können, die *Schlüsselprobleme der Menschheit* anzugehen. Das Verstehen von Sprache und Mathematik ist nicht die einzige Aufgabe der Schule, wenn auch eine zentrale und grundlegende. Astrid Kaiser spricht in ihrem Buch „Menschenbildung in Katastrophenzeiten“ (2007) von sozialen und ethischen Kompetenzen wie Verantwortlichkeit, die zur Lösung von Problemen not-wendig sind und Schülern nicht theoretisch zu vermitteln sind, sondern im Schulalltag einen hohen Nutzen haben müssen: „Dazu gehört zum einen, dass jeder Schüler und jede Schülerin einen eigenen Bereich bekommt, für dessen Gestaltung sie zuständig sind, sei es die Blumenbank, die Türgestaltung (...). Ein wichtiger Bereich zur Verantwortungsförderung ist auch, dass die sozialen Probleme in jeder Klasse ernst und verantwortlich untereinander geklärt werden“ (S. 117f.). So werden im Klassenrat (vgl. Stähling 2006/2011, S. 75ff.) Konflikte gelöst und alle übernehmen Verantwortung für sich und andere.

Wenn Kinder behaupten, dass sie sich beim Rechnen durch den Mitschüler Max (vgl. Kapitel 2.1) gestört fühlen, weil dieser zu laut ist, muss dies im Lernklassenrat gemeinsam besprochen und gelöst werden. Kinder können dabei lernen, an der Lösung von wichtigen zwischenmenschlichen Problemen mitzuwirken. Sie lernen, andere besser zu verstehen, ihre Wünsche zu äußern und friedliche Konfliktregelungen zu finden. Sie vereinbaren Regeln für das kooperative Lernen und erfahren, wie mit ihnen konstruktiv umzugehen ist. Sie entdecken sogar, wie man selbst Regeln verändern und selbstverständliche Denkschemata hinterfragen kann: Eine hohe Kunst für die Demokratie.

Die Nutzung und Gestaltung von Klassenräumen, Fluren, Schulgebäude und -gelände kann ein gemeinsames Anliegen von Schülern, Lehrkräften und auch Eltern sein (vgl. Kaiser/Pfeiffer 2007, S. 112ff.; Pollert 2006). Ebenso können der „Schülerrat“ und der „Schulhofrat“ Verantwortung übernehmen z.B. für Regelungen auf dem Pausenhof, für die Einrichtung eines Kiosks oder eines Pausenspiele-Dienstes (vgl. Stähling 2007). In der Grundschule Berg Fidel sorgen „Schülerpolizisten“ mit dafür, dass Probleme gar nicht erst entstehen. Sie besprechen regelmäßig die neuralgischen Stellen z. B. auf dem Schulgelände, an denen immer wieder Regeln verletzt werden. In enger Zusammenarbeit mit der örtlichen Polizei werden „Schülerpolizisten“ vom Schulleiter ausgebildet. Es finden ernsthafte Gespräche statt, in denen erwachsene Polizisten aus ihrem Dienst erzählen, Präventionsideen und Deeskalationsstrategien mit den Schülern erproben, auswerten und für den Schulalltag nutzbar machen. Immer wieder stehen ethische Werte im Mittelpunkt und sind praktisch erfahrbar. Nur so können Schüler sie sich durch Erproben und Erleben zu Eigen machen.

Studien zum politischen Engagement und zur Ausländerfeindlichkeit der Jugendlichen im Ländervergleich (vgl. Brügelmann 2011) belegen, dass deutsche Schulen auch dieses fundamentale Ziel vernachlässigen.

Wie wichtig es ist, zu lernen, sich verantwortlich für sein eigenes Handeln zu fühlen, konnten die Milgram-Experimente zeigen, in denen Versuchspersonen auf Befehl Testpersonen im Nebenraum Stromschläge verabreichten. Wer weigerte sich, diese unmenschliche Aufgabe zu erfüllen? Vor allem solche Personen reagierten ungehorsam gegen die brutalen Anweisungen, die sich für ihr Tun selbst verantwortlich fühlten und die *Verantwortung nicht auf andere übertrugen* (vgl. Tenzer 2011). Die Konsequenz daraus muss sein, Kindern so früh wie möglich Verantwortungsbereiche zu übergeben, in denen sie sich selbstständig erproben können (vgl. FFC in Kapitel 1.4 oder Dienste für die Klassengemeinschaft).

Die Kinder spüren – wenn auch meist nur unbewusst –, dass sie „später, wenn sie groß sind“, verantwortlich sind für sich selbst und auch für andere Menschen. Dies prägt ihr Interesse an Projekten zur Lösung von „echten Problemen“ (Kaiser 2011c, S. 21f.), für die sie sich einsetzen wollen. Kinder *wollen* etwas mit ihren Projekten „in der Realität bewirken“ (Kaiser 2011c, S. 23). Nichts ist spannender als etwas „Echtes“ zu bewegen und dabei nützlich zu sein. Dies gilt sowohl für jüngere aber auch für ältere Schüler (vgl. Kapitel 1.6).

Für den Inklusionspädagogen Tony Booth bedeutet Inklusion, „inklusive Werte in Handlungen umzusetzen“, „ein sozialistischer, humaner Blick auf die Welt“ (vgl. Interview in diesem Buch):

> *Gleichheit, Gerechtigkeit, Teilhabe, Wertschätzung für Vielfalt, Gemeinschaft, Nachhaltigkeit, Gewaltfreiheit, Vertrauen, Ehrlichkeit, Mut, Freude, Mitgefühl, Liebe und Fürsorge, Optimismus und Hoffnung und schließlich Schönheit sind* Werte, die Booth erwähnt (vgl. Booth 2012b).

Als wir in der Grundschule Berg Fidel Schüler aller Jahrgänge danach befragten, was sie in der Schule unbedingt lernen und woran sie gerne arbeiten wollten, bekamen wir auf Zetteln ungefähr die Antworten, die Tony Booth im Sinne des Index für Inklusion als Unterrichtsinhalte zusammengestellt hatte (vgl. FFC im Kapitel 1.4 und Interview mit Booth). Diese wiederum lassen sich unter sechs Oberbegriffe oder *Schlüsselprobleme* bündeln, die Astrid Kaiser (2006) aufführt.

Wenn man die unterschiedlichen, entwicklungslogischen **Zugangsweisen** der jeweiligen Kinder zu den von ihnen selbst benannten Bereichen im Blick hat, lassen sich zudem sechs individuelle *Entfaltungskategorien voneinander unterscheiden, die zwischen kognitiv und emotional liegen. In Anlehnung an das auch aus sonderpädagogischer Sicht anerkannte Schlüsselproblemkonzept von Wolfgang Klafki hat Astrid Kaiser (2006, 2011a) den somit von den Schülerinnen und Schülern mit Leben zu füllenden curricularen Rahmen für alle Schulen in einer zweidimensionalen Form dargestellt:*

Schlüsselprobleme / *Kategorien individueller Entfaltung*	**Frieden**	**Umwelt**	**Eine Welt**	**Gerechte Verteilung**	**Demokratisierung**	**Technikfolgen**
kognitiv						
ästhetisch-kreativ						
technisch-praktisch						
emotional						
sozial						
ethisch						

Diese für das Leben in der Klassen- und Schulgemeinschaft, bei der Projekt- und Unterrichtsplanung und im Unterricht der einzelnen Lernbereiche praktisch nutzbare Tabelle bietet einen mit den Kindern gemeinsam zu vereinbarenden Inhaltsrahmen (vgl. zu den Lernbereichen: Kaiser/Pfeiffer 2007, S. 55ff.; zum Sachunterricht: Kaiser 2006, S. 184ff und Kapitel 1.4: Freier Forscher Club). Das Konzept des Freien Forscher Clubs in der Grundschule Berg Fidel (vgl. Kapitel 1.4) definiert weder den konkreten Unterrichtsinhalt, das Thema, mit dem sich das Kind auseinandersetzen kann, noch den ihm eigenen und dem Thema angemessenen Zugang.

Wie kann ein „Bildungskanon“ den heterogenen Lerngruppen und Bildungsinhalten gerecht werden? Nach Prengel (2012a) gelingt dies z.B. dadurch, dass Inhalte aus verschiedenen Kulturen und Lebenszusammenhängen aufgenommen werden. Die Inhalte sollten *aufgefächert* werden, dass sie auf allen Kompetenzstufen für jeden passende Einstiege bieten und Freiräume für selbst gewählte Themen schaffen. Es muss dabei – wie oben am mathematischen Beispiel gezeigt – jedem möglich gemacht werden, die stofflichen Hürden zu meistern. Wie die Praxis zeigt braucht dazu jeder Schüler die Freiheit, seinen ihm eigenen entwicklungslogischen Zugang zu gehen und seine ihn interessierenden Themen zu bearbeiten. Jeder ist darauf angewiesen, als Person (auch ohne Leistungserbringung) von anderen respektiert zu werden.

Annedore Prengel (2012a) fasst – aus Sicht der Menscherechte und der Demokratie – die Anforderungen an einen „Bildungskanon“ in drei Punkten zusammen:

- Er ist für *alle* gültig
- Er bietet für jeden *Freiräume* für eigene Themen und Arbeitsweisen
- Er unterstützt die „solidarische *wechselseitige Anerkennung* der heterogenen Adressaten von Bildung“ (S. 158).

Boban/Hinz (2012) zeigen, dass Schüler besonders dadurch ihr Wissen vertiefen, dass sie in der Kleingruppenarbeit „echte“ Teams bilden, in denen die Mitglieder aufeinander angewiesen sind. Sie erweitern ihr Spektrum, wenn möglichst „ein Gruppenmitglied über den Zugang zu einer anderen Kultur und anderen Sprache verfügt“ (Boban/Hinz 2012, S. 17), bzw. in der Gruppe unterschiedliche physische und psychische Strukturen und Wahrnehmungspräferenzen vorhanden sind.

Wenn die Kinder mit den Lehrkräften zusammen die Projekte auswählen, können sie sie zugleich oder im Verlauf der Auseinandersetzung dazu exemplarisch den Schlüsselproblemen zuordnen. Dabei sollten sie gemeinsam darauf achten, dass die Themen sich „für verschiedene subjektive Deutungen eignen und nicht kognitiv-informationsvermittelnd angelegt“ sind, sondern „Raum und Zeit für mehrdimensionales intensives, exemplarisches Lehren und Lernen ermöglichen.“ (Kaiser 2011a, S. 164). Dadurch eröffnen solche Themen *allen* Schülern die ihnen spezifische und mögliche „Zugangsweise“ und erweitern bereits dabei den Horizont. Im sozialen Miteinander konstruieren die Kinder „anhand ihrer Deutungsweisen“ den Lerngegenstand (vgl. Seitz/Scheidt 2012). Besonders in heterogenen Lerngruppen können sich Schüler den „Lernstoff“ auf ihre eigene Weise *mehrperspektivisch* aneignen.

Gerade am Beispiel eines ureigenen menschlichen Bedürfnisses wie der Sexualität lässt sich am deutlichsten demonstrieren, dass der Unterricht in solchen Themengebieten natürlich immer von den Fragen und Problemen der Lernenden abhängt. Jungen und Mädchen bringen verschiedene und durch ihren sozio-kulturellen Hintergrund gefärbte Erfahrungen in die Auseinandersetzung ein. Astrid Kaiser fasst in ihrer sexualpädagogischen Konzeption zusammen, dass „kein verbindliches Inhaltsspektrum aufgestellt werden“ kann (2011b, S. 15). Sie bezieht die „heterogenen Möglichkeiten der Interaktion“ (Kaiser 2011b, S. 13) sinnvoll mit ein, indem an den Lernvoraussetzungen der Kinder mit ihren heterogenen kulturellen Maßstäben angesetzt wird. Astrid Kaiser und Detlef Pech betonen allerdings, dass die „Vielperspektivität“ nicht beliebig sein könne, sondern normativer humanistischer Regulierungen bedürfe: An dem Ziel der Humanisierung der Welt und der Achtung der Menschenrechte und der Kinderrechte sollten sich alle didaktischen Entscheidungen orientieren (vgl. Kaiser/Pech 2004, S. 11).

Birgit Werner (2011) zeigt in einer Übersicht über die sonderpädagogischen Didaktiken, dass es innerhalb der verschiedenen sonderpädagogischen Fachrichtungen und der Grundschulpädagogik viele Gemeinsamkeiten gibt. Sie belegt, dass sich die Themenauswahl im Unterricht an der Lebenswirklichkeit der Schüler orientiert: „Die Komplexität der alltagsrelevanten und subjektiv bedeutsamen Situationen bleibt im Unterricht erhalten und wird nicht zugunsten einer Fächerorientierung aufgesplittet“ (S. 58f.).

Dabei hat sich Mehrperspektivität als ein wichtiges Merkmal erfolgreichen Unterrichtens herausgestellt: „Den Schülern ist immer wieder Gelegenheit zu geben, die Lerninhalte unter variierenden Aspekten sowie von verschiedenen Kontexten aus zu betrachten. Verschiedene Perspektiven auf ein und denselben Gegenstand bieten den Lernenden Gelegenheit, sich mit möglichen hilfreichen Perspektiven anderer auseinanderzusetzen und diese in ihr Handlungsrepertoire zu übernehmen“ (Werner 2011, S. 60).

Es konnte in Integrationsklassen belegt werden, dass so genannte „lernbehinderte“ Schüler z. B. durch ästhetische Zugangsweisen hoch motiviert naturwissenschaftliche Erkenntnisse erarbeiteten und die gesamte Lerngruppe eine Haltung des genauen Hinsehens erwarb (vgl. Kaiser 2011a, S. 164f.).

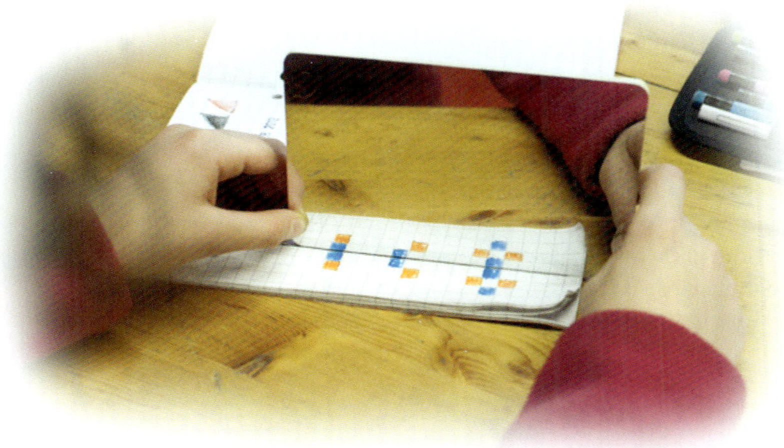

Fünf Thesen zum individuellen Lernprozess in der Schule

Im Teil 1 haben wir anhand des Unterrichts in Berg Fidel beschrieben, wie Kinder sich Unterrichtsinhalte in einem lebendigen Prozess aneignen und dabei sowohl ihre Persönlichkeiten entfalten als auch ihre Allgemeinbildung und ihren Horizont erweitern.

Unter *Didaktik* versteht die Unterrichtswissenschaft die wissenschaftliche Reflexion von organisierten Lehr- und Lernprozessen (vgl. Werner 2011, S. 46f.).

Die Praxis des Unterrichtens ist eine *Kunst*. Diese Kunst ist nicht einfach, aber manche Lehrer üben sie in traditioneller Weise aus, als sei es eine merkwürdige Art von Lesung, Vorlesung, wobei dem „Dozenten“ nicht klar ist, was da bei den „Hörern“ auf den Bänken letztlich ankommt. Wenn sich auch viele Pädagogen engagiert und fürsorgend um die Lernfortschritte ihre Schüler kümmern, ist dennoch zu fragen, ob es dieser selektierenden Schule und seinen Beschäftigten überhaupt gelingt, dass *jeder* Schüler die Lehrinhalte *wirklich* versteht:

> „Die Institution unterwirft zweifellos alle Schüler der Auslese. Will sie auch für alle Verständnis herstellen? Offenbar nicht: Nach der Klassenarbeit erfolgt ja gerade *nicht* die Herstellung von Verständnis bei jenen Schülern, die gescheitert sind. Es liegt also ein Primat der Auslese vor dem Verstehen vor. Die Institution fühlt sich nicht dafür verantwortlich, dass jeder die Inhalte versteht, sondern dass jedem die Inhalte präsentiert werden" (Meyerhöfer 2011, S. 418).

Andreas Gruschka (2011) definiert in seiner kritischen Studie über gegenwärtige Schulreformen als Ziel des Unterrichts, dass alle Schüler die „Sache" wirklich *verstehen* (vgl. S. 134ff.). Das Verstehen der „Sache" werde aber durch ungeeignetes, „selbstbezügliches Methodenlernen" (S. 173) verhindert. Durch Vereinfachung, Schematisierung, Aktualisierung, Analogiebildung, Medienkonsum, Trivialisierung und Präsentation verfälsche (und entsorge) der übliche Unterricht inzwischen den Lerngegenstand selbst (S. 66ff.):

„Die kritisierte Didaktik erkennt den Widerstand gemeinhin im Voraussetzungsreichtum der Inhalte und sucht folglich nach der Möglichkeit der Reduktion fachlicher Komplexität durch Elementarisierung und Vereinfachung, soziale Motivation und durchnehmende Beschleunigung. Sie ist damit inzwischen so weit gegangen, dass ihre Erfindungen selbst zu den zentralen Behinderungen des Verstehens geworden sind: Didaktisierung ist letztlich der Umschlag der gut gemeinten Hilfestellung in die faktische Behinderung" (S. 136).

Dieses Unterrichtsverständnis soll überwunden werden durch ein erfahrungsoffenes und subjektorientiertes, das auch in dem beschriebenen Schlüsselproblemansatz von Astrid Kaiser enthalten ist. Die folgende zuspitzende theoretische Gegenüberstellung (in Anlehnung an die Integrationsforscher Ines Boban und Andreas Hinz (2008, S. 78) und Andreas Gruschka (2011)) fasst dies zusammen:

	Übliches, zu überwindendes Verständnis von Unterricht	Subjektorientiertes Verständnis von Unterricht als „Verstehen lehren" (Gruschka 2011)
Wissen wird ...	von Lehrern für Schüler didaktisch aufbereitet, präsentiert, wobei das Verstehen der Sache nicht Priorität hat	von Schülern und Lehrern gemeinsam aufgebaut. Das Verstehen der „Sache" steht im Mittelpunkt.
Schüler ...	nehmen passiv das durchgenommene Wissen der Lehrer auf	konstruieren, entdecken und verarbeiten aktiv ihr Wissen, um „die Sache" zu verstehen
Aufgabe der Lehrer ist es, ...	Schüler mit einem Belohnungssystem von Noten und Zertifikaten in Kategorien einzusortieren und auszusondern, ohne das Verstehen der Sache anzustreben	das Verstehen der Sache für alle anzustreben, zur „Hingabe an die Sache" (Humboldt) zu führen und Kompetenzen und Talente aller zu fördern.
Kontext ist ...	konkurrierend/individuell	kooperatives Lernen in Klassen und Teams im Kollegium

Der Lerngegenstand gilt im üblichen Verständnis als ein didaktisch reduzierter Stoff, aufbereitet für den begrenzten Horizont des Schülers. Aber sogar dieser reduzierte Stoff selbst kommt nicht bei jedem Schüler auf gleiche Weise im Gehirn an. Vielmehr kommt nur das an, was der einzelne von diesem „aufbereiteten Stoff“ aufnimmt. Jeder Lerner entwickelt „individuelle Konzepte“ (vgl. Reich 2008, 2010; für Mathematik: Wittmann 2010), die mehr oder weniger von den zu lernenden Begriffen abweichen. Der Lernstoff im Kopf des Kindes kann ein reines Phantasieprodukt (Konstrukt) sein.

Wenn wir in der Praxis nach neuen Wegen im Unterricht und in der Professionalität der Lehrkräfte suchen, so stellt sich bei näherem Hinsehen eine didaktische Frage täglich neu:

Wie soll überhaupt die „Realität“, die „Sache“ zu einem komplexen „Lerngegenstand“ didaktisch „reduziert“ oder vereinfacht werden, wenn man zu bedenken hat, dass sich der Schüler ihn ohnehin auf individuell verschiedene Weise aneignet?

Dazu versuche ich, fünf Thesen zu formulieren, die sich durch die Beschreibungen der Praxis im Teil 1 und durch Erfahrungsberichte aus offenem Unterricht genauer beleuchten ließen. Anschließend werde ich daraus Schlussfolgerungen für den Unterricht zu ziehen versuchen.

These 1
Mehrperspektivität und die Veränderbarkeit ist dem (Lern-)Gegenstand selbst eigen.

Um die Frage der didaktischen „Reduktion“ zu beantworten, ist es wichtig, zunächst der Sache selbst, also den zu lernenden *Realitäten,* oder didaktisch gesagt, den so genannten „Lerngegenständen“, „Lerninhalten“ oder „Lernstoffen“ auf den Grund zu gehen.

Zunächst einmal ist die „Sache selbst“ im Wesentlichen ein „Produkt“ menschlicher Tätigkeit und menschlicher Beziehung: So z. B. Mathematik, Technik, Forschungen zur Natur, Geschichte, Sexualität, Literatur, Musik, Theater, Sport usw. So sind z. B. mathematische Formeln nur Vereinbarungen zur leichteren Verständigung über einen logisch zu fassenden Zusammenhang. Selbst ein „Naturprodukt“ wie ein Apfel muss letztlich als Produkt menschlicher Einflüsse betrachtet werden. Er könnte auch ganz anders aussehen. Es gibt keine menschliche Errungenschaft, keine Forschungen über irgendeinen Gegenstand, und also auch keinen Lerninhalt, der nicht durch menschliche Arbeit entstanden und *verändert* oder durch menschliche Kommunikation beeinflusst worden ist. Somit ist vieles „nur Menschenwerk“ und grundsätzlich veränderbar, nicht „selbstverständlich“ so gegeben, sondern auch ganz anders denkbar. Wenn nun schon der Gegenstand selbst *nicht selbstverständlich* so sein muss, wie er sich derzeitig darstellt, dann ist ihm sowohl zu eigen, dass man ihn verschieden betrachten, als auch anders gestalten könnte.

Zusätzlich spielen die Perspektiven der jeweiligen forschenden Menschen eine Rolle, die sich mit dem Gegenstand beschäftigen. Will man ihn nutzen, verbessern, erneuern, genießen oder beseitigen: immer stellt sich der Gegenstand anders dar. Es gibt also nicht einen alleinigen richtigen Blickwinkel auf ein Ding, sondern die Vielfalt der Blickwinkel. Die *Mehrperspektivität und die Veränderbarkeit ist dem (Lern-)Gegenstand selbst zueigen.* Das Bedeutungsvollste, das Elementare ist seine Veränderbarkeit.

Nichts ist perfekt und ewig beständig, die meisten Dinge sind von Menschen gemacht, ein „Produkt", oder ein „Konstrukt", wie Reich (2008, 2010) sagen würde, das auch anders sein könnte.

Dies gilt natürlich vor allem für einen Lern-Stoff, einen Lern-Gegenstand, den sich eine Schülerin oder ein Schüler aneignet. Der „Stoff" ist von jemandem didaktisch aufbereitet, also *immer menschengemacht. Und er ist so kommunikativ angelegt, dass man sich darüber verständigen kann.*

In einem Gedicht über die Kunst der Beobachtung bahnt Brecht die wesentliche Grundannahme an, auf der die hier skizzierte didaktische Konzeption beruhen könnte:

„Schlecht beobachtet der, der mit dem Beobachteten
Nichts zu beginnen weiß. Schärferen Auges überblickt
Der Obstzüchter den Apfelbaum als der Spaziergänger.
Keiner aber sieht den Menschen genau, der nicht weiß, dass der
Mensch das Schicksal des Menschen ist."
Bertolt Brecht (1967, Bd 9, S. 764)

These 2
Der Lerngegenstand selbst ist nicht zu erfassen, ohne ihn praktisch handelnd zu erproben, zu verändern, ihn fremd zu machen, zu verfremden.

Alle Dinge sind nur zu er-„fassen“ durch „Produktion“, durch „Hand“-lung, wobei das Denken auch als Handlung zu betrachten ist; sie gelangen niemals durch einen „Nürnberger Trichter“ oder Medienpräsentationen allein in unseren Kopf. Kinder be-„greifen“ (im wörtlichen Sinne) die Zahlen. Ohne ihre Hände, ohne Berührungen mit der Materie, ohne vielfältiges „Arbeiten“ mit Material würden sie kaum einen Zahlbegriff erlangen können.

Nach Picasso könnte man noch weiter gehen und sagen, dass Bildung dann eintritt, wenn man den Gegenstand der Erforschung verändert und damit sein „Erscheinen zer-stört“, nämlich das gewohnte Bild von etwas, was einem vorher völlig *selbstverständlich „erschien“*. Pablo Picasso verwendet den Stier, den er zunächst naturalistisch, fotoähnlich zeichnet. Dann dringt der Künstler immer mehr zum – in seiner Wahrnehmung – „Wesentlichen“ des Stiers vor, indem er Elemente der Zeichnung verändert, entfernt, zer-„stört“ und den Stier durch seine *ästhetische Zugangsweise* auf das Wesentliche „reduziert“: Erkennen durch Verändern, durch Zer-„stören“.

Bertolt Brecht beschreibt solche Vorgänge als Verfremdung: Durch Verfremdung nehmen wir einen ungewohnten Blickwinkel ein. Wir verlieren kurzfristig die Sicherheit, die Sache sei „selbst-verständlich“ so und nicht anders. Erst diese Unsicherheit provoziert, dass der Gegenstand uns neu – auf einer höheren Ebene – begreiflich wird. Ziel ist also: Fremdmachen von etwas, was man zuvor zu kennen glaubte: Das Bedeutungsvollste, das *Veränderbare an den Gegenständen sichtbar werden lassen*, damit es dem Menschen veränderbar und damit handhabbar erscheint. So kann z. B. der historische Blick auf die Aussonderung im Schulsystem oder das Konstrukt der „Behinderung“ (vgl. Kapitel 2.4.) die Veränderbarkeit unseres bestehenden deutschen Schulsystems sichtbar werden lassen.

Altersnormierte Bildungsstandards bleiben „blind (...) für die Eigenlogik der subjektiven Bildung“ (Gruschka 2011, S. 59). Wenn ein Schüler in einem bestimmten Alter etwas „Altersgemäßes durchgenommen“ hat, hat er „die Sache“ nicht unbedingt verstanden. Für Adorno (1959) stellt sich dies als „Halbbildung“ dar. Bildung dagegen kann ohne individuelle, handelnde Aneignungsprozesse nicht gelingen.

Allerdings Bildung „ist antinomischen Wesens. Sie hat als ihre Bedingung Autonomie und Freiheit, verweist jedoch zugleich, bis heute, auf Strukturen einer dem Einzelnen gegenüber vorgegebenen, in gewissem Sinne heteronomen und darum hinfälligen Ordnung, an der alleine er sich zu bilden vermag. Daher gibt es in dem Augenblick, in dem es Bildung gibt, sie eigentlich schon nicht mehr. In ihrem Ursprung ist ihr Zerfall teleologisch bereits gesetzt." (Adorno 1959, S. 194)

Ziel inklusiven Unterrichts muss per definitionem sein, dass jeder Schüler und jede Schülerin den Lerngegenstand versteht. Dies gelingt dann, wenn jede und jeder ihn für sich allein fremd machen und das eigene Befremden ausdrücken kann, und zwar so, dass jede und jeder entwicklungslogisch vorankommt. „Kompetenzerwartungen" lassen sich folglich in inklusivem Unterricht nur subjektorientiert, entwicklungslogisch bestimmen, sie sind niemals „altersnormierbar" oder „altersinhaltlich normierbar" (Feuser, im Interview).

Albert Einstein erkannte die gewohnten „alten" Denkmodelle der Physik als hinderlich, sie waren zu zer-„stören". Neue Blickwinkel sind zu wagen, um verstehen zu können. Für Einstein stand „das Staunen an der Wiege der Kunst und Wissenschaft" (vgl. Reich 2008, S. 199). Das Forschen, das Fragen ist eine menschliche Grundeigenschaft, die allen Menschen naturgegeben zu Eigen ist. „Lernen" ist ein aktiver Vorgang und dem Wort „Leisten" verwandt. Es heißt wörtlich „einer Spur nachgehen, nachspüren". Es ist seiner Herkunft nach dem Begriff „Forschen" ähnlich. Forschen (im Sinne Einsteins oder Brechts) braucht sowohl einen distanzierten Blick auf den Gegenstand als auch ein „Feuer", einen begeisterten Zugang auf ihn. Dieser Zusammenhang führt uns zum Kern des schulischen Handelns.

Forschen und Erleben in „Projekten" (Kaiser 2011c) sind die wichtigsten Formen, wie man sich etwas an-„eignen", „zu Eigen machen" kann. Bücher allein reichen nicht aus: Wenn man nur Bücher benutzen würde, um z. B. ein Theaterstück mit Schülern zu erarbeiten, dann würde man ihnen den „Lern-Gegenstand Theater" selbst *seinem Wesen nach falsch* didaktisch „reduziert", also inadäquat vermitteln, da das Theater per se nie nur Text, sondern immer auch ästhetisches Erlebnis und Erproben in Kommunikation mit anderen bedeutet (vgl. Interview mit Seitz).

Auch das „Entsorgen des Inhalts" (Gruschka 2011, S. 66ff.) durch rein mediale Begegnung mit dem Theaterstück könnte von der Erschließung der Sache ablenken und notwendige Erkenntnisse behindern. Der Einsatz verschiedener Methoden oder gar die Entwicklung von „Methodenkompetenzen" beim Schüler (vgl. Reich 2008) unabhängig vom Lerngegenstand führt nicht von selbst zum Verstehen der Sache.

Auch das scheinbar gegenteilige Vorgehen, die Reduktion durch einen isolierten, kognitiven Zugang erzeugt im schlimmsten Fall eine verfälschte und einseitige Perspektive auf den Gegenstand. Ebenso wertlos wäre es, wenn ein Lehrer seinen Schülern sportliche Fertigkeiten und Kenntnisse nur dadurch beibringen wollte, indem er ihnen Bewegungsabläufe im Video zeigen würde.

Nach Gruschka (2010) gehört es z. B. bei der Begegnung mit einem Gedicht „zum Charakter des Objekts“, dass Schülerinnen und Schüler es mit der „Kraft der Poesie“ zu tun bekommen, „die es zuweilen schafft, dass das Subjekt sich fühlt 'sicher zu schweben im Sturze des Daseins' (H. v. Hofmannsthal)“ (S. 102).

These 3
Der Lerngegenstand selbst ist nicht zu erfassen, ohne ihn kommunikativ mit anderen zusammen zu verfremden.

Wer lernt, der sucht – bewusst oder unbewusst – einen Sinn für sich selbst, während er sich mit dem Thema (das so zum Lerngegenstand wird) auseinandersetzt. Dabei „konstruiert“ er sein Wissen in „individuellen Konzepten“ selber (vgl. Reich 2008, 2010). Dieses Lernen bedeutet ihm viel und steht – bewusst oder unbewusst – im Dialog, in der Interaktion mit auf ihn derzeit fremd wirkenden Perspektiven anderer. Die gebildeten „individuellen Konzepte“ können auch als Fehlkonzepte in die Sackgasse führen, wie z. B. beim Theater, das im Unterricht als bloßer Text – oft nur ausschnittsweise oder als Inhaltsangabe –, somit vom Wesen her nicht adäquat dargestellt wird.

Wittmann (2010) betont für die Mathematik, dass es wichtig ist, die *„individuellen Konzepte“* (und *„Fehler“* aller Art) zuzulassen, zu Tage zu fördern und in einer *positiven Klassenatmosphäre* gezielt zu begleiten und zu besprechen. „Stoffliche Hürden“ in der Mathematik sind objektiv vorhanden, wie Meyerhöfer (2011) herausarbeitet, sie müssen dem Verstehen zugänglich gemacht werden. Er weist darauf hin, „dass es also nicht lediglich Reifung oder Übung bedarf, all dies zu verstehen“ (S. 411). Es gehört die Kenntnis und Erfahrung der Lehrkräfte dazu, wie Kinder die „stofflichen Hürden“ nehmen können. Das Vertrauen der Schüler zu den Erwachsenen ist für die Bearbeitung der „stofflichen Hürden“ und der individuellen „Präkonzepte“ jedes einzelnen eine wichtige Bedingung. Dabei spielt die einfühlende Kommunikation mit anderen, die sensible Auseinandersetzung mit anderen Sichtweisen, die fruchtbare Mehrperspektivität eine zentrale Rolle für die Erkundung der Realität (vgl. Praxisbeispiele in Kapitel 1.2 und 1.4). Die Realität wird in der Auseinandersetzung mit anderen erforscht, sie ist auch als Lerngegenstand immer nur *kommunikativ* zu ergründen (vgl. Kaiser 2006, S. 246ff.). Die individuellen Konzepte jedes einzelnen werden dabei im Sinne Brechts verfremdet, mögliche „Fehlkonzepte“ in einer ermutigenden Weise zer-„stört“, indem sie mit anderen, ungewohnten, individuellen Konzepten in forschender Atmosphäre konfrontiert werden.

Das Verstehen selbst ist nur kommunikativ denkbar. Insofern mag guter Unterricht für einen Außenstehenden als „Balance von gemeinsamem und individuellem Lernen“ (vgl. z. B. Korff 2012) erscheinen, ist aber eigentlich aus Sicht des lernenden Subjekts ein ständiger Wechsel von der eigenen Sicht zur ungewohnten Fremdperspektive und wieder zurück – diesmal im Sinne einer Synthese auf höherer Ebene – zur neuen eigenen Perspektive.

Wie notwendig die Kommunikation für das Verstehen ist, lässt sich auch am Gegenbeispiel zeigen, wenn das Lernen behindert ist durch den fehlenden Perspektivenwechsel. Das zentrale Problem „behinderter" Kinder ist nach Jantzen (2008) die Isolation, also das Gegenteil von lebendigem Wechsel der Perspektiven. Kommunikation, Anerkennung, sozialer Verkehr fehlen und der Lernende kann sich nicht einlassen auf einen „fremden Blick", der die eigene Sichtweise verunsichert, aber seinen Horizont erweitern könnte. Beispiele dafür sind im ersten Teil dargestellt. Jantzen (2008) zeigt dies am Schicksal eines behinderten Kindes: „Wer sich missachtet fühlt, kann sein Gehirn nicht für neues Lernen öffnen. Wer mit sich selbst ob der möglichen Mitschuld am Tod seiner Mutter hadert, kann sich nicht auf schulisches Lernen einstellen." (S. 27)

These 4
Der Lerngegenstand dient der Entwicklung.

Indem der Lernende in einer Interaktion mit anderen über den Lerngegenstand steht, dient der Lerngegenstand seiner Entwicklung, seiner Emanzipation und seiner fortschreitenden „Kontrolle der Realität". Der Lernende ist Forscher. Er will sich an der Lösung von praxisrelevanten Schlüssel-Problemen beteiligen (vgl. Kaiser 2011c). Auch deshalb ist es geboten, dass die Lehrkraft den Lernenden mit seinem individuellen Beitrag, seinem individuellen „Präkonzept" und seiner „Zugangsweise" ernst nimmt. Dies ist möglich, wenn seine Lernvoraussetzungen, sein Vorwissen und seine vorhandenen Vorstellungen berücksichtigt werden (Praxisbeispiele vgl. Kapitel 1.2 und 1.4). Der Lernende muss entsprechend seiner Entwicklungsstufe die neuen Informationen mit bereits vorhandenem Wissen in Beziehung bringen, die „stofflichen Hürden" bearbeiten, den Lerngegenstand aufnehmen, verstehen *können,* damit ein Lernprozess überhaupt erfolgen kann. Diese eigentlich selbstverständliche Lernbedingung, dass die *entwicklungsabhängige Lernausgangslage* des einzelnen berücksichtigt wird, muss in jedem fruchtbaren Lernvorgang zunächst hergestellt sein. So kann eine fremde Perspektive fruchten, einen „Konzeptwechsel" einleiten und die Verfremdung zum Verstehen führen.

Hartmut Giest (2011) beschreibt, wie ein Lernender mit Lernaufgaben umgeht, und bezeichnet dies als Tätigkeit, die selbst erlernt werden muss: „Trifft die Lernanforderung auf adäquate bereits angeeignete Lernvoraussetzungen, d. h. liegt sie in der Zone der aktuellen Leistung des Lernenden, kann sie von ihm bewältigt werden" (S. 204).

Georg Feuser spricht in Anlehnung an Lew Vygotskij davon, dass Lernen also nur in der „Zone der nächsten Entwicklung" stattfinden kann (vgl. Feuser 2011). Unterricht gilt dann nach Feuser als „Möglichkeitsraum" für diese Entwicklung. Er kann dann als gut bezeichnet werden, wenn er „der Entwicklung vorauseilt" (vgl. Feuser 2011, S. 97).

These 5
Die didaktische Aufbereitung des Lerngegenstands berücksichtigt die veränderbare, kommunikative, mehrperspektivische Seite des Lerngegenstandes selbst.

Wenn ich als Lehrer also einen „Stoff" vermitteln möchte, werde ich der Sache dann auf den Grund gehen können, wenn ich sie zurückführe in ihre historisch entstandene Form, in der sie produziert, genutzt, erforscht, verändert und praktiziert wurde: in ihrer vielperspektivischen Form, und nicht nur in verkleinerten und vereinfachten Formen eines Modells. Ein Gedicht über Berlin wird als Gedicht gelesen, vorgetragen, abgehört, verfremdet, handelnd erforscht und als Text in seiner Aussage aufgenommen (vgl. Gruschka 2010). Es wird nicht oberflächlich medial aufgeblasen, vorschnell aktualisiert und trivialisiert. Ein vereinfachtes, reduziertes Modell kann jedoch als Denkhilfe benutzt werden, sofern es viele Perspektiven auf den Gegenstand eröffnet und somit die Komplexität und Veränderbarkeit des Lerngegenstandes veranschaulicht. So die Sache zu durchdringen, ihre Veränderbarkeit zu erfassen, ist Wissenschaft: Je mehr wir über die historische Entstehung und die Veränderbarkeit eines Dings wissen, je mehr Blickwinkel wir kennen, umso weniger können wir sicher sein, dass etwas vollkommen klar ist. Wir erkennen Teilaspekte und einzelne Perspektiven. Unsere Ergebnisse können nur Zwischenergebnisse sein. Die „ganze Realität" könnte auch anders sein.

Der „Lernstoff" selbst wird in der Auseinandersetzung mit anderen und aus der Perspektive des eigenen Entwicklungsniveaus erfasst und durchdrungen. Natürlich überprüft auch der so genannte „behinderte" Schüler *seine Hypothesen von der Welt*, seine eigene Perspektive ständig durch seine entwicklungslogischen eigenen Versuche in der *Auseinandersetzung mit den Realitäten und (falls er es kann und nicht gehindert wird) anderen ungewohnten Perspektiven auf die Welt*. Alle Schüler kooperieren am „Gemeinsamen Gegenstand" (vgl. Feuser 2011; Kapitel 1.2), jeder aus seiner eigenen Perspektive, mit seinem „individuellen Konzept" (Wittmann 2010).

Diese „ko-konstruktiven Lernprozesse“ (vgl. Hattie 2009, S. 26; Seitz/Scheidt 2012; Reich 2008) können am Beispiel eines Naturphänomens verdeutlicht werden: „Wasser ist somit nicht einfach Wasser, das mit einer einfachen chemischen Formel beschrieben werden kann, sondern Wasser ist Gegenstand verschiedener Interpretationen, Deutungen und Zugriffsweisen“ (Kaiser/Pechel 2004, S. 26). Wasser kann sowohl Leben als auch Tod bringen. Es kann von Menschen verschmutzt, aber auch geklärt werden. Zugang zum Wasser hat mit der ökonomischen Lage der Menschen zu tun usw.

Jeder Blickwinkel, jeder Aspekt, jede Zugangsweise (kognitiv, ästhetisch, technisch, emotional, sozial, ethisch) verfremdet das alt bekannte „Konzept“, jede Perspektive zer-„stört“ Vorurteile und *eröffnet neue berechtigte Fragen* für die ganze Lerngruppe (vgl. FFC, Kapitel 1.4; Interview Seitz).

Brecht formuliert die dialektischen Erkenntnisprozesse, die hier gemeint sind, so:

> „Um zu beobachten
> Muss man vergleichen lernen. Um zu vergleichen
> Muss man schon beobachtet haben. Durch Beobachtung
> Wird ein Wissen erzeugt, doch ist Wissen nötig
> Zur Beobachtung.“
> Bertolt Brecht (1967, Bd 9, S. 764)

> *Die Tätigkeit des Lernens könnten wir zusammenfassend definieren als einen aktiven, hypothesenprüfenden Forschungs-Vorgang der individuellen Sinn- und Wissenskonstruktion*, der Fremdperspektiven zu berücksichtigen versucht und somit die *Veränderbarkeit des Gegenstands sichtbar werden lässt.*

Es bleibt fragwürdig, ob Lernergebnisse in irgendeiner Form abfragbar oder testbar sind.

Konsequenzen für das kooperative, „gemeinsame Lernen“

„Das Lehrerhandeln ist, so ist sich die Bildungsforschung inzwischen einig, für den Lernerfolg bedeutsamer als beispielsweise angenommene Eigenschaften des Schülers“ (Moser 2011, S. 457). Dies bedeutet aber auch für uns, dass der angenommene „sonderpädagogische Förderbedarf“ eines Kindes nicht angeboren oder unveränderlich ist. Lehrkräfte können durch ihre Haltung und vielfältige Maßnahmen beeinflussen, dass die pädagogische Arbeit auf dieses Kind „entwicklungslogisch“ (Feuser 2011) zugeschnitten wird und zu einer positiven Entwicklung führt. Diese Sicht hat weit reichende Konsequenzen für die (sonder-) pädagogische Professionalität.

Wie muss ein Unterricht gestaltet werden, der den dargestellten hypothesenprüfenden, mehrperspektivischen Forschungs-Vorgang bei *jedem* Schüler erfolgreich anregt?

Simone Seitz hat didaktische Phänomene der Mehrperspektivität im Lernprozess am Beispiel des Themas „Zeit“ ausführlich dargestellt (vgl. Seitz 2005 und das Interview in diesem Buch).

Andreas Gruschka (2010) beschreibt in einer Fallanalyse den Verstehensprozess von Schülern einer 8. Klasse: Der Unterricht war gekennzeichnet „durch die Konsequenz der Entfaltung der Sache und das taktvolle Anschmiegen an den Stand der Einsichten der Schüler“ (S. 101).

Natascha Korff (2012) vermutet aber aufgrund des derzeitigen empirischen Forschungsstandes zum inklusiven Unterricht, dass in der Praxis *individualisierende Maßnahmen* am häufigsten vorkommen und die notwendige *„gegenseitige inhaltliche Anregung“* vielfach der Eigeninitiative der Kinder überlassen wird, also zu kurz kommt.

Auch Gruschka (2011) beobachtet im üblichen Unterricht eine inhaltliche Beliebigkeit und als Unterrichtsziel einen Vorrang der Methoden- vor der Sachkompetenz, um Schüler „bei der Stange des Unterrichts zu halten“ (S. 21): „Der mögliche Bildungseffekt, ein Verstehen der Sache, wird zum privaten Glücksfall eines Einsichtigen“ (S. 21).

Hans Wocken (2011) beschreibt Prozesse im integrativen Unterricht und stellt verschiedene Varianten des gemeinsamen Lernens im integrativen Unterricht heraus (vgl. auch das Interview in diesem Buch). Auch hier ist das *inhaltliche Lernen* am „gemeinsamen Gegenstand“ nur *eine von vielen Unterrichtsformen* in der alltäglichen integrativen Schulpraxis. Konkrete Unterrichtsbeschreibungen, in denen nicht der soziale Aspekt, sondern der *inhaltliche Aspekt gemeinsamen Lernens (kooperatives Lernen), also die* „(andauernden) inhaltlichen kokonstruktiven Prozesse“ (Korff 2012; vgl. Seitz/Scheidt 2012) im Zentrum stehen, sind jedoch bis heute in der (inklusions-)pädagogischen Literatur selten. Spiegelt dies die Unterrichtsrealität wider? Die in diesem Buch im ersten Teil dargestellten **Praxisberichte zum kooperativen Lernen** und die hier vorgelegte **Analyse individueller Lernprozesse** (5 Thesen) versuchen, diese Lücke zu füllen.

Unsere Beobachtungen bestätigen die Annahme von Wocken und Korff, dass „freie Arbeitsphasen“ im integrativen Unterricht vielfach nicht genutzt werden, um über die Sachverhalte zu kommunizieren. Vielmehr ist zu beobachten, dass die Schülerinnen und Schüler an verschiedenen Aufgaben arbeiten, die keinen inhaltlichen Zusammenhang erkennen lassen: Einige bearbeiten Mathematikaufgaben, während andere sich mit Rechtschreibübungen beschäftigen und wieder andere sich einzeln zum Lesen zurückziehen. All dies mag im Unterrichtsalltag seinen pädagogischen Wert haben; dennoch können wir uns fragen, ob Schüler nicht mehr Chancen hätten, den jeweiligen Dingen auf den Grund zu gehen, sie zu verstehen, wenn sie häufiger am selben „gemeinsamen Gegenstand“ arbeiten, kooperativ voneinander lernen und sich intensiv einer Sache widmen würden.

Nach unserer Erfahrung (vgl. Kapitel 1.1, 1.2, 1.3) ist das regelmäßige freie Arbeiten unter einem **thematisch vorgegebenen Rahmen** (z. B. alle Kinder unterschiedlichen Alters arbeiten kooperativ an ähnlichen mathematischen Fragen zur gleichen Zeit) mit **unterschiedlichen Zugangsweisen** offensichtlich geeigneter als das freie Arbeiten ohne „gemeinsamen Gegenstand“. Die Praxis zeigt, dass die Kinder in einer Klassengemeinschaft gerne Themen zu gleichen Zeiten bearbeiten. Dass es zu einem gemeinsamen Lerngegenstand (z. B. das Teilen in der Mathematik) zur gleichen Zeit kommt, hängt nicht selten von realen Situationen im Alltagsleben ab, aus denen sich projektartige Vorhaben entwickeln. Für die Bearbeitung dieser Projekte oder Themenfelder werden in der Regel Zeiten vereinbart bzw. festgelegt, in denen die Kinder möglichst viele Lernpartner finden können, die am ähnlichen Themenschwerpunkt, aber in jeweils unterschiedlicher Zugangsweise arbeiten. Wenn der Unterricht also von Kindern selbst frei gestaltet werden kann, wollen die meisten ohnehin nicht z. B. an Rechtschreibaufgaben arbeiten, wenn gerade etwas anderes „dran“ ist. Die Selbststeuerung der Kinder führt *automatisch* zur Beschäftigung mit einem „gemeinsamen“ Lern-Gegenstand. Das muss nicht bedeuten, dass die gesamte

Klasse am selben Thema arbeitet, sondern es ergeben sich – besonders in *altersgemischten Klassen* – Teilgruppen mit ähnlichen Aufgaben, aber unterschiedlichen Zugangsweisen (vgl. Seitz/Scheidt 2012) . In anderen Phasen der freien Arbeitszeit üben Kinder dann wieder alle jeder für sich und gerne „gemeinsam“ z. B. an einer Rechtschreibkartei.

Falko Peschel (2002) berichtet über typische Erfahrungen im offenen Unterricht: „Merkwürdigerweise tauchen auch abstrakte Fragestellungen, wie z. B. spezielle Inhalte aus der Mathematik, fast immer von selbst in der Klasse auf. Zahlen werden immer größer, Begriffe wie ‘Malnehmen’ oder ‘Minus’ ziehen genauso die Runde wie ‘Wurzelziehen’ oder ‘Bruchrechung’.“ (S. 248). Die Fähigkeiten der Kinder entfalten sich „in Korrespondenz mit den Entwicklungen der anderen Kinder in diesem Bereich“ (Peschel 2002 II, S. 247 f.). Das sind natürliche und förderliche Gruppenprozesse, die dem Verstehen dienen können. Diese Prozesse nicht zu nutzen und stattdessen vereinzelt jedes Kind alleine irgendein Pflichtprogramm unabhängig von den Freunden durcharbeiten zu lassen, verschenkt wichtige kooperative Anregungspotentiale des offenen Unterrichts.

Die lebendige Auseinandersetzung mit der Sache, das „Exemplarische der notwendigen Vertiefung“ (Martin Wagenschein) oder die „Hingabe an die Sache“ (Humboldt) sind notwendige Bedingungen des Verstehens. Freies Arbeiten ist sinnvoll, wenn alle Schüler ihre Lerninhalte verstehen. Das individuelle Fortschreiten im Lernprozess ist im Frontalunterricht nicht möglich. Aber das freie Arbeiten ist nicht per se schon effektiv, besonders dann nicht, wenn Schülerinnen und Schüler nicht für die „Hingabe an die Sache“ gewonnen werden, sondern es zu einer „verzweifelten Abrichtung auf gefordertes Lernverhalten“ (Gruschka 2011, S. 27) kommt.

Weitere Erprobungen und Untersuchungen werden nötig sein. Empirische Studien scheinen zu belegen, wie wenig wirksam offene Lernformen, jahrgangsübergreifender Unterricht und sogar Teamteaching dann sind, wenn sie nicht mit klarer *inhaltlicher* Strukturierung verbunden sind (vgl. Steffens/Höfer 2012a, b und Kapitel 2.1). Die für den Lernerfolg wirksamsten Einflussfaktoren sind nach internationalen Studien (vgl. Hattie 2009):

- Den Lernstand rückmelden, Lernmöglichkeiten besprechen.
- Die Klasse mit klaren Regeln und Strukturen führen.
- Zum Lernen aktivieren durch kooperatives Lernen, problemlösendes Lernen, Schüler als Lehrer, Lernreflexion der Schüler (vgl. Lernklassenrat, Lerntagebuch), u. a.

Für den Lernerfolg und das Verstehen der Sache spielt der „soziale Kredit“, der einem Schüler gegeben wird, eine große, manchmal sogar die entscheidende Rolle (vgl. Kapitel 2.1). Wenn wir einen Lerngegenstand mehrperspektivisch erfassen können, ist uns meist etwas Entscheidendes gelungen: Wir haben zugleich die Sicht des anderen verstanden. Dies gilt selbst im Umgang mit autistischen Schülern (vgl. Theunissen 2012b). Ergebnisse und Lernzuwächse sind „nur durch die täglichen Kooperationsprozesse und die individuelle Lerntätigkeit erklärlich" (Schuck 2011, S. 108). *Sie lassen sich nach dem Stand der Forschung nicht durch komplexe Bedingungsanalysen vorhersagen.* Karl Dieter Schuck (2011) hat in einem Forschungsüberblick zum „Unterricht bei heterogenen Voraussetzungen" herausgestellt, dass es „kein deterministisches Verhältnis zwischen Lehrerverhaltensweisen, äußeren Bedingungen, Schülermerkmalen und Schulerfolg gibt. (…) Der Unterrichtserfolg wird vielmehr im Prozess der **lerngegenstandsbezogenen** Auseinandersetzung von der Lerngruppe und den lernenden Subjekten selbst hergestellt" (Schuck 2011, S. 108, Hervorh. R.S.).

Die Arbeit am gemeinsamen Gegenstand (Feuser) ist somit wichtig und erfolgversprechend. Das Kerngeschäft der Schule vollzieht sich in der Schulklasse: „Schüler und Lehrer kooperieren auf dem Hintergrund ihrer bisher entwickelten Weltsicht und konstruieren alltäglich ihre Handlungsbedingungen neu. Sie gestalten ihren unmittelbaren Lebensraum Klasse (…)" (Schuck 2011, S. 108).

Wir sollten in integrativen Schulen prüfen, wie in freien Arbeitsphasen die Möglichkeiten gemeinsamen Arbeitens an einem *gemeinsamen Gegenstand* hergestellt werden können. Dabei werden klare Regeln und Strukturen, gerade in freien Arbeitsphasen, wichtig. Schüler müssen erleben, dass sie bei der Bewältigung von „fachlichen Hürden" im richtigen Moment Unterstützung durch die Lehrkräfte erhalten und Lernerfolge gewürdigt werden. All das entspricht jahrzehntelanger Erfahrung reformpädagogischer Schulen.

Fehlender Transfer pädagogischer Erkenntnisse in die Schulpraxis

Wie kam es, dass die vielfältig dokumentierten Erfahrungen handlungsorientierten Lernens z. B. aus reformpädagogischen Schulversuchen, die an den Interessen der Schüler anknüpften, nicht in das Regelschulwesen eingeführt wurden? So studierten Generationen von Lehrerstudenten über die „Wohnstube" von Heinrich Pestalozzi (1746–1827), die „freie geistige Schularbeit" von Hugo Gaudig (1860–1923), die „Produktionsschule" von Pawel Blonskij (1848–1941), die Arbeitsschule von Georg Kerschensteiner (1854–1932), das „lerning by doing" von John Dewey (1859–1952), das Kinderhaus von Maria Montessori (1870–1952), das Jugenddorf von Edward Josef Flanagan (1886–1948), die freien Schülertexte von Heinrich Scharrelmann (1871–1940), die Druckerei von Célestin Freinet (1896–1966), die Altersmischung von Peter Petersen (1884–1952), die antiautoritäre Erziehung in Summerhill von Alexander Neill (1883–1973), um nur wenige der bedeutendsten pädagogischen *Praxismodelle* zu nennen. Sie können als Wurzeln für inklusiven Unterricht betrachtet werden (vgl. Platte 2005, S. 125 ff.).

Seit Anfang der 1980er-Jahre zeigt die inklusive Schule in einigen kanadischen Provinzen, dass „multi-level-instruction" den Klassenlehrern entsprechendes Handwerkszeug zum Unterrichten heterogen zusammengesetzter Klassen – selbstverständlich mit jeder Art von Behinderten – an die Hand gibt (vgl. Porter

1991; Arbeitsgruppe internationale Vergleichsstudie 2007; für Toronto: Reich 2012 und Branco, siehe Interview).

Seit Jahren werden Schulpreise an reformorientierte Schulen vergeben, die nicht lehrplan-, sondern lerner-orientiert arbeiten (vgl. Bertelsmann- oder Robert-Bosch-Stiftung). Die Dokumentation der unterschiedlichen Leistungen dieser Schulen zeigt, wie Schule umgebaut werden könnte, um Schülern in ihrer Entwicklungslogik und ihrem Verstehensinteresse gerecht zu werden.

Die Erkenntnisse aus all diesen dokumentierten Erfahrungen mit Kindern und Jugendlichen in reformpädagogischen Bildungseinrichtungen bleiben dennoch oft im Schulsystem ohne Folge.

Wenn durch innovative Schulbeispiele motivierte Lehramtsanwärter die Schulpraxis kennen lernen, scheint ihnen nach kurzer Zeit klar zu sein, dass sie ihre Vorstellungen von schülerorientiertem Unterricht nicht umsetzen können. Wenn Lehramtsanwärter ihr Referendariat abbrechen, hört man zwei Antworttypen:

a) „Ich bin mit dem Kollegium nicht klar gekommen.“
b) „Ich fand das mit den Kindern zu stressig.“ (vgl. Kaiser 2003, S. 21)

Die bloß kognitive Vorbereitung auf die Schulpraxis scheint gescheitert zu sein (vgl. Kaiser 2003, S. 23). Mit dem Begriff des „Praxisschocks“ beschreibt man die subjektive Seite der „geschockten“ Lehrerstudenten, die nicht damit fertig werden, dass ihre jahrelangen Studien z. B. über Freinet, Petersen und Montessori „für die Katz“ sind.

Für viele zeigt sich die „Schwierigkeit, gegen ein rigide unterrichtendes Kollegium die eigenen offenen Vorstellungen durchzusetzen, aber auch in die Tat umzusetzen, wenn gleichzeitig der praktische Umsetzungsdruck außerordentlich hoch ist“ (Kaiser 2003, S. 22).

Die Berufsanfänger haben Systemmechanismen emotional zu verarbeiten. Sie sind Zeuge davon, dass bereits dann mit einer neuen Lerneinheit begonnen wird, wenn die Schüler die vorauszusetzenden Kompetenzen noch gar nicht erworben haben. In Schulklassen wird systembedingt darauf verzichtet, dass Schüler den Lerngegenstand verstehen, die „stofflichen Hürden“ bewältigen (vgl. Meyerhöfer 2011, S. 418). Für junge Lehrkräfte muss es unbegreiflich sein, dass der Unterricht sich nicht auf das Ziel konzentriert, dass alle Schüler alles verstehen. Vielmehr wird die Schülerschaft im Sinne einer Outputorientierung als eine black box betrachtet, die mit „Bildungsstandards und Kompetenzerwartungen“ konfrontiert werden müsse. Aber Kompetenzen lassen sich nicht steigern, sondern Schüler müssen sie durch Verstehen erwerben (vgl. Gruschka 2011, S. 39 ff.).

Lehramtsanwärter sind Zeugen der selbstverständlichen Aussonderung von ca. 82 % derjenigen Kinder, die die „Mindeststandards“ nicht erfüllen und auf zusätzliche Hilfen angewiesen sind, die (Amtsdeutsch gesprochen) „sonderpädagogischen Förderbedarf" haben. Sie sehen, wie angeblich „nicht integrierbare Schüler" auf Sonderschulen abgeschoben werden, die unter den Bedingungen des Regelunterrichtes bis heute auch fortgebildete Lehrkräfte „sonderpädagogischer Kompetenzzentren" nicht in Frage stellen (vgl. Werning 2011). Ebenso müssen Berufsanfänger mit ansehen, dass viele „schwache" Schüler im Laufe ihrer Schullaufbahn an den „stofflichen Hürden" scheitern und wie selbstverständlich die Klasse wiederholen müssen, auch wenn Forschung und Bildungspolitik Nutzlosigkeit und Kosten dieser Maßnahmen beklagen.

Vergeblich suchen Lehramtskandidaten in traditionellen deutschen Regelschulen nach kleinen Unterrichtselementen aus den oben genannten Modellen. Man findet sie kaum wieder (vgl. z.B. Brügelmann 2000, Steffens/Höfer 2012b). Woran liegt das?

Der Transfer wissenschaftlicher Forschungsergebnisse in die zu verändernde Schulpraxis funktioniert selten oder gar nicht, wie jeder Praktiker täglich beobachten kann. Dies ist ausführlich erforscht worden: Hochschulstudium und Fachwissen der Lehrpersonen haben auf den Lernerfolg der Schüler einen sehr geringen Einfluss, wie internationale Studien belegen (vgl. Hattie 2009; Steffens/Höfer 2012a).

Empirische Erkenntnisse lassen sich nicht einfach in so genanntes „evidenzbasiertes" Handeln umsetzen (vgl. van Ackeren et al. 2011). Überrascht steht manch ein wissenschaftlich gebildeter Nachwuchspädagoge vor der Tatsache, dass Lehrkräfte nicht so funktionieren, wie sie sollten. „Denn sie tun nicht, was sie wissen!"

Selbst Weiterbildung führt nicht zum Ziel – hier täuschen sich Wissenschaftler mit ihren bescheidenen Beiträgen darüber hinweg, dass sie kaum etwas bewirken, und sprechen von „Implementierungsbrüchen" (v. Ackeren et al. 2011, S. 174). Nur besonders praxisorientierte Fortbildungsmethoden (professional development), wie z.B. das videogestützte Lehrerverhaltenstraining „Microteaching", beeinflussen die Schülerleistungen (vgl. Hattie 2009; Steffens/Höfer 2012a).

Die Tatsache muss wie eine Kröte geschluckt werden: neuere Erkenntnisse kommen schon seit Jahrzehnten sehr schleppend oder überhaupt nicht in der Schulpraxis an und verändern dort wenig. Wer neben dem Beruf als Lehrer im „Feld" jahrelang wissenschaftlich arbeitet, wird feststellen, dass die Forschung – wenn sie denn nicht schon resigniert hat – bestenfalls die Macht eines zahnlosen Tigers besitzt.

Zuweilen muss man allerdings auch erkennen, dass selbst die wissenschaftlich gebildeten Junglehrer und Nachwuchsforscher den empirisch gesicherten Erkenntnissen nicht ganz trauen. So stehen sie verblüfft vor der Tatsache, dass alle vorhandenen Untersuchungen und internationalen Langzeitstudien den Vorteil gemeinsamen Unterrichts gegenüber Sonderbeschulung empirisch belegen (vgl. Klemm/Preuss-Lausitz 2011, S. 37 ff.; Schnell/Sander/Federolf 2011), aber diese wissenschaftlichen Arbeiten für die Schulbehörden keine Überzeugungskraft besitzen. Die Macht dieses durch Aussonderung geprägten Schulsystems (vgl. Jantzen 2008) ist auch für sie sehr beeindruckend. Sie scheinen zuweilen Ehrfurcht vor einem scheinbar unveränderlichen System zu empfinden, dass das Lehrer-Schüler-Verhältnis lange als „besonderes Gewaltverhältnis“ analog zu Gefängnis und Militär beschreiben konnte, ehe 1972 das Bundesverfassungsgericht dies abwies (vgl. Brügelmann 2011). Wer – außer der Kirche – schaffte es, trotz ständiger Kritik weiterhin beharrlich an unzeitgemäßen Dogmen und Anordnungen festzuhalten? Das konnte bis heute vor allem die Institution Schule.

Wie will man sich gegen solch einen übermächtigen bildungspolitisch legitimierten Verwaltungsapparat wehren, der Schulleitern und Lehrkräften Unterrichtsinhalte und besonders Handlungsweisen nahe legt, die kontraproduktiv und teilweise menschenunwürdig sind (vgl. Singer 1998)? Wen wundert es noch, dass die Bemühungen um integrativen Unterricht nicht vorwärts kamen?

Schulentwicklung – eine emotionale, ungehorsame Angelegenheit

Wenn man im System Schule arbeitet und begriffen hat, dass es dort – wie in der Kirche auch – darauf ankommt, wer die Macht in Händen hält, sieht man den Nutzen wissenschaftlicher Erkenntnisse anders. Dann begreift man, dass Kindern und Lehrkräften nichts geschenkt wird. Die moderne, humane Schule mit all ihren schülerorientierten Curricula und Verfahrensweisen muss erkämpft werden. Dabei spielen Emotionen eine zentrale Rolle.

Für den inklusiven Unterricht, in dem alle Schüler zu dem ihnen möglichen Erfolg geführt werden, sind Gefühle von entscheidender Bedeutung, wie die Hattie-Studie (2009) empirisch belegt: Hattie (2009) beschreibt leidenschaftliches Unterrichten, Liebe zum fachlichen Inhalt, den Wunsch, andere mit der Liebe zum Unterrichtsinhalt zu erfüllen und eine Haltung der ethischen Fürsorge als einflussreiche Größen für erfolgreiche Lernen jedes Schülers. Ein solches Lehrerverhalten und das daraus resultierende aktive Lernen der Schüler ist unmittelbar sichtbar (vgl. Steffens/Höfer 2012b).

Astrid Kaisers „Übungskurs für emotional fundierte Lehrkompetenz" (2003) enthält neben den für die Schüler – Lehrer – Beziehung wichtigen emotionalen Bereichen auch Übungsfelder, die darauf abzielen, dass die Lehrperson gestärkt wird, sich gegen übliche Stoffpläne von der Stoffüberfüllung abzuwenden, in Austausch mit anderen zu gehen und dem Wiederholungszwang eigener Schulerfahrungen zu entgehen. Für den Lehrerberuf ist am besten geeignet, wer sich gegen überkommene Verhältnisse zu wehren weiß und dazu das emotionale Rüstzeug mitbringt. Humane Schule muss *gegen ihre Widersacher und Bewahrer althergebrachter Hierarchien erstritten* werden. Das ist unmöglich ohne Gefühle.

Veränderung in Schule kommt nie nur deshalb, weil fremde Beobachter empirisch nachweisen, dass bestimmte schulische Strukturen oder Maßnahmen nichts nützen bzw. sogar den Schülern schaden. Sonst hätten wir ja längst die veralteten und überflüssigen Unterrichtsinhalte, Zensierungen oder Sonderschulen abgeschafft – aufgrund empirischer Forschung. Nein, Veränderung funktioniert anders. Da gibt es Lehrerinnen, die sagen plötzlich ganz ehrlich, dass sie Angst vor Sanktionen haben, wenn sie kein „mangelhaft" geben oder wenn sie nicht alle Lehrplaninhalte „durchnehmen". Sie finden andere, denen es genauso geht. Sie sprechen offen miteinander über Absurditäten im Schulalltag, finden ihre Sicht und ihr Handeln vernünftiger und humaner als die vermeintlichen Vorschriften, und sie werden mutiger beim „Ungehorsam im Schuldienst" (vgl. Stähling/Wenders 2009). Am Anfang steht meist die versteckte „Empörung“ gegen das immer schon beklagte „unsinnige“ „ ja „unanständige“ eigene pädagogische Tun gegenüber den Schülern, zu dem man sich von vorgesetzten Menschen gedrängt fühlt. Sie wehren sich gegen dieses Unrecht. Wenn Menschen sich empören, wächst der *not-wendige Widerstand* (vgl. Hessel 2011; Interview mit Tony Booth in diesem Buch).

Wenn eine Schule sich auf den Weg machen will, den traditionellen Unterricht zu verändern, und zukünftig im Umgang mit heterogenen Klassen leidenschaftlich, schülerzentriert und integrativ arbeiten möchte, so steht ihr ein steiniger Weg bevor, da es Widersacher geben wird, die das Alte erhalten wollen.

Viele Lehrkräfte fühlen sich *überfordert* dadurch, dass „die externe Überprüfung von Bildungsstandards – verbunden mit einer Erhöhung der Leistungsorientierung – vorangetrieben“ wird und gleichzeitig „verstärkte Anstrengungen zu mehr inklusiver Bildung umgesetzt werden“ (Werning 2011, S. 14). Manche haben sich daher mit den gegebenen Schulstrukturen arrangiert. Sie werden von der Schulaufsicht nicht selten gedrängt, dass Vorschriften restriktiv zu interpretieren seien. Zumeist traten sie selbst einst als Gewinner im Schulsystem auf, als sie noch Schüler waren.

Für sie sind dann Zensuren „leider nun mal amtlich“, einige Schüler „verstehen den Stoff nie“. Die sich daran anknüpfenden Schülerschicksale wie Nichtversetzungen, Schulwechsel oder Sonderschulüberweisungen erscheinen als eine unausweichliche Konsequenz, die sie nicht zu verantworten haben.

Der entscheidende Motor für die Umsetzung der Erkenntnisse in so genanntes „evidenzbasiertes“ Handeln scheint nach bisherigen Erkenntnissen (vgl. Rolff 2009) *die Einzelschule* zu sein. Ob die Einzelschule die mehr oder weniger vorhandenen „Gestaltungsspielräume“ engagiert nutzt, hängt wesentlich von der *Schulleitung* ab. In dem von Kersten Reich (2012, S. 123ff.) vorgestellten Verfahren zur Einführung von Inklusion ist die Schulleitung verantwortlich an allen Schritten beteiligt. Schulische Veränderungsprozesse durchlaufen mehrere Phasen, in denen die Schulleitung das Kollegium führt (vgl. Klenk 2011): eine Vision entwickeln, Ziele kommunizieren mit allen Beteiligten, Gegner einbeziehen, ein Grobkonzept entwerfen, die Herzen gewinnen, Strategien entwickeln, Entschlossenheit beweisen, die Krise führen, Verlierer entschädigen, Verantwortung übertragen, Regeln durchsetzen, Lernprozesse ermöglichen, Krisen schätzen lernen, den Abschluss feiern und schließlich den Alltag begleiten.

Dass Schulleitung in Konflikte gerät mit politisch beschlossenen amtlichen Vorgaben ist nicht die Ausnahme. Bei der Durchsetzung neuer Maßnahmen sollte man alle Gremien der Schule einbeziehen (vgl. Stähling/Wenders 2009, S. 102). Olaf-Axel Burow (2011, S. 59f.) verweist darauf, wie oft Experten irren und wie sehr sie überschätzt werden. In den letzten Jahren hat er mit mehreren tausend an Schule und Erziehung beteiligten Menschen gearbeitet (*„Weisheit der Vielen“*, vgl. Surowiecki 2005). Sie entwarfen übereinstimmend das Bild einer

Zukunftsschule, die den Unterricht inklusiv und begabungsfördernd zugleich gestaltet (vgl. Burow/Steenbuck 2011).

Viele Erfahrungsberichte konnten zeigen, dass meist nur dann die von den Bildungswissenschaftlern erforschten Gelingensbedingungen für gute Schulen umgesetzt werden, wenn die Schulleitung das Kollegium gewinnen kann und sich (teils im Machtkampf) gegen die Bürokratie durchsetzt (vgl. Pollert 2006).

Auch das lässt sich an guten Beispielen (best practice, die Wissenschaftler immer sehnsüchtig suchen) zeigen. Die einzelnen Schulen mit den größten gemessenen Lernerfolgen ihrer Schüler haben vieles gemeinsam. Mit großer Wahrscheinlichkeit durchsetzungsfähige und reformbegeisterte Schulleiter, die sich vor „Ungehorsam im Schuldienst" nicht scheuen (vgl. Stähling/Wenders 2009). „Die große Bandbreite unterschiedlichen Unterrichts *innerhalb* derselben Vorgaben zeigt, dass Freiräume für eine Reform von unten bestehen. Jeder muss an seinem Platz anfangen (...)" (Brügelmann 2011, S. 360).

Interessant für die Praktiker ist vor allem der Vergleich von einzelnen Schulen und deren Schulleitungen, die „innovativ" und erfolgreich arbeiten. Eine Forschergruppe untersuchte 23 Innovationsprojekte aus 13 Ländern, die völlig unabhängig voneinander entwickelt wurden (vgl. Black/Atkin 1996). Diese Schulen zeigten überraschende Ähnlichkeiten in folgenden Bereichen (vgl. Boenicke 2000):

a) Curriculare Standards:
   Der Ausgangspunkt der Lehrpläne liegt nicht in der Logik der jeweiligen Fachwissenschaft, sondern – nach Berücksichtigung professioneller Erfahrungen von Lehrern – in der *Anwendung des Gelernten* und im *Schülerinteresse*.
b) Als Lehr- und Lernformen werden bevorzugt:
   - *Individualisierung*: Selbstständig Probleme angehen, die aus eigenen Kontextbezügen stammen.
   - *Gruppenlernen*: Die Gruppe bekommt mehr Bedeutung, Lehrer treten zurück.
   - *Methodenkompetenz*: Arbeitstechniken für das Gruppenlernen und eigenverantwortliches Lernen.
   - *Leistungsrückmeldung*: Ergebnispräsentation, Selbstkontrolle, Arbeitstagebuch.
c) *Veränderung der Rolle* von Lehrenden und Lernenden:
   Schüler erleben das Lernen als sinnvoll, die Pädagogen bauen ein neues Lernverständnis auf.
d) *Kollegiale Zusammenarbeit*:
   Die Zusammenarbeit der Pädagogen wird als notwendige Voraussetzung für Innovation gesehen. Die damit verbundene Zeitbelastung wird zwar als Überforderung erlebt, führt aber auch aus der Isolation heraus.

Viele innovative Schulen haben empirisches Wissen genutzt, von reformpädagogischen Schulmodellen den erfahrungsoffenen, subjektorientierten und handelnden Unterricht und dessen Lernformen übernommen und auf ihre Verhältnisse zugeschnitten. Es wäre lohnenswert, solche erfolgreichen und sehr unterschiedlichen Einzelschulen bei der Arbeit zu sehen, um von ihnen zu lernen.

Es fällt auf, dass bereits bei der Formulierung der Ziele schulischen Lernens die untersuchten innovativen Einzelschulen von einem Grundverständnis ausgehen, das mit dem Status-quo-Curriculum der traditionellen Schule bricht.

Sich *an den Interessen aller Schüler* zu orientieren bedeutet auch, dass Schüler nicht mehr sitzen bleiben, fallen gelassen, beschämt, abgeschult oder ausgesondert werden. Lehrkräfte trennen nicht mehr „Diagnose“ und „Förderung“ voneinander, sondern entwickeln eine pädagogische Leistungskultur (vgl. Brügelmann 2011, siehe Teil 1):

- Fehler ist nicht gleich Fehler: Statt Fehler zu zählen, die Tiefenstruktur der Leistung analysieren
- Statt punktuell die Lernstände zu vergleichen, Fortschritte dokumentieren
- Statt Anforderungen zeitlich zu standardisieren, sich an der individuellen Entwicklung orientieren
- Statt Leistungen „ex cathedra“ zu beurteilen, die Kinder beim Lernen beraten.

Dies erzeugt Konflikte und stößt nicht selten auf Widerstand der Schulaufsicht, die den tradierten „gesetzlichen Rahmenvorgaben“ der Mindeststandards – teils wider besseres Wissen – einfordert.

REINHARD STÄHLING

2.3 Eine Klassenfahrt ohne Serkan – Betriebswirtschaftliche Win-Win-Lösungen und ihre Gefahren

„Ich bin zu der Überzeugung gelangt, es existiert viel mehr, zehnmal mehr Gutes als Böses, und man muss in Ruhe abwarten, bis das Böse vorbei ist. Jedes lebendige Wesen, nicht nur der Mensch, zieht die Eintracht dem Kampf vor."

Janusz Korczak: Lebensregeln (1929, SW Bd. 3, S. 285)

Es lässt sich statistisch nachweisen, dass ein so genanntes „nichtliterates" Migrantenkind noch immer eher auf einer Schule für Lernbehinderte landet als in der Regelschule. 24% der Jugendlichen sind bis zum Ende der Sekundarstufe I mindestens einmal sitzen geblieben. Für die große Zahl von „Verlierern" ist diese Art von Schule und Unterricht eine Misserfolgsgeschichte. Wieso wird diese vielfach belegte Tatsache von vielen selbstverständlich hingenommen? Business as usual.

Vera Moser (2011) beobachtet, dass zunehmend mehr der Arbeitsmarkt vorgebe, was in Schule gelernt werden solle. *„Kompetenzsemantik"* löse die Rede von *Bildung* ab. Der *„Output"*, die „Kompetenzen", sollen gesteigert werden. Schülerleistungen werden anhand von Bildungs-„Standards" bewertet. Ökonomische Argumente bestimmten das Bildungssystem und seine Analyse werde beauftragt von Verbänden wie z. B. OECD, Bertelsmannstiftung, Vereinigung der Bayrischen Wirtschaft. Da mag es lohnen, den Schulalltag auf sich einschleichende *betriebswirtschaftliche Denkmuster* hin zu untersuchen.

Serkan

Wir begeben uns in den konkreten Schulalltag, in dem sich Integration bewähren sollte. Ein Beispiel soll verdeutlichen, wie leicht es in der Schule passieren kann, dass ein scheinbarer „betrieblicher Gewinn" darin gesehen wird, wenn sich eine Fehlentwicklung verfestigt.

Eine Klassenfahrt z. B. bietet vielfältige Lernchancen für „schwierige Kinder". Sie ist auf jeden Fall für die Klassengemeinschaft *pädagogisch* wertvoll. Die Lehrerinnen und Lehrer sind daher verpflichtet, alle Schüler *ohne Ausnahme* auf eine Klassenfahrt mitzunehmen.

Die Eltern von Serkan möchten aber, dass ihr Kind von dieser Pflicht befreit wird. Als Grund wird vorgetragen, dass das Kind im fremden Bett nicht schlafen könne und außerdem manchmal schlafwandle. Mit Hilfe eines ärztlichen Attests wird dem Wunsch der Befreiung Nachdruck verliehen. Eltern und Klassenlehrerin einigen sich *„im gegenseitigen Einvernehmen"* darauf, dass Serkan für die vier Tage der Klassenfahrt in eine andere Klasse geht und dort bei einer fremden Lehrerin unterrichtet wird. Die Eltern sagen, das Kind wolle dies auch, zumal Serkans Cousine Schülerin dieser Klasse ist. Das „Geschäft" ist somit abgeschlossen.

Ist solch eine Abmachung, dieser *einvernehmliche Handel,* rechtens, oder widerspricht sie dem Recht des Kindes auf Teilhabe an der Klassenfahrt? In vielen Schulen werden „einvernehmliche" Lösungen bevorzugt: Wo kein Kläger ist, da ist auch kein Beklagter. Aber um dieses *scheinbar klar gelöste* Problem einschätzen zu können, muss zunächst jedes Interesse der beteiligten Parteien deutlich hinterfragt werden. Eine konkrete Analyse dieser „einvernehmlichen Lösung" bringt folgende Aspekte an den Tag:

Interesse der Eltern: Die Eltern sind verschuldet, arbeiten beide so oft, wie sie können, und haben wenig Zeit für ihre Kinder. Sie wollen sich aber auch der Schule gegenüber nicht die Blöße geben und eingestehen, dass sie das Geld für die Klassenfahrt nicht aufbringen können. Unterstützungsleistungen, ob aus Spenden oder öffentlichen Geldern, nehmen sie nicht an. Sie haben ein schlechtes Gewissen gegenüber ihren Kindern, dass sie sich zu wenig leisten können.

Das gleichen sie dadurch aus, dass sie ihren Kindern möglichst viele Wünsche erfüllen, die nichts kosten. Sie dürfen nachts lange aufbleiben und endlos fernsehen. Serkan scheint seinen Willen zu Hause oft durchsetzen zu können. Es stellt sich heraus, dass gerade die Beziehung zwischen Serkan und den Eltern so eng ist, dass die Eltern nicht wagen, ihr Kind für eine Nacht anderswo schlafen zu lassen. Die Eltern können „nicht loslassen". Sie fürchten, dass ihr Kind in fremder Umgebung sich nicht an andere Regeln anpassen kann und sich überfordert fühlt. Sie lassen Serkan aufgrund ihrer ängstlichen Sicht selten woanders schlafen. Der Arzt hat diese Entwicklung zwar beobachtet und rät dennoch nicht zur Teilnahme an der Klassenfahrt, weil die Eltern ihm erzählt haben, dass Serkan schon einige Male nachts desorientiert aufgestanden ist und sich nicht zurecht fand. Einmal als sie ihn alleine gelassen hatten, war dabei auch ein Unfall in der Wohnung passiert. Da der Arzt nicht einschätzen kann, welche personellen und räumlichen Bedingungen bei der Klassenfahrt bestehen, befürwortet er eine Freistellung von der Klassenfahrt als mögliche Option, rät aber den Eltern, es doch zunächst zu versuchen. Die Eltern aber legen das Attest der Schule vor und hoffen, dass sie es „schaffen", dass die Befreiung ausgesprochen wird. Sie fürchten, dass von ihrem Kind dennoch verlangt würde, einen Versuch zu machen. Sie empfinden es als *Gewinn*, wenn Serkan zu Hause bleiben „darf".

Interesse der Lehrer: Es stellt sich beim Nachfragen heraus, dass Serkan in der Klasse wenig integriert ist. Er hat keinen Freund und streitet sich häufig mit anderen Kindern. Den Lehrern gelingt es oft nicht, Serkan nach Streitereien zu beruhigen. Er will sich überall durchsetzen. Die Pädagogen fühlen sich überfordert. Insofern sind sie „nicht böse drum", wenn Serkan nicht mitfahren würde.

Sie sehen es zwar als ihre Dienstpflicht an, ihn mitzunehmen, aber fühlen sich erleichtert, wenn die Schulleiterin das Kind von der Fahrt „befreit". Dies empfinden sie sogar als *Gewinn* für die Klassenfahrt.

Interesse des Kindes: Serkans Ängste vor der Fahrt sind offensichtlich. Er möchte nicht mitfahren und sagt immer wieder, er könne da nicht schlafen. Er leidet zugleich unter seiner Ängstlichkeit und seiner Außenseiterrolle in der Klasse. Serkan würde zwar gerne nicht mehr Außenseiter sein, aber er ist hilflos, entmutigt und verunsichert. Er bräuchte eine Person, die ihn intensiv begleitete und ihm seine Ängste vor der Fahrt nähme. Er glaubt nicht an sich und ist pessimistisch. Für Serkan wäre eine Klassengemeinschaft notwendig, die sich mit seinem Problem befasste und Hilfen anböte. Und vor allem bräuchte dieses Kind einen Lehrer, der Serkan verstünde und es wagte zu sagen, dass jedes Kind teilhaben kann, egal welche Probleme es mitbringt. Diese selbstverständliche Zugehörigkeit („Du gehörst zu uns!") und das Zutrauen („Wir schaffen das trotzdem!") würden Wunder bewirken. Das Kind hat ein Recht darauf, so ermutigend aufgenommen zu werden.

Es wäre für die Schule denkbar, mit dem Arzt zu sprechen und eine gemeinsame Lösung zu vereinbaren. Die Frage der Kosten könnte offen angesprochen und im Vertrauen mit Hilfe eines Fördervereins gelöst werden.

So habe ich z.B. erlebt, dass ein Vater erst dann der Fahrt zustimmen konnte, als er einen eigenen kleinen finanziellen Beitrag leisten konnte. Ich hatte ihn ganz einfach gefragt: „Wie viel können Sie bezahlen?" Als er beschämt 10 € auf den Tisch legte, sagte ich, dass alles klar sei und wir den Rest regeln würden. Er konnte mir von da an wieder in die Augen sehen.

Man könnte Serkans Eltern anbieten, dass sie abends um 22 Uhr zur Jugendherberge kämen und vor Ort selbst entscheiden könnten, ob sie ihr Kind nach Hause zum Schlafen mitnähmen. Sicher würden die Eltern nun das „Wagnis" eingehen, Serkan loszulassen und den Lehrern das Vertrauen zu schenken. Sie würden ohne Serkan wieder nach Hause fahren und wären „im Ernstfall" ohnehin telefonisch zu erreichen.

Kurz: Das Interesse des Kindes liegt objektiv darin, dass es sich weiter entwickelt, es vorwärts kommt und seine Ängste überwindet. Dies kann klar mit den Eltern besprochen werden. Die größte Lernchance für Serkan stellt die Klassenfahrt dar: Die beschriebene Spannung zwischen Schule und Elternhaus könnte gelöst werden, indem die Herausforderungen genutzt würden. Ein Wendepunkt im Umgang mit Serkans Problem.

Das Geheimnis der Arbeit im Brennpunkt ist die Elternarbeit, wie Vicky Branco sagt (vgl. Interview in diesem Buch).

Das Recht des Kindes auf Teilhabe ist dann verwirklicht, *wenn auch sein Problem einen Platz findet.* Im Gegensatz dazu wäre das Recht des Kindes in Gefahr, wenn Lehrer und Eltern sich in einem solchen betriebswirtschaftlich anmutenden „Einvernehmen" zu ihrem jeweiligen *„Gewinn"* auf die Befreiung von der Klassenfahrt einigten. Alle Seiten bekämem einen vermeintlichen Vorteil für sich. Dadurch würden sie jedoch die Problematik vom Tisch wischen und sich nicht der Herausforderung stellen.

Eine solche „einvernehmliche" Einigung zwischen Schule und Eltern zu deren scheinbarem „Gewinn" wäre eine „Win-Win-Lösung", in der Serkan als ein abhängiger Beteiligter *nicht* an der Klärung des Problems mit seinen objektiven Rechten und Interessen *beteiligt* wird.

Im Gegensatz zu einem profitorientierten Betrieb besteht die Aufgabe der Schule darin, Bedingungen zu schaffen, unter denen sich *jedes* Kind – nicht nur das angepasste – mit seiner speziellen Besonderheit am Zusammenleben beteiligen kann. Die Erfahrungen in Integrationsschulen zeigen, dass dies sehr unterschiedlich funktioniert. Flexible Lösungen sind in jedem einzelnen Fall gefragt. Dies wird erleichtert durch:

- Pädagogenteams
- Rückendeckung durch die Schulleitung und Schulaufsicht
- regelmäßige Beratung und Supervision
- aufsuchende Elternarbeit durch Lehrer und Schulsozialarbeiter.

Alina

Ein weiteres Beispiel soll zeigen, wie leicht betriebswirtschaftliche Logik zur Aussonderung von Kindern mit sonderpädagogischem Förderbedarf führen kann.

Alinas Familie stammt aus dem Kosovo. Vor Maschinengewehrsalven auf der Flucht retteten sich viele Romafamilien Ende der 1990er-Jahre ins Ausland. In Deutschland haben diese Flüchtlinge dann den von Anwälten als menschenrechtsverletzend bezeichneten Status der Duldung bekommen. Alinas Mutter, die noch immer kaum deutsch spricht, hat die Vergewaltigungen, Tötungen und traumatischen Kriegsereignisse nicht gesund überstanden. Als sie in Deutschland ein Kind im Säuglingsalter verliert, ist sie psychisch krank. Eine Depression. Ihr Mann hat sie verlassen und ihr Bruder kümmert sich um die Kinder.

Alina wird nun von der Mutter oft durch depressives Verhalten beeinträchtigt. Sie soll nicht mit bestimmten Kindern anderer Nationalität spielen, die der Mutter unlieb erscheinen. Zuweilen veranlasst sie sogar Alina dazu, zu Hause zu bleiben und nicht die Schule zu besuchen. Alina benutzt in ihrer Not Lügen, um ihre Mutter wegen dieser Rechtsverletzung zu schützen. Inzwischen glaubt Alina selbst an ihre Phantastereien und erzählt Geschichten, die sich nachher als unwahr herausstellen.

In der Schule wirkt Alina fröhlich, ist aber leistungsmäßig so blockiert, dass sie als lernbehindert eingestuft wird. Lernfortschritte lassen sich nur im Schneckentempo erreichen, mit sehr viel Zeiteinsatz und großer Geduld, ohne jedoch zu erreichen, dass sich Alina merken kann, was sie vor kurzem gelernt hatte.

Was können Lehrer tun? Dieses Kind und seine Familie sind so in Not, dass eine Familienhilfe zur Seite stehen müsste. Aber niemand kümmert sich darum. Bei der Aufgabenfülle weiß jeder schulische Mitarbeiter, dass die Lehrkräfte neben dem Unterricht eine nachhaltige Veränderung der Situation des Kindes nicht aus eigenen Kräften schultern können. Schulische „Förderung" allein gelingt nicht, Rückschläge prägen das Bild. Der Lernfortschritt lässt auf sich warten, weil jede „individuelle Förderung" im Unterricht wie ein Tropfen auf dem heißen Stein wirkt.

Lehrkräfte, die das Kind in der Schule erleben, fühlen sich der Situation ausgeliefert: „Da sind wir machtlos, das Kind ist seiner Situation schutzlos ausgesetzt." Es scheint wie ein Schicksal, das zu beklagen, aber nicht zu beeinflussen ist.

Die belastende Situation schreit nach einer Lösung, die nicht auftaucht. Wie reagieren nun die Beteiligten? Nicht selten kommt es nun zu folgender nahe liegenden Situation, in der *sowohl die Erwachsenen als auch das Kind scheinbar „gewinnen":*

Die Lehrkräfte stellen sich darauf ein, dass das Kind „lernbehindert" ist, ja vielleicht bleibt. Alina braucht nicht mehr so viel zu leisten. Man verlangt nicht, dass sie sich bemüht. Das Kind richtet sich „bequem" ein und die Lehrkräfte geben ihre anstrengenden Bemühungen auf. Alle scheinen entlastet und sehen einen Vorteil für sich. „Es ist eben so. Unsere Grenzen in der Schule sind erreicht", sagt eine Lehrerin. Der Glaube setzt sich durch, dass es unmöglich sei, etwas mit schulischen Mitteln zu bewegen. Diese scheinbar „realistische" Einschätzung erfüllt hier die Funktion, für Entlastung auf allen Seiten zu sorgen. Das Kind muss keine „Kompetenzerwartungen" mehr erfüllen und sowohl die Eltern als auch Alina brauchen ihre Situation nicht zu verändern. Entlastung wirkt bekanntlich verstärkend und beruhigt. Der „Laden läuft weiter", wenn auch auf niedrigerem Niveau. Resignation macht sich breit: Alle *legitimieren eine ausweglose Lage als unveränderlich.*

Passiert solch eine Resignation bei Pädagogen tausendfach, muss man dann nicht bereits von einem strukturellen Problem im Bildungs- und Erziehungswesen sprechen? Kinder werden aufgegeben, fallen gelassen.

Aber dass es auch anders geht, wird nun zu berichten sein: Für Alina ist der Sozialarbeiter die Rettung. Er wird in die Teamsitzung eingeladen und erfährt von der ausweglosen Situation. Er nimmt Kontakt zu dem Kind auf, gewinnt sein Vertrauen und vermittelt zunächst einmal eine Studentin, die als Praktikantin dem Kind 3mal wöchentlich eine Hausaufgabenhilfe anbietet. Zur Mutter und zu den Verwandten findet er nun über die Klassenlehrerin anlässlich eines Elternsprechtages einen Zugang. Die große Schwester von Alina ist hilfsbereit und vermittelt zum behandelnden Arzt einen Kontakt.

Hier eröffnen sich zum ersten Mal Perspektiven. Das Bedürfnis nach Unterstützung wird formuliert. Die psychisch kranke Mutter wird medikamentös behandelt. Alinas große Schwester ist bereit, zusammen mit der Klassenlehrerin nach Lösungen zu suchen. Über die Klassenlehrerin, die mit dem Onkel der Familie spricht, wächst die Einsicht, dass Alina eine Therapiegruppe braucht, die ihr aus der Sackgasse hilft, in die sich zusammen mit ihrer Mutter begeben hat.

Auch im schulischen Alltag findet sich nun eine Lösung: Die Klassenlehrerin formuliert mit dem Klassenteam zusammen ein Ziel, auf das sich die Arbeit mit Alina konzentrieren muss. Sie spricht Alina darauf an, dass sie ihre Familiengeschichte nicht verheimlichen muss. Sie schlägt vor, darüber regelmäßig ein Bild zu malen und ihr davon zu erzählen. In kleinen Portionen entlastet sich Alina von dem ungeheuren Druck, der auf ihr lastet. Sie baut eine Beziehung zur Lehrerin auf und wird endlich nach einem halben Jahr frei für das „schulische“ Lernen. Auf einmal kann sie logisch denken, prüft Aussagen von anderen und unterscheidet Wahrheit von Irrtum und Lüge. Und das Pädagogenteam wundert sich nun auch nicht mehr, dass sie in Mathematik plötzlich begreift, was zuvor als „undenkbar“ erschien. Stoffliche Hürden können jetzt bearbeitet werden.

Systematische aufsuchende Elternarbeit wird in internationalen Studien in einen sehr deutlichen Zusammenhang gebracht mit wachsenden Schülerleistungen (vgl. Hattie 2009; Steffens/Höfer 2012).

Diese Falldarstellung zeigt auch, dass die Entschlüsselung der familiären Lebensgeschichte die Beeinträchtigung von Alina in einem anderen Licht erscheinen lässt, nämlich als lebensgeschichtlich logische Reaktion auf eine gestörte soziale Erfahrung. Erst nachdem Lehrkräfte den Hintergrund verstanden haben, können sie erfolgreich pädagogisch handeln. Wenn wir das Verhalten eines Schülers als individuelle Verarbeitungsstrategie aus seiner lebensgeschichtlichen Traumatisierung heraus verstehen lernen, kann eine achtsame und förderliche Beziehung zu dem Kind entstehen (vgl. Zimmermann 2012).

Die Etikettieung als „lernbehindert“ schien der Lehrerin zunächst als entlastend, weil sie als Win-Win-Lösung dem Kind kurzfristig eine Besserung verschaffte, aber eine echte Lösung war es nicht.

Scheinbarer „Gewinn“ auf Kosten eines Dritten

Es gibt viele schulische Konfliktsituationen, in denen betriebswirtschaftliche Lösungen vorgeschlagen werden, die „im Einvernehmen *aller*“ zu sein scheinen, die jedoch nicht akzeptabel sein müssen: So kann „hitzefrei“ oder „früher nach Hause schicken wegen Lehrererkrankung“ zwar auf große Zustimmung bei vielen Schülern und Lehrern stoßen, nicht aber bei allen berufstätigen Eltern.

In solchen und anderen viel komplexeren Situationen muss die Schulleitung entscheiden. Dabei kann der Wunsch vieler Betroffener nicht alleine ausschlaggebend sein. Nicht selten kommt es zu Aussonderungen aus der Regelschule, weil die Schulleitung nicht genau genug geprüft hat, ob die Interessen jedes einzelnen wirklich erfüllt sind. Die Aussonderung tarnt sich nicht selten als betriebswirtschaftlich notwendige Win-Win-Lösung. Um solche Arten von gut versteckten Aussonderungen erkennen zu können, sollte man sich klar machen, welchen „Gewinn“ die Beteiligten haben, wenn „im Einvernehmen“ Einigungen erzielt werden.

Bei Win-Win-Lösungen werden konfliktträchtige Situationen zwischen zwei oder mehr Menschen oder Menschengruppen dadurch gelöst, dass alle Seiten „gewinnen“ und Vorteile aus der Konfliktlösung ziehen. Eine kompromissartige Einigung „im Einvernehmen“, juristisch auch „Vergleich“ genannt, ist oftmals der goldene Weg zur friedlichen Beilegung eines Rechtsstreits verschiedener Interessen, die sich eigentlich von ihrer Natur her gegenseitig ausschließen würden. Sie ermöglicht jedoch, dass der „Verlust“ – betriebswirtschaftlich gesehen – auf beiden Seiten vertretbar bleibt und nicht unermesslich groß wird.

Kompliziert und umstritten ist eine solche Einigung z. B. zwischen zwei Konfliktparteien dann, wenn eine dritte Gruppe von dieser Einigung in irgendeiner Weise abhängt, z. B. die Kinder bei einer nachehelichen Trennungsvereinbarung oder die entlassenen Arbeitskräfte nach einer vereinbarten Insolvenz. Diese dritte Gruppe ist zwar nicht Verursacher dieses zwischen zwei Parteien zu lösenden Konflikts, aber sie hat die Konsequenzen dieses „Einvernehmens“ zu tragen. Daher muss sie *eigentlich* zu der von den Konfliktparteien vorgeschlagenen oder vereinbarten Win-Win-Lösung besonders befragt und gehört werden. Auch wenn die ehelichen Kinder im Beispiel des Scheidungsverfahrens selbst aufgrund ihres Alters noch nicht ganz oder nur teilweise in der Lage sind, sich zu ihren Interessen zu äußern, muss im Sinne ihrer positiven Entwicklung das „Kindeswohl“ bei der Einigung der Konfliktparteien besonders berücksichtigt werden.

Win-Win-Lösung in Konfliktlagen

Konfliktpartei A >>>>>>>>>>>>>>>> O <<<<<<<<<<<<<<<< Konfliktpartei B

^
^

Von der Konflikteinigung *abhängige* Gruppe

Eine Win-Win-Lösung für die beiden Konfliktpartner muss folglich immer daraufhin kritisch geprüft werden, ob es abhängige Gruppen gibt. Deren Interessen sollten in die Konfliktlösung einfließen. Interessen und Rechte von allen Kindern und Minderjährigen müssen berücksichtigt werden.

Bei jeder geplanten Aussonderung von Kindern (z. B. in eine Sonderschule, in eine andere Klasse usw.) muss differenziert beobachtet werden, ob nicht auch hier eine *„unheilige Allianz“* von Elternhaus und Lehrerschaft sich jeweils vermeintliche Vorteile davon verspricht, dass ein Kind nicht mehr in seiner Klassengemeinschaft „bleiben kann“. Hinter manch einer Sonderschulüberweisung steht eine solche „Win-Win-Lösung“ der Schule und des Elternhauses, wobei das Recht des Kindes auf Teilhabe nicht genügend berücksichtigt wird. Die Eltern des betroffenen Kindes sehen die Situation so belastet, dass sie den Glauben daran verloren haben, dass ihr Kind „bei diesen Lehrern und in dieser belasteten Atmosphäre etwas lernen könnte". Daher glauben sie, dass eine Umschulung die rettende Lösung ist.

Lehrer sehen den Vorteil der Umschulung eines Kindes darin, dass sie in ihrer Klasse „eine Belastung weniger ertragen müssen". Das Kind könne angeblich unter anderen Bedingungen besser lernen.

Dass es ihre pädagogische Aufgabe ist, diese notwendigen Bedingungen in ihrer Klasse selbst herzustellen, vergisst dabei manch ein Lehrer. Seine Berufserfahrung mag ihn dazu gebracht haben, dass er nicht mehr damit rechnet, dass Unterstützung in seinem Team möglich sein könnte. Er hat resigniert. Mit „angemessenen Vorkehrungen", wie sie die UN-Behindertenrechtskonvention vorschreibt, rechnet er nicht.

Aussonderung ist häufig die Lösung eines Konfliktes zwischen Elternhaus und Schule in Form einer „Win-Win-Lösung", die die rechtlich geschützten Interessen von Kindern nicht ausreichend berücksichtigt. Insofern ist nicht nur pädagogisch, sondern auch rechtlich die Lösung „im Einvernehmen" nicht ohne kritische Prüfung zulässig, weil sie eventuell nicht mit den Kinderrechten vereinbar ist.

Mit den inklusiven Werten nach Tony Booth u. a. (vgl. Booth 2012 und Interview in diesem Buch) und dem Index für Inklusion (vgl. Boban/Hinz 2003) bekommt die schulische Arbeit einen paradigmatisch neuen Rahmen. Sie orientiert sich an den menschenrechtlich geschützten Interessen der Schüler. Sie achtet die von der UN vereinbarten Kinderrechte und steht damit im Konflikt mit gesetzlich legitimierten schulischen Aussonderungsvorgängen (Nichtbeschulung „illegaler" Ausländerkinder, Abschulung, Aussonderung in Sonderschulen, Zensierung usw.).

Gemeinsame Visionen, Strategien und gute kooperative Strukturen sind wünschenswert (vgl. Joller/Zobrist 2012), aber diese sind nicht in jeder Schule einfach vorhanden. Der berufliche Alltag erfordert eine Schulleitung, die nicht nur Unterschiede managen kann, sondern auch durch transparente Vorgaben allen möglichst viel Sicherheit vermittelt. Eine Schulleiterin, die sich klar gemacht hat, dass sie auf jeden Fall Aussonderung überwinden will, wird kämpferisch für „ihre Kinder" eintreten. Das alleine verschafft allen eine Orientierung zur Lösung unübersichtlicher Konfliktsituationen. Betriebswirtschaftliche Verfahren eignen sich nicht für Erziehungsfragen.

REINHARD STÄHLING

2.4 „… einige lassen sich nun mal nicht integrieren“ Die sozialhygienische Legitimation der „guten Mischung“ – Ein historischer Exkurs

Es ist bitter, wenn ein Kind weint; aber nur das Schluchzen dieses einen, dieses erstickte, hoffnungslose, unheilverkündende Schluchzen ist grauenerregend …
Es gibt einige Kinder, die nicht das Alter ihrer zehn durchlebten Jahre haben. Sie tragen das Gewicht vieler Generationen, in ihren Gehirnwindungen hat sich die Qual vieler leidvoller Jahrhunderte angehäuft, und unter dem Einfluss eines unbedeutenden Reizes entlädt sich die in ihrer Veranlagung verborgen gebliebene Gewalt des Schmerzes (…) Nicht das Kind ist es, das hier weint, es weinen die Jahrhunderte (…), nicht weil es in der Ecke stehen musste, sondern weil es gequält, gejagt, verachtet und verflucht wurde.“
Janusz Korczak: Wie liebt man ein Kind. (1920, SW Bd. 4, S. 209f.)

Im Jahr 2006 erfüllten in Deutschland 1 Mio. Jugendliche (10%) ihre Schulpflicht nicht. „Schulabbruch einzig als individuell verantwortetes Problem eines Abweichlers zu verstehen“ (Stamm 2009, S. 178), entpuppt sich als irrtümliche Alltagstheorie. Ebenso führt die Vermutung in die Irre, dass Schulklassen besser „gemischt“ sein müssten, um Bildung jedem zukommen zu lassen. Schulabbruch kann stattdessen nur verhindert werden, wenn die Schule ihre „Haltekraft“ erhöhte.

Unsere These, die im Kapitel 2.4 und 2.5 entfaltet werden soll, lautet:

> Die deutsche Schule bräuchte nicht eine „gute Mischung“ von Starken und Schwachen, sondern ein *Caring Curriculum* (vgl. Kaiser 2004; Kaiser/Pfeiffer 2007, S. 218ff.; Villa/Thousand 2000, S. 190, 508, 608ff.; siehe Kapitel 2.1), das sich der Probleme der Schüler stellt und sie nicht fallen lässt.

Nicht erst seit den PISA-Ergebnissen von 2000 tritt zu Tage, dass der Schulerfolg in Deutschland stärker als in den meisten OECD-Ländern ungleich verteilt ist. Vor mehr als 40 Jahren konnte Ernst Begemann (1970) mit seinen Untersuchungen zur „Bildsamkeit hilfschulbedürftiger Kinder“ bereits aufzeigen, dass so genannte „schwachbegabte“ oder „schwachsinnige“ Schüler unter Lebensbedingungen der Armut aufwuchsen, die sich deutlich von damaligen Hauptschülern unterschieden: Dürftige Wohnungen, viele Geschwister, unvollständige Familien, niedriges Berufsniveau der Eltern. Der Zusammenhang zwischen sozialer Herkunft und „Lernbehinderung“ war belegt.

Vor mehr als 30 Jahren untersuchte Andreas Hundsalz (1980) die desolate Bildungssituation von Sinti und Roma und stellte erschreckende Befunde heraus. Eine neue Studie über die aktuelle Bildungssituation deutscher Sinti und Roma (Strauß 2011) zeigt: 44% der Befragten haben heute keinerlei Bildungsabschluss, weniger als 20% haben eine berufliche Ausbildung absolviert. Es handelt sich dabei um deutsche Staatsbürger. Noch schlechter stellt sich z.B. die Situation der Roma-Flüchtlingsfamilien dar, die seit Ende der 1990er-Jahre nur einen „Duldungsstatus“ in Deutschland haben, der alle 3 Monate erneut beantragt werden muss. Kinder dieser Familien ohne dauerhafte Aufenthaltsgenehmigung haben geringe Bildungschancen und können später kaum Arbeit finden (vgl. Stähling/Wenders 2009/2011, S. 43ff.).

Dass der Zusammenhang zwischen sozialer Herkunft und Schulleistung in Deutschland im Vergleich zu anderen OECD-Ländern am stärksten ausgeprägt ist, scheint zwar überall bekannt zu sein, aber der eigentlich nötige Aufschrei, der Skandal in einem der reichsten Länder der Erde, bleibt aus. Interessiert es hier niemanden, dass Kinder der unteren sozialen Schichten weniger höhere Bildungsabschlüsse erreichen, als es ihrem gemessenen Leistungspotenzial entspricht?

Das Scheitern der Inklusion ist das Scheitern der „Schwachen". Grundgesetzwidrige Diskriminierung findet statt, wenn Kinder bestimmter ausländische Bevölkerungsgruppen systematisch weniger Chancen haben als deutsche, wie dies in einigen Regionen am Beispiel der Gruppe der staatenlosen, der serbisch-montenegrinischen, albanischen, exjugoslawischen, mazedonischen und syrischen Bevölkerungsgruppen in NRW empirisch nachgewiesen wurde: Wenn sie die Sonderschule besuchen, dann erlangen sie durchschnittlich zu mehr als 80% keinen Schulabschluss. Die regionalen Unterschiede innerhalb von NRW sind dabei so signifikant, dass der Verdacht einer *institutionellen Diskriminierung* besteht (vgl. Kemper/Weishaupt 2011). Diese Bildungsbenachteiligung zu bekämpfen, ist *vorrangiger, verfassungsmäßiger* Auftrag von Schulen.

Da es sich insgesamt um stabile Ergebnisse wissenschaftlicher Untersuchungen handelt, wäre hiermit strukturelle Diskriminierung nachgewiesen (Stähling/Wenders 2009/2011, S. 47 ff.; Stähling 2011). Eigentlich ein Fall für den Europäischen Gerichtshof für Menschenrechte. Wiederum kein Aufschrei! Die dafür verantwortlichen Schulaufsichtsbeamten und Schulpolitiker werden in Deutschland nicht zur Rechenschaft gezogen. Im Gegenteil, sie versuchen weiterhin unbehelligt, ganze Generationen von Lehrern durch Rechtsverordnungen und Verfügungen dazu zu zwingen, überaltete pädagogische Strukturen und Maßnahmen aufrecht zu erhalten, sowie entmutigende Standards.

In einer Simulationsstudie konnte Müller-Benedict (2008) nachweisen, dass diese Ungleichheit mehr durch bestimmte Strukturen des tradierten deutschen Schulsystems (frühe Aufteilung nach der vierten Klasse und Vormittagsschulen) als durch die familiäre Sozialisation hervorgerufen wird. Schichtspezifische

„Bildungs*aspirationen*“ kommen stärker zum Tragen, wenn die Kinder nur halbtags zur Schule gehen und frühe Schulform-Entscheidungen getroffen werden müssen. Fördermaßnahmen zum Ausgleich familiärer Defizite (wie Deutschförderung) sind zwar zweckmäßig, werden aber in ihrer Wirkung weit übertroffen durch strukturelle Maßnahmen, die unsere europäischen Nachbarstaaten in der Regel längst vollzogen haben: die Einrichtung von Ganztagsschulen und die Abkehr von der frühen Aufteilung der Schüler (vgl. Müller-Benedict 2008). Dies wird auch durch Ländervergleiche bestätigt: Europäische Länder mit eingliedrigen Gesamtschulen bis zum 16. Lebensjahr sind nach Analyse der PISA-Daten 2003 besser in der Lage, die *soziale Selektivität zu reduzieren*, als Länder mit früher differenzierenden Systemen (vgl. Bacher 2007).

In Deutschland gelingt es nicht, herkunftsbedingte Nachteile auszugleichen:

In den letzten zehn Jahren verließen ca. 64.000 Schüler ohne Schulabschluss die Haupt- oder Förderschulen (vgl. Wachs u. a. 2011). Zudem wird deutlich, dass bildungsbenachteiligte Kinder und Migrantenkinder den größten Anteil unter den schwachen Lesern, den Klassenwiederholern, den Schülern mit und ohne Hauptschulabschluss und den geringsten Anteil von Menschen mit Berufsausbildungen und höheren Bildungsabschlüssen bilden (vgl. Bellenberg u. a. 2004; Klemm 2004). Je länger Kinder unter Bedingungen von Armut leben, „desto größer sind die Einbußen in den Bereichen allgemeine Intelligenz, Sprachkompetenz und schulische Leistungen (vgl. Wachs u. a. 2011, S. 41).

Woellert u. a. (2009) belegen, dass 30% der aus der Türkei stammenden Migranten keinen Schulabschluss haben. Zwar sind die meisten Türkischstämmigen schon lange in Deutschland und die Hälfte ist hier geboren, aber ihre Herkunft aus wenig entwickelten Gebieten entscheidet noch heute über den Integrationserfolg. Selbst in der 2. Generation sind die Daten nicht wesentlich besser. Das Bildungswesen kompensiert diese Schwäche noch immer nicht.

Ein großer Anteil der Schüler im sonderpädagogischen Förderschwerpunkt „Lernen“ hat Migrationshintergrund. Thomas Kemper (2011) hat für NRW auf Grundlage der amtlichen Schulstatistik 2009/2010 nachgewiesen, dass deutsche Schüler häufiger integrativ beschult werden als nicht-deutsche. Lediglich im Förderschwerpunkt „Sprache“ findet man doppelt so häufig integrative Beschulung für nicht-deutsche gegenüber deutschen Schülern. Im Förderschwerpunkt „Lernen“ wird in einigen Regionen (Höxter, Bottrop) kein einziger nicht-deutscher Schüler integrativ beschult. Im Kreis Coesfeld werden deutsche neunmal so häufig integrativ beschult wie nicht-deutsche Schüler. In solchen Kreisen besteht für nicht-deutsche Schüler das relativ größte Risiko auf einen Sonderschulbesuch. Auch in den Förderschwerpunkten „Hören“ und „Sehen“ lernen die deutschen Schüler signifikant häufiger in integrativen Schulen als die nicht-deutschen. Kemper stellt eine „doppelte Separierung von nichtdeutschen Schülern“ fest. Ausländische Schüler werden nach dieser Datenlage in NRW doppelt benachteiligt.

Die Fakten über von Armut betroffene Schüler lassen den Schluss zu, dass es sich um Diskriminierung einer Bevölkerungsgruppe handelt (vgl. Stähling 2011). Betroffen sind 2,8 Millionen Kinder und deren Familien, die auf oder unter Sozialhilfeniveau ihre Existenz bestreiten. Das Armutsrisiko trifft heute bereits „Normalfamilien“ (vgl. Wachs u. a. 2011).

Das *Dogma der Bildungsunfähigkeit* bestimmter Menschen, das bereits in der Epoche der Aufklärung in Frage gestellt worden war (vgl. Feuser 2009), entpuppt sich als Diskriminierung.

Wie reagieren Schulaufsichtsbeamte, Schulpolitiker und Verwaltungsämter auf diese Tatsachen? Schieben sie die Verantwortung von sich weg und verweisen auf die einzelne Schule, die mehr zu leisten habe oder eine bessere Mischung der Schülerschaft herstellen müsse?

Dazu eine Geschichte aus einer deutschen Stadt:

Der schulärztliche Dienst untersucht jedes Jahr alle Kinder vor der Einschulung. In einer Grundschule im sozialen Brennpunkt wird festgestellt, dass ein großer Teil der Kinder Entwicklungsstörungen zeigt. Einige derjenigen Eltern, deren Kinder bei den Untersuchungen weniger „Risikopunkte“ für ihre Entwicklung aufweisen, melden ihre Kinder außerhalb des Stadtteils in einer Grundschule mitten in einem bürgerlichen Wohnviertel an.

Das zuständige Gesundheitsamt vermeidet zunächst, die „Risikopunkte“ der Kinder der Brennpunktschule zu veröffentlichen. Der Ruf der Schule sei in Gefahr und solle nicht leiden.

Interne Gespräche der Schule mit Schulaufsicht, Jugendamt und Gesundheitsamt drehen sich um die Frage, wie die Anziehungskraft der Schule zu vergrößern wäre, damit Mittelschichtfamilien mit ihren Kindern nicht zu anderen Schulen abwanderten.

Die Schule drohe zu „kippen“, die „gute Mischung“ sei in Gefahr.

Jahrelang hatten Eltern und Kollegen versucht, das Image der Schule als „Brennpunktschule“ zu verbessern, jedoch der erhoffte Schülerzulauf aus den „besseren Kreisen“ blieb aus.

Einige Eltern gestehen nun offen, ihr Kind nicht mit so vielen dunkelhäutigen Kindern zusammen sehen zu wollen. Da lernten sie das Falsche oder zu wenig.

Auf diese Weise lebt das alte Dogma von der Sozialhygiene weiter. Man infiziert sich gewissermaßen, wenn man mit vielen „Schwachen“ zusammen lernt: Die „moderne“ wissenschaftliche Pädagogik hat dafür ein Unwort geprägt: „Bildungsaspiration“. Wissenschaftlich wird nun ermittelt, dass das „Schulumfeld“ als Faktor für gute Schulen gelten kann: In Schulen, die in einem „sozial schwachen“ Umfeld liegen, finden wir schwächere Schulleistungen. Für manche scheinbar eine Neuentdeckung, dass Kinder aus schwierigen belasteten Elternhäusern weniger gute Lernvoraussetzungen mitbringen.

Wäre hier nicht ein Nachteilsausgleich geboten?

Die Ämter nehmen in Unkenntnis der Pädagogik dieser Schule an, dass diese zu wenig Angebote für starke und schnell lernende Schüler mache. Sie können sich nicht vorstellen, dass die große Heterogenität in jeder Klasse zur Erweiterung der Perspektive der Kinder genutzt wird. Das Wohl aller Kinder steht dabei im Mittelpunkt. Diese Tatsachen ignorierend, glauben die Ämter offenbar, dass eine Brennpunktschule bei Mittelschichteltern eine PR-Kampagne machen sollte. Nicht nur das. Um das „Gleichgewicht“ wieder herzustellen, sollten die vermeintlich „nicht integrationsfähigen“ Kinder in Sonderschulen überwiesen werden. Dadurch werde das Image der Brennpunktschule im benachbarten bürgerlichen Viertel verbessert und es bestehe die Hoffnung, dass auch gut situierte Eltern ihre Kinder dort anmeldeten. Alltäglicher Rassismus oder Unbildung?

Man vermutet, dass Kinder z.B. aus einer analphabetischen Roma-Flüchtlingsfamilie bürgerlich erzogenen Kindern wenig bieten könnten. Sie seien aus „anregungsarmen“ Verhältnissen, weil man dort keine Bücher kenne usw., und könnten deshalb anderen kein Vorbild bieten. Dies gelte nicht, wenn nur eines dieser „bildungsfernen“ Kinder alleine in der Klasse sei. Dann sei es eine „Bereicherung“ für andere Kinder und für die Lehrer (dies wohl vor allem als mitleiderregende Erscheinung). Mehrere verhinderten jedoch eine lernförderliche Atmosphäre. Sie würden die Kräfte der Pädagogen binden. Für die „besseren Schüler“ bleibe weniger Zeit. Erst wenn die Mischung „stimme“, d.h. nur sehr wenige „Förderkinder“ zur Klasse gehörten, sei Integration machbar. Es dürfe nicht so weit kommen, dass die Mehrheit einer Klasse förderbedürftig sei.

Einige Schulräte, Verwaltungsbeamte, Jugendhilfemitarbeiter, Ärzte, Lehrkräfte und auch Wissenschaftler definierten – teilweise ohne sich dies bewusst zu machen – „Integration“ als Synonym für „gute Mischung“ in der Schulklasse. „Gesunde Mischung“ biete eine Voraussetzung dafür, dass integrativer Unterricht funktioniere.

Moderne integrationspädagogische Argumente für diese ungeprüfte Hypothese – in guter inklusiver Absicht vorgetragen – hören sich folgendermaßen an: „Wichtig ist, dass in solchen Lerngruppen genügend leistungsstarke Schüler einbezogen werden. Heterogenität zielt nicht auf Nivellierung der Leistungen (…). Heterogenität (…) wirkt positiv, weil hierdurch keine kumulativ wirkenden Problemkonstellationen entstehen – wie dies in manchen Hauptschulklassen und an vielen Förderschulklassen (Förderschwerpunkt „Lernen“) der Fall ist“ (vgl. z.B. Werning / Löser 2011).

Empfehlen diese Befürworter von „Heterogenität“ nun folglich das Herausnehmen einiger „nicht integrationsfähiger Kinder“ aus ihrem sozialen Umfeld und ihren familiäre Sicherheit gebenden Strukturen? Etliche Schulverwaltungsbeamte sehen dies als nötige Konsequenz: Die betroffenen „nicht integrationsfähigen“ Kinder sollten ihre vertraute Gruppe des Kindergartens bzw. der Schule verlassen, falls sie an den Kompetenzerwartungen scheiterten. Sie sollten nicht mehr mit ihren Geschwistern zur Schule gehen, was ihnen noch einen Rest an Stabilität böte. In anderen „Schwerpunkteinrichtungen“ (schöneres Wort für „Sonder“-Einrichtungen) mit zusätzlichem sonderpädagogischen Personal seien die Lernbedingungen für diese besonders auffälligen Schüler „besser“. Wir haben zu fragen: Wes Geistes Kind sind diese Vorschläge?

Historischer Rückblick auf die Legitimation schulischer Ausgrenzung

Wo hat das Dogma der „guten Mischung" ihre Wurzeln?

In einem skizzenhaften historischen Rückblick auf die Legitimation der Aussonderung und ihre naturalistischen Dogmen (wie *Bildungsunfähigkeit*, vgl. Feuser 2009) finden wir Parallelen zur heutigen pädagogischen Diskussion um Integration.

Wer in den letzten Jahrzehnten einzelne Schulkinder mit Worten verletzte wie „Du gehörst doch nicht auf diese Schule" – wie z. B. bei Sinti- und Romakindern geschehen (vgl. Strauß 2011, S. 11) –, meinte meist die *„nicht integrationsfähigen* Kinder" (vgl. Werning 2011), mit denen die Lehrer „vergeblich" arbeiten würden. Ihnen würde man in der Regelklasse nicht gerecht werden können, Lehrkräfte seien „überfordert und nicht dafür ausgebildet".

Diese besonderen Kinder standen in den 1950er-Jahren im Verdacht, als **„Verseuchungsquelle"** (Gruhle 1950) andere Schüler zu stören. Im sozialhygienischen Sinn müsse der normale Schüler vor den Einflüssen zu vieler Schüler mit abweichenden Eigenschaften geschützt werden. Die Bemühungen und Hilfen für Schwache führten notwendigerweise dazu, dass der Durchschnittsschüler zu kurz komme.

Diese ausgrenzenden Gedanken sind alt.

Beispielhaft sei hier die Argumentation von Stötzner 1864 zitiert:

> „Die Volksschule hat andere Aufgaben zu lösen, als sich mit geistig Schwachen und Stumpfsinnigen herum zu mühen. Diese mindern und hemmen nur! Wieviel Höheres würde sie erreichen, wenn sie von der Sorge um diese befreit würde? Man nehme die Schwächsten aus der Volksschule heraus, und man wird letztlichere instand setzen, um so eher den Forderungen der Gegenwart nachzukommen."
> (Stötzner 1864/1963, S. 7, zit. nach Werning/Lütje-Klose 2006)

Gute Lernbedingungen für die Regelschule beständen dann, wenn sie von den jeweils „Schwächsten" „befreit" würde – so die These –; anders gesagt: Wenn die Mischung – modern als „Heterogenität" bezeichnet – in der Schule im (jeweils neu zu definierenden, quotierten) Normbereich bleibt, wenn die Schulklasse als „gut gemischt" eingestuft werden kann, dann sind mit dem vorhandenen (jeweils nach bestimmten Kriterien zugewiesenen) Personal die nötigen Lernerfolge beim Schüler zu erreichen. Dies erfordert konsequenterweise, die jeweils schwächsten Glieder der Gemeinschaft herauszunehmen und woanders hin zu verteilen. Geschwisterkinder können dann nicht mehr automatisch in dieselbe Schule. *„Gute" Mischung ist in diesem Sinne mit Aussonderung und Zerreißen von Familienbanden verbunden.*

In abgewandelter Form gilt bis heute das Argument, dass die personelle Situation in den Schulen unzureichend sei, um (damals „schwachsinnig“ genannte) Schüler integrieren zu können.

Saarschmidt schreibt 1884:

> „In allen Volksschulen gibt es eine Anzahl solcher im leichten Grade schwachsinniger Kinder, welche die Kennzeichen des Idiotismus nicht so stark und gehäuft an sich tragen, dass sie besonderen Anstalten überwiesen werden müssen, deren Erkenntnis und Wille aber so unterentwickelt und gehemmt sind, dass sie für den Lehrer eine Quelle unendlicher fruchtloser Mühe, und damit für die Mitschüler ein Nachteil sind. Diese Kinder erreichen in der öffentlichen Schule entfernt nicht das, was sie in einer für ihre Befähigung allein berechneten Klasse erreichen könnten. Es ist irrig zu glauben, mit der Entfernung von dem Gesunden entgehe ihnen ein Mittel des Fortschrittes; im Gegenteil sind die Geringschätzung, der Spott ihrer unduldsamen Mitschüler und die Vergleiche, die sie selbst unbewusst zwischen ihren eigenen Leistungen und denen der Gesunden anstellen, für sie nur beständige Quellen lähmender Demütigung.“
>
> (zit. nach Werning/Lütje-Klose 2006)

Solche Gründe legitimieren bis heute, dass Kinder aus ihrer Klassengemeinschaft, ihrem stabilen Umfeld genommen und auf Sonderschulen überwiesen werden.

Im Gegensatz zur frühen Argumentation von Stötzner aus dem Jahre 1864 fällt bei Saarschmidts Position (20 Jahre danach) auf, dass der Maßstab für die in der Regelschule vermeintlich noch tolerierbare „Schwäche“ sich verschoben hat: Während nach Stötzner (1864) die „geistig Schwachen“ ausgesondert werden sollen, schlägt Saarschmidt 20 Jahre später vor, bereits diejenigen „von dem Gesunden“ zu entfernen, die als „im leichten Grade schwachsinnig“ gelten und bis dahin in keine gesonderten Anstalten überwiesen wurden. Der Maßstab, nach der ein Schüler noch tragbar erscheint, verschiebt sich – je nach gesellschaftlicher Situation. Die Mischung gilt bei Saarschmidt erst als „gesund“, wenn auch diese leichten Fälle, die Lehrpersonen „Mühe“ bereiten, nicht mehr dazu gehören.

Praktische, schulorganisatorische, rechtliche und ökonomische Zwänge bewegen jedoch Anfang des 20. Jahrhunderts in manchen Bezirken die Schulaufsicht dazu, behinderte und nicht behinderte Kinder in allgemeinen Schulen gemeinsam zu unterrichten. Besonders in ländlichen Gegenden blieb (wie auch heute) die sonderpädagogische Versorgung unzureichend. So musste man die Beschulung „schwachsinniger“ Schüler in der Regelschule tolerieren und von der Schulaufsicht anweisen. Jedoch wurde sie als bedauerliche Pflicht angesehen. Man machte „aus der Not eine Tugend“, ein historisches Beispiel dafür, wie Schulpolitik und Schulaufsicht erfolgreich einen Anstoß zur Integrationspädagogik geben konnten.

Die „Königliche Regierung – Abteilung für Kirchen- und Schulwesen“ des Bezirks Arnsberg (Sauerland) schreibt in einer am 7.6.1913 herausgegebenen „Verfügung“ an die Kreisschulinspektoren des Bezirks:

> „In einer nicht geringen Anzahl von größeren Orten unseres Bezirks sind dank der Opferwilligkeit der Gemeindeverwaltungen Hilfsschulen gegründet worden (…).
>
> Die meisten Orte jedoch, besonders in den ländlichen Kreisen, ermangeln solcher Einrichtungen (…).
>
> Es muss daher das Bestreben aller für die Pflege der Volksschule in Frage kommenden Personen und Gemeindeverwaltungen sein, die Förderung dieser bedauernswerten Kinder, die sonst in der normalen Volksschule verkümmern und oft eine Gefahr für die menschliche Gesellschaft werden, in zweckentsprechender Art in Angriff zu nehmen.“
>
> (Schreff/Steinhaus 1913).

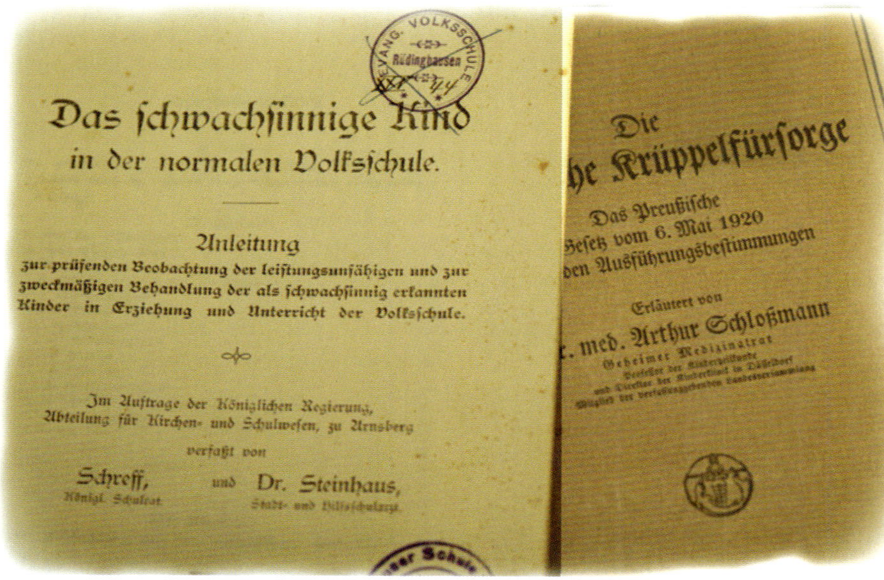

Dies liest sich wie eine dienstliche Anweisung der Bezirksregierung genau 100 Jahre später, die unter der rechtlichen Vorgabe der UN-Behindertenrechtskonvention die zu teuer gewordene sonderpädagogische Betreuung in Sonderschulen aus finanziellen Gründen zurückfahren will und die Regelschulen nun zwingt, die „bedauernswerten“ Kinder zu integrieren.

Dazu erarbeiteten Schulrat Schreff und Stadt- und Hilfsschularzt Dr. Steinhaus 1913 für die Hand der Lehrer pädagogische und verwaltungstechnische Anleitungen (genauer dazu vgl. Schreff/Steinhaus 1913). Diese Empfehlungen zeigen, dass es an praktischen pädagogischen Vorschlägen für *„Individualisierung"* (schon damals war dies ein *Fachbegriff*!) und den „Umgang mit Heterogenität" (wie man heute sagt) nicht gemangelt hat. Zugleich erkennen wir darin, dass sich dort, wo ein Wille formuliert wurde, auch ein Weg finden konnte. Bemerkenswert bleibt, dass diese dienstlichen Anweisungen bis heute als pädagogische Richtschnur nicht eingelöst wurden.

Das hier angedeutete Konzept gemeinsamen Unterrichts von 1913 wird zur Jahrhundertwende jedoch von anderen Pädagogen abgelehnt:

> „Der Unterschied zwischen Volks- und Hilfsschule besteht in der Organisation und dem Schülermaterial. Die Hilfsschulklassen sind klein; individualisieren ist möglich. In den noch recht vollen Klassen der Volksschule ist es dem Lehrer auch beim besten Willen recht schwierig zu individualisieren. Glücklicherweise wird die Schwierigkeit seiner Aufgabe dadurch etwas erleichtert, dass er normale Kinder mit durchschnittlich gleichem Verstande vor sich hat. Diese Schüler ähneln einander in ihrem Verhalten gegenüber sittlichen Einflüssen. Eine Maßnahme, die auf A wirkt, wird in der Regel nicht verfehlen, ihre Spuren auch bei B und C zu hinterlassen, vorausgesetzt allerdings, dass die nichtnormalen Kinder aus der Klasse ausgemustert worden sind."
>
> (Bartsch 1909, 40f., zit. nach Werning/Lütje-Klose 2006)

Interessanterweise legt Bartsch 1909 hier das „Schülermaterial" der Volksschule als „normal" fest und begründet diese Auswahl mit den „noch recht vollen Klassen", in denen die Lehrkraft schwer individualisieren könne.

Durchgehend bleibt ungeklärt, nach welchen Kriterien ein Schüler als normal gilt. Wichtig für den Unterricht scheint jedoch zu sein, dass es sich um *„Kinder mit durchschnittlich gleichem Verstande"* handelt, deren Verhalten sich ähnle. Eigenschaften der Schüler, nämlich die Ähnlichkeit im Verhalten und Durchschnittlichkeit des Verstandes, werden zur Voraussetzung für den Volksschulunterricht erklärt.

Die homogene, selbstähnliche Gruppe gilt als Erfolgsmodell. Der Umgang mit heterogenen Gruppen wird der Hilfsschule überantwortet. Die Verfügung der Bezirksregierung Arnsberg aus dem Jahr 1913, in der Volksschule mit heterogenen Gruppen zu arbeiten, wirkt auf diesem Hintergrund als Herausforderung für Lehrkräfte.

Fraglich bleibt, ob der Umgang mit Heterogenität angesichts des gegliederten Schulsystems und der „Ausmusterung nichtnormaler Kinder" ausgiebig erprobt wurde. Wenn die Schulen möglichst *leistungs- und verhaltenshomogene Klassen* (einige Gymnasiallehrer werden sie bereits als „gut gemischt" bezeichnen) anstrebten, konnten Lehrkräfte die notwendigen Erfahrungen mit echter Heterogenität gar nicht erst machen.

Nach dem 1. Weltkrieg, forderte Raatz 1920 in der allgemeinen Schule einen „ungehemmten Aufstieg“ *ohne Störungen* durch Behinderte:

> „Die Einheitsschule nach dem Grundsatz ‘freie Bahn dem Tüchtigen’ ist auf dem Marsche. Die Hilfsschule für schwachsinnige Kinder wird eine notwendige Vorbedingung für sie sein; denn ihre Pflegebefohlenen sind von dem freien Wettlauf selbst durch die unterste Stufe der Einheitsschule ausgeschlossen. Ihr Verbleiben in der Grundschule würde den ungehemmten Aufstieg der Begabten beeinträchtigen.“
>
> (Raatz 1920, S. 51; zit. nach Werning/Lütje-Klose 2006).

Selbst für eine „Einheitsschule“ gilt 1920 noch: Unterricht funktioniert nur, wenn man die Extremen ausschließt. Am besten scheint man Schüler gemeinsam unterrichten zu können, die „mit durchschnittlich gleichem Verstande“ (Bartsch 1909) ausgestattet sind. Lehrkräfte scheinen um Arbeitsfähigkeit zu ringen, wenn ihre Schulklassen „zu heterogen“ sind. Diese Sorge ist verbunden mit dem Glauben, dass das gegliederte Schulwesen dem Unterricht am besten gerecht werden kann, wenn Schulformen so gegliedert sind, dass sie homogene, *selbstähnliche* Lerngruppen anstreben. Bis heute kann diese Annahme nur dadurch widerlegt werden, indem an Modellen gezeigt wird, wie heterogene Klassen zu größeren Schulerfolgen kommen als homogene (vgl. Kapitel 2.1, 2.2 und Teil 1).

Auf medizinischem Gebiet war man bemüht, eine „gesunde Mischung“ herzustellen und zu verhindern, dass sich Krankheiten und Behinderungen durch Vererbung verbreiteten. Eine erbliche Degeneration sollte durch öffentlich-medizinisch organisierte Auslese (Eugenik) verhindert werden (vgl. Labisch/Woelk 2006). Durch die Fortschritte in der Hygiene konnte die Verbreitung vieler Krankheiten eingedämmt werden. Indes befürchteten Wissenschaftler nun, dies würde die „natürliche Auslese“ hemmen und eine *„widernatürliche“ Zunahme „lebensuntüchtiger Individuen“* sei die Folge. Auch um sich nicht vermehren zu können und sich *nicht zu mischen,* sollten Menschen aus „sozial- und rassenhygienischen“ Gründen in Sondereinrichtungen isoliert werden.

Adornos „Studien zum autoritären Charakter“ (1950/1973) belegen, wie anfällig mittelständische Familien der zwanziger Jahre des 20. Jahrhunderts für solche faschistoiden Denkmuster waren. Entsprechend kapitalistischer Marktgesetze, nach Regeln der Betriebswirtschaft und mit zunehmendem Verfall christlicher Werte erschienen Menschengruppen an der äußeren Peripherie der Gesellschaft als irrelevant, „überflüssig“ und als „unwerte Schmarotzer“, die „dem Staat auf der Tasche liegen“.

Die wissenschaftlich legitimierte „Sozial“-, „Rassen“- oder „Fortpflanzungshygiene“ war keinesfalls eine Erfindung des Hitlerfaschismus.

In den Jahren nach dem 2. Weltkrieg trennte die sonderpädagogische Theorie in sozialhygienischer Weise „normal Begabte“ von anderen. Sie beschrieb in damals typischer Weise die Menschen als „charakterlich schwer Abartige, Wertsinnesgehemmte (...), stumpfe Gewissenslahme und blöde Uneinsichtige“ (Lesemann 1952, zit. nach Weisser 2007, S. 5). Gemischt war dieses Denken mit „christlicher Liebesdienstauffassung“ (Spieler 1949, zit. nach Weisser 2007, S. 5). Sowohl dem *Schutz der Kultur* als auch der Rettung des „Hilfsschulkindes“ sollte die Sonderpädagogik dienen (vgl. Weisser 2007, S. 6). Die für 1950 typische Konsequenz hieß:

> „Dann ist allerdings eine Ausschaltung mit Rücksicht auf andere Zöglinge notwendig, so leid uns das auch tut, weil eben sonst der Erziehungserfolg auch bei anderen in Frage gestellt wäre. (...) wir sind gezwungen, alle Verseuchungsquellen aus den ‘normalen’ Anstalten zu entfernen.“
> (Gruhle 1950, zit. nach Weisser 2007, S. 5)

Es entspricht dem Ziel einer „gesunden“ Mischung, wenn – im medizinischen Vokabular bleibend – *„Verseuchungsquellen“* ausgeschaltet werden.

Wie schon 1909 bei Bartsch sind es die Eigenschaften der Schüler, nämlich die Ähnlichkeit im Verhalten und Durchschnittlichkeit des Verstandes, die den Unterricht in den „normalen Anstalten“ erst möglich machen.

Die vermeintlich homogene, selbstähnliche Schulklasse mit der „guten Mischung“ in der „Zusammensetzung der Lerngruppe“ hat sich als „Erfolgsmodell“ (Baumert 2008) für Unterricht scheinbar bis heute so etabliert, dass Konzepte und Planspiele zur „inklusiven Beschulung“ (vgl. Kapitel 2.5) sich noch nicht davon lösen konnten.

Eine starke Gegenbewegung dazu bildete immer schon die Elternschaft. Keine Familie wollte oder will heute, dass ihre Kinder auf verschiedenen Schulen lernen. Das ansonsten außerschulisch funktionierende Familiengefüge, wo die ältesten Geschwister die jüngeren anleiten und zur Schule oder zum Kindergarten begleiten, wird zerstört, indem man die Kinder auf verschiedene Einrichtungen verstreut. Ein Beispiel:

Eine Romafamilie hat fünf relativ junge Kinder. Das jüngste ist 5 Jahre und besucht einen Kindergarten und muss morgens vom 12-jährigen Bruder dort um 7 Uhr hingebracht werden. Der Bruder muss dann anschließend mit dem Bus zur weit entfernt gelegenen Integrativen Realschule fahren. Das jüngste Mädchen ist 6 Jahre alt und geht in die Regelgrundschule. Der 7-jährige Bruder besucht die Schule für Erziehungshilfe und wird morgens mit dem Taxi zu Hause abgeholt. Die 11-jährige Schwester fährt jeden Morgen alleine mit dem Fahrrad zur Hauptschule. Aus Erfahrung wissen wir, dass die Kinder während ihrer Schulzeit zusätzlich nicht selten mehrmals die Schule wechseln müssen. Hier bleibt die Haltekraft der Familie ungenutzt. Welche pädagogische Chance wird hier vertan, wenn hier nicht – wie in der dargestellten Modellschule 1–13 (vgl. Kapitel 1.6) – Schule und Kindergarten unter einem Dach für alle Kinder dieser Familie eine Heimat bieten kann! Es ist längst überfällig, dass Finanzminister die bisherigen Lösungen als zu teuer brandmarken und auf deren Ende drängen sollten.

REINHARD STÄHLING

2.5 Das Märchen von der „guten Mischung“ – Fehlende Kompetenzen und Erfahrungen im Umgang mit heterogenen Lerngruppen

„Ich werde verbissen immer wieder auf die Verteidigung eben dieses Grundsatzes zurückkommen, entgegen der landläufigen Formel vom künftigen Glied der Gesellschaft, vom künftigen Bürger. Wer die Kindheit überspringen will und dabei in die fernliegende Zukunft zielt – wird sein Ziel verfehlen.“

Janusz Korczak: Das Recht des Kindes auf den heutigen Tag (1918, SW Bd. 9, S. 256)

Der historische Exkurs zur sozialhygienischen Legitimation von Aussonderung zeigt, dass Lehrerinnen und Lehrer der Regelschule in Deutschland im Gegensatz zu vielen europäischen Ländern relativ wenig Erfahrungen im Umgang mit heterogenen Lerngruppen sammeln konnten. Vielmehr strebten sie Klassen an, in denen die Schülerinnen und Schüler sowohl im Verhalten als auch im Lernniveau sich ähnelten. Lehrkräfte wollten *„selbstähnliche“ Lerngruppen* und erreichten, dass immer mehr und früher ausgesondert wurde. Leistungsstarke wurden schon frühzeitig von mittleren, mittlere von einfachen, einfache von schwachen getrennt. Auffällig war jeder Schüler, der nicht in der für ihn passenden Schule unterrichtet wurde: Er fiel in der Klasse als zu schwach bzw. zu stark auf und „gehörte hier nicht hin“.

Dabei spielte nicht das Trennkriterium „Behinderung“ eine entscheidende Rolle. Integration behinderter, aber in die jeweilige Schulform passender Schüler war inzwischen kein großes Problem. Wenn ein körperbehindertes oder sehbehindertes Mädchen kognitiv sehr begabt und überdies fleißig schien, konnte es durchaus auf manch einem „fortschrittlichen“ Gymnasium aufgenommen werden, wenn die Eltern aus gehobenen Kreisen stammten und das Kind beim Lernen unterstützten. Ein sehr begabter Junge aus einer „bildungsfernen“ und armen Migrantenfamilie war jedoch ohne Chancen in einem Gymnasium, wenn er den mittelschichtorientierten, „monolingualen Habitus“ (Gogolin/Neumann 1997) und dessen Schulsprache nicht beherrschte und seine Eltern ihm nicht bei den Hausaufgaben helfen konnten. „Dieser Junge gehört nicht auf ein Gymnasium.“

Nur in solchen homogenen, künstlich geschaffenen, aber – im Sinne (häuslich unterstützter) Leistungsfähigkeit – „selbstähnlichen“ Lerngruppen meinten Lehrerinnen und Lehrer gut unterrichten zu können. Das gesamte Schulwesen wurde so gegliedert, dass die angestrebten homogenen Lerngruppen geschaffen werden konnten. Sogar in gesamtschulartigen Systemen wurden Lerngruppen nach ähnlichem Leistungsniveau in Kursen zusammengestellt.

„Andere“, „nicht ähnliche“ Kinder, die einer vorgegebenen Schulform kaum zuzuordnen waren oder aber der „nicht passenden“ Schulform zugeordnet wurden, mussten auffallen, z. B. so genannte „LRS-Schüler“, „Schüler mit Rechenschwäche“, „hochbegabte Schüler mit Verhaltensauffälligkeiten“, „Kinder mit autistischen Zügen“, „ADHS-Kinder“, „hörgeschädigte Schüler mit Migrationshintergrund“, „Flüchtlingskinder“, „begabte Zirkuskinder“, „blinde, entwicklungsverzögerte Kinder“, „psychisch kranke Kinder mit Lernproblemen“, „Heimkinder“, „mehrfach behinderte Kinder“, „lernschwache Sprachbehinderte“ und viele mehr. Diese Schüler waren in keiner Schule so recht am Platz.

Viele von ihnen wurden in den zugeordneten, aber nie passenden Schulformen nicht adäquat „gefördert“. Teilweise machte man sie dort erst zu „Behinderten“ und hinderte sie geradezu am Fortkommen. Nicht selten wechselten die leidtragenden Schüler dann auch noch den „Förderort“ und mussten auf eine andere Sonderschule.

Während man in vielen europäischen Ländern z. B. die diagnostische Kategorie „lernbehindert“ nicht kennt, geschweige denn Sonderschulen unter diesem Namen führt, sind in Deutschland mit steigender Tendenz „schwache“ Lerner in bedeutender Größenordnung in so genannte Schulen mit dem „Förderschwerpunkt Lernen“ ausgesondert worden, obwohl alle Studien schon lange zeigten, dass dort die Schüler nicht so gut lernen wie in integrativen Klassen (vgl. Schnell/Sander/Federolf 2011).

Die Zuordnung zu bestimmten Schulformen trägt grundsätzlich die Gefahr in sich, dass Schüler dort scheitern und *abgeschult* werden, wenn Lehrkräfte zur Erfüllung ihrer Aufgabe eine relativ homogene, „selbstähnliche“ Lerngruppe anstreben. Dies ist mit den Grundsätzen der UN-Behindertenrechtskonvention nicht vereinbar. Der Unterricht von Lehrerinnen und Lehrern, die Lehrplanvorgaben, die Schulgesetze und deren Umsetzung gehören auf den Prüfstand. Somit ist das gegliederte Schulwesen in Frage gestellt.

Inklusion fordert die Teilhabe *aller* Kinder an den allgemeinen Bildungseinrichtungen. Wer für Inklusion eintritt, folgt zugleich einer ethischen Maxime, nämlich: Ausschluss zu verhindern und gegen Aussonderung zu kämpfen (vgl. Interview Tony Booth in diesem Buch).

Lehrerinnen und Lehrer der Regelschulen konnten nicht lernen, mit Schülern umzugehen, die nicht zu ihren jeweils definierten „Selbstähnlichkeits“- oder Durchschnittsniveau-Gruppen passten. Die Heterogenität in den deutschen Schulklassen gilt heute als relativ gering, obgleich, streng genommen, jede Schulklasse heterogen zusammengesetzt ist.

Es wäre jedoch ein Trugschluss, dass eine heterogene Schulklasse bereits aus sich selbst heraus die Schüler zum Lernen anregt. Diese ungeprüfte, aber auch unter Integrationsbefürwortern beliebte Hypothese ignoriert die Unterrichtsrealitäten: Viele Lehrkräfte nutzen nicht automatisch die Anregungspotentiale einer heterogen zusammengesetzten Gruppe „als Chance“. Mindestens müssten sie die Unterrichtsmethoden des offenen und individualisierenden Unterrichts beherrschen, um mit heterogenen Klassen gewinnbringend umzugehen. Dies ist nicht der Fall, obwohl Kindergärten, reformpädagogische Schulen und Schulen im Ausland die potentiellen, kooperativen Lernformen der heterogenen Gruppe erfolgreich nutzen.

In deutschen Schulen muss festgestellt werden, dass etliche Lehrkräfte in heterogenen, ja sogar in so genannten „I-Klassen“ solche Schüler aussondern, die ihnen „am schwierigsten“ erscheinen.

Grundschullehrerinnen gehen mit Heterogenität unterschiedlich um. Weitzel (2004) unterscheidet in einer Studie zwei Gruppen:

Typ A) LehrerInnen, die am Normalitätskonstrukt festhalten und die sie störenden Kinder aussondern. Diese Lehrkräfte beklagen die für die Integration schlechten Rahmenbedingungen und fordern: „Das muss eine Grenze haben!“

Typ B) LehrerInnen, die möglichst alle Kinder akzeptieren möchten und ihren Unterricht differenziert gestalten. Sie fühlen sich häufig durch die anspruchsvolle Aufgabe überfordert und beklagen ebenfalls die schlechten Rahmenbedingungen.

Vorliegende Untersuchungen deuten darauf hin, dass die Gruppe B deutlich schwächer vertreten ist. So zeigt Brügelmann (2000), dass nur 10–30% der GrundschullehrerInnen täglich eine an den Kindern orientierte methodische Vielfalt praktizieren. Die nachfolgenden IGLU-Studien konnten bestätigen, dass „in der Grundschule zu weiten Teilen immer noch ein eher traditioneller Unterricht stattfindet, in dem die Lehrkraft die Schülerinnen und Schüler primär über herkömmliche didaktische Materialien (Schulbücher und Arbeitsblätter) anleitet und unterweist“ (Bos u. a. 2006, S. 335). Grundschullehrerinnen lassen nach Brügelmann (2011) die Kinder selten die Ziele und Inhalte des Unterrichts mitbestimmen. Allenfalls können die Schüler ihr Arbeitstempo festlegen. Es besteht zudem eine starke Diskrepanz zwischen dem Anspruch, einen offenen Unterricht machen zu wollen, und seiner Umsetzung (vgl. Brügelmann 2011). „Eher selten erleben die Schülerinnen und Schüler einen Rechtschreibunterricht, der sich durch Partnerarbeit, Arbeit mit einer Lernkartei oder einem Wochenplan charakterisieren lässt und ihnen Eigenaktivität und Selbstständigkeit zugesteht“ (Bos u. a. 2003, S. 258). Der differenzierende Umgang mit Heterogenität scheint ungeübt zu sein. Ebenso übereinstimmend sind die Befunde, die besagen, dass diese negative Tendenz in der Sekundarstufe zunimmt (vgl. Miller 2011).

Gemeinsames Lernen in heterogenen Klassen scheint auch vielen Sonderpädagogen nicht zuzusagen (vgl. Wocken 2011, S. 209f.). Der Berufsverband der Sonderpädagogen vds fordert eine Bestandsgarantie für Sonderschulen, verneint damit eine inklusive Bildung *aller* Kinder und „konserviert das unselige Konstrukt der ‘Integrationsunfähigkeit’ einer ‘Restgruppe’ von behinderten Kindern“ (Wocken 2011, S. 210).

Die „gute Mischung“ als vermeintliche Lösung

Neben negativen bis skeptisch wirkenden Äußerungen aus der Sonderpädagogik gibt es aus der Allgemeinpädagogik wie auch aus der Bildungspolitik Stimmen, die für eine *gemäßigte* Integration sprechen, und zwar unter der Bedingung, dass in den jeweiligen Schulen eine „gute Mischung“ hergestellt wird. Dies soll durch eine prozentuale „Obergrenze“ erreicht werden. Besonders schwierige Schüler werden bei Überschreitung selbst in Integrationsschulen nicht mehr genommen bzw. auf Sonderschulen überwiesen. Wie solche „Störer“ in früheren Zeiten als „Verseuchungsquellen“ bezeichnet werden konnten, zeigt der Blick in die Geschichte (vgl. Kapitel 2.4).

Besonders Schüler mit Verhaltensauffälligkeiten und psychischen Störungen scheinen dann, wenn ein vermeintlicher „Grenzwert“ erreicht ist, den Lehrkräften „unzumutbar“. Sie sind häufig Fehl- und Überdiagnosen ausgesetzt und werden eher als andere in Sondereinrichtungen beschult (vgl. Wüllenweber 2011).

Die Position der Obergrenze wird selbst in der inklusionspädagogischen Diskussion noch vertreten. Sogar Hans Wocken trägt sie vor: „Auch in Wohnbezirken mit einem hohen Anteil an Migranten und Sozialhilfeempfängern sollte die Förderbedarfsquote die 20-Prozent-Marke grundsätzlich nicht übersteigen. Wenn die Problembelastung einer inklusiven Lerngruppe überhandnimmt und einen kritischen Grenzwert überschreitet, dann droht die Heterogenität umzukippen in ein ungünstiges Entwicklungsmilieu (...). Heterogenität kann pädagogisch nur dann anregend und förderlich sein, wenn die Normalität deutlich die Oberhand behält (...)“ (Wocken 2011, S. 145).

Auch Klemm/Preuss-Lausitz (2011) setzen eine Obergrenze und empfehlen pro Klasse „höchstens vier mit *dauerhaftem* Förderbedarf“ (S. 54). Solche Grenzziehungen finden in Schulämtern viele Befürworter. Nach ungeprüften Kriterien werden bereits seit Jahren manche Integrationsschulen von „zu vielen“ schwierigen Kindern verschont, indem eine *begrenzte Zahl* an „Integrationsplätzen“ von Ämtern und Schulleitungen vorgegeben wird. Wer dagegen Rechtsmittel einlegte, hatte in der Regel Erfolg, da solche Obergrenzen kaum pädagogisch begründbar waren.

Nationale und internationale Erfahrungen im gemeinsamen Unterricht zeigen zudem, dass Schüler mit *allen* Behinderungen erfolgreich integriert werden können (vgl. Klemm/Preuss-Lausitz 2011, S. 43ff.). Eine Grenzziehung zwischen „integrierbar“ und „nichtintegrierbar“ wird dementsprechend wissenschaftlich abgelehnt. Für die so genannte „Grenzfallgruppe“ der extrem verhaltensauffälligen Schüler gibt es in Berlin, Bremen und Hamburg keine gesonderte „Schule für Erziehungshilfe“ mehr, sondern diese Schüler werden mit Hilfe von Beratungs- und Unterstützungszentren in die Regelschulen integriert. In der Pubertät wird in der inklusiven Schule zu beachten sein, dass die körperliche Attraktivität für Freundschaften bedeutsamer wird und daher den Schülern mit Hör- und Sehbeeinträchtigungen, körperlichen und geistigen Behinderungen zusätzlich besondere Aufmerksamkeit zukommen sollte (vgl. Klemm/Preuss-Lausitz 2011, S. 44f.).

Die UN-BRK zwingt die Ämter nun zu schulstrukturell sichtbaren Maßnahmen, die belegen, dass man sich auf dem Weg zu einer inklusiven Beschulung befinde. Bei der großen Zahl der Schüler von Sonderschulen, die zukünftig in Regelschulen zu unterrichten sind, suchen Schulträger und die Schulaufsicht nach Verfahren, die den befürchteten Ansturm von Schülern mit Förderbedarf regulieren können. Dabei sind Aufnahmebeschränkungen und Verteilungsverfahren nach einem fiktiven Grenzwert für einzelne Schulen bzw. Schulformen denkbar. Diese beabsichtigte „gute Mischung", die sich gegenüber den rückständigen homogenen Klassenzusammensetzungen als ein Fortschritt darstellt, lässt sich aus missverstandenen Beiträgen der Erziehungswissenschaft scheinbar legitimieren. Zwei irrtümliche Annahmen liefern dem Dogma der „guten Mischung" Argumente:

1. Zunächst ist das Missverständnis zu nennen, dass es bereits ein Qualitätsmerkmal von Unterricht darstellen könne, wenn eine Schulklasse nicht mehr homogen, sondern heterogen sei. *„Heterogenität als Chance"*, so der verbreitete Ruf. (Dabei wird stillschweigend von einer „guten, ausgewogenen Mischung" ausgegangen.) Die ungeprüfte Hypothese, dass Pädagogen die Heterogenität als Chance tatsächlich in der Praxis des Unterrichts nutzen, wurde oben bereits widerlegt. Bestenfalls 30% der Grundschullehrerinnen sind derzeitig in der Lage, mit heterogenen Gruppen konstruktiv umzugehen. Angesichts dessen scheint man zunächst die „schwierigen" Schüler ausschließen zu wollen, was sich dann als „gute Mischung" oder mit eine „Obergrenze" legitimiert.
2. Des Weiteren werden Modellrechungen zur Verteilung der Schüler vorgetragen. Sie haben das idealtypische Ziel, durch Gleichverteilung der behinderten Schüler und des zugehörigen Personals auf alle allgemeinen Schulen heterogene Klassen mit *„guten Mischungen" der Schülerschaft* herzustellen. Diese Verteilungsmaßnahmen seien nur eine wenig einschneidende Veränderung in jeder Schule, die von den betroffenen behinderten und nicht behinderten Menschen mitgetragen würden. Diese ungeprüfte „Verteilungshypothese" wird nun erörtert.

Zur Verteilungshypothese:

Viele Schulämter streben – wie selbstverständlich – eine „gesunde" Mischung der Schülerschaft an. Sie setzen eine inklusive Schule mit einer *theoretisch denkbaren Schule für alle* gleich, – wobei dann die Frage auftaucht: Wer sind „alle", wenn einzelne ausgesondert werden? Inklusiv wäre nach einem solchen Verständnis eine Schule zu nennen, in der theoretisch alle Gruppen der Gesellschaft zu gleichen Teilen oder sogar *repräsentativ* abgebildet wären (vgl. Wocken 2011, S. 145). Bei der Neugründung von Gesamtschulen z. B. schafft man teilweise Aufnahmebeschränkungen nach solchen *„repräsentativen" Kriterien*, um eine „Überlastung" mit schwachen Schülern zu verhindern.

Diese so genannte „Inklusion“ wird – folgt man diesem Plan – über Aufnahmequoten zu erreichen sein, auch wenn dies Schulentwicklungsplaner noch verschweigen, um Eltern nicht zu beunruhigen. Das hat weit reichende Konsequenzen:

Bei einer festgelegten *„repräsentativen“ Aufnahmequote* könnte dementsprechend eine Hauptschule oder eine Brennpunktschule nicht „inklusiv“ sein, da sie die Gruppen der Gesellschaft nicht repräsentativ in ihrer Schülerschaft abbilden. Sie haben sich nach der vorherrschenden Meinung zu „Restschulen“ entwickelt und würden diesen Makel auch trotz UN-Behindertenrechtskonvention behalten. „Restschulen“ könnten – nach diesem absurden Verständnis – nicht inklusiv sein, selbst dann nicht, wenn sie – wie zur Inklusion gehörig – *wirklich alle Schüler* ihres „schwierigen“ Umfeldes integrierten. Erst wenn sie eine Obergrenze festlegten, könnten sie – gemäß dieser Unlogik – den Titel „inklusiv“ tragen.

Dies erklärt auch, wieso viele Pragmatiker in der aktuellen Diskussion stillschweigend von einer Gleichsetzung von Integration und Inklusion ausgehen, obgleich sie möglicherweise die Abgrenzung zur Fehlentwicklung von Integration kennen (vgl. Hinz 2002). Schon 1998 hat Andreas Hinz in seinem Aufsatz „Pädagogik der Vielfalt – ein Ansatz auch für Schulen in Armutsgebieten?“ ein Fragezeichen ans Ende des Titels gesetzt. Er verweist darauf, dass Integrationspädagogen wie auch Sonderpädagogen Armut bisher wenig in den Blick genommen hatten.

In den folgenden Jahren stellten Inklusionsforscher wie Andreas Hinz, Andrea Platte, Hans Wocken u. a. immer wieder die Unterschiede von Segregation, Integration und Inklusion in Mengenbildern dar. Bei diesen Abbildungen fällt auf, dass die Schüler mit Förderbedarf, die in Regelschulen zur Sonderschule ausgesondert werden, eine *Minderheit* im Mengenbild bilden. Also wecken die Autoren in den mengenbildartigen Gegenüberstellungen die Illusion, dass in integrativen oder inklusiven Schulen *„Förderkinder" in der Minderheit* seien. Hans Wocken fordert es ausdrücklich so (2011, S. 145).

In der Realität der Brennpunktschulen und in Armutsgebieten stellt sich jedoch die Heterogenität der Schüler anders dar. Dies wird in den Schaubildern vernachlässigt, *obwohl ein großer Teil der Schüler mit „Förderschwerpunkt Lernen" aus Armutsgebieten stammt.* So entstand bei den Rezipienten dieser theoretischen Mengenbilder eine wirklichkeitsferne Vorstellung von Inklusion, die folgende Kennzeichen hat:

- Die Schüler mit Förderbedarf zeigen sich als eine kleine Minderheit in einer inklusiven Schule. Wocken (2011, S. 145) fordert: durchschnittlich 10% bis max. 20%.
- Das Problem der Stellenzuweisung erscheint lösbar, weil in diesem Modell eine Schule nur mit einem verschwindend kleinen Anteil förderbedürftiger Kinder berücksichtigt wird.
- Die Kompetenzen für die sonderpädagogische Arbeit mit diesen Schülern präsentieren sich als gleichartig, egal ob das offiziell etikettierte Kind mit sonderpädagogischem Förderbedarf ein verhaltensauffälliges Mittelschichtkind aus bildungsbeflissenem Elternhaus oder ein Migrantenkind aus Armutsverhältnissen ist.

Die als „Behinderte" etikettierten Schüler sind jedoch nur *eine* Gruppe von Kindern, die eine Brennpunktschule herausfordern.

Wir werden zunächst an idealtypischen Zahlenspielen aufzeigen, wie Verteilungsrechungen zu *Missverständnissen und Fehlentwicklungen der inklusiven Schulentwicklungsplanung* führen können. Hier zunächst eine eigene theoretische Überschlagsrechnung (vgl. Stähling/Wenders 2009, S. 55):

*Im **theoretischen Falle** der Integration aller Behinderten bekämen ca. 6% aller Schüler,* also durchschnittlich jeder 16. Schüler einer allgemeinen Schule (also ca. 18 von 300 Schülern), eine *sonderpädagogische Förderung*:

Durchschnittlich 2,7% aller Schüler in Regelschulen hätten den Förderschwerpunkt *„Lernen"* (ca. 8 von 300),

durchschnittlich 0,9% den Schwerpunkt *„geistige Entwicklung"* (ca. 3 von 300),

durchschnittlich 0,6% fielen jeweils auf die Schwerpunkte *„emotionale und soziale Entwicklung"* und *„Sprache"* (ca. 2 von 300 Schülern).

In Schulen hätten theoretisch – bei einer Klassenstarke von ca. 25 Schülern – *durchschnittlich 1–2 Schüler pro Schulklasse* zusätzlichen Förderbedarf.

Diese trügerische Musterberechnung gilt als „beruhigende Botschaft“, die die Schulstruktur nicht in Frage stellt. Sie bezieht allerdings nicht in ihre Rechung ein, dass die meisten Förderkinder in Armutsgebieten wohnen und daher zu bestimmten Bennpunktschulen in der Nähe gehen werden, wo sich Probleme „ballen“. Die Eltern dieser Kinder sind nicht bereit, Schulen der gehobenen Mittelschicht für ihre Kinder auszuwählen und damit teilweise ihre Kinder zu Fahrschülern zu machen, nur weil sie in einem Armutsgebiet leben. Mittelschichtschulen würden diese Kinder ohnehin erfahrungsgemäß ungern aufnehmen. Eine gleichverteilte Heterogenität oder „gute Mischung“ mit einer „Obergrenze“ ist eine Illusion, ein Märchen. Dies muss man bedenken, wenn die Durchschnittswerte solcher Verteilungsrechungen zur Grundlage des Umbaus des Schulwesens gemacht werden.

Hans Wocken (2010) verwendet solche Durchschnittswerte in einem theoretischen Planspiel. Die Zahlen berücksichtigen nicht, dass z. B. in Brennpunktschulen keine „gesunde“ Mischung existiert. Dort lernen die Kinder des Umfelds, des „sozialen Brennpunkts“. Ihr Entwicklungsstand entspricht meist nicht den offiziellen Kompetenzerwartungen. Sie sind normalerweise *nicht gemischt* mit Kindern aus bildungsnahen Elternhäusern, wohl aber stammen sie aus vielen Ländern. Insofern herrscht hier eine große Mischung.

Solche theoretischen Musterrechungen zur Schülerverteilung können den Eindruck erwecken, dass die *Mehrheit* der Kinder in einer Klasse „normal“ sei. Kinder, die aufgrund ihrer Herkunft von Bildungsungleichheit betroffen sind, fallen nicht unter den amtlich gewährten sonderpädagogisch legitimierten Förderschlüssel, brauchen dennoch mehr personelle Ressourcen als andere. Wocken hat dies bedacht und in den Musterberechungen einen „sozialräumlichen Korrekturfaktor“ (2010, S. 99) eingebaut, der genauer zu definieren sein wird. Gerade Schulen im so genannten „schwierigen Schulumfeld“ haben eine große Gruppe von Kindern, die weder als „behindert“ noch als „normal“ eingestuft werden. Sie befinden sich in einer Grauzone zwischen hohem individuellen und sonderpädagogischen Förderbedarf. In der Praxis ist eine solche Unterscheidung unmöglich. Die genannten Kinder sind mit den Bordmitteln einer Regelschule nicht im traditionellen Unterricht zu „fördern“. Bei ihnen entstehen mangels Unterstützung erst im Laufe der Schulzeit als sekundäre Folge vielfältige „Lernbehinderungen“. Dieser Entwicklung kann und muss die Schulaufsicht gegensteuern, z. B. durch geänderte Verteilung von Personal und Sachmitteln in bestimmte Schulen nach Sozialindizes (vgl. Fuchs 2011).

Das nun folgende Planspiel von Wocken basiert allerdings auf Durchschnittszahlen, die sich daraus ergeben, dass sowohl extrem höhere als auch extrem niedrigere Werte in der Realität vorkommen. Diese Spitzenwerte nicht einzubeziehen, macht es jedoch unmöglich, aus den Berechnungen Schlussfolgerungen für realistische Schulentwicklungsprozesse vorauszuplanen. Diese können nur vor Ort geschehen.

Eine Durchschnittslehrerin sähe nach Wocken (2010) in ihrer Klasse *nur ca. 2–3 (10%) „Sorgenkinder“*. Dies ist ein Durchschnittswert, der auch die Lehrerin im Armutsgebiet mit einbezieht, die besonders viele Förderkinder hat, aber nach Wocken (2011, S. 145) *nicht haben sollte*. Wie jedoch Kinder aus dem vertrauten kulturellen Umfeld, dem Brennpunkt, in andere Schulen transportiert werden sollten, ohne Freunde und die soziale Zugehörigkeit im Stadtteil zu verlieren, bleibt unklar. Wocken (2010) unterscheidet für eine theoretisch gedachte Modellschule (unabhängig vom Sozialraum) zwei Systeme, die jedoch nach unseren oben gemachten Überlegungen in der Praxis eher einzelne Mittelschichtschulen repräsentieren könnten:

a) Das „Regelsystem“, das für die Kinder mit den *relativ häufig auftretenden sonderpädagogischen Förderschwerpunkten* Lernen, Sprache und emotionale und soziale Entwicklung gelte.

b) Das „Unterstützungssystem“, wenn Kinder mit den *relativ seltenen sonderpädagogischen Förderschwerpunkten* Hören, Sehen, körperliche und geistige Entwicklung in eine Schulklasse integriert werden. So ist nur z.B. jedes 1000ste Kind schwerhörig.

Im ersten, dem **„inklusiven Regelsystem“** (a), gelte danach für diese *theoretische* Modellschule:

3–6 Kinder mit Förderbedarf (L,Sp,E) und
19 Kinder ohne Förderbedarf.

Sonderpädagogische Personalzuweisung: 1 Stunde pro Tag und pro Klasse.

Das würde bedeuten: 1 Sonderpädagoge für 4 Klassen.

Kritische Anmerkung: Nach allen uns vorliegenden Erfahrungen lassen sich jedoch die Kooperationen eines Sonderpädagogen mit 4 festen Teams schon aus stundenplantechnischen Gründen nicht verwirklichen. Die intensive Teamarbeit in einem festen Team, die nötig ist (vgl. zur Grundschule Berg Fidel, Stähling 2006/2011), wird durch solche Stundenverteilungen behindert.

Besonders problematisch ist eine aus Wockens Vorschlag ableitbare und im Rügener Inklusionsmodell (vgl. Mahlau u. a. 2011) theoretisch abgestufte Rollenzuordnung der Lehrkräfte dann, wenn die Sonderpädagogen in der Praxis mit ihren relativ wenigen Stunden *hauptverantwortlich* sind für Kinder mit bestimmtem Förderbedarf. Die Entwicklung eines präventiv wirkenden, inklusiven Unterrichts (vgl. Teil 1, Kapitel 2.1, 2.2) steht dabei nicht im Zentrum. Vielmehr besteht nach diesem Verständnis von „Inklusion“ die Gefahr, dass ein Kind mit Lernbehinderungen z. B. erst dann (!) „zieldifferent unterrichtet“ wird, wenn „trotz angemessener präventiver Förderung deutliche Fördereffekte ausbleiben“ (Mahlau u. a. 2011, S. 471), also wenn ein Scheitern bereits eingetreten ist (vgl. zur Schuleingangsphase: Kapitel 2.1). Das hier vertretene Bild von schulischen Leistungen hat sich noch nicht abgekoppelt von den Standardvorgaben der Lehrpläne und setzt *zu spät* an den individuellen Fähigkeiten der Kinder an. Hier schleichen sich Fehlentwicklungen der Integration ein, die seit Jahrzehnten in der Praxis beobachtet wurden (vgl. Hinz 2002; Stähling 2006/2011, S. 166 ff.).

Außerdem bräuchten viele Kinder mit Verhaltensauffälligkeiten zeitweise eine regelmäßige 1 : 1 – Betreuung, die so kaum zu leisten wäre. Hier sind zusätzliche Stunden, mindestens von Integrationshelfern, Praktikanten u. a. erforderlich. Andere Kinder mit Lernproblemen brauchen möglichst regelmäßig zur gleichen Zeit intensive Übungen mit demselben Erwachsenen. Auch dabei sind erfahrungsgemäß nicht mehr als 2 Klassen durch einen Sonderpädagogen zu betreuen.

Am Rügener Modell können von vornherein keine Kinder mit „speziellem“ Förderbedarf (H, S, K, G) teilnehmen. Das Gütekriterium „inklusiv“ kann daher kaum gelten.

Neben diesem gedachten, theoretischen Modell des „inklusiven Regelsystems“ entwirft Wocken ein zweites *theoretisches* System:

Für dieses **„inklusive Unterstützungssystem“** (b) bei Kindern mit den speziellen Förderschwerpunkten Hören, Sehen, körperliche Entwicklung und geistige Entwicklung rechnet Wocken (2010) folgendermaßen vor:

1–3 Kinder mit speziellem Förderbedarf (H, S, K, G)
3–6 Kinder mit Förderbedarf (L, Sp, E)
und 16 Kinder ohne Förderbedarf.

Sonderpädagogische Personalzuweisung von 2–3 Stunden pro Woche je Kind mit spezieellem Förderbedarf zusätzlich zum Regelsystem. Das entspricht einer Sonderpädagogenstelle für 10 Kinder mit speziellem Förderbedarf („Wanderlehrer“).

Kritische Anmerkung: Dieses theoretische Modell mit mehr Förderkindern stößt in der Praxis noch mehr als das so genannte „inklusive Regelsystem“ auf Probleme. Besonders schwierig ist es, wenn manche Kinder einen Erwachsenen stark binden.

Wocken stellt also eine Modellrechung auf, in der die reinen Zahlen nichts über das wirkliche soziale Mischungsverhältnis der Heterogenität einer Schulklasse aussagen: Handelt es sich um Kinder aus behüteten Elternhäusern deutscher Herkunft oder um Migranten und von Armut gezeichnete Kinder?

Diese theoretischen Berechungen könnten die Schulverwalter in die Irre führen. Werden dann die Gelder, die für Behinderte ausgegeben werden sollten, in die allgemeinen Schulen gleich verteilt, wenn man diesen Personalberechungen zur so genannten „Inklusion“ weiter folgt?

„Versickern“ die Gelder in den allgemeinen Schulen nach dem Gießkannenprinzip? Behindertenverbände befürchten dies.

Fahren weiterhin „Köfferchenlehrer“ von Schule zu Schule – in alter Gewohnheit –, um teure „Einzelintegrationsmaßnahmen“ durchzuführen? Oder wandert ein Fachmann von Klasse zu Klasse und sucht dort „seine“ Kinder auf? Dient dies wirklich dem jeweiligen Kind, oder kommt die sonderpädagogische Fachlichkeit gerade durch den Einsatz von „Köfferchenlehrern“ (mit spezifischer Ausbildung) zu kurz?

Kann es den Ansprüchen von „gemeinsamem Unterricht“ genügen, wenn die *Teambildung nicht stabil* ist? Setzt man stillschweigend und irrtümlich dabei voraus – auch in dem „Rügener Inklusionsmodell“ –, dass die sonderpädagogischen Lehrkräfte im Umgang mit Heterogenität erfahren sind?

Die folgende Geschichte verdeutlicht die Sackgasse beim Umbau des selektiven Schulwesens, wenn die Schulaufsicht solche aufgezeigten *theoretischen* Berechnungsmodelle aus dem Märchenland zur Grundlage für eine verwaltungtechnische Lösung nimmt, die auch niemals im Sinne des Inklusionspädagogen Hans Wocken (2011) sein kann.

Wieder eine Geschichte aus einer Stadt im Jahre 2010 in NRW:

Im Jahre 1 nach Ratifizierung der UN-Behindertenrechtskonvention machte sich eine kleine Gruppe unerschrockener Lehrkräfte einer Hauptschule daran, dafür zu sorgen, dass behinderte Kinder aufgenommen werden können. Die Kolleginnen und Kollegen der Hauptschule – motiviert und gewohnt, mit Schülern aus vielen Nationen und mit vielen Schulqualifikationen zu arbeiten – hospitierten im Unterricht einer Grundschule, die altersgemischt und integrativ arbeitete. Sie sahen, wie die Lehrkräfte im offenen Unterricht alle Kinder achteten, ihnen verlässliche Strukturen gaben und sie bei ihren Entwicklungsprozessen begleiteten. Die Hauptschullehrkräfte waren entschlossen, sich auf den Weg zu einer integrativen Schule zu machen, zumal sie bereits seit Jahren etliche „Grenzfälle ohne offizielle sonderpädagogische Etikettierung“ in „stiller Integration“ mit Erfolg zu Schulabschlüssen geführt hatten. Alle Gremien der Hauptschule stimmten mehrheitlich dafür und die ersten 3 „behinderten Förderkinder“, deren Familien aus dem Kosovo vor dem Bürgerkrieg geflüchtet waren, wurden angemeldet. Sie wohnten in Schulnähe.

Die zuständige Schulaufsicht und die Verwaltung des Schulträgers aber lehnten die Zuweisung des sonderpädagogischen Personals ab und rieten der Schulleiterin, die angemeldeten Roma-Kinder nicht aufzunehmen. Die Stadt hätte aufgrund der UN-Behindertenrechtskonvention beschlossen, dass zunächst in einer Realschule und einem Gymnasien eine „integrative Lerngruppe“ mit entsprechender Personalausstattung eingerichtet werden müsse. Da aber im Jahre 1 nach BRK nur eine einzige Hauptschule in einem weit entfernt liegenden Stadtteil Behinderte aufnahm und sich – peinlicherweise – seit Jahren trotz vielfachem Bemühen keine andere Schule fand, das gleiche zu tun, wäre nun – so die Beamten der Schulaufsicht – abzuwarten, bis sich eine Realschule und ein Gymnasium fände, die Kinder mit sonderpädagogischem Förderbedarf aufnehmen wollten. Einer Hauptschule, die ohnehin viele „Restschüler“ unterrichte, fehle grundsätzlich die „gesunde Mischung“, wenn zusätzlich zu den vielen Schulversagern auch noch Behinderte aufgenommen würden. Die „Förderkinder“ sollten besser auf andere Schulen verteilt werden, damit die „Last“ nicht an einer Hauptschule hängen bliebe. Im Schuljahr 2010 / 2011 wurden nämlich 62% aller integrativen Schüler der Sekundarstufe 1 in NRW in Hauptschulen unterrichtet, obgleich im 5. Jahrgang der Hauptschulen nur noch 13% der Schüler aufgenommen wurden (vgl. Klemm / Preuss-Lausitz 2011, S. 65f.).

Die Schlussfolgerung der Schulaufsicht war: Eine „gute Mischung" (!) wäre Kennzeichen der Integration. Deshalb könnte man der Hauptschule keine Personal-Stunden bewilligen, die für eine integrativ arbeitende Schule vorgesehen seien: Pro Kind eine 0,1-Lehrerstelle und die vorgesehene Unterstützung durch Sozialpädagogen-Stunden. Wenn die Schulleiterin trotzdem die 3 Roma-Kinder mit sonderpädagogischem Förderbedarf aufnähme – was sie laut Schulgesetz zwar dürfe, aber man davon abriete –, dann ständen ihr 8 Wochenstunden einer abgeordneten Sonderschullehrerin zu, eine „Einzelintegrationsmaßnahme". Ein Jahr später, falls andere Schulformen nachgezogen hätten, würden die Karten neu gemischt und die Hauptschule könnte die notwendige Stellenzuweisung bekommen. Dies gelte aber nur dann, wenn überhaupt Bedarf für „integrative Lerngruppen" mit mindestens 5 Kindern bestehe und insgesamt genug Hauptschüler angemeldet würden. Soweit im Jahre 1 nach BRK.

Die Schulleiterin der Hauptschule nahm die 3 Roma-Kinder – gegen den Rat der Schulaufsicht – auf, bildete altersgemischte Klassen der Jahrgänge 5 und 6. Die Hauptschullehrkräfte entwickelten differenzierte und offene Unterrichtsformen. Sie arbeiteten in der Hoffnung, die Stellenzuweisung werde im Folgejahr ausgeweitet, wenn weitere „Förderschüler" kämen. Die Grundschule begleitete den Übergang und gab personelle Hilfen „auf eigene Faust". Die Schulleitungen beider Schulen gingen in Zeiten der UN-BRK davon aus, dass im nächsten Schuljahr weitere Kinder aus dem näheren Umfeld dazu kämen. Um mehr sonderpädagogisches Personal zu bekommen, was eine effektive Teamarbeit ermöglichen würde, wäre es ohnehin wichtig, mehr behinderte Kinder aufzunehmen.

Als die Schulanmeldungen des nächsten Schuljahres näher rückten, war noch nicht entschieden, ob sich eine Realschule und ein Gymnasium finden würden, die behinderte Kinder aufnähmen. Die Realschulen und Gymnasien hatten sich immerhin seit Jahrzehnten dagegen gewehrt, behinderte Schüler aufzunehmen. Ihre Begründung war, dass sie dafür nicht ausgebildet seien und die Kinder im Unterricht mit den anderen Schülern zusammen nicht angemessen gefördert werden könnten. Sie blieben bei ihrer ablehnenden Position. Die Grundschulen mit Viertklässlern, die sonderpädagogischen Förderbedarf hatten, konnten die Eltern also nicht zu einer wohnortnahen integrativen Schule beraten, da deren Stellen noch längst nicht gesichert waren. Blieb also nur eine Sonderschule?

Als der Beschluss kam, dass nun nach intensivem Druck in jeder Schulform eine Schule mit „integrativen Plätzen“ gefunden worden war, fand man zwar eine Realschule und ein Gymnasium, aber nicht genug „behinderte“ Kinder dafür. Viele waren ja bereits auf Sonderschulen angemeldet. Anderen war der Schulweg zu weit. Einzelne verstreute Kinder aus Brennpunkten, die nicht angemeldet worden waren, wurden nun nachträglich gefunden, um sie als „Kinder mit sonderpädagogischem Förderbedarf“ dem Gymnasium und der Realschule zuzuweisen. Einige lehnten dies ab, weil sie sich nicht auf solch ein pädagogisches Abenteuer mit ihren Kindern einlassen wollten. Sie fürchteten eine Stigmatisierung ihrer Kinder in einem Gymnasium und einer Realschule.

Die bereits erfolgreich integrativ arbeitende Hauptschule jedoch sollte im Jahre 2 nach BRK kein behindertes Kind aufnehmen, weil – wie die Schulaufsicht schrieb – nun allerdings kein Bedarf mehr bestehe. Dies galt auch, obwohl in der Nähe der Schule behinderte Kinder wohnten, die nun einen weiten Schulweg in Kauf nehmen würden. Eltern mit behinderten Kindern, die ihr Kind wohnortnah beschulen wollten, fanden auch im darauf folgenden Schuljahr noch keine Planungssicherheit. Denn auch für die zukünftigen Jahre wisse die Schulaufsicht nicht, wie groß der Bedarf in der Sekundarstufe sei. Wohnortnah – das sei definitionsabhängig: wenn in einer Stadt ein Platz frei sei, müssten die Eltern abwägen, was ihnen lieber sei: eine nahe gelegene Sonderschule oder eine entfernte „integrative Realschule“ oder ein „integratives Gymnasium“, wo z.B. das lernbehinderte Kind allerdings mit dem Bus selbstständig hinfahren müsse. Fahrtkosten für Taxen könnten nur für die Schuljahre 1 und 2 übernommen werden, und dann auch nur für die der Wohnadresse nächst gelegenen Schule.

Welches Verständnis von Inklusion hat die Schulverwaltung, wenn sie plant, eine „gute Mischung“ in Gymnasien und Realschulen herzustellen?

Sie scheint nicht zu erkennen, dass die Lehrkräfte nur erfolgreich mit heterogenen Gruppen arbeiten können, wenn sie unterrichtliche Erfahrungen und Fähigkeiten (vgl. Kapitel, 2.2) sowie Einstellungen und Haltungen („sozialer Kredit“, vgl. Kapitel 2.1) mitbringen. Dies war in der Hauptschule tendenziell gegeben, nicht aber in dem Gymnasium und der Realschule. In diesen weiterführenden Schulen baute man aus dem Nichts ein künstliches System auf, das wie ein Fremdkörper im eigenen Haus wirkte. In der Hauptschule dagegen konnte man auf vielfältige präventive Erfahrungen setzen, die die Lehrkräfte mitbrachten.

Die Schulaufsicht verpasste hier eine Chance der Prävention: Mit der Einstellung von sonderpädagogischem Unterstützungspersonal in der Hauptschule hätte man dafür sorgen können, dass bei problematischen Entwicklungen (Schulabbrecher, kein Schulabschluss, fehlende minimale Fähigkeiten im Lesen u. a.) frühzeitig und präventiv mit multiprofessioneller Teamarbeit gegengesteuert worden wäre.

Wie können wir einen realistischen Weg zur Inklusion gehen?

Nur maximal 30% der Grundschullehrkräfte bringen positive Erfahrungen und Unterrichtskompetenzen für den Umgang mit heterogenen Klassen mit. Wenn unter den gegebenen Verhältnissen die Heterogenität der Schulklassen erhöht würde, wäre zu erwarten, dass die Lehrkräfte darauf mehrheitlich wie Typ A (s. o.) durch Aussonderung reagierten. Das Ziel, durch *mehr Heterogenität* oder „gute Mischung" die Integrationsfähigkeit von Schulen zu erhöhen, wird also verfehlt. Erst der wertschätzende *Umgang* (vgl. Kapitel 2.2) mit den unterschiedlichen Lernvoraussetzungen ermöglicht gute Unterrichtsergebnisse.

Wie die wenigen vergleichenden Studien zur pädagogischen Arbeit in heterogenen Klassen zeigen, wird es nicht ausreichen, die Schul- und Unterrichtsorganisation aus den beim PISA-Test erfolgreich abgeschnittenen Ländern zu kopieren, ohne auch in Deutschland eine neue Unterrichtspraxis zu entwickeln (vgl. Schümer 2005): So unterrichten z. B. erfolgreiche finnische Schulen auf der Grundlage *flexibler Lehrpläne*, die von Schülern und Lehrerinnen gemeinsam konkretisiert werden. Dies scheint vielen in Deutschland angesichts von Output-

Orientierung, Mindeststandards und „Kompetenzerwartungen“ unvorstellbar. Finnische Schüler erfahren beim Lernen eine individuelle Beratung. Ein solcher inklusiver Unterricht hat das Ziel, den unterschiedlichen Lernvoraussetzungen aller Schüler gerecht zu werden (vgl. Kapitel 2.1, 2.2). Gundel Schümer (2005) zeigt in ihrer vergleichenden Untersuchung auf, dass es den erfolgreichen Schulen gelingt, allen Schülern ein positives Selbstwertgefühl zu vermitteln.

Nach den Erkenntnissen von Schulen mit jahrelanger Erfahrung in heterogenen Klassen reicht allerdings selbst die Unterrichtmethodik offenen pädagogischen Arbeitens alleine noch nicht aus: Heterogenität wird erst ***auf dem Nährboden von Achtung, Verlässlichkeit und Zugehörigkeit*** zu einem pädagogisch fruchtbaren Faktor (vgl. Stähling 2006/2011, siehe Kapitel 2.1 und 2.2). In einem sozialen Klima des Willkommenseins, des Angenommenwerdens und der Zuwendung wachsen Entwicklungsmöglichkeiten der verschiedenen Kinder. Dann können Kinder voneinander lernen.

Die **Grundschule Berg Fidel** bietet zurzeit Halt für 200 Kinder aus dem Stadtteil, von denen 50 sonderpädagogischen Förderbedarf haben. Das sind 25%, also mehr als die Obergrenze, die Wocken (2011) und Klemm/Preuss-Lausitz (2011, S. 54) definiert haben. Nach Wocken (2011, S. 145) müsste dort ein „ungünstiges Entwicklungsmilieu“ herrschen. Die Veröffentlichungen von Schnell (2010) und Becker/Prengel (2010) zur Grundschule Berg Fidel besagen jedoch das Gegenteil. Eine heterogene, gemischte Gruppe wird durch pädagogische Arbeit zu einer „guten, gesunden“ Klasse. Eine Mischung ist nicht per se aufgrund von bestimmten Schülerquoten eine „ungünstige“. Um eine produktive Arbeitsatmosphäre in einer Klasse herstellen zu können, muss das Pädagogenteam pädagogische, und nicht schulorganisatorische Schritte gehen.

Solche schulorganisatorischen Schritte können zusätzlich hilfreich sein: Da wegen der Altersmischung der Jahrgänge 1–4 in jede Klasse eingeschult wird, bieten sich für die Schulleitung vielfältige Kombinationsmöglichkeiten, den Wünschen der Eltern und Kindergärten bei der Klassenzusammenstellung gerecht zu werden. In der Kooperation mit den Kindertagesstätten in Berg Fidel konnten über Jahre Erfahrungen damit gesammelt werden, welche Kinder in welche Klassen gemeinsam eingeschult werden, um gute Entwicklungschancen zu ermöglichen. Besonders Kinder mit extremen Verhaltensauffälligkeiten kommen in unterschiedliche Klassen (vgl. Klemm/Preuss-Lausitz 2011, S. 55).

Dass ein Kind jedoch überhaupt nicht in die Grundschule Berg Fidel aufgenommen würde, obwohl es in der Umgebung wohnt, wäre pädagogisch unverantwortlich. Wenn ein Kind auf diese Weise aus seinem sozialen und kulturellen Umfeld im Stadtteil Berg Fidel gerissen würde, um entfernt in einer anderen Schule beschult zu werden, wird es im Stadtteil auffällig. Es sucht sich nachmittags im Stadtteil Verbindungen zu anderen, die auch ausgeschlossen wurden. So können *Banden* entstehen, die einen ganzen Stadtteil in Atem halten, weil man diese Kinder nicht in die Regelschule vor Ort integriert hatte. Seitdem im Stadtteil Berg Fidel jedes Kind *ohne Ausnahme* in der Grundschule willkommen geheißen und keines mehr auf eine Sonderschule geschickt wird, entspannt sich das Leben im ganzen Stadtteil. Die Eltern wissen, dass dort für sie alles Nötige getan wird und ihre Kinder gerecht behandelt und nicht fallen gelassen werden. Dies schafft *Vertrauen*. Eine *Erziehungspartnerschaft* ist entstanden. Fehlentwicklungen können in Ruhe behoben werden. Die Kinder lernen besser. Es bilden sich keine nationalen Gruppen, die sich bekämpfen, wie es vor Jahren noch passierte. Da niemand ausgeschlossen wird, fühlt sich auch niemand angegriffen. Aggressionen gegen die Schule sind nahezu verschwunden. Natürlich sind die Kinder und Jugendlichen im Stadtteil dadurch auch ausgeglichener geworden. Menschen aus mehr als 50 Nationen leben relativ friedlich miteinander.

Empirische Feldforscher (wie im „Rügener Inklusionsmodell", vgl. Mahlau u. a. 2011) sollten nicht vergessen, solche sozialen Faktoren zu erheben. Vicky Branco verweist auf ihre Erfahrungen aus Brennpunktschulen in Toronto: Elternarbeit ist zentral. Wenn Eltern vertrauen, gelingt Schule – da liege das Geheimnis ihrer Erfolge (vgl. Interview in diesem Buch).

In Schulen und Schulklassen, wo die Kinder keine Achtung, Verlässlichkeit und Zugehörigkeit erfahren, führt Heterogenität in eine Sackgasse.

Neben diesen ethischen Maximen spielt der positive, ***„begleitende" Umgang mit der Differenz*** die entscheidende Rolle für das Gelingen von gemeinsamem Unterricht. Die Anerkennung und das Gespräch über Leid- und Unrechtserfahrungen haben genauso ihren Platz in einer Klassengemeinschaft wie die Freude an der kulturellen Vielfalt (vgl. Prengel 2009).

An einigen Problemfeldern mit so genannten „lernbehinderten“ und „verhaltensauffälligen“ Kindern im gemeinsamen Unterricht wurde ausführlich veranschaulicht, dass Achtung, Verlässlichkeit, Zugehörigkeit und Begleitung unentbehrliche Gelingensfaktoren darstellen (vgl. Stähling 2006/2011, S. 140 ff.; Preuss-Lausitz 2005).

Um möglichst jedem Schüler passende Angebote zu machen und ihm gerecht werden zu können, brauchen die KollegInnen vor Ort Unterstützung, z. B. durch aufsuchende Elternarbeit. So sind vielfältige pädagogische Kompetenzen erforderlich, um eine Klassengemeinschaft mit achtsamen Umgangsformen und eine „Anerkennungskultur individueller Schwächen, Stärken und Besonderheiten zu entwickeln“ (vgl. Klemm/Preuss-Lausitz 2011, S. 43 ff.). „Köfferchenlehrer“ oder „Wanderlehrer“ können dazu kaum beitragen.

Da diese inklusiven Kompetenzen bei Pädagogen in der Regelschule und Sonderpädagogen nicht vorausgesetzt werden können, wäre es *übereilt*, alle Schulen auf einmal mit stark heterogenen Lerngruppen konfrontieren zu wollen. Hier müssen die schon *bekannten Vorreiter* oder durch Schulpreise ausgezeichneten Schulen *ungestört durch Schulaufsicht und Lehrplanauflagen* die Pionierarbeit machen können, um ihre Erfahrungen später zu verbreiten.

Wenn also mit dem Ziel einer Erhöhung der Integrationsquote behinderte Schüler in alle Regelschulen verteilt würden, ohne dass Lehrkräfte Erfahrungen im Umgang mit Heterogenität vorweisen könnten, wäre dies eine rein verwaltungstechnische Lösung am grünen Tisch. Ohne die genannten vier Gütekriterien (Achtung, Verlässlichkeit und Zugehörigkeit und Begleitung) zu beachten, hätte diese Lösung zur Folge, dass die Lehrkräfte entweder die so genannten schwierigen „behinderten“ Schüler von sich wiesen (Typ A) oder aber unter gesteigerter Überlastung litten und von daher die Erfolge ausbleiben müssten (Typ B).

Es ist anzunehmen, dass mittelschichtorientierte Interessenvertreter gerne solche Ressourcen, die den Armen und Benachteiligten im Rahmen der UN-BRK zustehen, in Form von Sonderpädagogenstellen in Mittelschichtschulen (z. B. Gymnasien) übernehmen möchten. Sie würden dann dort fehlen, wo sie z. B. in Armutsgebieten effektiv eingesetzt werden müssten. Diese *Ressourcen* kommen der Mittelschicht zur Aufbesserung der Leistung der eigenen Kinder gelegen, wenn man damit in Kauf nehmen muss, dass solche *ausgewählten* „lernbehinderten oder geistig behinderten Kinder“, die nicht stören, in ihre Schulen integriert würden. So bieten plötzlich Gymnasien und Realschulen, die früher in der Regel nur ausnahmsweise und nur innerhalb ihres Schulleistungsniveaus („zielgleiche“) Integration befürwortet hatten, ein so genanntes „inklusives Profil“ an: Sie nehmen Schüler mit den Förderschwerpunkten „geistige Entwicklung“ oder „Lernen“ auf und unterrichten sie teilweise nach altem Muster in gesonderten Räumen durch gesondertes Personal mit gesonderten Programmen. Entgegen inklusionspädagogischer Grundsätze werden z. B. „Sonderklassen“ für Behinderte in Regelschulen gebildet. Das sonderpädagogische Personal kommt diesen Schulen dabei jedoch auch für die „individuelle Förderung aller Schüler" zugute. Das Dogma der Heterogenität und der „guten Mischung" bietet solchen Interessen einer mittelschichtorientierten Pädagogik Schützenhilfe.

Das Personal fehlt den „schwachen" Schülern, die überwiegend in anderen wohnortnahen Schulen ihres Brennpunktes lernen. Damit nutzt die Mittelschicht – wie im Selbstbedienungsladen – das sonderpädagogische Personal, das im Sinne der UN-BRK überwiegend den sozial benachteiligten Familien und deren Kindern in der Schule zukommen müsste. Der Verteilungskampf um die Ressourcen scheint längst entschieden zu sein.

Der berufsständisch orientierte Verband Sonderpädagogik vds NRW (2011) äußert sich kritisch zum Gutachten von Klemm/Preuss-Lausitz (2011): Die vds-Vertreter streiten die „pauschale Vermischung" von Förderbedarfen L, Sp, E (s.o.) in „Schulen der Armen und Randständigen" ab und wehren sich gegen eine „Entspezialisierung" der Sonderpädagogen, deren spezielles Fachwissen unverzichtbar sei.

Soll also das sonderpädagogische Personal nicht in die Ballungsgebiete gebracht werden, wo angesichts des PISA-Skandals in Deutschland dringend verstärkte Hilfe benötigt wird, sondern soll es in der breiten Fläche verteilt bleiben? Etwa im Sinne einer „sonderpädagogischen Grundausstattung" (Wocken 2010): 1 Sonderpädagoge für 100 Kinder, pauschal zugewiesen?

Als reine „standespolitische Selbstbekräftigung" (Wocken 2011, S. 200) ist die Behauptung eines angeblich „hohen Standards" der Sonderschulen für „Lernbehinderte" zu interpretieren, die durch keine empirische Untersuchung belegt wurde (vgl. Schnell/Sander/Federolf 2011).

Ebenso ist die noch immer praktizierte sonderpädagogische Diagnostik, speziell die Intelligenzdiagnostik, kritisch zu prüfen. Ihre Funktion „war und ist die quasi wissenschaftliche Rechtfertigung administrativer Selektionsentscheidungen (...). Auch die so genannte ‘Förderdiagnostik’ ist letztlich nichts anderes als ‘Förderortdiagnostik’. Die traditionsreiche sonderpädagogische Förderortdiagnostik ist in einer inklusiven Schule deplatziert, weil dort die Frage des Lernorts grundsätzlich vorentschieden ist: ‘Du gehörst zu uns!’ (Stähling 2009). (...) Eine inklusionstaugliche Diagnostik ist allenfalls in Vorbereitung (...) (Wocken 2011, S. 219f).

Irrtümer und Konsequenzen

Abschließend sollen zusammenfassend die Irrtümer genannt werden, die den Blick auf die versteckten Mechanismen der Aussonderung vernebeln:

Irrtum 1:

„Inklusion bedeutet in der Praxis, dass durch Auswahl bei der Schüleraufnahme zu vermeiden ist, dass „ungünstige Mischungen“ in den Klassen entstehen. Eine große Zahl an förderbedürftigen Kindern (z. B. in einer Brennpunktschule) macht die Arbeit unmöglich. Ab 20% Förderkinder entsteht ein „ungünstiges Entwicklungsmilieu.“

Richtig ist vielmehr, dass viele Brennpunktschulen – gemessen an den Lernvoraussetzungen dieser Schüler – besonders große Lernfortschritte erzielen. Bei guter personeller Ausstattung sind überdurchschnittliche Leistungssteigerungen zu erreichen. Damit ein z. B. „lernschwacher" Migrant, der gerade mit seiner Familie aus einem Kriegsgebiet nach Deutschland geflohen ist, die deutsche Sprache lernt und schulische Abschlüsse im deutschen Schulsystem erreichen kann, müssen viele, im Team gut koordinierte pädagogische Einflüsse wirken. Die Begabungsforschung interessiert sich bereits für diese erfolgreichen Schulen (vgl. Steenbuck u. a. 2011). Weil „schwierige" Schüler immer wieder die Lehrkräfte zu kreativen Lösungen – teils abseits der Vorschriften (vgl. Stähling/ Wenders 2011) – herausfordern, entwickeln sich anspruchsvolle inklusive Unterrichtskonzeptionen.

Beratung von Fachkräften könnten dann punktuell sehr sinnvoll genutzt werden. Kinder profitieren von dem Engagement, das in solchen Schulen in multiprofessionellen Teams entsteht. Der *Umgang mit Heterogenität* als pädagogische Kompetenz kann sich am besten in einer Brennpunktschule entwickeln. Sie ist *Voraussetzung* für erfolgreiche Inklusion. Hier setzt sich der Inklusionsbegriff ab von sozialhygienischen Dogmen und märchenhaften Konstrukten der „guten Mischung". Infolge einer Quotierung von Förderschülern entsteht keine „gute Mischung". Die Mischung muss im Unterricht genutzt werden. Damit sie gut wirkt, muss das Pädagogenteam ein Klima von Achtung, Verlässlichkeit, Zugehörigkeit und Begleitung aufbauen.

Irrtum 2:

„Im Kindergarten wird zu wenig gelernt, daher sind die PISA-Ergebnisse so schlecht. Die schlechten Ergebnisse der Sprachtests belegen dies."

Richtig ist: Kindertagesstätten integrieren den größten Teil der Kinder. Diese Integrationsleistung ist höher als die der Schulen, die nur 18% der Behinderten in integrativen Schulen lernen lassen. Erzieherinnen haben die meisten Erfahrungen im Umgang mit Heterogenität. Von ihnen wäre zu lernen. Auch die Begabungsforschung kann hier viele Entdeckungen machen. Etliche Kindertagesstätten leisten vorbildliche Arbeit. Die Lernatmosphäre ist oft entspannter als in Regelschulen, daher wird dort meist gut gelernt.

Irrtum 3:

„Bildungsstandards ermöglichen klare Orientierung, einheitliches Vorgehen im Kollegium und höhere Schülerleistungen. Der Output zählt."

Richtig ist: In Regelschulen werden die Konsequenzen aus der anhaltenden Leistungsschwäche der 15-jährigen Schüler nicht gezogen.

Was passiert mit denen, die die Mindeststandards nicht erreichen? Sie bekommen selten eine individuelle zusätzliche Hilfe, sondern sie werden abgeschult. Vielmehr wäre erforderlich, dass die Schule als Gemeinschaft ihre Haltekraft erhöhte und ein Caring Curriculum aufbaute (vgl. Kapitel 2.1).

Bildungsstandards behindern häufig die Lehrkräfte beim kreativen Umgang mit heterogenen Klassen und erschweren ihnen die pädagogische Arbeit. Die pädagogische Freiheit des Lehrers als ein hohes Gut (vgl. Sennlaub in Stähling/Wenders 2009/2011, S. 15) wird durch die zwangsweise Orientierung an Standards beschnitten. Ungehorsam im Schuldienst ist eine „notwendige Lösung" (vgl. Kaiser im Vorwort zu Stähling/Wenders 2009/2011).

Irrtum 4:

„Diagnostische Fähigkeiten der Lehrer müssen verbessert werden, dann erreichen wir höhere Schülerleistungen. Die Ergebnisse müssen dokumentiert werden, damit Schülern und Eltern deutlich wird, wo sie noch Schwächen haben."

Richtig ist: „Förderdiagnostik" und Leistungsdokumentationen können zu einer versteckten Form der Entmutigung der schwachen und verunsicherten Schüler missbraucht werden (vgl. Wocken 2011, S. 218ff.). Das Schulsystem bleibt aussondernd. Lehrer reagieren durch „teaching to the test". Vielmehr sind für den Schulerfolg die Überprüfung des individuellen Lernstands und ein Lerncoaching wichtig.

Schulen, die z. B. den deutschen Schulpreis bekommen haben, zeichnen sich aus durch Kompetenzen im Umgang mit Heterogenität. Diese Schulen verzichten zumeist auch auf Notengebung und ersetzen sie durch Berichtszeugnisse. Vom Messen wird die Sau eben nicht fett!

Irrtum 5:
„Fachdidaktische Kompetenzen müssen erhöht werden, dann steigern wir die Schülerleistungen. Das Gymnasium beweist es: Konzentration auf die Fächer."

Richtig ist: Schulen, die z. B. mit dem deutschen Schulpreis ausgezeichnet wurden, beweisen meist durch fächerübergreifenden Unterricht und durch Projekte, dass die Leistungsergebnisse herausragend sind. Das wirkliche Bearbeiten der für das Verstehen notwendigen „stofflichen Hürden" (vgl. Kapitel 2.2) ist zentral. Dabei spielen das Fachwissen und fachliche und fachdidaktische Erfahrungen eine große Rolle. Oberflächliches „Durchnehmen des Stoffes" lässt Schülerinnen und Schüler scheitern. Nicht selten ergeben sich Themen aus dem Leben der Schüler – sie sind „fächerübergreifend" oder zuweilen „fächerlos", aber stehen dennoch immer in Bezug zu wissenschaftlichen Erkenntnissen (vgl. Stähling 2006, S. 50ff.; Kapitel 2.2). Im Zentrum einer erfolgreichen freien Arbeit steht das Gemeinschaftsleben (vgl. Stähling 2006/2011, S. 86; siehe Kapitel 2.1, 2.2). Die Lernatmosphäre eine Schulklasse ist zentral für den Lernerfolg (vgl. Teil 1). Dies gilt auch für das notwendige Üben.

In einer Sondereinrichtung dagegen, die „selbstähnliche", leistungsstarke Schülergruppen aus entsprechenden Elternhäusern beschult, also z. B. im Gymnasium, erzielen Schüler weniger nachhaltigen Lernzuwachs.

Fazit

Lehrerinnen und Lehrer müssen den Umgang mit heterogenen Klassen lernen. Um jedoch das Schulsystem zu einem inklusiven umzubauen, sollten zuerst die in dem Feld „heterogene Klasse" altbewährten Lehrkräfte (zurzeit maximal 30 %) zum Einsatz kommen. Dabei wird man zunächst auch Brennpunktschulen nutzen, um von deren Erfahrungen mit förderbedürftigen Kindern im Regelunterricht zu profitieren.

Dort müsste die Bildung des Lehrernachwuchses angekoppelt werden, damit sie in der Praxis lernen, erproben und erfahren, wie heterogene Lerngruppen zu führen sind.

Im 2. Schritt wird man die Erfahrungen auf andere *bereitwillige* Schulen, z. B. Gesamtschulen, ausdehnen. Erst zuletzt werden Schulen zur Integration verpflichtet, deren Erfahrungshorizont sich bisher meist auf leistungshomogene, „selbstähnliche" Klassen bezog. Die Unterstützung beim Umbau des Unterrichtswesens können vorwiegend die Unterrichts-Pioniere aus integrativen Brennpunktschulen leisten.

Gordon Porter hat für Kanada die Implementierung der Integration bereits in den 1980er Jahren erfolgreich vorangebracht. Porter sagt zum Schulentwicklungsprozess, dass zunächst die *erfahrenen und willigen Pioniere* quasi in selbstorganisierter Weise die integrative Arbeit machten, um danach die Erkenntnisse auf andere Schulen ausweiten zu können (vgl. Hinz 2007; Arbeitsgruppe Internationale Vergleichsstudie 2007; Porter 1991; Wenders 2009a,b; Stähling/Wenders 2009/2011). Die kanadischen Erfahrungen sind ausführlich dokumentiert worden. In Deutschland könnte auf ihnen basierend ein geeignetes Umstellungs-Modell der kleinen Schritte entwickelt werden, das vom Konzept der staatlich gesteuerten Gleichverteilung sonderpädagogischer Kräfte abweicht. In den Pionierschulen könnte das sonderpädagogische Personal besser selbstorganisiert verteilt werden. Die Betroffenen „vor Ort“ kennen sich am besten aus mit den Bedürfnissen von Schülern, Eltern und Mitarbeitern. Sie werden selbst einen realistischen Weg der Personalverteilung finden (vgl. Stäling 2006/2011, S. 154ff.).

Parallel dazu sollte das Schulsystem die Möglichkeiten zur „Abschulung“ abschaffen. Im Mittelpunkt sollte die wohnortnahe Beschulung aller Schüler stehen. Wenn Schüler aus ihrem – wenn auch „schwierigen“ – Wohnumfeld gerissen und zu anderen Sonder- oder Integrationsschulen mit Bussen und Taxen gebracht werden, sind Chancen der Teilhabe und damit des Lernens vertan.

Die Grundschulkinder sollten außerdem länger gemeinsam lernen. Auch für Klemm/Preuss-Lausitz (2011) ist nach Auswertung der Integrationsdaten in NRW „der Abbau der biographischen Brüche beim Wechsel von der Grundschule in die weiterführenden Schulen vordringlich“ (S. 67).

Mehrere Versuchsschulen müssten erproben, wie altersgemischte Schulen von 1–13 funktionieren können (siehe Kapitel 1.6). Die Klippe zwischen Grundschule und weiterführender Schule bedeutet für viele Schüler einen enormen Lern- und Zeitverlust, weil sie aus einer verlässlichen, kontinuierlichen Lernsituation herausgenommen werden.

Teil III
Wer stärkt uns den Rücken? –
Fragen an Experten

REINHARD STÄHLING / BARBARA WENDERS

Prof. Dr. Georg Feuser

1941	geboren bei Karlsruhe
seit 1963	Lehrer an Schulen für Lernbehinderte
1965	Lehrer an der ersten Schule für Geistigbehinderte in der BRD in Frankfurt
1969–1978	Auf- und Ausbau einer Schule für Geistigbehinderte in Gießen, dann dort Schulleiter
seit 1971	Lehrbeauftragter in Gießen, dann Marburg
seit 1973	Aufbau und Mitarbeit an der Zeitschrift „Behindertenpädagogik“
1974–1977	Richtlinienkommission für den Unterricht in der Schule für Geistigbehinderte
1978–2005	Professor für Behindertenpädagogik in Bremen
1981–1988	Wissenschaftliche Begleitung der gemeinsamen Erziehung in Kindertagesheimen und Kindergärten
1984–1989	Wissenschaftliche Begleitung der gemeinsamen Unterrichtung in Integrationsklassen
seit 1997	Mitarbeit an internationalen Programmen zur Ausbildung von Lehrern für den integrativen Unterricht (u. a. INTEGER)
1985–2000	Entwicklung, Erprobung und Validierung einer Basistherapie für rehabilitative Arbeit mit Menschen im Koma, mit Autismus, Hospitalisierung und bei Grenzphänomenen von Behinderung und Psychose
seit 2005	Gastprofessor am Erziehungswissenschaftlichen Institut in Zürich

Zahlreiche und vielfältige Publikationen zur Behindertenpädagogik und Psychopathologie

www.georg-feuser.com

Georg Feuser 26.2.11 in Bremen

Der angesägte Baum – Treibe einen Keil hinein!

Hat Ihr Weg zur Inklusion irgendwann angefangen, vielleicht auch schon, bevor Sie Lehrer wurden – bevor Sie mit Schule zu tun hatten? Hat er da schon irgendwo seine Wurzeln?

Dem ist sicher so. Integration als Weg zur Inklusion zu entwickeln, ist nicht nur ein Produkt fachspezifischer Auseinandersetzung. Man bringt ja seine ganze Persönlichkeit ein, die sich im Laufe des Lebens herausgebildet hat. Das wirkt auch in das Fach hinein und sicherlich gehört dazu, dass man von dem, was man vertritt, überzeugt und darin auch authentisch ist. Für mich bedeutet überzeugt zu sein, eine in sich stimmige Theorie zu haben, die, auch wenn man sie kritisch analysiert, in sich und bezogen auf ihren Gegenstand widerspruchsfrei ist. Das heißt u. a. auch, was man sagt, in die Praxis umgesetzt zu haben – öffentlich umgesetzt zu haben, transparent umgesetzt und Kritik ausgesetzt zu haben. Daraus entsteht schon ein immenses Überzeugungspotenzial.

Aber zu Ihrer Frage zurück. Ich wurde Anfang 1941 geboren und bin vor ein paar Wochen 70 Jahre alt geworden. Den Krieg, sein Ende und die Folgen habe ich schon bewusst wahrgenommen. Wir Kinder wurden sehr früh damit konfrontiert, dass das Leben keine leichte Angelegenheit, die tägliche Versorgung kompliziert ist. Man sah, dass Menschen, die ohne persönliche Schuld durch die Kriegseinflüsse schwer verletzt worden sind, es sehr schwer hatten, in der Gesellschaft anerkannt zu werden, obwohl viele von ihnen, ich zitiere jetzt, „Für Volk und Vaterland" ihr Leben aufs Spiel gesetzt hatten. Ich bin schon als kleines Kind mit schweren Kriegsbeschädigungen – auch Hirnverletzungen – konfrontiert worden. Man hat damals nicht auf eine lange Perspektive hin gelebt, sondern geschaut, dass man heute noch etwas organisieren kann, wovon man morgen leben kann. Wie es übermorgen sein könnte, wusste man nicht.

Man hatte als Kind schon sehr früh Verantwortung übernehmen müssen. Wir waren nicht ein luxuriöses Mitglied in irgendwelchen Familien. Die Väter waren nicht da. Ich habe meinen Vater, der relativ bald nach Kriegsende aus der Gefangenschaft fliehen konnte, zu einer Zeit kennengelernt, zu der ich keine Bindung an ihn mehr aufbauen konnte. Nachdem mein Vater ein paar Tage da war, fragte ich meine Mutter:" Wann geht der Onkel wieder?" Das waren völlig andere Verhältnisse als heute. So hatte man natürlich sehr früh unter den schwierigen Bedingungen eine gewisse Realitätssicht und –einsicht entwickelt, für die man Kraft aufwenden musste. Es hat sich auch gezeigt, wenn man Kraft aufwendet, ob man nun Kohlen klaut oder Rüben oder sonst etwas, um zu überleben, dass es sich lohnt.

Wir lebten bald nach dem Krieg in einem kleinen Dorf am Fuße des nördlichen Schwarzwaldes und dort gab es, ich zitiere wieder, „einen Dorfdeppen“, also einen geistig behinderten Menschen, der in einer Tabakscheune draußen vor dem Ort auf Blechdeckeln, die er alle gesammelt hatte, trommelte und sich darüber stabilisierte. Hatte er Hunger, ging er in irgendein Bauernhaus und nahm sich dort ein Brot oder etwas anderes Essbares. Das hat man im Dorf toleriert. Man hat ihn nicht geliebt. Niemand wollte etwas direkt mit ihm zu tun haben. Mich hat dieser Mensch fasziniert. Er muss damals so 18–20 Jahre alt gewesen sein, ist den Mordaktionen des Faschismus entkommen und nicht in den Euthanasieaktionen vernichtet worden. Ich hatte das große Glück – wir wurden Freunde. Ich hatte überhaupt keine Angst, obwohl er manchmal schon auch massiv werden konnte. Dann hat ja nach und nach die Behindertenfürsorge – im wahrsten Sinne des Wortes – wieder angefangen zu greifen – und plötzlich war dieser Mensch aus dem Dorf verschwunden. Niemand hat mir erklärt, wo er ist. Er war nach Wiesloch gekommen, in die für unsere Region zuständige psychiatrische Einrichtung, ins Landeskrankenhaus, ins Heim. Das war mir mit meinen knapp 10 Jahren schon ein ungeheuerlicher Akt. Was machen wir da? Ein Mensch verschwindet und niemand sagt etwas. Er kommt nach Wiesloch. Es war natürlich bekannt, wer spinnt und verrückt ist, der kommt nach Wiesloch; im nahen Südbaden war es Emmendingen bei Freiburg.

Ich bin also sehr früh damit konfrontiert worden, dass mit Menschen im Namen der Fürsorge etwas passiert, das mich tangiert, mich etwas angeht; man hat mir meinen Freund weggenommen. Ich bekam aber auch zu spüren, dass ich dafür, dass er mein Freund war, schief angeguckt worden bin; weil ich mich ‘mit dem’ eingelassen hatte, so nach dem Motto, das färbt ja ab. Ich habe schon damals als Kind erlebt, was ich bis heute erlebe, dass ich das „enfant terrible“ in der etablierten Gesellschaft bin und oft auch von Vertretern des eigenen Faches so angesehen werde.

Ein Zweites kam hinzu. Ich hatte auch das Glück, dass meine Mutter hatte Abitur machen können – das war ein Privileg in dieser Zeit und in dieser Umgebung. Sie war auf einem humanistischen Gymnasium eine sehr gute Schülerin, immer die Jahres- und Schulbeste gewesen und bekam dafür im Laufe ihrer Schullaufbahn die Werke von Dostojewski und Tolstoi als Preise. Sie selbst konnte nach ihrem Abitur mit diesem nichts anfangen. Sie wollte Lehrerin werden, aber als Arbeiterkind (der Vater war einfacher Gleisarbeiter bei der Bahn) und ohne Protektion war es damals unmöglich zu studieren. Gut, sie hat dann meinen Vater kennengelernt und geheiratet, sich völlig untergeordnet und konnte nichts mehr aus ihrem großen intellektuellen Potenzial machen. Es waren also nicht nur die Zeitumstände. Die Rashin-Ausgabe von Dostojewski und die Werke Tolstois wurden zur Grundlage meiner geistigen Entwicklung.

Als ich nach dem Krieg in die Schule hätte gehen müssen, die es in funktionstüchtiger Weise nicht gab – wir Kinder hatten vor allem auf dem Feld zu arbeiten, weil man überleben musste – hatte ich mit Werken von Dostojewski schon lesen gelernt; nicht mit „Susi saust mit dem Roller, rolle, rolle …" wie die ersten Schulbücher getextet waren, als es sie wieder gab. Es war der Roman „Arme Leute". Das war der Einstieg.

Es gab im Ort auch einen kriegsgefangenen Polen, der nach Kriegsende im Ort geblieben war, weil er seine Familie in Polen durch die Faschisten verloren hatte. Er hieß nur der Polack. Er hat uns Kinder immer ganz lieb behandelt. Viel besser, als unsere eigenen Leute. Auch er war ausgegrenzt, eben der Polack. Das war damals ein Schimpfwort für polnische Staatsbürger. Mit ihm hatte ich auch einen guten, aber im Dorf nicht gern gesehenen Kontakt. Das alles wurde mir auf einer übergeordneten Ebene durch den Roman „Arme Leute" klar. Das nächste Werk, das ich mit sechs, sieben Jahren gelesen habe, war „Erniedrigte und Beleidigte". Das gab mir einen Überbau und ein Gefühl für Gerechtigkeit bzw. Unrecht, ein Gefühl für Ausgrenzung und anderes mehr. Daher kommt meine Kraft noch heute. Ich bin inzwischen 70 Jahre alt, bin oft müde, und es gibt Tage, da bedarf allein die Bewältigung des Alltags der ganzen Kraft. Bis Ende Januar 2010 habe ich noch voll hauptamtlich gearbeitet, also fünf Jahre über das übliche Pensionsalter hinaus – in Zürich. Es gibt eine Art ungebrochene Linie von damals bis heute.

Wie ging es dann weiter – dieser Einstieg über Tolstoi, Dostojewski? Gab es dann schon gleich auch einen Berufswunsch in diese Richtung oder eine politische Folgerung daraus für Sie?

Nicht unbedingt, nicht unmittelbar, nur mittelbar. In meiner Familie gab es keine gewerkschaftlich oder im Sinne der Arbeiterbewegung orientierte Erziehung; im Gegenteil, es war eine erzkatholische Erziehung. Ich höre heute noch, wie man gesagt hat, das sind die „Hohe Herrschafte" und die „Feine Leut". Man gehörte nicht dazu; es gab diese Diskrepanz. Mit denen hatte man nichts zu tun, nur ihnen zu gehorchen. Ich konnte mir als Kind nie vorstellen, eine Universität je von innen zu sehen, geschweige denn, dort zu studieren oder selber zu lehren. Als ich später an die Universität kam, war das, bezogen auf die Institution und was dort nicht läuft, eine tiefe Enttäuschung. Es gab also nicht den unmittelbaren Zusammenhang, aber mir war klar, aus heutiger Sicht ausgedrückt – nicht als Kind – Bildung ist das Einzige, das mich befreien kann aus dieser erniedrigenden Situation, aus diesem engen Mief des postfaschistischen, aber im Kern noch immer faschistisch getönten Gemeinschaftsleben auf dem Dorf und in der Landwirtschaft. Wir haben als Kinder hart arbeiten müssen – oft von Sonnenaufgang bis sie unterging. Ich hab mich nach dem vierten Volksschuljahr mit gefälschter Unterschrift meines Vaters in der Stadt am Gymnasium angemeldet. Ich hatte das Glück, einen guten Lehrer zu haben, ein „Flüchtling", der aus dem Riesengebirge kam und im Ort auch nicht besonders gut angesehen war. „Die Flüchtlinge kommen, die nehmen uns den Wohnraum weg," – solches war oft zu hören. Später waren es dann die italienischen Gastarbeiter, die „Spaghettifresser", die die Arbeit wegnahmen. Eine Wiederholung nur in anderer Variante. Dieser Lehrer hat gesagt: „Du musst ins Gymnasium". Dem hat natürlich niemand zugestimmt. Meine Mutter hat sich gegen meinem Vater nicht durchgesetzt. Nach vier Wochen flog mein Betrug auf und ich musste wieder in die Volksschule zurück – acht Jahre waren das damals – und diese durchlaufen.

Und dann hab ich wieder geguckt, wie man mit einem Volksschulabschluss noch irgendwo weiterkommen kann. Es gab damals den Höheren Handelsschulen vorgeschaltete Vorklassen. Durch deren Besuch konnte man in einem Jahr drei Gymnasialjahre nachholen und zur Mittleren Reife kommen. Die Mittlere Reife war damals wieder ein Zugang zu einer weiteren gymnasialen Laufbahn, zum Abitur. Damals wurde in Karlsruhe als Modellversuch die Wirtschaftsoberschule eingeführt, die zum Abitur führte. Dieser Weg ist wesentlich durch meine Tante (die Schwester meiner Mutter) gestützt worden, die selbst ohne Kinder war. Sie hatte ihren Mann kurz nach der Heirat bei Stalingrad verloren. Sie war meine psychosoziale Mutter, die mir ermöglicht hat, diesen Bildungsweg zu gehen.

Dabei war mir schon relativ früh klar, dass ich in Richtung Medizin/Psychiatrie gehen oder eben Lehrer werden wollte, das war immer die parallele Option, dann aber mit behinderten Kindern arbeiten – vom ersten Tag an. Das hab ich dann auch umgesetzt. Ich absolvierte mein Lehramtsstudium und studierte dann später noch Heil- und Sonderpädagogik und parallel dazu auch Medizin, nicht um sie zu praktizieren, sondern aus fachlichem Interesse.

Damals dominierte die Medizin bzw. Psychiatrie das Behindertenwesen weitgehend. Wir führten einen heftigen Kampf dafür, dass die Arbeit mit behinderten Menschen ein pädagogisches, psychologisches Feld ist und kein medizinisches. Die Psychiatrie kann nur pharmakologisch therapieren, wenn Menschen 'schwierig' werden. Sie kann sie sedieren, darf sie einsperren oder fixieren. Die Medizin bzw. Psychiatrie hat keine pädagogischen Konzepte und Kompetenzen und keine für schwerer beeinträchtigte oder entwicklungsgestörte Menschen erforderliche psychologisch-psychotherapeutischen. Es gab nur wenige aufgeklärte Mediziner wie damals z. B. in Gießen, wohin ich ab 1967 Kontakte hatte, während ich in Marburg studierte, Horst-Eberhard Richter, der den ersten Lehrstuhl für Psychosomatik vertrat. Ab 1969 arbeitete ich in Gießen und baute die Martin-Buber-Schule auf. Damals galt überwiegend die Auffassung, dass Behinderung etwas ist, das in dem sitzt, an dem entsprechende Abweichungen und Defizite beobachtet wurden, der „falsch tickt" und dass man nahezu nichts machen könne, da alles endogener Natur und angeboren sei. Im Hintergrund dieser biologistischen Denkweisen standen natürlich auch noch rassistisch getönte Vernichtungstendenzen. Man hat diese Menschen zwar nicht mehr physisch vernichtet, was wir damals aber in Anstalten, Landeskrankenhäusern und psychiatrischen Abteilungen angetroffen haben, war erschreckend. Wir nannten es psychische Euthanasie. Was vor einigen Jahren mit Fingerzeig auf Rumänien angeprangert wurde, haben wir auch bei uns gehabt – nur das ist verdrängt und scheinbar schon vergessen und, so würde ich sagen, eine noch nicht bewältigte und noch nicht wirklich überwundene Vergangenheit – man betrachte dazu nur das mühsame Geschäft der Integration behinderter Menschen im Bildungssektor. Die Studienziele waren mir sehr klar, auch welche Richtung ich einschlagen werde; und was es bedeutet, studieren zu können. Dabei musste alles selbst erwirtschaftet werden, durch Arbeit auf dem Bau.

Dieses in der Kindheit entstandene Gerechtigkeitsgefühl und die Erfahrung, wie andere Menschen ausgegrenzt werden, haben Sie in Ihre Studien, in Ihren Beruf hineingebracht. Haben Sie eine Zeitlang dort Ärger mit Chefs, mit Vorgesetzten, mit Einrichtungen, in denen Sie gearbeitet haben, gehabt?

Permanent. Das fing natürlich schon im ersten Lehrerstudium an. Theologie und Religion mussten obligatorisch belegt werden und man hatte später auch Religion zu unterrichten. Da sollte ich schon relegiert werden, weil ich mir in einem sehr autoritär und dogmatisch geführten Theologieseminar zur Frage der Dreifaltigkeit Gottes, zu seiner Güte und Gnade erlaubt habe zu sagen, dass die größte Gnade, die Gott uns – wenn er denn nun der Schöpfer der Menschen ist – erwiesen hat, die sei, dass er die Geschmacksnerven im Mund und nicht am After platziert hat. Ich hatte das Glück, und das wird mir bewusster, je älter ich werde, wieder einem Menschen zu begegnen, der zu mir gestanden hat. Es war Monsignore Becker, ein Priester im Bischofsrang, der sich mit mir auseinander gesetzt und mich wieder ins Studium gebracht hat. Ich hatte auch schon in den letzten drei Jahren vor dem Abitur einen Jesuiten als Deutschlehrer, der meine damaligen Kenntnisse in der russischen Literatur zu schätzen wusste und mich hat dazu arbeiten lassen, auch wenn das nicht unmittelbar mit dem Unterricht zu tun hatte. Auch er hat mich oft verteidigt, wenn es Schwierigkeiten gab; auch gegenüber meinem Vater. Das waren Persönlichkeiten, die mir hohe Achtung abverlangt haben.

In Hessen war ich an der ersten Schule der BRD für geistig Behinderte tätig. Ich bin 1965 aus Protest aus Baden-Württemberg weggegangen, weil damals im Rahmen der Hilfsschulreform – sie wurden zu Lernbehindertenschulen und damit zu Leistungsschulen – Kinder, die als geistig behindert galten und die in Baden-Württemberg in C-Klassen der Hilfsschulen zu finden waren, aus diesen verwiesen wurden. Man hat im Rahmen dieser Veränderungen nicht parallel Schulen für geistig Behinderte eingerichtet. Deshalb bin ich dann aus Protest nach Hessen gegangen, weil es in Frankfurt schon eine erste Schule für „Praktisch

Bildbare" gab. Hessen war dann eine sehr aktive Zeit – bezogen auf die Zusammenarbeit mit dem Kultusministerium, dem „Verband Deutscher Sonderschulen (damals VDS)" auf Landes- und Bundesebene, dem Hessischen Institut für Lehrerfortbildung und in vielen anderen Zusammenhängen. Auf der Basis des Landesverbandes Hessen des VDS gründeten wir die Zeitschrift „Behindertenpädagogik", um Beiträge publizieren zu können, die den z.T. nicht nur konservativen, sondern reaktionären Auffassungen im Fach eine Gegenkraft entgegensetzen. Es gab nie die Situation, dass etwas so gelungen wäre, dass man sich hätte zurücklehnen können. Es war immer Kampf, immer!

Aber ein wichtiger Kampf – bis zum heutigen Tag.

Dem ist so. Aber heute gehen mir häufiger die Nerven durch als früher. Deshalb habe ich gestern zum Abschluss des öffentlichen Tages im Rahmen der Integrations-/InklusionsforscherInnentagung 2011 meine kritische Stellungnahme auch mit diesem Hinweis eingeleitet. Wenn ich höre, dass 2011 Sachverhalte als neue Erkenntnisse diskutiert werden, die wir schon vor 30–35 Jahren gelehrt und in der Praxis umgesetzt haben, werde ich wütend und schimpfe.

Das ist wichtig. Es wundert eigentlich, dass jemand wie Sie relativ alleine da steht mit dieser Wut. Was ist der Grund dafür, was sind die Ursachen?

Das sind komplexe Zusammenhänge. Ich denke, wir machen uns nicht genügend bewusst, was diese Forderung, „ein Kindergarten und eine Schule für alle" oder „eine lebenslange Bildung für alle" in dieser Gesellschaft und für diese Gesellschaft bedeutet. Das war ja in Bremen schon Anfang der 1980er Jahre sehr deutlich geworden. Es gibt ein unausgesprochenes Gespür dafür, dass, wenn wir ein inklusives Bildungssystem etablieren, die Privilegiensicherung über bestimmte Abschlüsse, zu denen andere keinen Zugang haben, zusammenbricht. Es geht nicht nur um eine Humanisierung des Bildungssystems, sondern auch um einen großen Demokratisierungsprozess: „Eine Schule für alle" würde in einem speziellen Sektor der Gesellschaft realisieren, was contra dem ist, wie diese Gesellschaft funktioniert. Vereinfacht: Sie funktioniert durch Separation, die auf einen engen Leistungsbegriff bezogen ist und durch Honorierung von wenigen erwünschten Leistungen, wenn diese erbracht werden. Man sieht das überdeutlich in der Bankenkrise, die den Staat eigentlich in den Ruin treibt, und trotzdem werden die Machenschaften der Banker als immense Leistung anerkannt und durch astronomisch hohe Boni honoriert, während der Staat den angerichteten Schaden finanziert – mit Steuergeldern. Aber für unsere Anliegen eines humanen und demokratischen Bildungs- und Unterrichtssystems ist kein Geld vorhanden, es ist zu teuer, wie man sagt.

Ich habe in meiner gesamten Berufslaufbahn und in Bezug auf jede mit Humanisierung und Demokratisierung der Pädagogik verbundene Initiative immer nur gehört, wir haben kein Geld. Wir machen uns oft die Dimensionen unseres Tuns nicht klar: Wenn man das Anliegen der Integration auf den gesamten gesellschaftlichen Kontext bezieht, treiben wir einen *Keil in einen schon angesägten Baum*, denn vom bestehenden Bildungssystem ist niemand mehr, der es analysierend und reflexiv betrachtet, wirklich überzeugt; es funktioniert mit Ordnungsmitteln, die nichts mit menschlichem Lernen und einer Persönlichkeitsentwicklung zu tun haben, aber als unverzichtbare Dominanten eben dieser Prozesse identifiziert werden. So können sie noch lange als unverzichtbar propagiert werden. Ab einem bestimmten Punkt des Prozesses kann man nicht mehr zurück. Das hat damals Herr Senator Franke in Bremen deutlich artikuliert. Er sagte einmal zu mir: „Herr Feuser, ich sehe ein, was Sie fordern. Wenn ich heute durchziehe, dass ich das Gymnasium abschaffe und wir eine Schule für alle machen, wird kein Schulabgänger von Bremen irgendwo in der Republik eine Berufsausbildung bekommen oder studieren können. Ich kann mir diesen Schuh nicht anziehen". Bremen war damals in der Situation, über den Bund-Länder-Finanzausgleich mitfinanziert zu werden und hatte die Auflage, das Bremische Schulsystem dem Länderdurchschnitt anzugleichen.

Wir standen ja damals auch mit schwerstbehinderten Schülern an der Schwelle zum Gymnasium. Es hätte sich auch eines für uns geöffnet. Letztlich hat es die SPD verhindert und später die Integration den Koalitionsverhandlungen als Verhandlungsmasse angeboten. Senator Franke ist damals aus gesundheitlichen Gründen zurückgetreten.

Das gesellschaftsverändernde Potenzial des Integrations-/Inklusionsanliegens ist nicht zu unterschätzen. Das erzeugt Abwehr und löst auch Ängste aus – ganz klar. Wer nicht in der Debatte steht oder *die Praxis* erfahren konnte, für den ist das auch erst einmal ein undenkbares Phänomen. Ich glaube, das unterschätzen wir. Das sind alles keine primär pädagogischen Sachverhalte und Fragen. Das habe ich gestern auch gesagt. Wir brauchen überhaupt keine Integrationsforschung, wenn die Gesellschaft will, dass sie inklusiv wird. Dann kann sie das anordnen. Darin ist unsere Gesellschaft souverän. Genauso könnte ein gesellschaftlicher Konsens die Euthanasie Behinderter einführen. Auch dazu braucht es keine Forschung. Die ganze Forschung im Rahmen der Integrationsentwicklung hatte wesentlich die Funktion, diesen Entwicklungsprozess zu kontrollieren. Deshalb war schulische Integration praktisch nur in Schulversuchen möglich. Um das klar zu stellen: Ich meine damit nicht, dass es keiner erziehungswissenschaftlichen, pädagogischen und humanwissenschaftlichen Forschung bedarf, sondern dass der Ruf nach ihr – wie nach dem Kindeswohl – immer dann besonders laut erschallt, wenn es Entwicklungen zu kontrollieren oder zu verhindern gilt. In keinem Bundesland wurde ein 'Schulversuch Integration' nach dessen Beendigung trotz positiver Ergebnisse als Regelsystem fortgesetzt.

Nun haben Sie sich oft auf Basaglia berufen, der gesagt hat: „Jetzt ist Schluss, der Tag ist gekommen, wir beenden das System der Psychiatrie in Italien.“ Ist er ein Vorbild gewesen?

Ein Vorbild im engeren Sinne nicht, weil wir die Enthospitalisierung behinderter Menschen in gleicher Weise diskutiert haben. Das Verhältnis zur italienischen demokratischen Psychiatriebewegung und zu Franco Basaglia war kein Schüler-Lehrer-Verhältnis. Basaglia als derjenige, der die demokratische Psychiatrie in Italien und die damit verbundenen Reformen auf den Weg gebracht hat, war eine zentrale Bestätigung unserer Bemühungen hier in Deutschland, wo wir als Exoten oder Spinner angesehen wurden, die etwas fordern, was nicht geht.

Als wir dann von den Entwicklungen in Triest, in Gorizia, und von Basaglia gehört haben, war klar, ab ins Auto – hin. Wir haben in Basaglia den ersten Menschen getroffen, der uns ein Spiegel unserer eigenen Anliegen war – und dass wir keine Spinner sind, sondern es auch andere gibt, die Vergleichbares für die Psychiatrie fordern, was wir am selektierenden Bildungssystem kritisieren und an Veränderungen fordern. Das war das Spannende daran. In Italien – auch anders als in den skandinavischen Ländern – gab es eine Bewegung, die auf ähnlichem und vergleichbarem Gedankengut basierte, das auch wir zugrunde legten. So vor allem auch im Feld der Pädagogik z. B. Andrea Canevaro in Bologna und Milani-Comparetti mit Otto Roser in Florenz. Basaglia argumentierte im Sinne einer materialistischen Erkenntnistheorie und spaltete die fachlichen Anliegen nicht von den politischen ab, sondern sah sie als politische, wesentlich orientiert auch an Gramsci. Das war uns eine bedeutende Bestätigung. Ich hatte Basaglia später noch einmal in Venedig mit einem italienischen Freund besucht, der mir das ermöglicht hatte; nicht lange danach ist er gestorben. In Mestre streikte die Belegschaft einer Firma, weil damals dort schon beschäftigte behinderte Mitarbeiter entlassen werden sollten. Die nicht behinderten Arbeiter ließen nicht zu, dass ihre Arbeitsplätze aufgrund dessen gesichert werden, dass behinderte Mitarbeiter und Kollegen entlassen werden. Damals konnte ein behinderter Mensch bei uns noch nicht einmal Gewerkschaftsmitglied werden, weil er keinen anerkannten Ausbildungsberuf abgeschlossen hatte – und dort ereignete sich so etwas. Das sind schon große Unterschiede.

Wir haben das diskutiert und ich fragte Franco Basaglia, was denn der Unterschied sei: Italien hatte wie Deutschland einen Faschismus, beide Länder haben ein kapitalistisches System u. a.m. Ich höre ihn heute noch sagen: „Georgio, es gibt einen Unterschied zwischen den Deutschen und den Italienern. Die Deutschen wurden von den Amerikanern entnazifiziert und die Italiener haben Mussolini aufgehängt“. Das war seine Antwort. Basaglia war und ist noch heute ein wichtiger Bezugspunkt und auch ein Schutzschild bezogen auf die Angriffe, die wir erfahren haben. Schon beim Aufbau der Martin-Buber-Schule in Gießen wurde mir seitens eines damaligen Bürgermeisters nahe gelegt, mich psychiatrisch untersuchen zu lassen, weil mein Einsatz für Behinderte 'nicht normal' sei. Basaglia hat ein heute noch immer unterschätztes Analyse-Repertoire hinterlassen, vor allem Institutionen kritisch zu hinterfragen und ihre gesellschaftlichen Funktionen zu enttarnen.

Was wünschen Sie sich jetzt? Was muss, wenn Sie mit dem Finger schnalzen könnten, passieren?

Oh, das ist eine ganz schwierige Frage. Viel schwieriger als eine Fachfrage. Ich habe solche Wünsche nicht. Inzwischen, da bin ich geduldig, habe ich gelernt, dass sich bestimmte gesellschaftliche Veränderungen, die ein verändertes Bewusstsein der Menschen voraussetzen, also ihre Bewusstheit über gesellschaftliche Verhältnisse und deren Wirkmechanismen nicht beliebig beschleunigen lassen; auch beim besten Input nicht. Entwicklungsprozesse, das sehen wir ja täglich in unserem unmittelbaren fachlichen Tun, laufen nicht linear ab; nicht von A nach B, dann nach C und D. Sie machen Sprünge; so auch gesellschaftliche Entwicklungen. Sehen Sie, mich tröstet, so bitter es für die ermordeten Demonstranten, für ihre Freunde und Familien auch ist, was jetzt in Nordafrika läuft. Die Menschen nehmen ihre Befreiung von Unterwerfung, Knechtung und staatliche Willkür in die eigene Hand. Niemand hätte das voraussagen können. Die Menschen bemächtigen sich im Prozess der Globalisierung der inzwischen global anerkannten Menschenrechte. Das macht Mut. Bei uns müsste ein ganzes Bundesland vor den internationalen Gerichtshof, um zu überprüfen, ob die Kultushoheit eines Bundeslandes so weit gehen kann, dass sie international geltende und auch national ratifizierte Menschenrechte, z.B. das Recht auf ungeteilte Partizipation am Alltagsleben, an Kultur, an Arbeit, an Bildung unterlaufen kann, weil es Macht über das Schulsystem hat. Das muss politisch lanciert werden. Aber auch dazu braucht es natürlich eine außerordentlich solide Fachbasis.

Wann wäre für Sie der Punkt gekommen, eine Stadt oder ein ganzes Bundesland vor dem Europäischen Gerichtshof zu verklagen?

Für mich ist dieser Punkt schon längst gekommen. Das in zweifacher Hinsicht. Zum einen liegen hinreichend Gründe dafür vor, seit die UN-Behindertenrechtskonvention, also das „Übereinkommen über die Rechte von Menschen mit Behinderungen“ durch die Bundesrepublik Deutschland ratifiziert wurde. Die Frage wäre zu überprüfen, ob, wie schon angedeutet, die Kultushoheit der Länder, die sich der Entwicklung eines inklusiven Bildungs-, Schul- und Unterrichtssystems entgegenstellt oder es so beliebig interpretiert, dass am Ende die Selektionsfunktionen des Systems gestärkt werden, aber Integration dazu gesagt wird, z.B. über den Absatz (1) des Artikel 24 (Bildung) zu stellen ist oder eben dieser der Kultushoheit gegenüber Vorrang hat. Zum anderen wäre z.B. mit Bezug auf den Artikel 10 (Recht auf Leben) der UN-Konvention zu überprüfen, ob Selektionen, wie z.B. bei der Präimplantationsdiagnostik bis hin zur so genannten Lebenswertdebatte und die Fragen der „Neuen Euthanasie", wie sie z.B. durch Peter Singer in seiner „Praktischen Ethik" vertreten wird, damit zu vereinbaren sind. Es ließen sich noch viele andere Punkte nennen.

Kommen wir zum Schluss zur Schulpraxis. Inklusion gelingt, wenn wir in jeder Schulklasse jedem Kind ermöglichen, entsprechend seinem Entwicklungsniveau zu arbeiten. Ist das so richtig verstanden?

Im Grunde „Ja"! Aber so einfach diese Forderung zu erheben ist, so schwierig ist wohl ihre Umsetzung. Wäre dem nicht so, stünde es um die Integrationsentwicklung – trotz allem verbalen Getue – nicht so katastrophal schlecht, wie sie inzwischen geworden ist. Aus meiner Sicht und Erfahrung führt kein Weg daran vorbei, sich mit einer „Allgemeinen Pädagogik und entwicklungslogischen Didaktik" auseinander zu setzen, wie ich sie skizziert habe. Das impliziert, um es kurz zu sagen, einen *durchgängigen Projektunterricht in offenen Unterrichtsformen in jahrgangsübergreifenden Klassen* oder Lerneinheiten und, wohl das Schwierigste, die Entwicklung eines Verständnisses für das Lernen durch *Kooperation an einem Gemeinsamen Gegenstand.* Aber allem voran ist das eine Frage – wiederum auf einen Begriff gebracht – unseres Menschenbildes und damit eines grundlegend zu revidierenden Verständnisses dessen, was die „Be-Hinderung" eines Menschen sei. Ich halte diese Frage und damit unsere eigene Veränderung für die zentrale und grundlegende Auseinandersetzung, die wir mit uns und unter uns führen müssen. Billiger ist Integration nicht zu haben; ohne dieses zu leisten, werden die Begriffe „Integration“ und „Inklusion“ zu Seifenblasen, mit denen man Fußball spielen will. Ich habe schon zu Anfang der 1980er Jahre gesagt und geschrieben, wiederholt, *„Integration fängt in den Köpfen an; in unseren.“* Eltern, Politiker, Administratoren, Lehrer und Lehrerinnen werden sich darüber klar werden müssen, was uns unsere Kinder wert sind, wie wir ihnen begegnen wollen, ob wir sie – kurz gefasst – zu etwas in dieser Gesellschaft Nützlichem abrichten wollen, oder ihnen ermöglichen, dass sie sich bilden können.

Viele können sich schwer vorstellen, wie hier der „Gemeinsame Gegenstand“ mit der Individualisierung verknüpft wird …

Ich weiß, ich weiß! Ich kann das hier in wenigen Sätzen nicht auflösen, hoffe aber, noch Zeit zu finden und Kraft zu haben, dazu zu schreiben. Was der „Gemeinsame Gegenstand“ meint, hat viel mit dem zu tun, wie wir den Menschen begreifen, seine Möglichkeiten zur Erkenntnis der Welt sehen, seine Vernunftfähigkeit einschätzen, die wir Kindern und Jugendlichen ja weitgehend unausgesprochen absprechen, so wie wir sie behandeln. Es hat vor allem auch mit dem zu tun, was im Sinne von Bourdieu als *‘symbolisches Kapital’* bezeichnet werden kann, das gerade die Lehrerschaft anscheinend nur denen zögerlich zu gewähren bereit ist, die deutscher Abstammung und Nationalität sind, ihre Sprache sprechen, als nicht behindert gelten und, bezogen auf ihr Lernen, Selbstläufer sind – nun formuliere ich es einmal hart – für die es die Schule gar nicht bräuchte. Darüber hinaus wird es dann schwierig. Und: Die Individualisierung meint kurz gefasst nichts anderes, als – in Anlehnung an Vygotskij – eine Sache in den durch die ‘nächste Zone der Entwicklung’ gekennzeichneten Wahrnehmungshorizont eines Kindes zu bringen, damit in sein Denken und Handeln, was nur in kooperativen Zusammenhängen möglich ist. Das meint, in von einem gemeinsamen Interesse aneinander und an der Sache getragenen positiven Beziehungsverhältnis von Lehrenden und Lernenden. Aber, wie gesagt, das bedarf noch eines Buches ---

Sehen Sie diese beschriebene entwicklungsniveaubezogene Individualisierung in manchen Schulen verwirklicht?

Manchmal sehe ich kleine Momente, in denen so etwas aufscheint. Wissen Sie, damit ist es ähnlich, wie mit der Inklusion als solcher – es muss immer und in jedem Moment darum gerungen werden und es wird mal gelingen, mal nicht – es wird nie als solches einfach da sein. Aber: Ich bin mir sicher, dass eine Lehrerbildung – und ich betone hier „Bildung“, nicht Lehrerausbildung – sehr viel dazu beitragen kann, dass die später Lehrenden, ich möchte es einmal so sagen, die menschliche, vor allem die menschliche und auch die fachliche „Reife“ (ich setze ‘Reife’ in Anführungszeichen) sich erarbeiten können, dass diese Momente im Unterricht dominieren. Das geht in den derzeitig vorherrschenden Unterrichtsstrukturen aber nicht – und auch eine Projektwoche im Schuljahr oder ein bisschen Wochenplanunterricht o. ä. bringt es nicht. In den 1980er Jahren in Bremen konnte ich nahezu täglich in den Kindergärten und auch später im Schulversuch solches beobachten. Ich weiß von vielen Lehrerinnen und Lehrern, dass sie sich darum bemühen, aber ich könnte keine Schule benennen, in der ein solcher Unterricht schon dominieren würde. In Wien gibt es seit gut zwei Jahrzehnten Entwicklungen, die sehr in diese Richtung weisen oder gehen, aber das kann ich hier nicht weiter ausführen. Sehen Sie, dieses arme Deutschland bringt es nicht in einem Fall, an einer ganz regulären Schule mit ihrem Einzugsbereich und den Kindern und Jugendlichen, die dort leben, eine solche Schule Wirklichkeit werden zu lassen. Bundesweit wird bestaunt, was z. B. Royston Maldoom mit seinen Tanzgruppen ermöglicht ... lassen wir es bei diesem einen Beispiel. Was glauben Sie, wenn man so, wie ich das intendiere, in Schulen arbeiten würde, mit Vertrauen auf die Interessen der Kinder an ihrer Welt und an Themen und Fragestellungen, die sie mit in die Schule bringen und von denen die Lehrer vielleicht selbst nicht viel Ahnung haben und sich mit ihren Schülern zu Lerngemeinschaften zusammenschließen, was dann möglich wäre? Manchmal kann ich nicht mehr verstehen, dass Lehrer das machen, was und wie sie es machen und nicht einen Generalaufstand für eine andere Schule durchziehen. Die Eltern, da bin ich mir sicher, wären dafür zu gewinnen, weil sie für ihre Kinder etwas wollen. Da versagt auch die GEW kläglich, leider.

Sind für Sie Offener Unterricht und auch Altersmischung methodische Grundvoraussetzungen für das Gelingen von Inklusion im Schulalltag?

Im Grunde habe ich das schon beantwortet. Offener Unterricht ist ein Aspekt, ohne den, was übergeordnet wäre, ein Projektunterricht nicht realisierbar ist. Aber so, wie Offener Unterricht heute im Fächerunterricht verfasst ist, wäre er auch nicht genügend. Die mit solchen Bezeichnungen gefassten Organisationsformen würden sich im Prozess eines Lernens durch Kooperation am Gemeinsamen Gegenstand verändern. Altersmischung ist für mich keine methodische Grundvoraussetzung, sondern, erlauben Sie mir, es so zu auszudrücken, eine menschliche. Es gibt keine vernünftige Begründung, die mit menschlicher Gemeinschaft, menschlichem Lernen und menschlicher Persönlichkeitsentwicklung zu tun hat, die eine Altershomogenität von Lerngruppen vernünftig begründen könnte. Jahrgangsklassen sind, bei allen Schwankungen, die sie aufweisen, eine Referenz an eine Vorstellung von Lernen, das normierbar wäre, altersnormierbar und unter Einbezug der Curricula, auch altersinhaltlich normierbar. Das ist einfach absurd. Es befriedigt das Bedürfnis nach einer stabilen Ordnung von Schule, Verhaltensweisen, die man bei einem Menschen aus dem Autismus-Spektrum sehr schnell als pathologisch einschätzen würde, als Redundanzen bezeichnen, als Stereotypien.

Wir laden Sie herzlich in unsere Schule Berg Fidel ein!

Prof. Dr. Hans Wocken

1943	geboren im Kreis Meppen
viele Jahre	Volksschullehrer und Sonderschullehrer, Wissenschaftlicher Assistent in Dortmund und Köln
1980	Professor für Lernbehindertenpädagogik in Hamburg
1982	Veröffentlichung: Didaktische Leitideen der Schule für Lernbehinderte
seit 1983	Hamburger Schulversuch „Integrationsklassen", mitinitiiert und wissenschaftlich begleitet
1987	Veröffentlichung: Bilanz und Perspektive des Schulversuchs Integrationsklassen
1988	Veröffentlichung: Offener Unterricht
seit 1989	Hamburger Schulversuch „Integrative Regelklassen", mitinitiiert und wissenschaftlich begleitet
1996	Veröffentlichung: Sonderpädagogischer Förderbedarf als systemischer Begriff
1998	Veröffentlichung: Gemeinsame Lernsituationen – Didaktische Leitideen der Schule für Lernbehinderte
2007	Veröffentlichung: Fördert Förderschule?
2008	Emeritierung
	Vielfältige Vortagstätigkeit über Inklusion
2011	Veröffentlichung: Das Haus der inklusiven Schule

www.hans-wocken.de

Hans Wocken 25.2.11 in Bremen

Über den pädagogischen Wert der Pause

Wo sind die Wurzeln von Hans Wocken?

Ich war das neunte Kind einer großen Familie auf dem Land, im Emsland. Meine Muttersprache war Plattdeutsch. Und so kam ich in die Volksschule und habe mit der Lehrerin plattdeutsch gesprochen, und mit den anderen Kindern natürlich auch. Wir durften sogar im Unterricht plattdeutsch sprechen, nicht nur in der Pause. In der Volksschule habe ich dann ein Wunder erleben dürfen – nämlich Deutsch zu lernen, und zur gleichen Zeit auch Lesen, Schreiben und Rechnen. Das ist schon ein Wunder, was ich eigentlich bis auf den heutigen Tag nicht so recht begreife, wie man in zwei Jahren Deutsch, Lesen, Schreiben und Rechnen lernen kann. Zu Hause im Elternhaus existierte die deutsche Sprache eigentlich nicht. Im Grunde genommen fielen zu Hause keine deutschen Wörter, denn wir hatten keinen Fernseher, wir hatten keine Zeitung und das Radio wurde nur angestellt, wenn der Bauer wissen wollte: Wie wird denn das Wetter?

Meine 'Entdeckung' habe ich einer Bildungskatastrophe zu verdanken. Der bayerische Philosoph Georg Picht hatte ein Buch geschrieben: „Die deutsche Bildungskatastrophe". Danach bin ich entdeckt worden, weil die Bildungswerber händeringend nach Begabungsreserven auf dem flachen Lande suchten. Die Bildungswerber gingen immer zu den Pfarrern und Pastoren hin. Die Pfarrer haben ja auch in der Volksschule unterrichtet, sie kannten deshalb alle Kinder im Dorfe. Diese Bildungswerber gingen also zu dem Pastor hin und fragten: „Sag uns doch einmal, wo gibt es hier begabte und fromme Jungen?" So bin ich ins Kloster gekommen. Meine ersten fünf gymnasialen Jahre habe ich im Kloster verbracht. Dann hatte ich vom Kloster die Schnauze voll und bin auf ein öffentliches Gymnasium gegangen.

In der Pfadfinderschaft habe ich meine ersten pädagogischen Erfahrungen gesammelt. Nach dem Abitur wollte ich eigentlich Architekt oder Rechtsanwalt werden. Aber als ich das zu Hause gesagt habe, reagierte meine Familie entsetzt: „Junge, wo wullst du hen?" Akademische Berufe waren keine gute Wahl für einen Jungen vom flachen Land. Dann bin ich eben Lehrer geworden, das konnte sich meine Familie vorstellen. Als Volksschullehrer bin ich zunächst wieder in meine Heimat gegangen, ins Emsland, und habe dort in der Hauptschule unterrichtet.

Dass ich dann Sonderpädagoge geworden bin, hat einen ganz bestimmten Grund. Im Zuge meiner Heirat bin ich vom Emsland nach Nordrhein-Westfalen gezogen und war in Ahaus (Westfalen) an der Hauptschule tätig. Das letzte Jahr meiner Hauptschultätigkeit, das war das Allerschlimmste. Da hatte ich eine Klasse mit fünfzig Jungen! Das muss man sich mal vorstellen. Ich habe die

Hände über dem Kopf zusammengeschlagen: So hast du dir das Lehrerdasein nicht vorgestellt. Damals wusste ich von der Sonderschule nur so viel: Da gibt es kleine Klassen. Also, habe ich mir gedacht: Nichts wie hin! Und so ist der Mensch Sonderpädagoge geworden.

Wie kamen Sie zur Hochschule?

Ich war zunächst Sonderschullehrer und bekam dann eine Stelle als Sonderschullehrer „im Hochschuldienst" an der Pädagogischen Hochschule Dortmund. Das war eine Zeit, in der ich ungemein viel gelesen und gearbeitet habe. Was mir auch Gelegenheit gegeben hat, zu promovieren. Meine entscheidende pädagogische Erfahrung habe ich dann in dieser Zeit als wissenschaftlicher Assistent an der PH Dortmund gemacht. Da hat mir mein Professor den Auftrag gegeben, ich sollte mal ein Seminar über Gesamtschule halten. Ich kannte die Hauptschule und die Sonderschule, von Gesamtschule aber hatte ich keine Ahnung. Da habe ich meine Studenten in den Bus gepackt und gesagt: „Wir fahren einfach mal nach Bielefeld. Da gibt es eine Gesamtschule." Das war die Gesamtschule des großen Pädagogen Hartmut von Hentig, die Laborschule Bielefeld. In der Laborschule Bielefeld habe ich zum ersten Mal in meinem Leben gesehen, dass Schulen anders sein können. Dieses Damaskus-Erlebnis von Bielefeld hat mich nicht mehr losgelassen. Nun bin ich angefangen zu reisen. Ich wollte wissen, was es sonst noch so alles an Schulen gibt.

Ich habe dann fast alle Alternativschulen Europas besucht, die es damals gab. Ich war in Twint, in Summerhill, in Glocksee, in vielen Privatschulen. Auf diesen Reisen bin ich dann auch nach Italien gekommen und nach Skandinavien. Als Sonderpädagoge habe ich natürlich immer gefragt: „Wo sind meine lernbehinderten Kinder?" Und da haben die Italiener und die Skandinavier gesagt: „Wen meinst Du? Lernbehinderte? Haben wir nicht! Die sind hier irgendwo unter den anderen Schülern."

Die 70er-Jahre standen bei mir ganz im Zeichen dieser Bildungsreisen. Von diesen Reisen bin ich nach Hause gekommen, und dann ist aus dem ungläubigen Paulus ein gläubiger Saulus geworden. Ich hatte Integration mit eigenen Augen gesehen. Es gab damals ja nicht ein einziges Buch oder einen Zeitschriftenaufsatz über Integration. Und wenn mir das jemand erzählt hätte, hätte ich gesagt: „Das gibt es nicht." Aber ich bin von diesen Bildungsreisen nach Hause gekommen und konnte immer sagen: „Ich habe es gesehen!"

1980 kam ich nach Hamburg. 1981 war das 'Jahr der Behinderten', das erste UNO-Jahr der Behinderten. In der Hamburger Szene bin ich mit Eltern bekannt geworden, die ihre behinderten und nichtbehinderten Kinder in einem gemeinsamen Kindergarten hatten. Diese Eltern forderten kategorisch: „Diese Integration soll bitte sehr am ersten Schultag nicht aufhören".

An der Universität Hamburg habe ich Ines Boban und Andreas Hinz kennengelernt. Das waren meine ersten Studenten. Wir haben uns mit diesen Eltern aus den integrativen Kindergärten getroffen, wir saßen zusammen unten im Partykeller und haben überlegt: Wie schaffen wir das? Was müssen wir unternehmen, damit unsere Kindergartenkinder auch zusammen in die Grundschule kommen? In dieser Elterninitiative gab es nahezu eine Verschwörungsatmosphäre: Wir wollten Integration! Von diesen Eltern habe ich eigentlich Pädagogik gelernt. Diese Eltern haben in der Runde zusammen gesessen und sich gegenseitig von ihren Kindern erzählt, von ihren Behinderungen und von ihren Liebenswürdigkeiten. Da habe ich von den Eltern einen anderen Blick auf behinderte Kinder bekommen. Ich habe gelernt, wie man zu behinderten Kindern stehen kann, wie problematisch die Behinderungskategorien sind und wie falsch der übliche Defizitblick ist.

An meiner Hamburger Universität gab es Professoren-Kollegen, die alle miteinander gesagt haben: „Das geht nicht!" Aber die Kollegen waren sehr tolerant, sie haben gesagt: „Lass den Jungen mal laufen. Der wird sich schon die Hörner abstoßen." Meine Hamburger Kollegen haben mich gewähren und laufen lassen. Ich habe also mit diesen Elterninitiativen für Integration gekämpft. 1983 war es dann soweit, da wurden die ersten Integrationsklassen in Hamburg eingerichtet. Ich wurde auf Wunsch der Elterninitiativen zum wissenschaftlichen Begleiter des Schulversuchs „Integrationsklassen in Hamburger Grundschulen" bestellt und habe dann fortan hinten im Klassenzimmer gesessen und mir das angeguckt.

Ich habe in Hamburg auch die Arbeitsgemeinschaft der Eltern 'Gemeinsam leben, gemeinsam lernen' ins Leben gerufen. Wir haben uns regelmäßig in der Uni getroffen. Das war eine richtige Kampfgemeinschaft. Die Integrationsinitiative hat sich auch ausgeweitet auf schleswig-holsteinischen Boden. Da waren die Verhältnisse noch schwieriger, weil wir damals in Schleswig-Holstein eine CDU-Regierung hatten. Nachdem die erste schleswig-holsteinische Elterninitiative eine Integrationsklasse an der 'Georg-Fock-Schule' durchgekämpft hatte, wollten wir eine zweite Integrationsklasse erreichen. Was haben wir gemacht? Wir haben 'unsere' Kinder genommen, uns an den Kindern fest gekettet und sind dann singend in den Schleswig-Holsteinischen Landtag eingezogen. Ein Landtag ist bekanntlich von einer Bannmeile umgeben. Wir wussten, da stehen Wächter herum, die werden uns nicht reinlassen. Aber die Wächter hatten Angst vor unseren Kindern, sie mochten die Kinder nicht anfassen. So sind wir dann angekettet an unsere Kinder in den Schleswig-Holsteinischen Landtag reingezogen und haben Integrationslieder gesungen. Das Singen von Integrationsliedern war unser Markenzeichen überhaupt. Wir hatten als Initiative ein eigenes Liedgut und ein eigenes Integrationsorchester. Zum Orchester gehörten eine Mutter, die

Schifferklavier spielte, und zwei andere Mütter, die Gitarre und Violine spielen konnten.

In Schleswig-Holstein war ich wegen dieses Einmarsches in den Landtag als oppositioneller Demonstrant verschrien, eine persona non grata. Dann änderten sich die Verhältnisse in Schleswig-Holstein. Kultusminister Bendixen wurde abgelöst durch Eva Rühmkorf. Das war die Frau des Dichters Peter Rühmkorf. Eine wunderbare Frau. Als sie kam, änderte sich auch die Bildungspolitik in Schleswig-Holstein. Eva Rühmkorf hat eine Experten-Kommission einberufen, die Empfehlungen erarbeiten sollte, wie man Integration machen kann. Und in diese Experten-Kommission wurde ich berufen. So habe ich Karriere gemacht, aus dem einstigen Dissidenten wurde ein geschätzter Experte der Integration.

Integration fing wirklich an mit einem Kampf, mit einem Kampf von „betroffenen" Eltern gegen alle, gegen die Politik, gegen die Schulbehörde, gegen die Sonderschulen und gegen die sonderpädagogische Wissenschaft! Innerhalb meines eigenen Professorenkollegiums und innerhalb der sonderpädagogischen Landschaft stand ich ziemlich allein auf weiter Flur. Dieser Kampf war damals noch mit vielen Unsicherheiten behaftet. Ich wusste damals auch noch nicht sicher, ob Integration richtig ist und wirklich funktionieren kann.

Rückblickend auf Ihre Kindheit und Jugend, wo liegt der Ursprung für diese Kraft und Überzeugung?

Da mischt sich das Eine mit dem Anderen. Wir waren neun Kinder. Das heißt, meine Eltern haben sich um mich nicht kümmern können. Ich wurde morgens angezogen, kriegte 'nen Klaps auf den Hintern und dann hieß es: Junge, sieh zu. Meine 'Mutter' war meine älteste Schwester. Meine älteste Schwester war ja schon 15 Jahre älter, sie arbeitete im Büro und hat dort Schreibarbeiten gemacht. Ich saß dann unter ihrem Tisch und sie hat mir immer wieder ein Märchen vorgelesen. Aber ansonsten hatten die jüngeren Geschwister mit den älteren wenig zu tun, die waren ja alle schon 'auf Arbeit'. Die jüngeren Geschwister unserer zahlreichen Familie bildeten einen eigenen Haufen. In der Familie hatten die Jüngeren den Spitznamen: „De Lüttgen" (die Kleinen). Wir sind auf dem Heuboden herumgeturnt und haben uns überall herumgetrieben, fernab von den Erwachsenen. Im Grunde genommen bin ich nicht-autoritär 'erzogen' worden. Ich habe eine Kindheit gehabt mit einer Freiheit, die man sich heute überhaupt nicht mehr vorstellen kann. Wir Kinder konnten tun und lassen, was wir wollten, wenn man sich nur an die minimalen Spielregeln hielt: Man musste mittags und abends da sein zum gemeinsamen Essen und man durfte nichts ausfressen. Aber es war eine vollkommen unkontrollierte Kindheit. Kein Ballett, kein Klavierunterricht, keine Frühförderung oder irgend so ein Zeug. Das war ja noch nach dem Krieg. Eine solche freie Kindheit, die möchte ich heute gerne vielen Kindern gönnen. Diese freie Erziehung, die hat bei mir natürlich auch etwas bewirkt. Ich bin ein recht eigenständiges und selbstständiges Gewächs mit einem starken Ich, weil ich von Kindsbeinen an auf eigenen Füßen stand und stehen durfte.

Wir jüngeren Kinder haben auch eigene Projekte gestartet. In der Zeit um 1950 – also kurz nach dem Krieg – gab es zum Beispiel noch keinen Fußball. Spielzeug gab es sowieso nicht. Wenn wir etwas spielen wollten, mussten wir uns unser Spielzeug selbst machen. Und wir vier Jüngeren haben zum Beispiel für das ganze Dorf ein Projekt gemacht. Wir haben Kaspertheater gespielt. Wir haben die ganze Bühne gebaut, von irgendwoher Kaspertheaterstücke aufgeschnappt und dann ein Stück eingeübt. Das selbstgefertigte Veranstaltungsplakat wurde natürlich an der Dorfkirche aufgehängt. Am Sonntagnachmittag war dann ein Kindernachmittag für das ganze Dorf. Da führten die vier Wockens für das Dorf Kaspertheater auf. Der Eintritt kostete 5 Pfennig. Das war ein selbstorganisiertes Projekt. Nicht anbefohlen, nicht organisiert, nicht angeleitet, gar nichts! Das war ein wirkliches Projekt, wie es heute in den Büchern beschrieben wird, aber eher selten stattfindet. So wie dieses Theaterprojekt war auch meine Kindheit selbst inszeniert. Es war eine Kindheit ohne Aufsicht, ohne Kontrolle und ohne Programm.

Ein weiteres Element war meine Aktivität in der Pfadfinderschaft. Im klösterlichen Internat gab es eine Pfadfinderschaft, in der ich lange Zeit als Gruppenleiter, als „Wölflingsführer" tätig war. Ich habe in jeder Woche meine Wöflingsgruppe betreut, mit den kleinen Wölflingen Lieder gesungen und mit ihnen Spielchen gemacht. Von dieser Zeit konnte ich später als Lehrer ungemein profitieren. Ich war ein Spiel-Profi. So etwas lernt man ja nicht auf der pädagogischen Hochschule, sondern das habe ich als Pfadfinder gelernt. Das ist mir absolut zu Gute gekommen.

Die Kraft war die Chance und mein Wille, selbst zu sein! Das durfte ich als Kind. Ich durfte ein eigener Mensch sein. Und dieser ganz eigene Mensch, der ist auch durch die katholische Klostererziehung nicht untergegangen. Manche Einflüsse von außen blieben bei mir wirklich außen hängen. Im Kloster war ich jeden Tag morgens in der Messe. Jeden Tag wurde abends ein 'Rosenkranz' gebetet, wegen der Gottesmutter Maria. Heute bin ich nicht mehr in der Kirche. Also, das blieb äußerlich. Ich durfte ein Leben lang 'ICH' sein. Das ist vielleicht mein Geheimnis.

Auch in der Wissenschaft?

Ja, durchaus. Ein Beispiel: Es gab in der Geschichte der Integrationspädagogik zunächst keinerlei Aufsätze zur Didaktik der Integration. Der Aufsatz von Georg Feuser 'Lernen am gemeinsamen Gegenstand' war der allererste didaktische Aufsatz überhaupt. Feuser war eine absolute Autorität und seine Formel 'Lernen am gemeinsamen Gegenstand' wurde landauf landab von allen Kolleginnen und Kollegen nachgebetet. Die Zustimmung zu dieser Formel war nahezu die Eintrittskarte, dass man sich zur Gemeinde der Integrationsforscher zählen durfte. Ich war einer der Ersten, der dieser Formel widersprochen hat mit meinem Aufsatz über „Gemeinsame Lernsituationen“. Gegen Georg Feuser zu opponieren, das war schon etwas. Dieses Bestehen auf einer eigenen Position hat mir einigen Respekt eingebracht in unserer Forschergemeinde. Das war keineswegs Feindschaft gegen Georg Feuser, das ist totaler Blödsinn. Wir reichen uns die Hand. Wir verstehen uns. Aber es ist eine Geschichte für mein autonomes wissenschaftliches ICH.

Hat dieser Ansatz des ‘gemeinsamen Gegenstandes’ einen Bezug zu Ihrer Erfahrung in Schule?

Oh ja! Ich war ja in der wissenschaftlichen Begleitung der Hamburger Integrationsklassen tätig. Wissenschaftliche Begleitung bedeutete für mich damals nicht: Fragebogen verteilen, Tests durchführen und auswerten. Sondern, ich habe hinten im Klassenzimmer gesessen und habe mir die real existierende Wirklichkeit der Integration immer wieder mit eigenen Augen angesehen. Ich habe geguckt, ob es den Kindern, und zwar allen Kindern gut geht. Ich habe mit den Eltern gesprochen: „Wie entwickelt sich Ihr Kind?“ Und ich habe viel mit den Lehrern gesprochen. Dabei kam es häufiger vor, dass wir uns nach einem Unterrichtsvormittag zusammengesetzt und gemeinsam darüber nachgedacht haben: „Na, wie war es denn heute so?“ Dann sagten die Lehrer: „Ja, das war eigentlich ein schöner Tag. Es ist wunderbar gelaufen.“ Ich habe dann weiter nachgebohrt: „Wie war das denn heute mit dem ‘gemeinsamen Gegenstand’?“ Diese Nachfrage versetzte die Lehrerinnen häufig in Erstaunen: „Ein ‘gemeinsamer Gegenstand’? Ja, zwischendurch und ab und an haben die Kinder auch mal an einem gemeinsamen Gegenstand gearbeitet.“ Das Ergebnis des gemeinsamen Bedenkens war:

Es gab viele Stunden und etliche Tage ohne einen gemeinsamen Gegenstand! War das alles also gar keine Integration? Waren etwa 90% des Tages oder des Unterrichts nicht integrativ?

Die Lehrerinnen waren beim Nachdenken über den gemeinsamen Gegenstand häufig sehr bestürzt, manchmal sind sie sogar in Tränen ausgebrochen. Sie haben die Schuld meistens bei sich selbst gesucht, auf die Idee, dass vielleicht die Theorie falsch sein könnte, ist niemand gekommen bzw. das hat sich kaum jemand getraut. Da bin ich angefangen, darüber nachzudenken. Sie ist ja nicht gottgegeben, diese Theorie vom 'Lernen am gemeinsamen Gegenstand'. Ich habe so viel guten Unterricht gesehen in Integrationsklassen, der aber mit 'Lernen am gemeinsamen Gegenstand' wenig zu tun hatte. Natürlich gab es das mal zwischendurch, so als Sternstunde. Aber der gemeinsame Gegenstand war nicht das dominierende Strukturelement des integrativen Unterrichts, sondern er war ein Element unter vielen anderen. Die reale Erfahrung von alltäglichem Unterricht und die anschließende Reflexion dieser Erfahrungen mit Lehrerinnen und Lehrern, die haben mich dazu gebracht, zu sagen: „Nein! Es gibt noch etwas anderes."

Was es noch alles an gemeinsamen Lernsituationen gibt und geben darf, habe ich in meinem Beitrag „Gemeinsame Lernsituationen" ausführlich beschrieben. Das theoretische Resümee mache ich mal an einem Beispiel deutlich. Eine Familie mit Vater, Mutter, Tochter und Sohn macht Urlaub. Einen Familienurlaub kann man sehr unterschiedlich gestalten. Man könnte etwa den ganzen Urlaub lang nur in Familie machen, und zwar für alle verpflichtend. Morgens gemeinsam frühstücken, dann gemeinsam wandern und abends wieder gemeinsam essen. Wenn man einen solchen Urlaub im Kollektiv drei Wochen lang ausgehalten hat, dann machen alle nachher ein ganz langes Gesicht und sind kreuzunglücklich. Komisch, das war doch ein integrativer Urlaub, warum seid ihr denn alle so unglücklich? Man könnte aber einen Familienurlaub auch so machen: Man frühstückt morgens zusammen. Dann sagt der Sohn: „Ich steige heute auf den Berg". Darauf die Tochter: „Ich spiele heute Tennis." Und die Mutter: „Ich geh heute zum Tiefseetauchen." Der Vater schließlich besteigt ein Rennrad und macht eine Tour rund um die Insel. Abends kommen alle zusammen und erzählen sich, was sie heute alles gemacht und erlebt haben. – Ich bin ganz sicher, dass bei dieser Art von individualisiertem Familienurlaub alle nach drei Wochen sagen werden: „Das war ein toller Familienurlaub!". Das heißt, man muss – bei aller Inklusion – sich selbst auch noch leben dürfen. Eine Zwangsinklusion, bei der man immer und ohne Ausnahme mit den anderen zusammen sein muss, macht total unglücklich. Dieses Variieren von gemeinsamen und individuellen Situationen habe ich dann als Theorie formuliert. Die Theorie gemeinsamer Lernsituationen ist aus Reflexion und Erfahrung gewachsen.

Zu den gemeinsamen Lernsituationen gehören nicht nur die Unterrichtsstunden, sondern auch die informellen Zeiten, also die Pausen. Pausen sind nicht selten ergiebiger als der formelle Unterricht. Die Pädagogik weiß allerdings nichts davon, sie redet ausschließlich über organisiertes Lernen und niemals über Pausen. Pause kommt ja in der Pädagogik nicht vor. Pause gibt es in keinem Lehrbuch und in keinem Wörterbuch der Pädagogik. Denn Pause wird gleichgesetzt mit Nichtstun, Nicht-Lernen und Nicht-Unterricht. In Wirklichkeit ist 'Pause' eine effektive Lernzeit. Wer als Erwachsener an Tagungen und Symposien teilnimmt, hat selbst immer wieder erfahren können, wie wichtig die Pausen zwischen den einzelnen Vorträgen und Workshops sind. Für Teilnehmer üblicher Konferenzen und Tagungen sind nicht selten die Gespräche in den Pausen oder am Rande der Veranstaltung wichtiger als die eigentliche Tagesordnung. So ist das auch in der Schule. Die Integration und Inklusion von behinderten Kindern gelingt manchmal in den Pausen besser als im formellen Unterricht. Pause ist etwas höchst Pädagogisches. Ich habe mir vorgenommen, als Alterswerk einmal ein Traktat zu schreiben mit dem Titel: 'Über den pädagogischen Wert der Pause'.

Noch ein Beispiel zur Vielfalt einer integrativen Didaktik. Ich habe kürzlich eine neue Methode kennengelernt, die heißt: 'Konzentrationsinsel'. Sie ist an einer Oldenburger Schule entwickelt worden. Innerhalb des Klassenraumes gibt es eine kleine Insel, die durch Stellwände abgetrennt wird. Die Insel ist ziemlich spärlich ausgestattet, ein Tisch, ein Stuhl, ein paar Bilder, Bücher und ein 'Gästebuch'. Wenn Schüler irgendwie nicht mehr können und eine Auszeit brauchen, können sie aus freien Stücken in diese Konzentrationsinsel gehen. Die Kinder ziehen sich also selbst bei Bedarf dahin zurück. Sie hören dann über die Stellwände hinweg immer noch, was im Unterricht so läuft und was der Lehrer erzählt. Die Inselkinder bleiben ja neugierig und interessieren sich dafür, was die anderen machen. Es könnte ja sein, dass das spannend ist. Die Lehrer haben die Erfahrung gemacht, dass die Kinder nicht länger als 10 Minuten draußen auf der Insel sein wollen. Diese Auszeit von 10 Minuten wollen sie aber haben. Dann sind sie beruhigt. Dann sind Verhaltensstörungen, Lernstörungen und Konzentrationsschwächen wie verflogen.

Werden hier Glaubenssätze der Integrationspädagogik neu überprüft?

In meiner Zeit als wissenschaftlicher Begleiter der Integrationsklassen in Hamburg haben die Pionier-Eltern gemeint, Integration bedeute, dass alle Kinder immer zusammen sind und immer zusammen lernen. Da gab es einmal einen Sprachheillehrer, der hat seine beeinträchtigten Kinder auch aus der Klasse herausgenommen für Sprachtherapie – das ist ja typisch für Sprachheilpädagogik. Die Eltern haben dies als Aussonderung scharf kritisiert und den Sprachheillehrer gemobbt. Ja, die Eltern haben ihn aus der Integration heraus geekelt, weil sie eben an das Dogma glaubten: Integration heißt, alle lernen immer zur gleichen Zeit im gleichen Raum.

Auch diese Erfahrung hat bei mir die „Theorie der gemeinsamen Lernsituationen“ mit ausgeformt. Inklusives Lernen ist ein bunter Mix von gemeinsamen und individualisierenden Lernsituationen. Das war aber in der ersten Stunde eher ein Denkverbot, ein Tabu. Nach heutigem Verständnis darf es in der Inklusion sogar gelegentlich homogene Gruppen von Behinderten geben. Wir hatten zum Beispiel in einer Hamburger Integrationsklasse zwei körperbehinderte Mädchen. Als die beiden Mädchen in die Pubertät kamen, wollten sie sich auch mal über Jungen, Sexualität, Menstruation usw. austauschen, und das wollten die körperbehinderten Mädchen eben nicht mit den nichtbehinderten Mädchen zusammen tun, sondern nur unter ihres gleichen. Es ist absolut legitim und manchmal sogar notwendig, dass behinderte Menschen unter ihresgleichen sind, weil das auch zu ihrer Identitätsbildung beiträgt.

Die Starrheit des integrativen Denkens, die es am Anfang gegeben hat, ist heute eigentlich aufgebrochen und gelockert. Die Reformpädagogik, an der wir uns ja in mancherlei Hinsicht orientiert haben, kennt kein Monopol einer Unterrichtsmethode und keinen methodischen Einheitsbrei; da gibt es Freiarbeit, Wochenplan, Klassenrat, Atelierarbeit und anderes mehr. Es muss einen bunten Mix von individualisierten und gemeinsamen Lernsituationen geben. Das ist sozusagen mein didaktisches Credo, das ich auch in meinem Aufsatz niedergelegt habe. Damit hat sich Georg Feuser nie so richtig anfreunden können. Theoretisch passten wir da nicht zusammen.

Prof. Dr. Tony Booth

1944	geboren
Seit 1966	Lehrer für Naturwissenschaften
Seit 1970	Arbeit als Schulpsychologe
Seit 1976	Forschungsarbeiten an der Universität Cambridge
1979–1999	Hochschullehrer für Erziehungswissenschaften, Open University
2000–2002	Mitautor und Veröffentlichung des Index für Inklusion
2006	Mitautor der Überarbeitung des Index für Inklusion
1999–2010	Professor für inklusive und internationale Bildung an der Christ Church Universität Canterbury
seit 2010	Lehrstuhlmitglied an der Universität Cambridge, Gastprofessur an der Christ Church Universität Canterbury
2011	Erweiterung des Index für Inklusion, 3. Auflage (vgl. Booth 2012b)

www.info@tonybooth.org

Tony Booth 24.02.2011 in Bremen

Übersetzung Barbara Wenders

Come on: If not now, when?

Welches sind die Wurzeln von Tony Booth?

Ich denke, wir verstehen oder entdecken unsere Wurzeln erst, wenn wir älter werden. In Neuseeland habe ich gelernt, meine Wurzeln in Form von metaphorischen Bildern zu beschreiben. Wenn Maoris sich innerhalb einer Gruppe vorstellen, identifizieren sie sich selbst mit einem Fluss, einem Berg, einem Kanu und einem Stamm. Ich musste bei einer Tagung einen Vortrag halten und beschloss damit zu beginnen, indem ich meinen Fluss beschrieb.

Ich wurde südlich von London geboren. Meine Eltern waren Kinder jüdischer Einwanderer, im Osten Londons, auf der Nordseite der Themse. Meine Großeltern waren den Pogromen in Großrussland Ende des 19. Jahrhunderts entkommen. Der Fluss Themse hatte einige Bedeutung für unsere Familie und es war eine große Sache für meinen Vater, den Fluss zu überqueren und ein Haus im Süden Londons zu finden. In einer Gegend weit entfernt vom dicht bevölkerten East End, schien es zur damaligen Zeit hier fast wie auf dem Land.

Aber für meinen Vortrag benutzte ich einen metaphorischen Fluss. Die Straße, Cable Street, parallel zur Themse, wo meine Mutter über einem Süßwarengeschäft geboren wurde. Cable Stree ist berühmt geworden im Kampf gegen den Faschismus in England vor dem 2. Weltkrieg. Im Oktober 1936 hatten die Faschisten, angeführt von Oswald Moseley, beschlossen, durch das jüdische Viertel im East End auf der Cable Street zu marschieren. Es gab riesigen Widerstand, bestehend aus einer Koalition von 300 000 Juden, irischen Katholiken, der Labour Party, Gewerkschaften, Hafenarbeitern und Kommunisten, die allesamt Barrikaden errichteten. Die berittene Polizei versuchte den Marschierern das Fortkommen zu ermöglichen. Aber sie wurden gestoppt durch die Barrikaden und mit Schreien, wie: „No pasarán“ – „Ihr werdet nicht durchkommen“. Dies war eine Parole, die einige Monate früher im spanischen Bürgerkrieg benutzt wurde, als die Madrider Bevölkerung Widerstand gegen die Belagerung der Francotruppen leistete. Mein Vater war bei den kommunistischen Gruppen und meine Mutter beobachtete das Geschehen vom Fenster im ersten Stock des Geschäftes, da ihr Vater verlangt hatte, dass sie drinnen bleiben solle. Tatsächlich trafen sich meine Eltern einige Jahre später wieder im Buchladen der kommunistischen Partei in Mayfair und mein Vater bot meiner Mutter an, sie auf seinem Motorrad nach Hause zu bringen. So wurde ich in eine politische Familie hineingeboren und lernte, wie wichtig es ist, für das, woran man glaubt, aufzustehen und „nein“ zu sagen.

Wie sind Sie Lehrer geworden?

Meine Mutter war Grundschullehrerin. Eine meiner älteren Schwestern war Lehrerin. Dies hat meine Wahl beeinflusst. An der Universität studierte ich zunächst Chemie, wechselte dann zu Philosophie und Psychologie. Als ich die Uni verließ, arbeitete ich ein Jahr in einer kommerziellen Organisation, die mit Unterricht und Erziehung zu tun hatte, aber es zog mich mehr zu etwas, was aufrichtiger mit sozialen Werten zu tun hatte. Ich beschloss, Schulpsychologe zu werden und unterrichtete in einer Secondary School, um mich darauf vorzubereiten.

Haben die Wurzeln Ihrer Familie und das Leben in London Ihre Gedanken beeinflusst?

Ich habe immer gespürt, dass ich darauf zu achten habe, aufmerksam zu sein, dass Dinge in meinem Leben passieren können, die Widerstand von mir verlangen. Ich vermute, dass ich das von meinen Eltern gelernt habe. Wenn man glaubt, dass etwas nicht richtig ist, sollte man das auch sagen. Vielleicht führte mich das zu den Auseinandersetzungen mit meinen Vorgesetzten, die weder ich noch sie angenehm fanden. Ich kann mich noch an den Beginn meines Lehrerdaseins erinnern. Ich nahm an, etwas Sinnvolles beigetragen zu haben, indem ich einfach meine Meinung sagte, und hinterher befand ich mich in Schwierigkeiten. Ein Beispiel: Ich war ein 22 Jahre alter Lehrer für Naturwissenschaften, hauptsächlich Chemie und Biologie. In Biologie kamen wir zum Thema Sexualität und es war mir klar, dass die Kinder Fragen hatten und ich dies in einigen Stunden zum Thema machen sollte. Aber der Schulleiter sagte, dass Sexualunterricht verboten sei. Um dieses oder andere Themen diskutieren zu können, gründeten wir Lehrer eine Mitarbeiterversammlung. Wir wollten eine eigene Diskussionsrunde haben, weil die Mitarbeiterversammlungen, die der Schulleiter zusammenrief, total kontrolliert waren. Aber der Schulleiter kam zu unseren Treffen, zu denen er auch eingeladen war. Bei einer Diskussion über Sexualunterricht versuchte er das Gespräch zu beenden. Wir sahen ihn in unseren Treffen als ein gleichrangiges Mitglied an und ich fragte ihn daher: „Was würden Sie machen, wenn in einer Biologiestunde eine Gruppe Zwölfjähriger mich fragen würde, ob ich mit ihnen über die menschliche Fortpflanzung und über sexuelle Beziehungen reden würde?" Er schaute mich nur an und sagte: „Ich denke, ich würde Sie bitten, sich nach einem neuen Job umzusehen." Ich war schockiert, dass ich nach dieser Fragestellung schon aufgefordert wurde, mir einen neuen Job zu suchen.

Haben Sie das gemacht?

Nicht sofort, aber im nächsten Jahr. Tatsächlich hatten Schulleiter nicht so viel Macht damals. Lehrer waren durch ihre Gewerkschaften viel mehr geschützt, als sie es später waren. Andere Dinge motivierten mich, weiter zu ziehen. Es war in den späten Sechzigern, zur Zeit des Biafrakrieges in Nigeria. Ich war besorgt über diese Krise und machte es zum Thema bei den Mitarbeitern und den Kindern. Wir sammelten Geld für humanitäre Hilfe. Auch dieses regte den Schulleiter auf, weil er glaubte, das unterwandere eine Sammlung, die er für das nächste Semester für eine andere Wohltätigkeitsveranstaltung geplant hatte. Aber diese Angelegenheiten, das Geldsammeln, der Sexualunterricht und die Tatsache, dass ich dem Schulleiter im Allgemeinen gegenüber keinen Respekt gezeigt hatte, erhöhten für mich den Druck, die Schule zu verlassen. So forcierte ich meine Pläne, Schulpsychologe zu werden.

Der Schulleiter wurde von einigen Mitarbeitern und den jungen Leuten an der Schule als besonders autoritäre Person angesehen. Er schien es zu genießen, Kinder mit dem Stock zu schlagen. Aber die Erfahrungen, die ich an dieser Schule gemacht hatte, haben sich wiederholt, wenngleich in etwas abgeschwächter Form. Wenn du für etwas eintrittst, was von vielen Institutionen als gering geschätzt wird, oder wenn du dich aufführst, als wenn Hierarchien nicht so wichtig für dich sind, finden Leute im sogenannten Management das nicht gut und machen dir das Leben schwer. Ich bemerke immer noch, dass ich überrascht bin, wie heftig manche Leute reagieren, die aber so tun, als ob sie sich um einen ernsthaften Dialog bemühen würden.

Was war für Sie der Anfang der Inklusion?

Ich beobachte Bewegungen für Inklusion, die darum ringen, eine Gesellschaft aufzubauen, in der Menschen würdig und gleichwertig behandelt werden, in denen es um Kämpfe für die Anerkennung der Rechte und gegen Diskriminierung und Randständigkeit geht. Diese haben eine lange Geschichte. Aber meine eigene Aktivität, neben einer relativ geringfügigen Beteiligung innerhalb der Labour Party, war mit meiner Arbeit verbunden. Als Schulpsychologe war ich in den frühen Siebzigern an einer Gruppe beteiligt, die gegen die Trennung von Kindern aufgrund von Beeinträchtigungen oder geringen Fähigkeiten kämpfte. In meiner Arbeit für eine lokale Behörde versuchte ich den Zusammenhang aufzuzeigen zwischen der Aussonderung von Kindern in Sonderschulen aufgrund von Lernschwierigkeiten und der rassistischen Diskrimination in der Gegend, in der ich arbeitete. Ich stellte fest, dass die schwarzen Kinder in den Sonderschulen überrepräsentiert waren, aber in diesen Schulen waren sie die erfolgreichsten. Dies nährte den Zweifel an der Rechtmäßigkeit der Kategorisierungsprozesse. Bei meinen Kollegen schien dies keinerlei Interesse zu wecken.

Ich war angefangen mit der Überzeugung, dass Segregation eine natürliche Konsequenz bei Lernschwierigkeiten sei. Die Eltern der Kinder, mit denen ich arbeitete, lehrten mich, es differenzierter zu sehen, indem sie Widerstand leisteten gegen die Kategorisierung und Stigmatisierung ihrer Kinder, die angeblich schwächer waren als normal. Ich kam zu der Erkenntnis, dass IQ-Tests erdrückend und unrechtmäßig seien und die Arbeit eines Schulpsychologen bürokratisierten. Nach weniger als einem Jahr hörte ich damit auf. Zu der Zeit war „Anti-Segregation“ die Position einer Minderheit unter den Psychologen in England. IQ-Tests waren Routine und mit meiner Position limitierte ich die Plätze, an denen ich arbeiten konnte. Ich hatte das Glück in Sheffield arbeiten zu können, wo meine Ansichten beim Leiter der Schulpsychologen tatsächlich willkommen waren. Ab Mitte der siebziger Jahre, als ich meine Verbindung zur Universität aufgenommen hatte, arbeitete ich mit Eltern von Kindern mit Down-Syndrom, die wollten, dass ihre Kinder in der Regelschule unterrichtet würden. Wir hatten nur einige begrenzte Erfolge, obwohl mehr als 30 Jahre später so eine Bewegung Gemeingut ist. Wir stießen auf Widerstand einiger Professioneller, die es zu schwierig fanden, mit den Eltern fertig zu werden, die mehr Wissen als sie selbst über die Thematik hatten und viel eloquenter darüber reden konnten. Ich kam zu der Ansicht, diese Fähigkeit der Leute, die Ideen entwickelt hatten aus Umständen, die tiefste Bedeutung in ihrem Leben hatten, als „Intelligenz der Erfahrung“ zu betrachten.

Als ich 1979 Dozent an der Open University wurde, diskutierte ich darüber, dass Integration eine Grundvoraussetzung unserer Kurse sein sollte. Ich dachte nicht daran, eine so genannte neutrale Position einzunehmen: „Sie dürfen wünschen, Kinder auszusondern und zu diskriminieren, aber auf der anderen Seite dürfen sie es nicht.“ Integration war für mich immer breiter gefasst als die Einbeziehung von Kindern mit Schwächen oder mit zu erwartenden Lernschwierigkeiten in der Regelschule. Die Vorstellung, dass der Wunsch, mit anderen Menschen zusammen zu leben mit unterschiedlichen Interessen, Hintergründen, Geschlechtern, Beeinträchtigungen, eine erziehungswissenschaftliche Forschung hervorruft, die beweist, dass ein Leben so besser sei, ist einfach eine konservative Position und wissenschaftsmethodisch absurd. Also, Integration, Inklusion waren für mich ein moralisches Prinzip. Ich sah Integration als zwei sich beeinflussende Prinzipien – als ein Prinzip der Gleichwertigkeit aller Kinder und Erwachsener, die im Erziehungsprozess beteiligt sind, und als ein universelles Prinzip, dass die Schule alle in der örtlichen Gemeinde einzubeziehen hat, vom Kindergarten über die Grundschule bis zur Sekundarschule. Meine jüngste, ausführlichere Fassung einer Gliederung inklusiver Werte erwuchs aus diesen Prinzipien. Eine prinzipielle Haltung galt damals als radikal und führte zu Schwierigkeiten mit einigen Kollegen, die sagten, dass dadurch Studenten abgeschreckt würden. Aber die Studenten kamen in Scharen zu unseren Kursen. Bis zu einem gewissen Grade passierte das Gleiche mit dem *Index for Inclusion*. Einige Leute, mit denen ich den Index entwickelte, dachten, dass es zu weit ginge, sonderpädagogischen Unterricht zurückzudrängen. Mittlerweile scheinen die Leute, die mit dem *Index* in der Schule arbeiten, den Bruch mit traditionellen Denkweisen zu mögen und die Art, wie der *Index* die ethischen Prinzipien mit der Praxis verbindet.

Haben Sie selbst Ausgrenzung erlebt?

Es scheint so, wenn ich die Schwierigkeiten betrachte, denen ich gegenüber stand. Man erfährt dann Zurückweisung, wenn man jemand ist, der gegenüber Menschen, die Macht haben, seine eigenen Gedanken unabhängig von diesem Machtgefüge formuliert. Auf der anderen Seite ergeben sich über die Art und Weise, die eigenen Gedanken und Ideen auszudrücken, auch wundervolle Kontakte zu Menschen, die sich in ähnlichen Konflikten befinden, sogar über Sprach- und Kulturgrenzen hinweg. Mehr als 40 Jahre habe ich in hierarchisch gegliederten Institutionen gearbeitet. Und ich bin eigentlich nicht der Typ, der sich damit auf Dauer anfreunden kann. Aber ich würde zu keiner Zeit behaupten, dass all die Schwierigkeiten, die ich aufgrund meiner Ansichten hatte, irgendwie vergleichbar wären mit den Ausgrenzungskonflikten, denen viele Menschen aufgrund ihrer sexuellen Ausrichtung, ihres Geschlechts, ihrer Schwächen, Hautfarbe, Kaste, Klasse, Religion oder politischen Überzeugung ausgesetzt sind. Ich hatte in dieser Hinsicht sehr viel Glück.

Heute sind Sie ein einflussreicher Mann.

Vielleicht ist es Glück, vielleicht kommt es durch meine Wurzeln. Wenn man der Typ ist, der über viele Jahre denselben Prinzipien verhaftet ist, baut sich dadurch eine gewisse Macht auf. Ich bin sehr glücklich darüber, dass ich auf der ganzen Welt Verbindungen zu Menschen aufgebaut habe, die für die Bildung arbeiten.

Gibt es andere Beispiele, wie Sie sich für Schwächere einsetzen?

Ich denke nicht, dass man sich für schwächere Menschen einsetzt, weil sie anders sind als man selbst, nein, sie sind wie man selber auch. Mit Menschen, die von ihrem Standpunkt aus für die gleichen Dinge kämpfen, bildet man Bündnisse und drückt so seine Solidarität aus. Es ist wichtig, Inklusion für jedermann zu sehen, nicht nur für Kinder. Als diskriminierende Praktiken gegenüber Lesben und Schwulen in meiner Universität stattfanden – bürgerliche Partnerschaften waren für sie in den Prämissen der Universität nicht erlaubt – half ich mit aufzudecken, was da vor sich ging, und machte eine Meinungsumfrage unter den Mitarbeitern und Studenten, um die Diskriminierungen zu stoppen. Belohnt wurde diese Methode dadurch, dass eine Veränderung herbeigeführt wurde, die dann Schwulen und Lesben dabei half, ihren Themen in akademischen Diskussionen auf Tagungen und bei Forschungen der Universität öffentlichen Raum zu geben.

Was bedeutet Inklusion für Sie?

Inklusion ist ein großer Begriff, der für zahlreiche andere große Begriffe steht. Inklusion bedeutet, inklusive Werte in Handlungen umzusetzen. Es ist ein prinzipieller Weg, Bildung und Gesellschaft zu entwickeln. Es ist eine Art miteinander zu leben, verbunden mit einem ständigen Lernen. Für mich ist Inklusion ein sozialistischer, humaner Blick auf die Welt.

Wann haben Sie den Begriff gefunden?

Mitte der Neunziger, würde ich sagen. Aber zuerst habe ich ihn abgelehnt. Ich benutzte den Begriff Integration. Ich denke, es wird eine Menge Unsinn über die Unterschiede zwischen Integration und Inklusion gesprochen. Ich habe Integration in einem sehr weiten Sinne gebraucht, wie in Frankreich „intégration" und in Spanien „integraçion". Dies bedeutete in einem weiten Sinne das harmonische Zusammenleben aller Menschen. Dann fing das Wort „inclusion" an, die Überhand zu gewinnen, und die Leute sagten: Das ist jetzt der weite Begriff. Gut am Inklusionsbegriff war, wie ich dann feststellte, dass er eine leichte Verbindung zum Exklusionsbegriff erlaubte. Inklusion zu entwickeln, bedeutet Exklusion zu überwinden und das ist eine mächtige Beschreibung.

Trotzdem wird der Begriff „Inklusion" hauptsächlich im Zusammenhang mit der Teilhabe von Kindern mit Beeinträchtigungen am Regelschulsystem oder für die

Teilhabe der Kinder mit sonderpädagogischem Förderbedarf gebraucht. Ich sehe Inklusion und Exklusion als etwas an, was uns alle betrifft, Erwachsene und Kinder. Wenn wir die Anwendung des Begriffs auf eine kleine Gruppe von Kindern beschränken, führt das dazu, dass wir die Möglichkeiten, Lösungen für die meisten Exklusionsprozesse in Schulen zu finden, versäumen. Auch behandelt es diese Gruppe in einer diskriminierenden Weise, als verstünden wir bereits die Basis ihrer Inklusion und Exklusion, ohne sie zu kennen.

Spüren Sie viele Widerstände gegenüber dem Index?

Nun, ich bin immer vorsichtig, zu viel von dem zu erwarten, was ich schreibe. Wenn ein paar Leute lesen, was man gemacht hat, dann hat man es gut gemacht. Wenn Leute ein Dokument wie den *Index* lesen und ihn anwenden oder einige Leute ihn benutzen, um ihre eigenen Ideen zu entwickeln und einige Veränderungen in ihrer Praxis vornehmen, hat man es sehr gut gemacht. Aufgrund der großen Verbreitung des *Index* muss ich sagen, dass es weniger Widerstand gibt, mit ihm zu arbeiten, als mit anderen Papieren, die über Unterrichts- und Schulentwicklung geschrieben wurden.

In England haben wir ein besonders eng kontrolliertes Bildungssystem, wo sich viele Lehrer in der Schule fühlen, als müssten sie, bevor sie morgens einatmen, erst einmal prüfen, ob dies durch die zentralen Schulerlasse erlaubt ist. Es scheint natürlich schwierig zu sein, in solch ein Schulsystem ein Dokument zu bringen, das sagt: *Entwickle eine Schule, die dir selbst dient, entsprechend deinen eigenen Überzeugungen*. Manchmal denke ich, dass der Druck gegen die Anwendung des *Index* in Schulen durch die Verwaltungserlasse so groß ist, dass nur wenige ihn benutzen. Aber dann sehe ich auch Leute, die trotz des Drucks mit etwas arbeiten wollen, das mit ihren Werten verbunden ist, das sie frei macht.

Wir haben die neue Ausgabe des Index in Schulen in Norfolk, im Osten Englands, erprobt. 35 Schulen arbeiteten zum ersten Mal mit dem Index und waren begeistert, dass er sie ermutigt hat, ihre Schulen zu entwickeln.

Ist Optimismus wichtig?

Ich sehe Optimismus und Hoffnung als Teil meines Rahmenplans inklusiver Werte und als eine professionelle und elterliche Pflicht. Vielleicht ist es auch eine Pflicht gegenüber sich selbst. Es hat nichts mit Vermeidung der Realität zu tun, sondern meint, der Realität ins Gesicht zu sehen als Basis für eine Strategie der Veränderung. Es gibt Zeiten, in denen du denkst, dass die Chance, etwas im Bildungssystem oder in der Umwelt zu verändern klein zu sein scheint – aber dann arbeitest du mit dieser kleinen Chance und versuchst sie größer zu machen.

Welches sind die Schwierigkeiten im Veränderungsprozess des Schulsystems? Wenn wir in Deutschland ein „Nein" bekommen, geben oft viele auf.

Ich würde sagen, man hat nur ein Leben und es lohnt sich, das zu tun, was richtig ist. Als ich über dieses Gespräch nachdachte, dachte ich, dass es zwei Bereiche gibt, die den größten Einfluss auf meine Ideen gehabt haben. Eines ist mein persönlicher Hintergrund mit der Überzeugung, dass alles immer moralisch und politisch ist, und der andere kann als ein negativer Zug in meinem Leben angesehen werden. Als ich vier Jahre alt war, wurde mir meine eigene Sterblichkeit bewusst, und ich erinnere mich, wie ich zu meiner Mutter sagte: „Ich habe Angst, dass ich sterben werde." Sie sagte: „Habe keine Angst, wenn du älter wirst, wirst du dir darüber keine Sorgen mehr machen." Sie hatte nicht Recht. Es war freundlich von ihr und ich würde das Gleiche meinem Kind gesagt haben, um die Furcht zu mildern, aber für mich sind meine Sterblichkeit „ mein eigener Tod, Teil meiner selbst und mir fast ständig bewusst. Es kann sein, dass es mich bisweilen in die Nähe zur Depression gebracht hat, aber es ist auch eine Stärke.

Leute häufen Geld oder Status als Verteidigung gegen die Sterblichkeit an, aber wir wissen, dass du nichts mitnehmen kannst, wenn du stirbst. Du kannst sicherlich auch nicht all die Male mitnehmen, in denen dein Boss gesagt hat, dass du wunderbar gearbeitet hast, weil es ihm gefallen hat. Vielleicht verhindert die Bewusstheit der eigenen Sterblichkeit die Selbsttäuschung und erlaubt mir, Wichtiges von Unwichtigem zu trennen, um nahe bei der Realität zu bleiben. Sich seiner Sterblichkeit bewusst zu sein, macht dir die Bedeutsamkeit deiner augenblicklichen Handlung klar, die Dringlichkeit zu handeln – nach dem Motto: „COME ON: IF NOT NOW, WHEN?"

Was sagen Sie den Lehrerinnen und Lehrern?

Ich denke, es ist wichtig zu begreifen, dass all die kleinen Dinge, die man tut, die in der eigenen Macht liegen, sich mit größeren Dingen verbinden, besonders dann, wenn die eigenen Handlungen mit denen anderer verbunden sind. Ich erinnere mich, vor Jahren über den berühmten Satz von Marx nachgedacht zu haben: „ Die Menschen schreiben Geschichte, aber nicht unter Bedingungen, die sie sich selbst ausgesucht haben."

Sehr wenige Menschen haben Macht, die Geschichte zu ändern. Aber über einige Bereiche in unserem Leben haben wir die Kontrolle, einschließlich, wie wir mit anderen umgehen, was und wie wir unterrichten. Hier können wir Veränderungen herbeiführen.

Was wir erreichen entspricht manchmal dem Anzünden einer Kerze, etwas, was den menschlichen Geist nährt. Eine wichtige Aufgabe ist es, diese Flamme für uns selbst und andere am Leben zu erhalten.

Wir sind oft ungeduldig, weil die Schritte so klein sind ...

Bezüglich der Veränderung, wie zu leben und wie zu unterrichten, ist es natürlich wichtig, die Verbindung zwischen unseren kleinen Aktionen und den großen Schritten, die wir machen wollen, zu erhalten. In dieser Hinsicht ist es gut, ungeduldig zu sein. Sich klar über Werte zu sein, kann verhindern, dass wir uns immer weniger bewusst sind über den Zusammenhang unserer nächsten Aktion und unseren eher fernen Erwartungen.Und manchmal sorgt der nächste kleine Schritt für den entscheidenden Wendepunkt, wie ein Sandkorn auf einer Sandpyramide oder wie ein weiterer Mensch, der durch ein grausames Regime – wie das von Khaled Said in Alexandria – gebrochen wurde – der durch eine Facebook Kampagne „Wir sind alle Khaled Said“ zu einem der Einflüsse wurde, der zu Massendemonstrationen und zur Veränderung des Regimes in Ägypten geführt hat. So kann es sein, dass auch unsere Bemühungen die Macht für die Bildung vergrößern werden.

Ines Boban

1957 geboren in Hamburg

1978–1989 Mitarbeit bei der „Gastweisen Unterbringung“, einer Ferienmaßnahme für behinderte Kinder, Jugendliche und Erwachsene, seit 1985 als Gruppenleitung

seit 1981 Mitarbeit in Elterninitiativen für Integration und bei der Wissenschaftlichen Begleitung der Integrationsklassen im Grundschulbereich

1985–1987 Vorbereitungsdienst im Studienseminar Hamburg für das Lehramt an Sonderschulen

1985–1993 Konzeptentwicklung und Realisierung eines integrativen Zweckbetriebes, des rollstuhlgerechten Stadthaus-Hotels in Hamburg (Eröffnung September 1993)

1987–1988 Mitarbeit in der Wissenschaftlichen Begleitung der Integrationsklassen in der Sekundarstufe I

1988–1998 Sonderpädagogin in der Gesamtschule Winterhude in Hamburg

1990–1995 Mitarbeit im Beratungszentrum Integration des Instituts für Lehrerfortbildung Hamburg, im Bereich der Fortbildung für IntegrationspädagogInnen

1998–2003 Lehraufträge, Fortbildungsveranstaltungen, Beratungen von Schulen

seit 1999 Moderation von Zukunftskonferenzen, u.a. mit Menschen mit geistiger und schwerer Mehrfachbehinderung

seit 2003 Wissenschaftliche Mitarbeiterin an der Martin-Luther-Universität Halle-Wittenberg, Institut für Rehabilitationspädagogik, Zuständigkeit für berufsbegleitende Studiengänge ‘Integrationspädagogik’

www.inklusionspaedagogik.de

Ines Boban 26.2.11 in Bremen

Wir löschen die Festplatte Schule

Wo liegen die Quellen von Ines Boban?

… da war in meiner Schulklasse in der Grundschule ein kleines, dunkelhaariges Mädchen in der Reihe vor mir, das je vier Finger hatte. Die Daumen fehlten und die Zeigefinger waren gebogen – so schrieb sie. Und plötzlich war es weg. Mir erscheint jedenfalls diese Kombination aus *vier Finger zu haben* und *auf unerklärliche Weise nicht mehr da zu sein*, einen Zusammenhang zu haben. Dies ist mir als frühe Selektionserfahrung eingefallen.

Was ich sonst erinnere: Wir wohnten in einer kleinen Wohnung im sozialen Wohnungsbau und ich mochte nicht gerne in meinem winzigen Zimmer schlafen und hab' häufig im Wohnzimmer genächtigt. Dort hab' ich heimlich Fernsehen geguckt und da kam ein Bericht über das Friedensdorf Vietnam. Ich sah fasziniert, wie die Kamera über ein Kornfeld immer näher die Silhouette eines wunderschönen Mädchens mit langem schwarzen Haar ran zoomte und irgendwann strich sie das Haar zurück und hatte nur Napalmnarben im Gesicht. Da war gar kein wirkliches Gesicht mehr. Aus dem heraus wurde irgendwas übersetzt, was sie sprach, was ganz viel Zukunftshoffnung und Wünsche an die Zukunft ausdrückte. Ich weiß noch, dass mich das so elektrisiert hat, dass ich hingucken musste und nicht hingucken konnte – beides gleichzeitig. Ich habe wohl eine große Sehnsucht nach Menschen mit dieser Kraft, die unter extremen Bedingungen an Zukunftsperspektiven glauben.

Eine Quelle ist sicher auch, dass mein Vater Kroate war und ich auch selber, bis ich 18 wurde, einen jugoslawischen Pass hatte und in dem Sinne 'Ausländerin' war, obwohl ich das gar nicht so richtig kapiert hatte. Ich war in Hamburg in der Klinik Finkenau geboren und im 'Michel' getauft. Wie kann man mehr 'deutsch' sein? Meine Mutter ging regelmäßig mit zur Ausländerbehörde. Dort wurde sie immer wieder zur rasenden Wildsau für alle möglichen anderen Leute auch, weil es sie eben rasend machte, wie mit ihnen umgegangen wurde.

Das ist bestimmt auch eine spezifische Quelle: Ich habe es positiv wahrgenommen, auch eine Großmutter in Kroatien zu haben, die offenkundig Analphabetin war. Sie trug noch archaisch ihren Zopf um den Kopf und alles in schwarzer Robe – und mit einem schwarzen Kopftuch. Diese Wurzel im Balkan! Mein Vater hat das eher vertuscht, er wollte immer gern sehr 'hanseatisch' sein. Er hätte mich gerne im Faltenrock und Twinset mit Perlenkette gesehen und nicht als Reinkarnation des Sinti- oder Roma-Prinzips – das war ein Konflikt zwischen uns. Eine spannende Wurzel also!

Eine andere Wurzel oder Quelle ist auch die Beziehung zur langjährigsten Freundin meiner Mutter. Die als Leila Negra berühmt gewordene Schlagersängerin, die erst vor kurzem ihre Autobiographie veröffentlich hat: 'Mach nicht so traurige Augen, weil du ein Negerlein bist'. So hieß ein Lied von ihr, mit dem sie auch bekannt geworden ist. Sie hat mit Peter Alexander gesungen. Phasenweise hat sie auch mit uns zusammen gewohnt und brachte andere schwarze Jazzsänger mit zu uns. Eine wichtige Freundin – übrigens insbesondere in der Phase, als ich mich von meinen Eltern distanziert habe, in der sogenannten Pubertät. Da war ich oft bei ihr und hab mit ihr über alles gesprochen, was mich beschäftigt hat. Sie hat häufig von Rassismus-Erfahrungen erzählt – sie war später Krankenschwester und mancher Patient wollte sich von ihr nicht berühren lassen. Das war viel Lehrstoff über die Welt.

Dann hatte ich eine wunderbare Clique. Es kam die Hippiezeit mit phantastischen Texten von Cat Stevens und anderen und einer Jugendkultur, die sehr inspirierend für mich war. Da habe ich mich wohl gefühlt. Aber das Wichtigste ist sicherlich die frühe Beziehung mit Andreas Hinz. Wir haben uns mit 17, 18 Jahren kennengelernt, gemeinsam Konzerte organisiert – für Amnesty International. Wir fühlten uns im Fluss der Weltveränderer so als Straßenmusiker. Ich glaube schon, dass unsere Symbiose – wir haben eine Liebes-, aber eben auch seit jeher eine Arbeitsbeziehung – davon lebt, irgendwie immer an Veränderungen zu basteln.

Wie fanden Sie zum Beruf?

Ich hatte ein „3,1 – Abitur" und dank Bayern einen 0,2 Malus oben drauf. Eigentlich sollte ich so gar keinen Studienplatz je erreichen können. Ich hab dann erst einmal gejobbt und bin Andreas, der Zivildienst machte an einer Sonderschule für geistig Behinderte, in die Klasse für 'schwerstmehrfach Behinderte' gefolgt, um erst einmal irgendwas zu tun. Nachdem ich nach Erbrochenem und nach süßem Joghurt-Sabber-Speichel roch und es viel mit Kot und Urin zu tun bekommen hatte, bekam ich das Gefühl, zum ersten Mal eigentlich da zu sein, wo es richtig lebendig ist. Das war ein Kontrapunkt zu allem Elitären und Weltfremden im 'reinen Mädchengymnasium' vorher.

Dann hat meine Mutter für mich den Studienplatz erobert. Sie war eigentlich eine ganz regressive, ängstliche Person. Sie wollte zu keinem Elternabend gehen, da sie die Angst umtrieb: „Meine Tochter ist Schulsprecherin und dann fragen die mich wohlmöglich auch was." Aber mit Autoritäten – so wie bei der Ausländerbehörde – konnte sie dann plötzlich richtig loslegen. Oder wehe sie wurde Zeuge, wenn jemand in der U-Bahn – ein Farbiger meinetwegen – durch irgendwen einen blöden Spruch erhielt, dann ist sie wie ein Pfeil durch die U-Bahn geflitzt. Ich rief nur: „Mama!" Aber sie war schon da und ging total in den Konflikt mit irgendwelchen 'Dumpfbeuteln'. Meine Mutter wollte etwas für mich tun und hat eine persönliche Beziehung zu der Frau bei der Zulassungsbehörde aufgebaut, da regelmäßig angerufen und gesagt: „Ich möchte nicht mit ansehen, wie meine Tochter psychisch zugrunde geht. Geben Sie ihr jetzt einen Studienplatz!“ Ich hätte ehrlich gesagt nicht für möglich gehalten, dass das ein Weg ist. Ich meinte: „Da ist eine Liste. Klar, rutsche ich weiter nach hinten, wenn die Zivis mit besserem Schnitt und dem Bonus kommen. Du rutschst von Platz 30 langsam auf 60 und irgendwann auf Warteplatz 90.“ So geht das, ich wollte mich damit abfinden. Aber dank Muttern habe ich einen Studienplatz gekriegt – vorbei an der Listenlogik. Eine Lehre für mein Leben!

Für Sonderpädagogik?

Ja, aber ich wusste nicht, dass ich dann damit in die Schule müsste. Ich habe mich aber eher für ‘Sexualität bei Menschen mit geistiger Behinderung’ und ‘Arbeitsmöglichkeiten’ usw. interessiert. Dass das mit Lesen, Schreiben, Rechnen – mit solchen ‘Banalitäten’ quasi – je zu tun haben würde, habe ich erfolgreich verdrängt und erst gemerkt, als ich tatsächlich dann ins Referendariat kam. Mein Studium habe ich aber in guter Erinnerung. Da gab es phantastische Situationen. Wir haben Professor Walter Bärsch verehrt, am liebsten hätten wir diesem alten Mann einen Schaukelstuhl in die Vorlesung gestellt und er hätte nur Geschichten aus seinem Leben erzählen sollen. Er war ein zauberhafter Mensch und in seiner liebenswürdigen Art auch noch ein so politischer Mann. Wie Jakob Muth auch. Sie waren so regressive, alte, freundliche, liebenswürdige, väterliche, haltende, stärkende Herren. So vornehm und so distinguiert und klar, dass es leicht war, die Klarheit der Botschaft zu erfahren, dass Schule der Ort ist, an dem alle willkommen sind und auch gehalten werden.

Die eigentlich wirklichen großen Inspirationen sind jedoch nicht von Deutschen gekommen, sondern sind immer wieder bei Begegnungen auf Reisen erfolgt. Das waren Geschenke so starke Begegnungen. Da war ich schon nicht mehr Studentin. Die Entdeckung war, dass eigentlich das, was mich noch stärker oder sicherer machte und mir bis heute immer wieder Kraft gibt, oft dem jüdischen Kulturkreis entstammt. Das fand und finde ich sehr berührend. Marsha Forest, Jack Pearpoint, Mara Sapon-Shevin, Tony Booth, jetzt Yaacoov Hecht, Rosenberg, Green, Greenberg – sie sind sehr inspirierend, ob es um Zukunftsplanung, inklusive und demokratische Bildung, um gewaltfreie Kommunikation oder kooperatives Lernen geht … Ich bin dem Geheimnis noch nicht ganz auf die Schliche gekommen, weshalb gerade von dort so starke Impulse für die positive Gestaltung von Gemeinschaft kommen.

Es gibt ganz viel Potenzial und Ressourcen in jedem Einzelnen. Aber wir halten ein System aufrecht, dass es jedem extrem schwer macht, dem Raum geben zu können. Eigentlich ist es allen im Grunde intuitiv klar. Wir können gut analysieren, wie Abwertung und Beschämung stattfinden und durch Benotung alle belastet sind. Und dennoch ziehen wir daraus keine Konsequenzen, die wirklich zu einer echten Veränderung führen würden, indem wir zum Beispiel aufhörten mit der Selektionsfunktion von Schule durch Noten. Dieser Mangel entsteht, weil es schwierig ist, empathisch mit denen zu sein, die unter diesem System leiden. Also auch mit uns selbst. Die Lehrerinnen und Lehrer leiden selbst. Es herrscht ein Selbst-Empathie-Mangel. Wir meinen: „Da müssen wir durch. Das ist zwar nicht schön, aber da muss man durch!" Meine liebste Freundin testet gerade 24 Kinder pro Tag auf 'Förderbedarf'. Sie sagt selber, es sei 'Wahnsinn': Am Wochenende schreibt sie wahnsinniger Weise wahnsinnige Gutachten. Sie sagt: „Es ist Wahnsinn!" und tut es trotzdem. Sie ist ein ganz emotionaler und am Kind orientierter, liebevoller Mensch. Warum spielen wir da mit?

Wenn sie es nicht täte? Die Frage stelle ich mir ja auch immer.

Offenbar werden wir immer noch 'gern' mit der Verwaltung von Menschen und der Verwaltungslogik beschäftigt. Wahrscheinlich soll so ein Sicherheitssystem bedient werden.

Ich fand toll, wie es damals z. B. in der Kinderrepublik Bemposta in Galizien war. Da wurde den Kindern für die Anwesenheit in der Schule – in deren eigener Währung – Geld gegeben, weil es als Dienst an der Gemeinschaft gesehen wurde, wenn du dich bildest. Das finde ich eine wichtige Botschaft. Aber es ist nicht deine Pflicht, es zu tun. Es ist unser Wunsch, dass du es tust. So wie Nelson Mandela gesagt hat: „Es ist ein Geschenk an die Gemeinschaft, wenn du deine Talente voll und ganz zur Geltung einbringst und sie allen zugänglich machst." Das ist ein anderer Habitus, als zu sagen: „Du hast die Pflicht, Dich auf Deinen Hintern zu setzen und für das zu interessieren, was wir meinen, was Dich interessieren soll."

Wie sind Sie damals mit Ihren Gefühlen umgegangen, als Sie ins Referendariat kamen? Es kam irgendwann der Tag, wo das Träumen zu Ende war.

Das war eine Hölle. Eigentlich habe ich, um es kurz zu sagen, geglaubt, dass ich überhaupt kein Abitur schaffen könnte. Das war ja auch schon nur mit Hängen und Würgen möglich. Dann habe ich auch gedacht, mein erstes Staatsexamen nicht zu schaffen. Das habe ich dann brillant geschafft, was bedeutet, dass ich mich emanzipiert habe als Studentin. Das war eine wichtige formende Zeit. Ich habe mir viel Zeit gelassen, war in Südamerika. Wir haben Studienreisen organisiert. Ich hab' in der Fläming Schule mein Schulpraktikum gemacht, das andere in München bei Montessoris. Ich wurde immer klarer. Aber dann musste ich ins Referendariat. Damals hat Georg Feuser gesagt, wir seien die erste Generation, die nicht von Nazis ausgebildet worden wären. Aber einer meiner Fachseminarleiter war in einer Eliteschule der Nazis groß geworden. Er hat betont, seine Aufgabe als Seminarleiter sei, genau zu sehen, wer ein guter Lehrer ist, wer ein schlechter, und zu entscheiden, wer rein kommt und wer nicht. Ich hab' noch das Bedürfnis, darüber mal ein Buch zu machen, ein Schwarzbuch über diese absurden Stundenvorbereitungen, dieses absurde Theater.

Wie sind Sie damit umgegangen?

Ich hab' widerstrebend und soweit nötig mitgespielt. Wir haben privat eine Supervisorin bezahlt, um alles auszuhalten …

Und dann kamen Sie in die Schule?

Erst einmal habe ich ein Stipendium gehabt und bei der wissenschaftlichen Begleitung für die Integrationsklassen in der Sekundarstufe I mitgewirkt. In der Zeit haben wir Lehrerkollegien versucht zu überzeugen, und zwar zusammen mit Eltern behinderter, aber auch Eltern nicht behinderter Kinder. Wir haben quasi versucht, den Boden zu bereiten für eine andere Kultur. Dadurch bin ich nachher auch in so eine Schule gekommen, weil Eltern dort das wollten und das Kollegium mich positiv erlebt hatte. Und der eine Lehrer, ein GEWler, hat zu den anderen gesagt: „He, Leute, wenn ich so arbeiten will, dass ich einen 'Zweiten' in der Klasse hab, könnt Ihr doch nicht nein sagen und mir die Chance nehmen." Dann bin ich seine (halbe) 'Zweite' geworden plus eine (dreiviertel) Sozialpädagogin. Die Eltern haben hoch gepokert und haben alles gekriegt von Senator Grolle. Mein Schulleiter war ein sehr fortschrittlicher, er hat das gepuscht und unterstützt. Deswegen hatte ich als Lehrerin dann eine absolut gute Zeit in der Gesamtschule. Der Tutor der Klasse hatte gerade vorher eine Abiturklasse abgegeben. Er war Politiklehrer, Aktivist und Personalrat und hatte eine 'Sauklaue'. Deshalb war meine Rolle auch, ihn daran zu erinnern: Jetzt, wo Friederike mit dem Down-Syndrom schon ein bisschen an Druckschrift ran gekommen war, sollte er nun in Großdruckbuchstaben schreiben, wenn er überhaupt die Tafel benutzt. Das waren plötzlich sehr interessante Auseinandersetzungen, die wir hatten. Ich habe dann allen meinen Kollegen sozusagen '10 Gebote' aus Sicht von Friederike gegeben, was sie bitte berücksichtigen sollen in Bezug auf ihr Lernen.

Aber die eigentliche Herausforderung war ein sehr verhaltensorigineller Junge – heftig in vielen Verhaltensweisen. Da war der Tutor schnell an der Grenze und sagte: „Ich könnte ihn schütteln!" Da war erfrischend, dass die Kunstlehrerin dann sagte: „Was? Ich fang gerade an, ihn überhaupt interessant zu finden." Das war gut! Ich hab' absolute Hochachtung vor all meinen Kollegen aus der Gesamtschule, sie waren großartig. Es war nicht selbstverständlich, dass die Sozialpädagogin jetzt das Soziale abdeckt und die Sonderpädagogin kümmert sich um die behinderten Kinder. Wir haben viel zusammen entwickelt. Ich hab' die besten Erinnerungen daran. Erst dachte ich, das Physikbuch mit ins Bett zu nehmen, das Chemiebuch natürlich erst recht und dann schlaf ich auch noch mit den Mathesachen. Ich guck mal, ob ich das doch noch verstehe, das mit den Winkeln. Nachher war meine Strategie eher, dass ich zwei Mathematiklehrer zusammen gebeten habe, um kurz zu fragen: „Leute, Winkel, wo sind die im Leben wichtig? Ah, Billard und beim Ditschen? Okay! Wie können wir das im Unterricht so einbauen, dass nicht nur Friederike die Billard-Winkel-Erfahrung macht? Wie kann sie es den anderen beibringen, bevor Ihr es ihnen allen beibringt?" Das war meine Rolle, das ging gut. Ich musste nicht mehr 'alles' wissen. Wozu das Ganze gut ist, wussten die Mathematiker besser; sie mussten nur auf methodische Ideen gebracht werden.

Funktioniert diese Schule heute noch genauso gut?

Noch besser. Jetzt nennt sie sich „Reformschule Winterhude" (vgl. Kapitel 1.6). Ein neuer Schulleiter hat sich gezielt reformfreudige Kollegen dazu geholt. Dieser Prozess war sehr anstrengend, es sind auch einige Kollegen ausgestiegen. Zum Beispiel gibt es jetzt 'Cultural Basics', 'Cuba' und nicht mehr den klassischen Deutschunterricht. Das hat einige Deutschlehrer extrem verschnupft, und sie sind frustriert weggegangen. Aber ich hab' neulich den Sohn eines Freundes getroffen, der dort Schüler ist. Er genießt es! Auch Abenteuerreisen als Projekte.

Aber um noch mal auf meine Zeit dort zurück zu kommen: Es gab reichlich Reibungsmöglichkeiten und Konflikte gab es natürlich auch. Ich will das nicht idealisieren. Ich hab' gemerkt, dass ich zum Teil auch Friederike Unrecht getan hab. Ich hab' mich selber gerettet mit dem Hinweis, dass dieses Mädchen mit Down-Syndrom immerhin das Recht habe, an dem durchaus dürftigen Unterricht, zu dem wir oft nur in der Lage waren, an den absurden Strukturen teilzuhaben und nicht davon ausgeschlossen zu sein. Dass sie also mit schimpfen kann über die blöden Lehrer, über den langweiligen Unterricht. Damit habe ich mich manchmal getröstet, aber gesagt, dass wir das nicht zum Programm machen dürfen.

Nur: Die Umstände sind noch so – für alle. Nachträglich beschleicht mich noch oft große Sorge, viele Fehler gemacht zu haben. Da war ein Mädchen, das sicher extrem begabt war. Sie erschien andauernd nicht in der Schule. Wir wollten unbedingt, dass sie kommt und haben heftig Druck gemacht. Oder ein Junge war lange Zeit absent. Ich bin sogar nach Hause gegangen, um ihn zu holen. Klar, er sollte auf den Hund aufpassen, der Flöhe hatte und sich nicht wund kratzen sollte. Wir wollten ihn aus diesen Verhältnissen rausholen. Er wollte aber auf den Hund aufpassen. Wir dachten, dass es nicht so geht. Wir haben unseren Kolonialismus auch da rüber getragen. Dafür bitte ich heute um Entschuldigung. Diese Kultur, auf die ich früher immer gedrängt habe – 'Recht auf Freiheit', das war aus einer Momo-Geschichte; das Recht auf die grauen Etappen unseres Lebens, nämlich am schlechten Unterricht, schwierigen Ausbildungsverhältnissen und heftigen Arbeitsausbeutungsverhältnissen teilnehmen zu können, davon kann ich mich langsam lösen und sagen: „Tatsächlich, Frau Neubronner, ich kann verstehen, dass Sie sagen: 'Lasst doch meinen Sohn in seinem Lehnsessel weiter sein dickes Buch lesen.'"

Sie engagieren sich in Form von Zukunftsplanungen?

Das ist eine große andere Kraftquelle! Sieben Jahre haben wir dafür gearbeitet, dass es das Stadthaus-Hotel in Hamburg-Altona gibt. Wir haben aber nicht ein einziges Mal die Leute gefragt, ob sie so arbeiten wollen. Wir haben immer nur geguckt, was sie gut können – also immerhin waren wir kompetenzorientiert: Sie können gute Gastgeber sein, und daran haben wir gearbeitet. Zum Glück hat der eine oder andere dann auch mal gesagt: „Aber ich will gar nicht jeden Tag Betten machen und Klos putzen, nur weil es nett ist, in so einem Anzug herumzulaufen für die Gäste." Und dann zum Thema „Zukunftsplanung, Unterstützerkreis, bürgerzentrierte Planung", wie wir es jetzt nennen, und „Zukunftsfeste". Das langsam zu entwickeln und zu sehen, dass das eigentlich 'das Normale' ist, dass wir uns zusammensetzen, das ist natürlich meine größte Kraftquelle – ein Lebensideal würde ich es nennen. Ich sehe das nicht als Arbeit. Es ist vielmehr eine sehr schöne Art, Mikrokosmen zu revolutionieren.

Ist 'Integration' auch 'Teilnahme' an dem grauen Leben?

Das macht mir schon Sorgen. Was ich jetzt als inklusiv empfinde und was ich mir für alle wünsche ist, dass wir uns immer fragen: „Wie wollen wir Lebensräume so gestalten, dass sie dir immer das Gefühl geben: 'Du bist der Richtige, am richtigen Ort, zur richtigen Zeit. Was du tust, wird seinen Sinn haben. Du wirst es nicht unbegründet tun. Du hast ein Bedürfnis und es gilt das zu erfüllen. Deswegen verhältst du dich jetzt so. Du bist aber nicht allein auf der Welt.'" Deswegen halte ich auch nichts von diesem 'Individualisierungsding'. Ich hab' es irgendwann für Friederike klar gehabt, dass wir nicht die Schule so zu verändern haben, dass wir alle den Film in Zeitlupe laufen lassen, was sie eigentlich hätte gut haben können. Irgendwann würden wir wütend auf sie werden, wenn wir alle ihretwegen das ganze Tempo runternähmen. Also können wir nicht für sie alles so individualisieren, wie es für ihre individuelle Geschichte toll wäre. Die Frage ist, was daraus folgt. Einmal, dass wir bereit sind, sobald sie sagt: „Zeitlupe – Wiederholung, bitte. Ich hab' es nicht verstanden, ich will es aber wissen", dass wir es dann tun, so dass sie die Emanzipierte ist. Zum anderen dass wir damit aufhören, alles in einer 'Gruppenlogik' zu denken. Stattdessen 'Open-Space-Logik' für Schule: „Wenn es nicht deins ist, dann erweise den Interessierten die Ehre und ziehe Dich zurück!" Das ist natürlich riskant, man könnte sagen, ich leiste jetzt damit wieder der Sonderpädagogisierung Vorschub. Aber nur, weil wir diese alten Fallen noch in uns haben. Für die 'Wiederentdeckung der Freiheit beim Lernen' bin ich Frau Neubronner so dankbar: Wenn ihr kluger Sohn den ganzen Vormittag in einem Sessel sitzen mag und lesen möchte, was gibt uns das Recht, ihn zu stören?

Das finde ich an den demokratischen Schulen in Israel auch fantastisch, dass da viele Ateliers zu bestimmten Thematiken sind, wo ich mich mit den Leuten wegen des gemeinsamen Drittens wirklich treffen will. Es gibt zusätzlich einen Raum, wo sich viele von den Kindern, die alle irgendwie mit Asperger in Zusammenhang gebracht werden, gerne treffen. Da werden sie aber nicht unterrichtet, und das ist auch kein 'Förderraum'. Die spannenden Dinge, wenn sie sich dafür interessieren, sind im Mathematik- und im Arabisch-Raum, in den Ateliers.

Das ist in Israel?

Das ist in demokratischen Schulen so in Kfar Saba und in Modejin. Ich werde traurig, wenn ich in einem Buch über 'inklusive Didaktik' lese und darin der Status Quo nicht infrage gestellt wird: nicht die Klassen, die Unterrichtsstunden, die altersentmischten in festgelegten 45minütigen Lerneinheiten. Dass die Kinder da sein müssen, wann die Schule meint, dass sie an einem bestimmten Punkt sein müssten. Das ist das Grunddilemma, wenn wir so weitermachen, obwohl wir eigentlich alle längst wissen, dass das passé ist und dass es Formen gibt, es anders zu machen. Das beweisen genug Schulen – Berg Fidel in Münster auch.

Was brauchen die Kinder in der Schule?

Was die Kinder brauchen, kannst du an einer demokratischen Schule selbstverständlich herstellen. Es ist auch ein Aushandlungsprozess, was, warum, wie gebraucht wird. Ein Kind mit Down-Syndrom an der freien Schule, die Mutter hat große Angst, ob das nicht eine völlige Überforderung und Strukturlosigkeit ist, da ihre Tochter klare Strukturen brauche. Ich meine, wenn man das so erkennt, dann sind doch Strukturen jederzeit herstellbar. Man kann in der Schulversammlung allen Kindern sagen: „Lucy geht verloren, wenn nicht jeden Tag erst einmal das und das stattfindet. Und es geht ihre Fähigkeit verloren zu lesen und zu schreiben, wenn sie das nicht jeden Tag übt. Wie können wir sie unterstützen?" Dann können drei, vier Kinder sagen: „Okay, also für die nächsten zwei Wochen könnten wir uns jeden Morgen mit Lucy treffen. Und dann müssen wir es neu verhandeln." Man kann dann Strukturen aushandeln und die Intelligenz der Kinder einbeziehen und daraus Strukturen entwickeln.

Wir brauchen die Gemeinschaft, um dieses Feeling dafür immer besser zu kriegen, wer wir sind, was uns gut tut, ob wir jetzt gerade 'Joga-Mensch' sind und Versenkung und Stille – sozusagen warme Einsamkeit – brauchen oder ob sich im Moment Einsamkeit eher kalt anfühlt. Um das überhaupt wahrnehmen zu können, brauchen wir dieses Zutrauen einer Gemeinschaft. Deswegen finde ich auch faszinierend, dass sie in Israel alles immer für eine bestimmte Zeit aushandeln und vereinbaren, immer wieder eben. Es geht darum, regelmäßig ins Gespräch zu kommen: „Aha, dein Wichtigstes ist im Moment Wellenreiten. Hm, das ist in der Schule nicht umsetzbar. Wie kriegen wir das hin, damit du nicht zum schulabsenten Schüler wirst, wenn der beste Wind ist? Wie können wir es regeln? Worauf können wir uns gut miteinander einlassen, so dass ein Konsens möglich ist, dass du Schüler unserer Schule bist, es aber dir und der ganzen Gesellschaft dient, wenn du ein exzellenter Wellenreiter wirst. Wir schätzen das sehr, weil beim Wellenreiten viel an Physik, Chemie, Welterfahrung und Weiterem entwickelt wird, das ein Physik- oder Chemielehrer dir auch nur im Ansatz über Wasser vermitteln könnte." Und was dieser Lerner dann den anderen zu geben hat …

Ich glaube, man muss die ganze Festplatte „Schule" löschen. Ich glaube, auf dieser Folie denken wir. Das beeinflusst uns immer.

Das ist Otto Scharmer: „Festplatte löschen, nicht mehr downloaden." Er sagt ja, wir sind andauernd nur dabei, das Bestehende zu verbessern. Das bedeutet 'Downloaden'. Und unser Leben ist zu kostbar, als dass wir das weiter tun. Wir haben unsere Erfahrungen gemacht. Ich will nichts rückgängig machen, das war schon gut, auch diese Gesamtschule – und das Gute darin sehen. Aber auch das Begrenzte; wie sich dort das dreigliedrige Schulsystem oder vielmehr das viergliedrige wieder reproduziert und wir das sogar mit den Wahlpflichtkursen eigentlich selber machten. Wir bilden es wieder ab – zum Verzweifeln! Deswegen – querdenken! Oder eben 'Festplatte löschen' – sehr schön! Das wäre auch ein schöner Buchtitel. „Wir löschen die Festplatte Schule."

Was sagen wir denn in Zukunft statt 'Unterricht'?

'Atelier-Zeit' oder 'Möglichkeitsraum zum eigenen und gemeinsamen Interessen nachgehen', '(Welt er-)forschen' … 'gemeinsam denken' wäre auch sehr angemessen. Genau das genieße ich auch mit so vielen klugen, aufgeschlossenen, zum echten Dialog bereiten Menschen bei uns in der Universität oder bei entsprechenden Fortbildungsveranstaltungen: Wenn die 'Weisheit der Vielen' spürbar und ein 'kreatives Feld' erfahrbar wirksam wird. Und wenn durch Synergie etwas Neues Gestalt annimmt, also soziale Ästhetik in einem gemeinsamen Flow sichtbar wird … Das ist dann Oxitocin pur, da ernte ich dann – voller Dankbarkeitsgefühle – die Serotonine und Endorphine, die ich für meinen – eben unseren – Weg brauche.

Vicky Branco

M. A. in Education, Toronto District School Board (vgl. Reich 2012)

1966	geboren in Kanada, Kind italienischer Einwanderer
1991	Grundschullehrerin, Ontario, Kanada
2000	Stellv. Schulleiterin an der Gracefield Public School, Schulamt Toronto
2002	Schulleiterin der William Burgess Public School, Schulamt Toronto
2005	Schulleiterin der Firgrove Public School, Schulamt Toronto
2007–2009	Vorsitzende Schulleiterin der Model Schools of Inner Cities, Schulamt Toronto
seit 2009	Hauptkoordinatorin der Schulleiter der Model Schools for Inner Cities, Schulamt Toronto

Vicky Branco entwickelte als Schulleiterin der Firgrove Public School das erste Beispiel für eine Modellschule im Programm der „Model Schools for Inner Cities“ in Toronto. Die Schülerinnen und Schüler dieser Schulen stammen aus stark benachteiligten Familien verschiedenster Herkunft und Kulturen.

Die „Model Schools for inner Cities“, deren Hauptkoordination in der Leitung von Vicky Branco liegt, konzentrieren sich auf fünf wesentliche Elemente, die Lernleistungen und sozialen Erfahrungen der Schülerinnen und Schüler zu verbessern:

- Innovative Unterrichtspraxis
- Unterstützung und Verbesserung der sozialen, emotionalen und physischen Gesundheit der Kinder
- Schule als Verbindungsglied für Eltern und Gemeinde
- Forschungsergebnisse dienen der Verbesserung der Unterrichtspraxis
- Verbreiten und Mitteilen guter, effektiver Ideen, die die Lernumgebung verbessern

www.tdsb.on.ca (vgl. Reichen 2012)

Vicky Branco 25.1.2011 in Münster
Übersetzung Barbara Wenders

Dienstleistungsschule im Brennpunkt

Bitte beschreiben Sie uns ihren persönlichen Weg als Lehrerin in einer Brennpunktschule

Ich lebte mit meinen Eltern immer im Stadtzentrum. Wir waren nie reich. Wir gehörten der Arbeiterklasse an und meine Eltern bekamen ein halbwegs anständiges Gehalt.

Es war schon immer meine Passion und mein Ehrgeiz, etwas für die Kinder in der Schule zu tun, die sich am unteren Drittel befanden. Warum sind sie das untere Drittel? Ich dachte immer, dass ich selbst zum unteren Drittel gehörte, und schreibe meinen Erfolg den Lehrern in meinem Leben zu, die gesehen haben, dass ich Fähigkeiten hatte. Ich hatte besondere Lehrer, die es mit mir anders gemacht haben, und ich widme mich immer diesem Unterschied und möchte auf diesem Weg jenen Schülerinnen und Schülern etwas zurückgeben. Ich möchte für diese Schülerinnen und Schüler da sein.

Ich kam in Kontakt zu Brennpunktschulen, als ich gefragt wurde, dort Schulleiterin zu werden, und wir die Gelegenheit bekamen, uns als Modellschule für so ein Brennpunktschul-Programm zu bewerben. Die Schule lag in einem sehr herausfordernden Bezirk mit sehr schlechtem Ruf in Toronto. Die Leute fürchteten sich davor, dort zu unterrichten und dort Schulleiter zu sein. Im September, als die Schule anfing, sollten Universitätsstudenten und -studentinnen zu uns kommen, um die Praxis kennenzulernen. Ich erhielt einen Anruf von der Universität: „Nein, die Mutter möchte nicht, dass er/sie dort unterrichtet." Ich konnte nicht verstehen, warum, obwohl meine Mutter genau so war. Ich wusste, dass die meisten Verbrechen in den ersten Stunden des Morgens passieren, nicht während des Schultages.

Diese Brennpunkt-Gemeinschaft war eine sehr vielseitige Gemeinschaft, sehr multikulturell und verschieden, wo wir gegenseitig versuchten, die Kultur des andern zu respektieren. Ich wollte die besten Lehrer dort haben, weil wir im Brennpunkt die besten Lehrer brauchen. Als ich anfing, den Standard hoch zu setzen, gingen viele Lehrer weg. Aber wir bewarben uns, um Modellschule für Brennpunkte zu werden, das war für uns der Anreiz, wirklich herausragend zu werden. Manche Lehrer machten sich Sorgen über die Veränderungen, die wir planten, und das war für sie ein Grund, wegzugehen. Das bedeutete für mich, dass ich „frisches Blut" bekommen konnte. Neue Lehrer kamen an die Schule und setzten den Standard hoch. Wenn wir den Kindern hohe Standards setzen, werden sie sie erreichen. In meinem eigenen Leben gab es ein Schuljahr, in dem ich krank war und so viel verpasste, dass ich das Schuljahr fast nicht schaffte. Eben durch diese Erfahrung habe ich es bis zur Universität geschafft, weil ich die Unterstützung durch einige Lehrer erfahren habe, die an mich glaubten. Das ist es, was unsere Schülerinnen und Schüler brauchen. Wenn ich eine Schule mit so einem Projekt leite, brauche ich Lehrer mit so einer Haltung. Ich wünsche mir Leute, die an Kinder glauben, die an Verschiedenheit glauben, Leute, die daran glauben, dass jeder erfolgreich sein kann oder letztendlich, dass alle ihre Potenziale erreichen können. Es hat immer etwas mit der Haltung zu tun. Es hat etwas mit deiner Leidenschaft, deinen Überzeugungen zu tun. Um eine Modellschule zu entwickeln, mussten wir das Denken der Leute verändern. Wir mussten mit dem Denken aufhören, dass es sich um arme Schülerinnen und Schüler handelte, die nicht in der Lage waren, zu lernen.

Wir mussten aus unserem Denken „Hoffnung" machen. Wir entwickelten Enthusiasmus und Erwartung.

Wir müssen noch viel arbeiten, aber was sich langsam verändert, beginnend beim Schulleiter, ist die Haltung. Es muss beim Schulleiter anfangen und er oder sie muss mit den Lehrern arbeiten, die Lehrer müssen an die Eltern glauben und die Eltern müssen sich respektiert und willkommen fühlen. Alle Eltern möchten, dass ihre Kinder erfolgreich sind. **Wenn die Eltern an die Schule glauben, glauben die Kinder auch an die Schule, weil der Lehrer als ein Verbündeter angesehen wird. Das ist das Geheimnis.**

Die andere Aufgabe, der wir uns in Brennpunktschulen gegenüber sehen, ist die Frage nach der Gesundheit. Wir versichern uns, dass die Kinder essen, schlafen, dass ihre Zähne in Ordnung sind, ihr Hör- und ihr Sehvermögen. Wir überprüfen alles und stecken eine Menge Geld in all diese Vorkehrungen in der Schule. Wir versuchen, die Verwaltung von einer allgemeinen Überprüfung der Hör- und Sehfähigkeit zu überzeugen. Gesundheitsvorsorge kostet nicht so viel Geld. Durch unsere Statistiken und unsere Forschungsergebnisse versuchen wir die Verwaltung zu überzeugen.

Trotzdem haben wir kein einheitliches Überprüfungssystem in Kanada. Wir überprüfen das Hör- und Sehvermögen bei allen Kindern in den Modellschulen. Wir nutzen Wohltätigkeitsgelder und international medizinisch ausgebildete Universitätsabgänger (IMGs), damit diese Überprüfungen möglich sein können. Die IMGs installierten ein Gesundheitsrecht in der Schule. Wir fanden heraus, dass über 30% der Kinder Brillen brauchten und wir wandten uns an ein großes Geschäft und fragten sie, ob sie unserer Schule kostenlos Brillen zu Verfügung stellen könnten. Sie gaben uns über 100.000 Dollar für die Brillen. Alle Kinder, die an unserer Schule eine Brille brauchen, bekommen diese kostenlos. Ähnlich wandten wir uns an die Gesellschaft für Hörgeschädigte und fragten dort nach kostenlosen Hörgeräten. Und sie gaben uns kostenlose Hörgeräte. Das ist, was wir gelernt haben. Im ersten Jahr haben wir die Schülerinnen und Schüler überprüft, gaben ihnen eine Empfehlung und sagten den Eltern, sie sollten zum Gemeindekrankenhaus gehen und eine Brille beantragen. Sie gingen nicht hin. Die Statistik zeigt, dass 70% der Kinder nicht losgingen, um eine Brille zu beantragen. Seitdem wir die Klinik und das Brillengeschäft direkt in der Schule eingerichtet haben, können die Kinder ihre Brille direkt in der Schule bekommen. Das funktioniert. Wir erreichen jedes Kind, das ist unser Ziel.

Letztendlich möchten wir die Eltern stark machen, sich selbst damit zu beschäftigen, wie man an Brillen kommt, wie man Kontakt zur Gesellschaft für Hörgeschädigte aufnimmt, wie man mit dem öffentlichen Nahverkehr überall hinkommt.

Seit kurzem haben wir mit Elternschulen angefangen. In den Elternschulen kommen Eltern zusammen, die sagen: „Ich möchte mehr über Hausaufgaben lernen, ich möchte mehr über den Unterricht erfahren." Sie kommen zu uns und wir stellen sicher, dass sie das lernen können, was sie lernen möchten.

Was verstehen Sie unter Brennpunktschulen („Inner City Schools") in Toronto?

Diese Brennpunktschulen werden vom TDSB (Toronto-District-School-Board = Torontos Schulbehörde für über 560 Schulen) als Schulen beschrieben, die sich verstärkt auf Kinder, die in Armut leben, konzentrieren. Auf der Grundlage von Erhebungen und Forschungen durch die Schulbehörde und externer Umfrageergebnisse werden 7 Brennpunktbezirke rund um Toronto als solche benannt. Schulen in diesen Bezirken können sich als Modellschule bewerben, um am Programm für Brennpunktschulen teilzunehmen.

Zu welchen Erkenntnissen kommt die Forschung bezüglich Kindern, die in Armut leben?

Aktuell lebt in Ontario eins von sechs Kindern in Armut.

Diese Kinder haben mit Hunger, emotionalen Traumata und Obdachlosigkeit zu kämpfen. Sie haben oft nur begrenzten Zugang zur Gesundheitsfürsorge und Zahnpflege. Diese erschwerten Bedingungen sind Barrieren, die ihre Lernfähigkeit behindern.

Kinder, die in Armut leben, haben oft weniger Zugang zu den allgemeinen Kultur-, Freizeit- und Unterstützungsprogrammen und weniger Zugang zu Technik, Naturwissenschaften und Kunst im Vergleich zu Mittelschichts- und Oberschichtskindern.

Eltern, die in Armut leben, sehen sich oft vielen Schwierigkeiten gegenüber, die verhindern, dass sie an Schulaktivitäten teilnehmen oder die Möglichkeit haben, Hausaufgabenunterstützung zu bekommen.

Die Faktoren, die Brennpunktschulen kennzeichnen, berücksichtigen:
das Familieneinkommen (auf verschiedenen Wegen berechnet), den Bildungsstand der Eltern und die Anzahl der Ein-Eltern-Familien.

Die Schulbehörde Torontos vergleicht alle unsere Schulen auf der Grundlage dieser Kriterien und erstellt eine Liste, den Index der Lernmöglichkeiten (LOI, Learning Opportunities Index). Die Schulen mit dem höchsten Ranking auf diesem Index sind die mit den größten Bedürfnissen.

Das Modellschulprogramm der Schulbehörde Torontos versorgt 125 nach diesem Index höchst bedürftige Schulen, um die Schülerinnen und Schüler mit allem zu versorgen, was sie benötigen, um vollständig und gleichberechtigt an ihrer Schule und in ihrer Gemeinde teilhaben zu können, im Hinblick auf Ausstattung der Schulen, Ressourcen und Möglichkeiten.

Modellschulen verfügen über eine starke, visionäre Leitung.

Kinder, Familien und Gemeinde werden in der Lernumgebung zusammengebracht und sind Teilhaber und Partner im Lernprozess. Die Schule wird zum „Herz der Gemeinschaft“ („Heart of the Community“)

Was zeichnet die am Modellschulprogramm beteiligten Brennpunktschulen aus?

Sie verfügen alle über eine innovative Lehr- und Lernpraxis mit unterstützendem Unterricht, um das soziale, emotionale und physische Wohlbefinden der Schülerinnen und Schüler zu ermöglichen. Die Schule gilt als Herz der Gemeinschaft. Die Forschung dient der Praxis und es besteht die Verpflichtung, erfolgreiche Praxiserfahrungen auszutauschen.

Wie arbeiten Sie in Toronto mit dem Programm für die Modell-Schulen?

Als wir mit dem Programm anfingen, stellten wir fest, dass die Kinder dieser Schulen im akademischen Lernen aus vielerlei Gründen im Allgemeinen zwei

Jahre zurück waren. Da gab es viele Barrieren, die ihr Lernen beeinflussten: die Armut, Sprachverständnisschwierigkeiten, bei einigen ein gewisser Kulturschock, weil sie neu im Land waren.

Seitdem begutachten und befragen wir jedes Jahr die Schülerinnen und Schüler, die Eltern und Mitarbeiter der Modell-Schulen und aus diesen Daten gibt es Rückschlüsse für unsere Praxis. Wir benutzen diese Informationen, um in der Praxis effektiver die Bedürfnisse der Schülerinnen und Schüler zu berücksichtigen.

Sie haben viele Einwanderer, die direkt aus anderen Ländern kommen?

Ja, viele unserer Schülerinnen und Schüler sind neu im Land, größer ist aber die Zahl der Kinder von Einwanderern. Die Kanadier der zweiten Generation sehen sich bedeutenden Herausforderungen gegenüber, vor allem weil so viele von diesen Schülerinnen und Schülern eine andere Sprache als Englisch zu Hause sprechen. In Kanada ermutigen wir die Menschen, Aspekte ihrer eigenen Kultur zu bewahren. Dies ist sowohl eine Stärke als auch eine Herausforderung, weil viele von unseren Schülerinnen und Schülern einen Kulturschock erfahren, wenn sie der für sie neuen kanadischen Gesellschaft begegnen.

Wenn sie zur Schule kommen, sind sie nicht auf das kanadische Schulsystem vorbereitet. Wir möchten eine Balance herstellen zwischen dem Kennenlernen und dem Würdigen der Originalsprache und der Kultur der Schülerinnen und Schüler, um so gleichzeitig Brücken zu bauen, damit sie den Hintergrund und das Wissen haben, das sie zum Lernen benötigen.

Unsere Roma haben zum Beispiel eine sehr unterschiedliche Kultur im Vergleich zur „mainstream"-Kultur in Kanada. Wir respektieren ihre Kultur. Gleichzeitig lehren wir sie etwas über unsere Kultur.

So helfen wir ihnen erfolgreich zu sein. Wir nutzen die Daten aus allgemeinen Erhebungen, sehen dann, wo die Schwächen sind, und ermöglichen mehr Unterstützung. Diese Unterstützungsmaßnamen beinhalten Bücher in der Originalsprache, weil wir wissen, dass es sehr wertvoll ist, die Lese- und Schreibfähigkeit in der Muttersprache der Kinder zu bewahren, weil die Schülerinnen und Schüler dadurch auf die englische Sprache übertragbare Fähigkeiten erwerben. Bei all unseren neu ankommenden Schülerinnen und Schülern würdigen wir die zweite und die erste Sprache. Wir wissen, dass das Lernen in der ersten Sprache das Lernen in der zweiten oder gar dritten Sprache unterstützt.

Gibt es spezielle Sprachenlehrer?

Wir haben Lehrer, die besonders ausgebildet sind, um diesen neu ankommenden Kindern zu helfen. Sie beraten zusätzlich unsere Englischlehrer.

Wir haben internationale Sprachen-Programme in unseren Schulen, mit denen Kinder ihre erste Sprache weiter lernen und dadurch selbstbewusst ihre Identität entwickeln können. Wenn sie Selbstvertrauen haben, können sie lernen. Gleichzeitig möchten wir ihre Identität respektieren. Wir unterstützen sie stets dabei, die englische Sprache zu erlernen, weil ihnen das hilft, einen Job zu finden, weiterzumachen für die Universität, das College oder die Berufsausbildung. Die Universitäten und Colleges unterrichten in Englisch, daher ist es wichtig, dass sie auch Englisch lernen.

Wir ermutigen die Schülerinnen und Schüler, wenn sie neu ankommen, alle Texte in ihrer ersten Sprache zu schreiben. In unserer Bücherei haben wir zweisprachige Bücher. Wir kaufen zum Beispiel beliebte Bücher, die die Geschichte in zwei Sprachversionen erzählen, zum Beispiel in Englisch und in Mandarin. Im Vergleich dieser beiden Sprachen lernen die Kinder einige Wörter und nutzen dabei die Bilder. Dies alles sind Elemente unseres Lese- und Schreibprogramms, um Kinder zu unterstützen. In einigen unserer Brennpunktschulen gibt es eine sehr große Anzahl neuer Einwanderer, ähnlich wie in Deutschland.

Wir haben weit verbreitete Erfahrungen mit Einwanderung in Kanada – vor allem in den großen städtischen Zentren. Zum Beispiel habe ich selbst, als ich in die Schule kam, obwohl ich in Kanada geboren wurde, kein Englisch gesprochen. Meine Eltern kommen aus Italien. Als ich in die Schule kam, habe ich nur Italienisch gesprochen.

Ich wohnte in einer Gegend mit vielen Italienern und sprach nur sehr wenig Englisch, ein „Überlebensenglisch“. Als ich in den Kindergarten kam, sprach ich sehr wenig Englisch und konnte nicht lesen. Ich habe in der Schule lesen gelernt.

Teilen Sie die Kinder so früh nach Leistung auf verschiedene Schulformen auf wie in Deutschland?

Wir halten unsere Schülerinnen und Schüler an, erfolgreich zu sein.

Wir versuchen so lange wie möglich, alle Türen offen zu halten. Bis zur Klasse 9 gibt es überhaupt keine Leistungsaufteilung, außer in sehr seltenen Fällen, wenn es ein Kind aus schwerwiegenden Gründen braucht. Gerade ist unser Schulministerium dabei, alle unsere Schulen altersgemischt umzubauen vom Kindergarten bis zur Klasse 8. Aktuell gibt es in vielen unserer Schulen (Middleschools) Klassen der Jahrgänge 6–8 oder 7–8 . In diesen Altersgruppen haben die Schülerinnen und Schüler Schwierigkeiten, sich auf das Lernen zu konzentrieren. Wenn unsere jungen Jugendlichen zusammen mit jüngeren Kindern in der Schule sind, übernehmen sie mehr die Führungsrolle. Sie helfen den jüngeren Schülerinnen und Schülern mehr und mehr und sie sind stolz und mehr konzentriert. Wir bekommen von den Schulen bessere Ergebnisse, die vom Kindergarten bis Klasse 8 gehen.

(Anmerkung der Verfasser: In Kanada gehen Kinder der Elementary School geschlossen nach Klasse 5 in die Klasse 6 der Middleschool. Sie sind nicht unter einem Dach.)

Haben Sie Sonderschulen?

Wir setzen uns dafür ein, dass Kinder in die regulären Klassen integriert werden. Es gibt einige kleinere Klassenräume für Kinder mit besonderen Behinderungen. Im Allgemeinen versuchen wir so viel wie möglich Kinder zu integrieren. Auch durch unser Hausunterrichtsprogramm bieten wir Unterstützung an. Diese Programme erlauben behinderten Kindern, die aus der Schule genommen wurden, phasenweise wieder in der regulären Klasse zu sein.

Manchmal haben wir behinderte Schülerinnen und Schüler, die vollständig am Unterricht in den Regelklassen teilnehmen, sie haben einen individuellen Bildungsplan (Individuel Education Plan).

Der Lehrer schreibt den Plan zusammen mit den Eltern. Zum Beispiel: „Dies ist ein Schüler in Klasse 4, aber er arbeitet auf dem Level einer Klasse 1“. Der Lehrer hat den Unterricht für dieses Kind dementsprechend zu differenzieren, aber es ist zusammen mit Viertklässlern.

So viel wie möglich integrieren wir die Schülerinnen und Schüler, weil wir glauben, dass jeder von der Verschiedenheit im Klassenraum einen Nutzen hat.

Ab und zu wünschen sich Eltern mehr Unterstützung für ihr Kind und sie fragen nach einer Spezialklasse oder Sonderschule.

Wenn Schülerinnen und Schüler bedeutende Schwierigkeiten haben, sich in der Regelschule an Regeln zu halten, lassen wir sie ihre Bedürfnisse einschätzen und laden sie zu einer besonderen Sitzung ein mit einer großen Zahl von Erwachsenen (Schulleiter, sonderpädagogischer Berater, Psychologe, Lehrer und Eltern) um zu entscheiden, was das beste Programm für sie ist. Jedoch Eltern haben immer das letzte Wort.

Der Schulminister gibt den Schulen extra Geld für Kinder mit Behinderungen. Schulen bekommen Geld, um alle Kinder zu unterrichten, und dann gibt es eine zusätzliche Zuwendung für Kinder mit Behinderungen. Diese Kinder haben kleinere Klasse, spezialisierte Lehrer und anderes Unterstützerpersonal und Vorkehrungen, die die Kinder brauchen.

Sind in jeder Klasse Kinder mit Behinderungen?

Sie finden einen guten Prozentsatz von behinderten Kindern, die in Regelklassen sind. Wenn das Programm nicht den Bedürfnissen des Kindes entspricht, beschließen wir eine andere Platzierung. Zum Beispiel überprüfen wir hauptsächlich in Klasse 3 die Hochbegabung bei Kindern. Wenn sie etwas jünger sind und Eltern wollen, dass wir sie testen, testen wir sie auch. Aber begabte Kinder sind im Allgemeinen bis zu diesem Zeitpunkt in den Regelklassen.

In New Brunswick (Kanada) haben sie 1986 die Gesetze geändert und alle Sonderschulen geschlossen. Wie ist das in Toronto?

Bei uns gibt es einige Schulen, die medizinische Schulen genannt werden. Die sind für Kinder mit schwersten körperlichen Behinderungen, die eine umfassende Behandlung brauchen.

Es gibt neue Gesetze in Ontario, die vorsehen, dass jede Schule für alle erreichbar sein muss. Das ändert sich gerade. Wir beginnen, mehr und mehr zu integrieren. Als Modellschulen versuchen wir die Eltern stark zu machen, die Regeln und Gesetze zu kennen und das System zu durchschauen. Wissen ist Macht.

Wir versuchen in unseren Schulen, Angebote zum Elternrecht anzubieten. Wir eröffnen gerade Polikliniken, beginnen gerade Gesundheitsrechte in der Schule zu installieren. Als ich damals meinen Entwurf für die Bewerbung zur Modellschule schrieb, sah mein Vorschlag ein Rechtsanwaltsbüro vor, einen Zahnarzt und eine medizinische Klinik, alles von diesen Angeboten konnten die Eltern direkt in der Schule finden. Wir versuchen vollständige Dienstleistungsschulen zu entwickeln.

Was können Sie uns über offenen Unterricht erzählen?

Wir versuchen unseren Unterrichtsstil zu ändern. Sie werden eine Menge Frontalunterricht finden, wo der Lehrer vor der Klasse steht und von dort unterrichtet. Wir möchten den Schülerinnen und Schülern die Verantwortung übergeben für ihr eigenes Lernen, damit sie mehr ihr eigener Lehrer werden.

Der Lehrer hat oft zu viel Kontrolle und wir möchten ihn etwas davon entlasten, damit es zwischen den Schülerinnen und Schülern etwas ausgeglichener ist. Der Schüler, die Schülerin, leitet das eigene Lernen und übernimmt Verantwortung für sein/ihr Lernen, dem Lehrer gehört es nicht. Wir möchten, dass die Schülerinnen und Schüler Fragen stellen und forschen. Wir möchten diese Art von Partnerschaft, wo die Lehrer wissen, dass sie etwas von den Schülerinnen und Schülern lernen können, und die Schüler wissen, dass sie etwas von den Lehrern lernen können. Dann entsteht diese respektvolle Zusammenarbeit.

In Modellschulen sehen wir uns als Anwälte der Kinder, um sie stark zu machen und sich selbst als Agenten von Veränderung zu sehen. Wir unterstützen ein integratives Curriculum, damit die Schülerinnen und Schüler sehen, wie die vielfältigen Aspekte ihrer Welt zusammengehören und wie Ideen verschiedene Disziplinen berühren.

Wir möchten, dass unsere Schülerinnen und Schüler das Werkzeug bekommen, das sie als Lernende im 21. Jahrhundert brauchen. Wir können nicht mehr unterrichten, wie wir es gewohnt waren, weil Computer schneller sind. Wir müssen unsere Kinder stimulieren, die schon überstimuliert sind von Videospielen und anderer Technologie.

Eine Sache, die wir machten, um unsere Kinder zu unterstützen, war ein herausforderndes Sommerschulprogramm. Wenn unsere Schülerinnen und Schüler Schwierigkeiten innerhalb des Jahres hatten, schickten wir sie zur Sommerschule. In der Vergangenheit war das Sommerschulprogramm schlecht abgesprochen. In den Modellschul – Sommerschulen waren Lehrer damit einverstanden, im Modellschulprogramm zu unterrichten. Nachdem sie vier Wochen diese Einheiten unterrichtet hatten, waren die Lehrer erstaunt darüber, was Kinder leisten konnten. Ein Teil unserer Entwicklung ist, den Lehrern zu zeigen, dass Kinder lernen können. Falls Schülerinnen und Schüler nichts verstehen, müssen die Lehrer den Weg ändern, weil sie sonst nicht zu den Schülerinnen und Schülern vordringen.

Haben Sie professionelle Fortbildung?

Mehr und mehr engagieren wir Lehrer für praxisorientierte Fortbildungen. Das bedeutet, dass wir die Lehrer zusammenbringen und sie zusammen lernen. Fast regelmäßig kommen Lehrer in Teams zusammen, planen und kontrollieren zusammen Schülerarbeiten. Sie analysieren die Arbeit zusammen und kommen zu Übereinstimmungen im Hinblick auf die Auswertung. Die Lehrer lernen voneinander. Wir versuchen die professionelle Weiterbildung im Schulalltag einzubetten. Sie arbeiten zusammen, sie sehen die gegenseitigen Fähigkeiten; sie lernen zusammen.

Nehmen Schülerzahlen ab?

Wir verlieren einige Schülerinnen und Schüler an die Vororte. Aber die Stadt beheimatet immer noch Einwanderer, die es sich nur leisten können in engen Appartements, weit verbreitet in der Stadt, zu wohnen. In unseren Brennpunktgemeinden können zwei oder drei Schulen nur ein, zwei Blocks voneinander entfernt liegen und durch Zusammenlegung zweier kleiner Schulen in eine große kann die Schulbehörde Kosten sparen.

Gibt es Widerstand bei Schulschließungen?

Jeder möchte, dass sein Kind die Gemeindeschule besuchen kann. Und wer möchte schon, dass sein Kind mit dem Bus fahren muss, um zur Schule zu gelangen? Wir reden offen mit der Gemeinde darüber, die Schule zu schließen und wie die Schule besser werden kann. Einige unserer High-Schools können, wenn sie zu klein sind, nicht die wunderbaren Programme anbieten, die große Schulen anbieten können. So entwickeln wir große Schulen, die den Kindern all die Möglichkeiten bieten, die sie möchten: Musik, Kunst, jedes Handwerk, das sie möchten, um so auf die Universität vorbereitet zu sein, auf das College oder die Arbeit.

Eine andere Methode ist, volle Dienstleistungsschulen zu gründen. Wenn wir eine kleine Schule nehmen und den leerstehenden Platz nutzen, können wir Unterstützungsangebote direkt in der Schule installieren. Volle Dienstleistungsschulen werden Schülerinnen und Schüler anziehen und die Schülerzahlen steigen lassen. Das ist ein weiterer Weg und Versuch, Schulschließungen zu verhindern. Gute Schulen in guten Gemeinden bringen gute Schülerinnen und Schüler hervor.

Prof. Dr. Simone Seitz

1968	geboren
1987	Freiwilliges Soziales Jahr in einer „Schule für Praktisch Bildbare“
1996–1998	Vorbereitungsdienst für das Lehramt für Sonderpädagogik, Köln
1998–2001	Lehrerin für Sonderpädagogik an einer integrativen Grundschule und an einer Schule für Geistigbehinderte in Bonn
seit 2001	wissenschaftliche Arbeiten zur fachdidaktischen Lehr-Lern-Forschung und zum inklusiven Sachunterricht in Oldenburg und Heidelberg
2004	Wissenschaftliche Mitarbeiterin in Dortmund
2005	Vertretungsprofessur für Geistigbehindertenpädagogik in Bremen
seit 2006	Professur für Inklusive Pädagogik in Bremen

Zusatzausbildungen

Supervision	am Morneo-Institut Stuttgart
Psychodrama	am Ella-Mae-Sharon- Institut Köln
Theaterpädagogik	in Krefeld
Psychomotorik	in Bonn

www.simone.seitz.uni-bremen.de

Simone Seitz 31.5.11 in Bremen

Warum sind keine Gymnasiasten dabei?

Wie wurden Sie Integrationslehrerin und Integrationspädagogin?

Ich war in meiner Lehramtsanwärterinnenzeit 1997/98 (Lehramt Sonderpädagogik) zwei Tage pro Woche in einer integrativen Grundschule und zwei Tage in einer Sonderschule. Es hat mich innerlich und fachlich geprägt, parallel in diesen beiden Systemen unterwegs zu sein; da bin ich mit Leib und Seele Integrationspädagogin und später auch Integrationsforscherin geworden.

Die Grundschule war die Bodelschwingh-Schule in Bonn – die erste Grundschule in Nordrhein-Westfalen, die integrative Praxis erprobt hatte (1981). Hier bin ich auf viel Erfahrung, gute Rahmenbedingungen und auf ein umfassendes Integrationsverständnis gestoßen. Kinder, die man in heutiger Lesart dem Förderbereich Geistige Entwicklung zuordnen würde, waren dort von Beginn an selbstverständlich dabei. Zeitgleich war ich in einer – damals noch so genannten – „Schule für Geistig Behinderte", das war auch eine nette Schule. Es war ein schönes Gebäude am Rande der Stadt, bestens ausgestattet, es gab den Kindern zugewandte Lehrkräfte in kleinen Klassen. Ich hatte hierdurch die Möglichkeit zum direkten Vergleich der Organisationsformen, in vielen kleinen Alltagssituationen. Wenn z. B. ein bestimmtes Kind mit Förderbedarf in der Integrationsklasse langsam ging und auf dem Weg zum Schulgarten nicht mit der Gruppe mithalten konnte, dann hat es von seinen Mitschüler/innen schon mal gesagt bekommen: „Los jetzt, mach mal Tempo, lauf mal ein Stück." Und dann lief das Kind tatsächlich schneller.

Wenn aber ein vergleichbares Kind mit der Klasse in der Sonderschule einen Ausflug zu Fuß machte, hab' ich manchmal gedacht, ich schlaf beim Gehen gleich ein, weil alle, auch die Lehrkräfte, langsam gingen. Der Schonraum Sonderschule ließ alle im wörtlichen Sinne im „Schongang" gehen. Ich dachte dann, irgendwie ist das komisch, das sind doch vergleichbare Kinder, aber hier gehen sie in Zeitlupe. Ich fand insgesamt sehr beeindruckend, wie viel Zeit man in einer Sonderschule mit Organisation verbringt, z. B. wenn die Therapeutin in den Klassenraum kam und dann erst mal mit den Lehrkräften plauderte. Der ganze Unterricht für 12 Kinder lag erst einmal lahm, weil ein Kind eine therapeutische Einheit hatte und dafür auch den Klassenraum verließ. Nach einer halben Stunde kam das eine Kind wieder und das nächste ging. Das dauerte dann wieder. Der Umgang mit 'Zeit' war einfach ein völlig anderer, ich hatte oft den Eindruck, dass man in Sonderschulen vor allem das Warten lernt.

Es ist ja interessant, wieso die einen Kinder in der Bodelschwingh-Schule gelandet sind und die anderen in Sonderschulen.

Ja, in der Bodelschwingh-Schule waren zu der Zeit unter den Kindern mit sonderpädagogischem Förderbedarf auffällig viele mit engagierten Eltern, die auch bereit waren, unter Umständen ihr Kind weiter zu fahren. Wir hatten auch „Migrationsfamilien“, die aus den südlichen Bundesländern extra nach NRW umgezogen waren, um ihr Kind integrativ beschulen lassen zu können.

Auf welchen Wegen kamen die Kinder in die Sonderschule?

Wir wissen aus verschiedenen Forschungen, dass Lehrkräfte im Begutachtungsprozess in der Regel vor allem dann integrativen Unterricht empfehlen, wenn sie selber Erfahrungen damit haben. Kommt die Lehrkraft aus der Sonderschule und geht zur Begutachtung in den Kindergarten, sieht sie das Kind vor dem Hintergrund ihrer Schule und hat keine Erfahrungen mit Alternativen, also auch keine inneren Bilder. Die Mittelverteilung korrumpiert hier ebenfalls vieles, so lange es noch Sonderschulen gibt. Als ich als Lehrerin sonderpädagogische Gutachten erstellen musste, war ich mehrfach in der Situation, in der Beratung und Empfehlung wählen zu müssen zwischen Möglichkeit A) – gute personelle und sächliche Ausstattung in einem schlechten System (also Sonderschule) oder Möglichkeit B) – schlechte personelle und sächliche Ausstattung in einem guten System (Grundschule). Da hat man auch als Beraterin schlechte Karten.

Ein Kind erhält kurz nach der Geburt die Diagnose „behindert“. Wie sieht die frühe Förderung aus?

Das ist bundeslandspezifisch recht unterschiedlich. Bremen hat ja derzeit eine Integrationsquote im Kindergarten von 98%, insgesamt liegt die Integrationsquote aber ungefähr bei 50%, d. h. „nur“ die Hälfte der diagnostizierten Kinder ist in einer Sondereinrichtung – anders als in der Schule.

Das Frühfördersystem hat ähnlich wie das Sonderschulsystem ein grundsätzliches Dilemma – es kann eigentlich erst dann handeln, wenn ein Defizit festgestellt und „amtlich“ wird. Es ist damit selektiv angelegt, Prävention ist daher schwieriger zu etablieren.

In der Praxis ist es schwierig zu vermitteln, dass es sinnvoller sein kann, im Kindergarten das Kind, das die Eingliederungshilfe zugesprochen bekommen hat, in der Gruppe zu fördern anstatt es herauszunehmen. Die frühpädagogische Arbeit kann ja auch darauf zielen, über pädagogisches Handeln für Partizipation zu sorgen und z.B. Brücken von Kind zu Kind zu bauen. Es ist schwierig für Frühförderkräfte, sich für eine Gruppe, für Partizipation und Beratung verantwortlich zu fühlen, anstatt eng fokussiert auf die Entwicklung eines einzelnen Kindes. In der Eins-zu-eins-Situation mit dem Kind kann sich ja viel Zufriedenheit daraus entwickeln, zu dem Kind eine Beziehung aufzubauen und zu merken, es passiert etwas in der Förderung. Es ist für die Fachkräfte eine ähnliche Herausforderung wie bei sonderpädagogischen Lehrkräften, die von der Sonderschule in die Grundschule wechseln.

Es hängt aber auch mit dem Verständnis von Behinderung als Eigenschaft eines Kindes zusammen, das auch in den administrativen Vorgaben erkennbar ist. Die Vorgaben für die Ressourcenvergabe legen nahe, das einzelne Kind habe das Problem und daran wäre zu arbeiten. Es ist dann schwierig, gegen diese Struktur zu arbeiten. Das Festhalten an der Vorstellung, Behinderung sei eine Eigenschaft von Personen, macht es so schwer, ein alternatives Modell zu entwickeln – eine systemische Ressourcenverteilung. Versteht man *Behinderung als verhinderte Partizipation*, wie in der UN-Behindertenrechtskonvention, ist viel deutlicher, dass Entwicklung von einer förderlichen Umgebung abhängig ist, also systemisches Denken und Handeln gefragt ist. Das gilt wirklich für Frühförderung genauso wie für Schule.

Wie stehen Sie zu der These – „Integration würde den Kindern ja auch nicht gerecht"?

Eine Sonderschule ist immer ein Schonraum in doppelter Hinsicht, für die Schüler/innen, aber natürlich auch für Lehrkräfte. Ich kann ja im Sonderschulsystem jedes Scheitern des Kindes mit der Behinderung begründen. So ist es ja auch dazu gekommen, dass man so lange dachte, Kinder mit Down-Syndrom könnten nicht Lesen und Schreiben lernen, eben wegen ihrer Behinderung – wenn man es nicht versucht, dann ist es natürlich völlig klar, dass sie das dann nicht lernen. Erst durch das Aufbrechen dieser Vorannahme und die Erfahrungen in Integrationsklassen ist auch das bis dahin übliche Unterrichtshandeln infrage gestellt worden.

Es müssen ja auch dort intelligente Lehrer gewesen sein, die was versucht haben, was an die Grenze geht …

Die gab und gibt es – natürlich! Dennoch, Sonderschulen als Institution haben ja eine Entlastungsfunktion für die allgemeinbildenden Schulen – sie kommen ins Spiel, wenn ein Kind nicht in die Schule „passt", also bei Schulversagen. Die hiermit strukturell verankerte Prämisse von Defiziten beim Kind verlangt mehr oder weniger zwangsläufig abgesenkte Erwartungen bei Lehrkräften, ansonsten ginge die Rechtfertigung verloren. Diese Erwartungen wirken sich auf die Schüler/innen aus, und sie zeigen dann oft genau das, und die niedrigen Erwartungen werden bestätigt – es kann ein geschlossener Kreislauf entstehen. Mir fällt dazu ein Beispiel ein von Heinz von Foerster: Was mache ich, wenn ein Kind auf die Frage: „Was ist 2 × 2?" antwortet: „Grün?" Dieser Umgang mit dem Unerwarteten, finde ich, ist eine ganz wichtige Qualität für einen guten, inklusiven Unterricht. Bei dieser Antwort des Kindes muss ich erst einmal einen Schritt zurückgehen und in einem breiteren gedanklichen Rahmen fragen, was der subjektive

Sinn dieser Antwort ist. Wenn ich einfach nur sage: „Falsch!", komme ich nicht weiter. Das kann man auf pädagogisches, aber auch auf didaktisches Handeln beziehen. Und genau dieser Umgang mit Überraschungen ist etwas, das durch das Sonderschulsystem vermieden wird.

So eine Karriere, wie die von Pablo Pineda – also, der erste Mensch mit Trisomie 21 in Europa, der einen Hochschulabschluss gemacht hat – wäre im deutschen Schulsystem schon allein deswegen bislang höchst unwahrscheinlich, weil es strukturell nicht vorgesehen ist. Wird ein Kind einer „Förderschule Geistige Entwicklung" zugewiesen, heißt das, bezogen auf den Schulabschluss, weiterhin zumeist: Ende aus, von Anfang an, kein höherer Bildungsabschluss vorgesehen – das schützt das System und die dort Handelnden vor solchen Überraschungen wie Pablo Pineda.

Als Sie damals diesen Unterschied bemerkt hatten, zwischen der integrativen Schule und der klassischen Sonderschule, welche Gefühle waren da stärker? Haben Sie mehr das Fachdidaktische gesehen oder war es auch ein Gefühl der Ungerechtigkeit?

Im Vordergrund war zunächst das Didaktische. Ich hatte ja den klassischen Weg gemacht: Freiwilliges Soziales Jahr an einer Sonderschule. Damals war ich voller caritativer Ideen, mit Anfang 20. Im Studium hat sich das zum Teil aufgelöst, aber erst über das praktische Erfahren ist das Ungerechtigkeitsgefühl stärker geworden. Verbunden damit war immer das Inhaltliche. Ich habe im Studium ganz lange Erlebnistheater gemacht. Wir haben damals eine Theaterform entwickelt (auch) für schwerstbehinderte Menschen, mit der Idee, Kulturteilhabe zu ermöglichen. Wir haben oft klassische Stücke (z. B. Goethe) für ein Publikum mit Erwachsenen gespielt, die noch nie im Leben im Theater waren. Später habe ich einzelne Elemente didaktisch genutzt und habe z. B. 'Parzival' umgesetzt. Also einen mittelalterlichen Versroman, was ja nicht wirklich der Klassiker ist in einer Schule für Geistigbehinderte (lacht). Im Nachhinein dachte ich dann, irgendwie ist das komisch. Es ist erfolgreich verlaufen, aber warum sind jetzt eigentlich keine „Gymnasialschüler/innen" dabei gewesen? Die hätten nämlich auch was gehabt von den Medien, die wir da hatten, um den 'Parzival' noch mal anders zu durchdringen.

Als ich dann später in die Forschung ging, hat Astrid Kaiser sofort gesagt: „Du willst Sachunterricht inklusiv denken – mach das, finde ich gut." Es gab aber auch Wissenschaftler/innen aus der Lehr-Lernforschung, die mir damals in der Beratung gesagt haben: „Interessante Studie, aber was wollen Sie denn da mit dem Inklusiven? Das wird es doch nie geben in der Wirklichkeit." Das ist nun 10 Jahre her und im Nachhinein kann ich mit Blick auf die UN-Behindertenrechtskonvention manchmal darüber schmunzeln.

Hat sich da was geändert?

Ja. Jetzt fragen sehr viele: „Ja, wie machen wir denn jetzt inklusiven Unterricht?“ Und es wird gerne auf die Arbeiten zurückgegriffen. Es wird jetzt nicht mehr bewertet als verrückte Vision.

Das fing ja an mit dem Theater. Theater ist ja ein Medium, wo Sprache nur einen kleinen Teil bildet. Theater erlaubt eigentlich nicht, nur den Text zu lesen. Da sind Sie von einem ganz anderen Blickwinkel zum Theater gekommen.

In einer der Schlüsselszenen meiner Erhebungen zu *„Zeit im inklusiven Sachunterricht“* experimentierte ein Kind, das als hochbegabt galt, mit einem ästhetischen Medium – eine fließende Uhr, die ich nach dem Bild von Dali „Beständigkeit der Erinnerung“ gestaltet hatte. Der Junge ging hochkonzentriert und versunken damit um und hat ausprobiert und entdeckt mit einem Medium, das eben genau so gut ein schwerstbehindertes Kind verwenden kann, um sich mit der gleichen Frage zu befassen.

Inklusive Qualität bekommt Unterricht dann, wenn sich die Kinder im Lernen aufeinander beziehen können. Das ist das Spannende im inklusiven Unterricht: die Perspektiven der Kinder zusammenzubringen und darüber in Austausch zu kommen – muss ja nicht immer mit Worten sein, kann ja auch Handeln sein – damit die Kinder ihr Denken aneinander entwickeln können und darüber die „Sache“ reicher und vielfältiger wird.

Man hört ja oft: „Der Geistig Behinderte kommt dann aber zu kurz und der Gymnasiast wird nur gestört." „Der eine kann ja gar nicht, der andere muss ja gelangweilt mit abwarten, bis der auch mal was versteht." Kann sich die normale Lehrerin vorstellen, das zu organisieren?

Es hat zunächst etwas damit zu tun, als Lehrkraft selber ein bisschen loszulassen und zu sagen: „Die Kinder machen vieles selbst, aber ich muss das organisieren. Die Kinder können voneinander viel mitkriegen – so lange die Aufgaben offen sind, denn dann funktioniert natürliche Differenzierung, die von den Kindern gemacht wird." Das zweite sind die didaktischen Feinheiten mit der Frage, was denn in einer Fragestellung steckt, in einem Problem, mit Klafki gesprochen, die gute alte „Elementarisierung". Was ist also die Sache, um die es erst einmal für alle gehen kann, aber nicht das Einfachste, also keine Simplifizierung, sondern auch von der Sache aus gedacht, zugleich das Bedeutungsvollste? In meiner Studie zum Thema „Zeit" waren das die biografische Zeit und das Zeiterleben.

Es geht also nicht darum, im Werkstattunterricht zur Steinzeit ein paar Steine hinzulegen für das schwerbehinderte Kind. Das Gegenbild ist: der „Sache" Komplexität geben und sie „drin lassen" und eine Elementarisierung entwickeln, die immer im Blick hat: was ist denn hier der Knackpunkt für alle Kinder?

Aber wenn man es dann nicht sieht, wie es gehen kann, dann kriegt man den Kopf nicht frei.

Ich glaube, das hat ganz viel mit unseren fehlenden Erfahrungen zu tun – auch als Schüler/innen. Fast alle Lehrkräfte kommen aus Generationen, die diesbezüglich behindert sind, weil sie nur aussondernde Schulen kennen gelernt haben, sowohl in der eigenen Bildungsbiografie als auch in den Ausbildungsstrukturen. Diese Sozialisierung legte ja die Prämisse nahe, als „Regellehrkraft" für bestimmte Schüler/innen nicht zuständig zu sein. Diese Vorannahme aufzugeben ist schwierig, denn es scheint ja zunächst einfacher, wenn ich bei Schwierigkeiten abgeben kann. Da muss man schon sehr viel aufbringen.

Wie haben Sie das System der Aussonderung im Schulwesen erlebt?

Ein Jahr habe ich als Lehrerin an einer Schule für Geistig Behinderte gearbeitet, die mit einer Lernbehinderten-Schule in einem Gebäude lag, getrennt durch eine stets verschlossene Tür. Für die „LB-Schüler" war es enorm wichtig, mit den anderen Schüler/innen nichts zu tun zu haben.

Hier habe ich den Auftrag bekommen, ein Gutachten zu schreiben für eine Schülerin der Lernbehinderten-Schule, die dann auf die Schule für Geistig Behinderte wechseln sollte, denn sie hatte psychische Probleme und fiel durch ihr Verhalten sehr stark auf. Ich sollte das in dem Gutachten hinkriegen, dass sie danach 'Geistig Behindert' ist. Der Fall hat mich sehr bewegt. Die aus der Türkei stammenden Eltern wollten auf keinen Fall die Abschulung und hatten ein ganz großes Misstrauen mir gegenüber, sehr viel Angst. Die Abschulung habe ich dann nicht zugelassen. Sie blieb aber natürlich auf dieser LB-Schule.

Wie schätzen Sie das denn jetzt so ein? Glauben Sie, dass solche Mechanismen heute weniger wirken?

Sie treffen auf eine andere Dynamik, in Bremen z. B. durch den Plan, bis 2017 (fast) alle Förderschulen geschlossen zu haben.

Problematisch ist in den aktuellen Diskussionen das Auseinanderdividieren: Man diskutiert zur UN-Behindertenrechtskonvention über behinderte Kinder und meint damit zumeist Behinderung im medizinischen Sinne. Das wird aber oft nicht zusammengedacht mit sozialer Ungleichheit und Diskriminierung, obwohl wir seit langem wissen, dass benachteiligte Schüler/innnen in Sonderschulen (bzw. unter Schüler/innen mit sonderpädagogischem Förderbedarf) stark überrepräsentiert sind und in höheren Bildungsgängen unterrepräsentiert. Das müssen wir also zusammen denken und nicht getrennt voneinander, wie das auch in der UN-Behindertenkonvention geschieht.

Es ist derzeit ein starkes Interesse von vielen Bildungsgewinnern zu beobachten, „unter sich“ zu bleiben, was man gut an dem Hamburger Bildungsstreit ablesen konnte. Auch einige Lehrkräfte haben Sorge, dass mit inklusiven Strukturen Kinder aus einem Umfeld in ihre Klasse kommen bzw. dort bleiben, die sie nicht so gerne bei sich haben und bislang abgeben konnten – das können diese Lehrkräfte aber schlecht offen sagen. Innere Distanz gegenüber bestimmten Milieus oder kulturellen Hintergründen wird dann überdeckt mit Argumenten wie: „Wir können den Kindern hier nicht gerecht werden.“ Inklusion ist eng mit Bildungsgerechtigkeit verbunden.

In welchen Bereichen könnte die Begabungsforschung von der Inklusionsforschung profitieren?

Beide Forschungslinien können voneinander lernen. Wir führen gerade ein Forschungsprojekt durch zur Begabungsförderung in inklusiven Schulen. Wir wollen wissen, wie ein begabungsfördernder inklusiver Unterricht aussieht. Wir untersuchen eine Grundschule mit langjährig gewachsenen inklusiven Strukturen und eine Oberschule, die gerade begonnen hat, inklusive Strukturen zu entwickeln. Beide Schulen befinden sich in einem sozial benachteiligten und kulturell vielfältigen Stadtteil und nehmen an einem Qualifizierungs- und Entwicklungsprojekt zur Begabungsförderung teil.

Von der Inklusionsforschung kann die Begabungsforschung unter anderem lernen, dass alle Kinder entdeckend lernen können, dass Enrichment, also die Anreicherung des Unterrichts mit herausfordernden Lernangeboten, gut in inklusiven, individualisierenden Unterricht eingezogen werden kann und dass auch Kinder, die als hochbegabt gelten, sich in einer sozial und kognitiv vielfältigen inklusiven Klasse anerkannt und „zu Hause“ fühlen können, so wie sie sind. Und vor allem, dass Begabungsförderung niedrigschwelliger und vorurteilsbewusster werden kann – bislang profitieren Mädchen, Kinder mit Migrationshintergrund und Kinder mit schwacher sozialer Ausgangslage auffallend wenig von Begabungsförderung.

Die Inklusionsforschung kann unter anderem lernen, spezifische Interessen und Stärken von Kindern stärker als Ressource zu sehen und zu nutzen und auf die Potenziale von Kindern zu schauen. Letztlich geht es im inklusiven begabungsfördernden Unterricht insgesamt um Anerkennung und Herausforderung im Lernen in sozialer Eingebundenheit.

In beiden Forschungslinien sollten wir stärker über Geschlechtersensibilität nachdenken, denn Jungen sind sowohl in der Begabungsförderung als auch bei sonderpädagogischem Förderbedarf überrepräsentiert, während Mädchen bei beiden unterrepräsentiert sind – um mit diesem Befund sinnvoll umzugehen, müssen wir uns selbstkritisch nach verborgenen Normalitätsvorstellungen in Forschung und Praxis fragen.

Welche Haltung ist nötig bei den Lehrern?

In der Tat, nicht das Handwerkszeug ist das Entscheidende, sondern die Haltung: „Ich fühle mich für alle Kinder verantwortlich.“ Wenn ich mich als Lehrkraft klar und selbstverständlich für alle verantwortlich fühle, dann ist natürlich auch das Tor zu meiner eigenen Kreativität viel offener, neue didaktische Ideen zu entwickeln. Deswegen können die, die das mit dieser Haltung machen, dann auch gar nicht so richtig sagen, mit welchem Instrument es denn in ihrem Unterricht funktioniert. Der Knackpunkt ist einfach, die Entscheidung getroffen zu haben, dass alle Kinder hier sind und alle was brauchen – Punkt.

Es gibt ja jetzt Schulen, die bekommen Förderkinder, für die sie sich nie verantwortlich gefühlt haben. Für diese müssen sie Verantwortung tragen, ohne dass sich etwas ändert …

Das Problem ist dann genau, dass sich nicht großartig etwas ändert. Es ist ein Fehler, wenn man Schulen strukturell inklusiv macht, aber keine vernünftige Qualifizierung für die Lehrkräfte bereit hält. Eigentlich verlangt die UN-Konvention Fort- und Weiterbildung. Eine beratende Begleitung ist zentral, damit die Lehrkräfte sich auch unterstützt fühlen und nicht denken: „Ich kann das nicht und jetzt hilft mir auch leider keiner“. Sie brauchen da einfach eine Struktur. Dabei können sie sich nicht in ganzer Bandbreite auf alles vorbereiten, das können ja auch Lehrkräfte für Sonderpädagogik nicht. Daher ist neben einer Basisqualifizierung eine Fachberatung enorm wichtig, wo Lehrkräfte fallbezogen sagen können: „Da hab ich jetzt plötzlich ein Kind, das ist von seiner Emotionalität so durcheinander und auffällig, so was hatte ich noch nicht. Jetzt brauche ich eine Beratung." So ein System muss da sein, damit die Lehrkräfte sich nicht allein gelassen fühlen.

Gibt es denn vielleicht irgendeinen Hebel, der alles von vorneherein viel leichter machen könnte? Wenn Bedingungen per Gesetz kämen ...?

Der Knackpunkt ist die personenbezogene Ressourcenverteilung, die Etikettierung, die im Denken der Beteiligten ganz viel auslöst. Es würde sich einiges ändern, wenn man Hilfen niedrigschwelliger und flexibler geben könnte.

Mir hat mal in einem Vortrag jemand gesagt, der selber in seiner Schulzeit sonderpädagogischen Förderbedarf hatte: „Eigentlich müssten die Lehrkräfte Förderbedarf für sich selbst beantragen statt für das Kind, denn sie sagen ja damit: Ich habe jetzt ein Problem mit diesem Kind, weil ich meinen Unterricht nicht so gestaltet kriege, wie ich will, und ich mich gestört oder überfordert fühle." Das fand ich einen interessanten gedanklichen Dreh.

Viele integrative Grundschulen, in denen ich gearbeitet und geforscht habe, haben gesagt: Unser Unterricht hat sich durch integrative Praxis verbessert. Wir unterrichten zum Beispiel viel handlungsorientierter. Man kann natürlich überkritisch nachfragen, wieso komme ich erst dann, wenn ich ein Kind habe, das vermeintlich geistig behindert ist, auf die Idee, handlungsorientierten Unterricht zu machen, welche Bilder in meinem Kopf haben da eine Rolle gespielt. Hätte ich ja auch vorher machen können. Dennoch: inklusive Strukturen können ein Vehikel sein, den Unterricht insgesamt zu innovieren.

Literatur

Ackeren, Isabell van/Zlatkin-Troitschanskaia, Olga/Binnewies, Carmen/Clausen, Marten/Dormann, Christian/Preisendörfer, Peter/Rosenbusch, Christoph/Schmidt, Uwe: Evidenzbasierte Schulentwicklung. Ein Forschungsüberblick aus interdisziplinärer Perspektive. In: Die Deutsche Schule 103, 2011, 2, S. 170–184

Adler, Alfred: Individualpsychologie in der Schule. Frankfurt/M.: Fischer 1929/1973

Adorno, Theodor W. : Studien zum autoritären Charakter. Frankfurt/M.: Suhrkamp 1950/1973

Adorno, Theodor W. : Theorie der Halbbildung. In: Adorno, Th. W. : Gesammelte Schriften. Hrsg. Von R. Tiedemann. Bd 10.2. Frankfurt/M.: Suhrkamp 1977, S. 93–121

Albers, Timm: Multiprofessionell unterrichten. In: Grundschule 44, 2012, 3, S. 10–11

Andresen, Ute: So dumm sind sie nicht. Weinheim: Beltz 1985

Andresen, Ute: Ausflüge in die Wirklichkeit. Weinheim: Beltz 2000

Arbeitsgruppe Internationale Vergleichsstudie (Hrsg.): Schulleistung und Steuerung des Schulsystems im Bundesstaat. Kanada und Deutschland im Vergleich. Band 9. Münster: Waxmann 2007

Bacher, Johann: Effekte von Gesamtschulsystemen auf Teilleistungen und Chancengleichheit. In: WISO 2007, 2, S. 16–34

Basaglia, Franco/Basaglia-Ongaro, Franca: Befriedungsverbrechen. In: Basaglia/Foucault/Castel/Wulff/Chomsky/Laing/ Goffman u. a.: Befriedungsverbrechen. Über die Dienstbarkeit der Intellektuellen. Frankfurt/M. : Europäische Verlagsanstalt 1980

Baumert, Jürgen: Was soll man unter Bildung verstehen? In: Die Deutsche Schule 100, 2008, 1, S. 16–21

Becker, Ulrike/Prengel, Annedore: Kindern institutionell Halt geben – Strukturen für „schwierige Kinder“ in inklusiven Grundschulen. In: Heinzel, Friederike (Hrsg.): Kinder in Gesellschaft. Frankfurt a. M.: Grundschulverband 2010, S. 184–198

Begemann, Ernst: Die Erziehung der sozio-kulturell benachteiligten Schüler. Hannover: Schroedel 1970

Bellenberg, Gabriele/Hovestadt, Gertrud/Klemm, Klaus: Selektivität und Durchlässigkeit im allgemein bildenden Schulsystem. Universität Essen: Arbeitsgruppe Bildungsforschung/Bildungsplanung 2004

Black, Paul/Atkin, J. Myron: Changing the Subject. Innovations in Science, Mathematics and Technology Education. London 1996

Boban, Ines/Hinz, Andreas (Hrsg.): Index für Inklusion – Lernen und Teilhabe in der Schule der Vielfalt entwickeln. Entwickelt von Booth, Tony/Ainscow, Mel, übersetzt, bearbeitet von Boban/Hinz. Martin-Luther-Universität Halle-Wittenberg 2003 (eine neue englischsprachige Auflage ist erhältlich unter: http://www.csie.uk.org; eine zweite deutschsprachige Auflage erscheint 2013)

Boban, Ines/Hinz, Andreas: „The inclusive classroom“ – Didaktik im Spannungsfeld von Lernprozesssteuerung und Freiheitsberaubung. In: Ziemen, Kerstin (Hrsg.): Reflexive Didaktik. Oberhausen: Athena 2008, S. 71–98

Boban, Ines/Hinz, Andreas: Kooperation inklusiv(e). In: Grundschule 44, 2012, 3, S. 16–18

Boenicke, Rose: PISA und die Suche nach einem internationalen Kerncurriculum. In: Die Deutsche Schule, 92, 2000, 4, S. 393–406

Booth, Tony: „Wie ein Sandkorn ...“. Tony Booth im Gespräch mit Barbara Wenders und Reinhard Stähling. In: Grundschule 44, 2012a, 3, S. 24–26.

Booth, Tony: Der aktuelle „Index for Inclusion“ in dritter Auflage. In: Reich, Kersten (Hrsg.): Inklusion und Bildungsgerechtigkeit. Weinheim: Beltz 2012b, S.180–204

Bos, Wilfried/Lankes, Eva-Maria/Prenzel, Manfred/Schwippert, Kurt/Walther, Gerd/ Valtin, Renate (Hrsg.): Erste Ergebnisse aus IGLU. Schülerleistungen am Ende der vierten Jahrgangsstufe im internationalen Vergleich. Münster: Waxmann 2003

Bos, Wilfried/Hornberg, Sabine/Arnold, Karl-Heinz/Faust, Gabriele/Fried, Lilian/ Lankes/Schwippert, Kurt/Valtin, Renate (Hrsg.): IGLU 2006. Lesekompetenz von Grundschulkindern im internationalen Vergleich. Münster: Waxmann 2006

Brecht, Bertolt: Rede an dänische Arbeiterschauspieler über die Kunst der Beobachtung. In: Gesammelte Werke in 20 Bänden, Bd. 9. Frankfurt: Suhrkamp 1967, S. 760–766

Brügelmann, Hans: Wie verbreitet ist offener Unterricht? In: Jaumann-Graumann, Olga/ Köhnlein, Walter (Hrsg.): Lehrerprofessionalität – Lehrerprofessionalisierung. Bad-Heilbrunn: Klinkhardt 2000, S. 133–143

Brügelmann, Hans: Den Einzelnen gerecht werden – in der inklusiven Schule. In: Zeitschrift für Heilpädagogik 62, 2011, 9, S. 355–361

Burow, Olaf-Axel: Begabtenförderung als Impuls für Schulentwicklung. In: Steenbuck, Olaf/Quitmann, Helmut/Esser, Petra (Hrsg,): Inklusive Begabtenförderung in der Grundschule. Konzepte und Praxisbeispiele zur Schulentwicklung. Weinheim: Beltz 2011, S. 49–64

Burow, Olaf-Axel/Steenbuck, Olaf: Partizipative Schulentwicklung durch Zukunftswerkstätten. In: Steenbuck, Olaf/Quitmann, Helmut/Esser, Petra (Hrsg,): Inklusive Begabtenförderung in der Grundschule. Konzepte und Praxisbeispiele zur Schulentwicklung. Weinheim: Beltz 2011, S. 198–214

Deutsches Institut für Menschenrechte: Stellungnahme der Monitoring-Stelle (31. März 2011) Eckpunkte zur Verwirklichung eines inklusiven Bildungssystems (Primarstufe und Sekundarstufen I und II). Empfehlungen an die Länder, die Kultusministerkonferenz (KMK) und den Bund. Berlin 2011

Drunkemühle, Ludger/Pollert, Manfred: Differenzieren lässt sich lernen. Frankfurt/M.: Diesterweg 1980

Fetzer, Marei: Schreiben um Mathematik zu lernen. In Grundschulzeitschrift 25, 2011, S. 24–29

Feuser, Georg: Naturalistische Dogmen: Unerziehbarkeit, Unverständlichkeit, Bildungsunfähigkeit. In: Dederich, Markus/Jantzen, Wolfgang (Hrsg.): Behinderung und Anerkennung. Stuttgart: Kohlhammer 2009, S. 233–239

Feuser, Georg: Entwicklungslogische Didaktik. In: Kaiser, Astrid/Schmetz, Ditmar/Wachtel, Peter/Werner, Birgit (Hrsg.): Didaktik und Unterricht. Stuttgart: Kohlhammer 2011, S. 86–100

Fingerle, Michael: Risiko und Resilienz. In: Kaiser, Astrid/Schmetz, Ditmar/Wachtel, Peter/Werner, Birgit (Hrsg.): Bildung und Erziehung. Stuttgart: Kohlhammer 2010, S. 135–142

Fischer, Christian: Selbstreguliertes Lernen in der Begabungsförderung. In: Fischer, Christian/Mönks, Franz/Grindel, Ester (Hrsg.): Curriculum und Didaktik der Begabungsförderung. Münster: LIT 2008

Fuchs, Werner: Darf oder muss der Staat eingreifen? Ungleiche Chancen im Bildungssystem. In: Schulverwaltung 22, 2011, S. 188–191

Fuest, Ada: Und in der Mitte das Kind. Baltmannsweiler: Schneider 2008

Giest, Harmut: Das Lernen des Lernens. In: Kaiser, Astrid/Schmetz, Ditmar/Wachtel, Peter/Werner, Birgit (Hrsg.): Didaktik und Unterricht. Stuttgart: Kohlhammer 2011, S. 202–206

Gogolin, Ingrid & Neumann, Ursula (Hrsg.): Großstadt-Grundschule. Übersprachliche kulturelle Pluralität als Bedingungen der Grundschularbeit. Münster: Waxmann 1997

Göhlich, Michael (Hrsg.): Offener Unterricht – Community Education – Alternativschulpädagogik – Reggiopädagogik. Die neueren Reformpädagogiken. Weinheim: Beltz 1997

Gruschka, Andreas: An den Grenzen des Unterrichts. Opladen: Budrich 2010

Gruschka, Andreas: Verstehen lehren. Stuttgart: Reclam 2011

Grundschule Berg Fidel 2010: Qualitätsanalyse. In: www.ggs-bergfidel.de: homepage der Grundschule Berg Fidel, Münster

Hanke, Petra: Jahrgangsübergreifender Unterricht in der Grundschule. In: de Boer, Heike/Burk, Karlheiz/Heinzel, Friederike (Hrsg.): Lehren und Lernen in jahrgangsgemischten Klassen. Frakfurt/M.: Grundschulverband 2007

Hattie, John A.C.: Visible Learning. A Synthesis of over 800 meta-analyses relating to achievement. London & New York: Routledge 2009

Hentig, Hartmut von: Was soll man unter Bildung verstehen? In: Die Deutsche Schule 100, 2008, 1, S. 10–15

Hentig, Hartmut von: Bewährung. München: Hanser 2006

Hessel, Stéphane: Empört euch! Berlin: Ullstein 2011

Hinz, Andreas: Pädagogik der Vielfalt – ein Ansatz auch für Schulen in Armutsgebieten? In: Hildeschmidt, Anne & Schnell, Irmtraud (Hrsg.): Integrationspädagogik. Weinheim: Juventa 1998, S. 127–144

Hinz, Andreas: Von der Integration zur Inklusion – terminologisches Spiel oder konzeptionelle Weiterentwicklung? In: Zeitschrift für Heilpädagogik 53, 2002, 9, S. 354–361

Hinz, Andreas: Inklusion – Vision und Realität! Herausforderungen in Deutschland und Praxis in Kanada. In: Katzenbach, Dieter (Hrsg.): Vielfalt braucht Struktur. Frankfurt: Johann Wolfgang Goethe-Universität 2007, S. 81–98

Hinz, Andreas: Inklusive Pädagogik in der Schule – veränderter Orientierungsrahmen für die schulische Sonderpädagogik!? Oder doch deren Ende?? In: Zeitschrift für Heilpädagogik 60, 2009, 5, S. 171–179

Hundsalz, Andreas: Zigeunerkinder. Eine sozialpsychologische Untersuchung schulrelevanter Merkmale. Frankfurt: Lang 1980

Jantzen, Wolfgang: Eine Schule für alle – nicht ohne umfassende Integration behinderter Kinder! In: Ziemen, Kerstin: Reflexive Didaktik. Oberhausen: Athena 2008, S. 15–33

Joller, Klaus/Zobrist, Bruno: Inklusive Schulsysteme. Wodurch zeichnen sie sich aus? In: Grundschule 44, 2012, 3, S. 7–9

Kaiser, Astrid: Anders lehren lernen. Baltmannsweiler: Schneider 2003

Kaiser, Astrid: Caring Curriculum für den Sachunterricht. In: Kaiser, Astrid/Pech, Detlef: Integrative Dimensionen für den Sachunterricht. Baltmannsweiler: Schneider 2004, S. 188–205

Kaiser, Astrid: Neue Einführung in die Didaktik des Sachunterrichts. Baltmannsweiler: Schneider 2006

Kaiser, Astrid: Menschenbildung in Katastrophenzeiten. Baltmannsweiler: Schneider 2007

Kaiser, Astrid: Schlüsselprobleme. In: Kaiser, Astrid/Schmetz, Ditmar/Wachtel, Peter/Werner, Birgit (Hrsg.): Didaktik und Unterricht. Stuttgart: Kohlhammer 2011a, S. 157–166

Kaiser, Astrid: Mehr als nur Aufklärung. Eine sexualpädagogische Konzeption unter heterogenen Bedingungen. In: Grundschule, 43, 2011b, S. 13–15

Kaiser, Astrid: Praxisbuch Grundschulprojekte. Baltmannsweiler: Schneider 2011c

Kaiser, Astrid/Pech, Detlef: Auf dem Weg zur Integration durch neue Zugangsweisen? In: Kaiser, Astrid/Pech, Detlef: Integrative Dimensionen für den Sachunterricht. Baltmannsweiler: Schneider 2004, S. 3–28

Kaiser, Astrid/Pfeiffer, Silke: Grundschulpädagogik in Modulen. Baltmannsweiler: Schneider 2007

Kegler, Ulrike: In Zukunft lernen wir anders. Weinheim: Beltz 2009

Kemper, Thomas: Integrative Beschulung von deutschen und nichtdeutschen Schülern mit Förderbedarf. In: Schulverwaltung NRW 22, 2011, 5, S. 154–156

Kemper, Thomas/Weishaupt, Horst: Zur Bildungsbeteiligung ausländischer Schüler an Förderschulen – unter besonderer Berücksichtigung der spezifischen Staatsangehörigkeit. In: Zeitschrift für Heilpädagogik 62, 2011, 10, S. 419–431

Klemm, Klaus: Schülerinnen und Schüler mit Migrationshintergrund im Spiegel der neueren Schulleistungsstudien. In: Karakasoglu, Yasemin/Lüddecke, Julian (Hrsg.): Migrationsforschung und Interkulturelle Pädagogik. Münster: Waxmann 2004, S. 205–214

Klemm, Klaus/Preuss-Lausitz, Ulf: Auf dem Weg zur schulischen Inklusion in Nordrhein-Westfalen. Empfehlungen zur Umsetzung der UN-Behindertenrechtskonvention im Bereich der allgemeinen Schulen. Gutachten für das Schulministerium NRW 2011. www.schulminsterium.nrw.de

Klenk, Gerald: Veränderungen führen. In: de Boer, Heike/Peters, Susanne (Hrsg.): Grundschule entwickeln – Gestaltungsspielräume nutzen. Frankfurt: Grundschulverband 2011, S. 217–228

Koch, Gerd: Lernen mit Bert Brecht. Bertolt Brechts politisch-kulturelle Pädagogik. Frankfurt/M: Association 1979

Korczak, Janusz: Sämtliche Werke (SW 16 Bd.). Hrsg. von Beiner, Friedhelm /Dauzenroth, Erich. Gütersloh: Gütersloher Verlagshaus 1996–2010

Korff, Natascha: Inklusiver Unterricht – Didaktische Modelle und Forschung. In: Cilla, Solveig/Benkmann, Rainer: Die Inklusive Schule – Theorien, Forschungen und Erfahrungen. Immenhausen: Prolog 2012

Kucharz, Diemut/Wagener, Matthea: Jahrgangsübergreifendes Lernen. Baltmannsweiler: Schneider 2007

Kultusministerkonferenz: Inklusive Bildung von Kindern und Jugendlichen mit Behinderungen in Schulen. Beschluss vom 20.10.2011. In: Zeitschrift für Heilpädagogik 63, 2012, 1, S. 32–38

Labisch, Alfons/Woelk, Wolfgang: Geschichte der Gesundheitswissenschaften. In: Hurrelmann, Klaus/Laaser, Ulrich/Razum, Oliver (Hrsg.): Handbuch Gesundheitswissenschaften. Weinheim: Juventa 2006 (4. überarb. Aufl.), S. 49–91

Laging, Ralf: Altersgemischtes Lernen in der Schule. Baltmannsweiler: Schneider 2007

Ludwig, Harald: Montessori-Schulen und ihre Didaktik. Baltmannsweiler: Schneider 2004

Lukas, Helmut: Prävention. In: Wörterbuch Soziale Arbeit. Weinheim: Juventa 2005, S. 655–659

Lütje-Klose, Birgit: Inklusion – Welche Rolle kann die Sonderpädagogik übernehmen? In: Sonderpädagogische Förderung in NRW 49, 2011, 4, S. 8–21

Maaz, Kai/Baumert, Jürgen/Trautwein, Ulrich: Genese sozialer Ungleichheit im institutionellen Kontext der Schule: Wo entsteht und vergrößert sich soziale Ungleichheit? In: Krüger, Heinz-Hermann/Rabe-Kleberg, Ursula/Kramer, Rolf-Torsten/Budde, Jürgen (Hrsg.): Bildungsungleichheit revisited. Wiesbaden: Verlag für Sozialwissenschaften 2010, S. 69–102

Mahlau, Kathrin/Diehl, Kirsten/Voß, Stefan/Hartke, Bodo: Das Rügener Inklusionsmodell (RIM) – Konzeption einer inklusiven Grundschule. In: Zeitschrift für Heilpädagogik 62, 2011, 11, S. 464–472

Mann, Iris: Schlechte Schüler gibt es nicht. Weinheim: Beltz 1989

Meyerhöfer, Wolfram: Vom Konstrukt der Rechenschwäche zum Konstrukt der nicht bearbeiteten stofflichen Hürden (nbsH). In: Pädagogische Runschau 65, 2011, 4, S. 401–426

Miller, Susanne: Modelle innerer Differenzierung. In: Kaiser, Astrid /Schmetz, Ditmar/ Wachtel, Peter/Werner, Birgit (Hrsg.): Didaktik und Unterricht. Stuttgart: Kohlhammer 2011, S. 219–223

Miller, Susanne: Methodische Vielfalt für heterogene Lerngruppen. In: Kaiser, Astrid/ Schmetz, Ditmar/Wachtel, Peter/Werner, Birgit (Hrsg.): Didaktik und Unterricht. Stuttgart: Kohlhammer 2011, S. 146–156

Mittendrin e.V. (Hrsg.): Eine Schule für alle. Inklusion umsetzen in der Sekundarstufe. Mühlheim: Verlag an der Ruhr 2012

Möckel, Andreas: Geschichte der Heilpädagogik. Stuttgart: Klett-Cotta 2007 (2. überarb. Aufl.)

Montag Stiftung (Hrsg): Inklusion vor Ort. Berlin: Eigenverlag 2011

Moser, Vera: Eine Bilanz von 50 Jahren Heilpädagogik: Aspiration – Hypotheken – Chancen II. In: Zeitschrift für Heilpädagogik 62, 2011, 11, S. 456–458

Moser, Vera (Hrsg.): Die inklusive Schule. Standards für Inklusion. Stuttgart: Kohlhammer 2012

Müller-Benedict, Volker: Strukturveränderung oder Fördermaßnahmen? In: Die Deutsche Schule, 100, 2008, 4, S. 412–424

Opp, Günther: Prävention. In: Dederich, Markus/Jantzen, Wolfgang (Hrsg.): Behinderung und Anerkennung. Stuttgart: Kohlhammer 2009, S. 247–252

Peschel, Falko: Offener Unterricht. Teil 1 und 2. Baltmannsweiler: Schneider 2002

PISA-Konsortium Deutschland (Hrsg.): PISA 2000. Opladen: Leske+Budrich 2001

PISA-Konsortium Deutschland (Hrsg.): PISA 2003. Münster: Waxmann 2004

PISA-Konsortium Deutschland (Hrsg.): PISA 2006. Münster: Waxmann 2007

Platte, Andrea: Schulische Lebens- und Lernwelten gestalten. Didaktische Fundierung inklusiver Bildungsprozesse. Münster: Monsenstein und Vanderdat 2005

Pollert, Manfred: Lernen und leben im 1. Schuljahr. Berlin: Cornelsen 2002

Pollert, Manfred: Miteinander und voneinander lernen. Gütersloh: Flöttmann 2006

Porter, Gordon/Richler, Diane: Changing Canadian Schools: Perspektives on Disability and Inclusion. Toronto: The Allen Roeher Institute 1991

Poscher, Ralf/Langer, Thomas/Rux, Johannes: Gutachten zu den völkerrechtlichen und innerstaatlichen Verpflichtungen aus dem Recht auf Bildung nach Art. 24 des UN-Abkommens über die Rechte von Menschen mit Behinderungen und zur Vereinbarkeit des deutschen Schulrechts mit den Vorgaben des Übereinkommens. Hrsg. von der Max-Traeger-Stiftung. Frankfurt August 2008

Prengel, Annedore: Pädagogik der Vielfalt. Opladen: Leske+Budrich 1993

Prengel, Annedore: Vielfalt. In: Dederich, Markus/Jantzen, Wolfgang (Hrsg.): Behinderung und Anerkennung. Stuttgart: Kohlhammer 2009, S. 105–112

Prengel, Annedore: Wie kann sich ein Bildungskanon auf die Heterogenität der Bildungsadressaten und der Bildungsinhalte beziehen? In: Erdsiek-Rave/John-Ohnesorg, Marei (Hrsg.): Bildungskanon heute. Berlin: Friedrich-Ebert-Stiftung 2012a, S. 156–158

Prengel, Annedore: Humane entwicklungs- und leistungsförderliche Strukturen im inklusiven Unterricht. In: Moser, Vera (Hrsg.): Die inklusive Schule. Stuttgart: Kohlhammer 2012b, S. 175–183

Preuss-Lausitz, Ulf (Hrsg.): Verhaltensauffällige Kinder integrieren. Zur Förderung der emotionalen und sozialen Entwicklung. Weinheim: Beltz 2005

Reich, Kersten: Konstruktivistische Didaktik. Weinheim: Beltz (4. Aufl.) 2008

Reich, Kersten: Systemisch-konstruktivistische Pädagogik. Weinheim: Beltz (6. Aufl.) 2010

Reich, Kersten (Hrsg.): Inklusion und Bildungsgerechtigkeit. Weinheim: Beltz 2012

Richter, Ingo: Das 15% Problem. Welche Perspektiven hat die „New Under-Class"? In: Erziehung & Wissenschaft, 54, 2003, 9, S. 18–20

Riedel, Eibe: Gutachten zur Wirkung der internationalen Konvention über die Rechte von Menschen mit Behinderung und ihres Fakultativprotokolls auf das deutsche Schulsystem. Landesarbeitsgemeinschaft „Gemeinsam Leben" Nordrhein-Westfalen. Universität Mannheim/Genf 2010

Ritter, Alexandra/Ritter, Michael: Schreibkompetenz und Schriftkultur. Frankfurt/M.: Grundschulverband 2012

Rolff, Hans-Günter: Führung als Gestaltung und ihre Bedeutung für die Schulreform. In: Die Deutsche Schule 101, 2009, 3, S. 253–265

Rüedi, Jürg: Wie viel und welche Disziplin braucht die Schule? Bern: Huber 2011

Rüedi, Jürg: Ein adlerianischer Ansatz der Erziehung. In: Zeitschrift für Individualpsychologie 37, 2012, 1, S. 78–89

Schnell, Irmtraud: Geschichte schulischer Integration. Gemeinsames Lernen von SchülerInnen mit und ohne Behinderung in der BRD seit 1970. Weinheim: Juventa 2003

Schnell, Irmtraud: Die Grundschule Berg Fidel. Inklusive Schulentwicklung im sozialen Brennpunkt – neue Erfahrungen für Studierende der Sonderpädagogik. In: Hinz, Andreas et al. (Hrsg.): Auf dem Weg zur Schule für alle. Marburg: Lebenshilfe-Verlag 2010

Schnell, Irmtraud: Die längst überfällige Schließung der Schule für Lernbehinderte – zur Irrationalität bildungspolitischer Entscheidungen. In: Gemeinsam leben 19, 2011, 3, S. 146–151

Schnell, Irmtraud: Schulen für Lernbehinderte kritisch betrachtet. In: Schnell, Irmtraud/ Sander, Alfred/Federolf, Claudia (Hrsg.): Zur Effizienz von Schulen für Lernbehinderte. Forschungsberichte aus vier Jahrzehnten. Bad Heilbrunn: Klinkhardt 2011, S. 11–46

Schnell, Irmtraud/Sander, Alfred/Federolf, Claudia (Hrsg.): Zur Effizienz von Schulen für Lernbehinderte. Forschungsergebnisse aus vier Jahrzehnten. Bad Heilbrunn: Klinkhardt 2011

Schöler, Jutta: Alle sind verschieden. Auf dem Weg zur Inklusion in der Schule. Weinheim: Beltz 2009

Schreff/Steinhaus: Das schwachsinnige Kind in der normalen Volksschule. Arnsberg: Stahl 1913

Schumann, Brigitte: „Ich schäme mich ja so!" Die Sonderschule für Lernbehinderte als „Schonraumfalle". Bad Heilbrunn: Klinkhardt 2007

Seitz, Simone: Zeit für inklusiven Sachunterricht. Baltmannsweiler: Schneider 2005

Seitz, Simone/Scheidt, Katja: Die Gruppe ist der größte Schatz. Kooperative Lernformen im inklusiven Unterricht. In: Grundschule 44, 2012, 3, S. 14–15

Sennlaub, Gerhard: macht's gut. Lichtenau: AOL 1995

Singer, Kurt: Die Würde des Schülers ist antastbar. Reinbek: rororo 1998

Singer, Kurt: Zivilcourage wagen. Wie man lernt, sich einzumischen. München: Reinhardt 2003a (3. überarb. Auflage)

Singer, Kurt: Lob des Ungehorsams. Interview von Andrea Teupke. In: Publik Forum 2003b, 2, S. 9–11

Schuck, Karl Dieter: Unterricht bei heterogenen Voraussetzungen. In: Kaiser, Astrid/ Schmetz, Ditmar/Wachtel, Peter/Werner, Birgit (Hrsg.): Didaktik und Unterricht. Stuttgart: Kohlhammer 2011, S. 101–109

Schümer, Gundel: Schule und soziale Ungleichheit. Zum Umgang mit unterschiedlichen Lernvoraussetzungen in Deutschland und anderen OECD-Ländern. In: Die Deutsche Schule, 97, 2005, 3, S. 266–284

Spiess, Walter/Bischoff, Julia: Stärkenorientierte Förderplanung: So werden Kinder und Jugendliche zu Akteuren ihrer Entwicklung. Hamburg: édition Z 2011

Stähling, Reinhard: Beanspruchungen im Lehrerberuf. Münster: Waxmann 1998

Stähling, Reinhard: „Ein wie feines Modell im Kleinen" – Über Merkwürdigkeiten beim Schulwechsel nach Klasse 4. In: Die Deutsche Schule 94, 2002a, 1, S. 61–66

Stähling, Reinhard: „Wir sind ständig auf Klassenfahrt" – Ein übertragbares Modell ganztägiger Erziehung in der Grundschule. In: neue deutsche schule 54, 2002b, 9, S. 22–23

Stähling, Reinhard: Der Klassenrat – eine Fortführung reformpädagogischer Praxis. In: Burk, Karlheinz; Speck-Hamdan, Angelika; Wedekind, Hartmut (Hrsg.): Kinder beteiligen – Demokratie lernen? Frankfurt/M.: Arbeitskreis Grundschule 2003a, S. 197–207

Stähling, Reinhard: Viertklässler beobachten Fünftklässler – Übergang zu weiterführenden Schulen. In: Grundschule 35, 2003b, 4, S. 57–58

Stähling, Reinhard: Multiprofessionelle Teams in altersgemischten Klassen. Ein Konzept für integrativen Unterricht. In: Die Deutsche Schule 96, 2004a, 1, S. 45–55

Stähling, Reinhard: Der aufhaltsame Abstieg des „schwachen" Schülers in Deutschland. Bildungsbenachteiligung im Schnittpunkt von Schule und Jugendhilfe. In: Die Deutsche Schule 97, 2005a, 1, S. 67–77

Stähling, Reinhard: Teamarbeit inklusive. In: Christiani, Reinhold (Hrsg.): Jahrgangsübergreifend unterrichten. Berlin: Cornelsen 2005b, S. 48–53

Stähling, Reinhard: Kinderinteressen – Schulinteressen: ein Balanceakt. In: Christiani, Reinhold/Metzger, Klaus (Hrsg.): Fundgrube Klassenführung. Berlin: Cornelsen 2007, S. 126–129

Stähling, Reinhard: Interkulturelle Bildung. In: Kaiser, Astrid/Schmetz, Ditmar/Wachtel, Peter/Werner, Birgit (Hrsg.): Bildung und Erziehung. Behinderung, Bildung, Partizipation. Enzyklopädisches Handbuch der Behindertenpädagogik, Bd. 3. Stuttgart: Kohlhammer 2010a, S. 217–222

Stähling, Reinhard: Sein eigener Chef werden: Schüler bestimmen ihre Pausen selbst. In: Bartnitzky, Horst/Hecker, Ulrich (Hrsg.): Allen Kindern gerecht werden – Aufgaben und Wege. Frankfurt/M.: Grundschulverband 2010b, S. 187–190

Stähling, Reinhard: Altersmischung und Inklusion – Beobachtungen in der Praxis. In: Gemeinsam leben 18, 2010c, 4, S. 237–246

Stähling, Reinhard: Du gehörst zu uns. Inklusive Grundschule. Baltmannsweiler: Schneider 2006/4. erw.Aufl. 2011

Stähling, Reinhard: Die deutsche Schule be-hindert Lernen – Zur Diskriminierung der Schüler aus benachteiligten Lebenslagen durch das selektive Bildungswesen. In: Gemeinsam leben 19, 2011, 3, S. 139–145

Stähling, Reinhard: „Differenzieren lässt sich lernen" – Wie Schulen gelernt haben, mit Heterogenität umzugehen und Aussonderung zu unterlassen. In: Müller, Susanne/Jürgens, Eiko: Ungleichheit in der Gesellschaft und Ungleichheit in der Schule – eine interdisziplinäre Sicht auf Inklusions- und Exklusionsprozesse. Weinheim: Juventa 2012

Stähling, Reinhard/Wenders, Barbara: Ungehorsam im Schuldienst. Der praktische Weg zu einer Schule für alle. Baltmannsweiler: Schneider 2009/2. erw. Aufl. 2011

Stähling, Reinhard/Wenders, Barbara: „Wie ein Sandkorn ..." Zum Inklusionsbegriff und zum Index für Inklusion. Gespräch mit Tony Booth. In: Grundschule 44, 2012, 3, S. 24–25

Stamm, Margrit: Typen von Schulabbrechern. In: Die Deutsche Schule 101, 2009, 2, S. 168–180

Steenbuck, Olaf/Quitmann, Helmut/Esser, Petra (Hrsg,): Inklusive Begabtenförderung in der Grundschule. Konzepte und Praxisbeispiele zur Schulentwicklung. Weinheim: Beltz 2011

Steffens, Ulrich/Höfer, Dieter: Zentrale Befunde aus Schul- und Unterrichtsforschung. In: Schulverwaltung NRW 23, 2012a, 3. S. 88–92

Steffens, Ulrich/Höfer, Dieter: Was ist das Wichtigste beim Lernen? In: Schulverwaltung NRW 23, 2012b, 4. S. 123–127

Stellbrink, Mareike: Inklusion und Offener Unterricht. Unveröffentl. schriftliche Hausarbeit (Erste Staatsprüfung für das Lehramt). Institut für Erziehungswissenschaft Universität Münster 2010

Strauß, Daniel (Hrsg): Studie zur aktuellen Bildungssituation deutscher Sinti und Roma/ Dokumentation und Forschungsbericht. Marburg: RomnoKher, I-Verb.de 2011

Surowiecki, James: Die Weisheit der Vielen. München: Bertelsmann 2005

Tenzer, Eva: Ungehorsam – Prophylaxe gegen Burnout. In: Psychologie heute, 11, 2011, S. 26–28

Theunissen, Georg: Person-zentrierte Planung. Methodische Verfahren für eine zeitgemäße Behindertenarbeit in der Diskussion. In: Zeitschrift für Heilpädagogik 63, 2012a, 2, S. 54–61

Theunissen, Georg: Autismus heute und morgen – Ein Plädoyer für eine verstehende Sicht. In: Zeitschrift für Heilpädagogik 63, 2012b, 6, S. 231–240

Veber, Marcel/Stellbrink, Mareike: Praxisphasen in Inklusion – Professionalisierung an der Schnittstelle von allgemeiner Schulpädagogik und Sonderpädagogik. In: Sonderpädagogische Förderung in NRW, 49, 2011, 1, S. 11–18

Villa, Richard A./Thousand, Jacqueline S.: Restructuring for Caring and Effective Education. Baltimore: Brookes, 2. Aufl. 2000

vds-NRW: Stellungnahme des Verbandes Sonderpädagogik NRW zum Gutachten von Preuß-Lausitz und Klemm: Auf dem Weg zur schulischen Inklusion in Nordrhein-Westfalen. In: Sonderpädagogische Förderung in NRW, 49, 2011, 4, S. 3–5

Wachs, Sebastian/Heyer, Robert/Palentien, Christian: Bildungsarmut in Deutschland. In: Grundschule, 43, 2011, S. 40–42

Weisser, Jan: Das Besondere der Erziehung. Theoriepolitik in der Sonderpädagogik 1950–2000. In: Behindertenpädagogik, 46, 2007, 1, S. 3–18

Weitzel, Christa: „Es liegt nicht nur an der Kompetenz, es sind (…) so schwierige Kinder in der Klasse." Der Blick auf Grundschulkinder in der Regelschule – eine empirische Studie zur Alltagspraxis von Grundschullehrerinnen. In Carle, Ursula/Unckel, Anne (Hrsg.): Entwicklungszeiten. Wiesbaden: VS Verlag für Sozialwissenschaften 2004, S. 129–134

Wenders, Barbara: Ein Hauch Woodstock täte gut. Inklusives Lernen in Woodstock, Kanada. In: Grundschule, 41, 2009a, 1, S. 30–32

Wenders, Barbara: Es ist möglich! Der Umbau des Schulsystems in Kanada. Barbara Wenders im Gespräch mit Gordon Porter. In: Grundschule, 41, 2009b, 1, S. 12–13

Werner, Birgit: Didaktik und Förderung unter erschwerten Bedingungen. In: Kaiser, Astrid/Schmetz, Ditmar/Wachtel, Peter/Werner, Birgit (Hrsg.): Didaktik und Unterricht. Stuttgart: Kohlhammer 2011, S. 43–63

Werning, Rolf: Kompetenzzentren für sonderpädagogische Förderung im Bereich der Lern- und Entwicklungsstörungen in Nordrhein-Westfalen. Gutachten für das Schulministerium NRW 2011. www.schulminsterium.nrw.de

Werning, Rolf/Löser, Jessica: Alle Kinder fördern? Möglichkeiten zur Verringerung des Schulversagens – eine internationale Perspektive. In: Schulverwaltung NRW 22, 2011, 9, S. 243–245

Werning, Rolf/Lütje-Klose, Birgit: Einführung in die Pädagogik bei Lernbeeinträchtigungen. München 2006

Wevelsiep, Christian: Interexistenz, Nähe, Vulnerabilität – anthropologogische Kategorien in inklusiven Konstellationen. In: Zeitschrift für Heilpädagogik 63, 2012, 4, S. 154–161

Winkel, Rainer: Die Schule neu machen. 3 Teile. Baltmannsweiler: Schneider 2008, 2009, 2010

Winkel, Rainer: Beweglicher Unterricht. In: Kaiser, Astrid/Schmetz, Ditmar/Wachtel, Peter/Werner, Birgit (Hrsg.): Didaktik und Unterricht. Stuttgart: Kohlhammer 2011, S. 198–201

Wocken, Hans: Fördert Förderschule? Eine empirische Rundreise durch Schulen für „optimale Förderung". In: Demmer-Diekmann, Irene/Textor, Annette (Hrsg.): Integrationsforschung und Bildungspolitik im Dialog. Bad Heilbronn: Klinkhardt 2007, S. 35–59

Wocken, Hans: Architektur eines inklusiven Bildungswesens. In: Gemeinsam Leben. 18, 2010, 3, S. 167–178

Wocken, Hans: Das Haus der inklusiven Schule. Hamburg: Feldhaus 2011

Woellert, Franziska/Kröhnert, Steffen/Sippel, Lilli/ Klingholz, Reiner: Ungenutzte Potenziale. Zur Lage der Integration in Deutschland. Berlin: Berlin-Institut für Bevölkerung und Entwicklung 2009

Wittmann, Gerald: Individuelle Konzepte verstehen lernen. In: Heinzel, Friederike (Hrsg.): Kinder in Gesellschaft. Frankfurt a.M.: Grundschulverband 2010, S. 138–149

Wüllenweber, Ernst: Verhaltensauffälligkeiten und psychische Störungen – eine entpathologisierende Sicht aus dem Empowermentparadigma. In: Zeitschrift für Heilpädagogik 62, 2011, 8, S. 305–314

Xylander, Birgit: Individualisierung als Prinzip der Gemeinschaftsschule und neue Formen der Lerndokumentation. Das Beispiel Winterhude in Hamburg. In: Preuss-Lausitz, Ulf (Hrsg.):Gemeinschaftsschule – Ausweg aus der Krise? Weinheim: Beltz 2008, S. 94–109

Ziemen, Kerstin: Sozialer Tausch. In: Dederich, Markus/Jantzen, Wolfgang (Hrsg.): Behinderung und Anerkennung. Stuttgart: Kohlhammer 2009, S. 96–104

Zimmermann, David: Behinderung und Psychotraumatologie. Zum Verstehen behinderter Entwicklung vor dem Hintergrund lebensgeschichtlicher Belastungen. In: Zeitschrift für Heilpädagogik 63, 2012, 1, S. 12–19